中国宪法年刊

CHINESE YEARBOOK OF CONSTITUTIONAL LAW

2018

第十四卷

中国法学会宪法学研究会 主办

韩大元 莫纪宏 主编

法律出版社
LAW PRESS CHINA

编辑说明

《中国宪法年刊》由中国法学会宪法学研究会主办，自2005年起每年出版一卷。《中国宪法年刊》(2018·第十四卷)由韩大元教授、莫纪宏教授任主编。本卷年刊在宪法学研究会的精心组织和编辑部全体人员的共同努力下，历经数月编辑完成，现对各部分内容作如下说明。

第一部分为"学术论文"，选自本研究会2018年年会论文和部分投稿论文，由学术委员会审稿选定。本部分发表的文章均为首发。

第二部分为"学术热点摘编"。本卷年刊选取2018年年度宪法学研究中的三个热点问题，分别以"国家权力配置的一般理论""合宪性审查的原理与机制""监察法的宪法视野"为题，遴选摘编了多篇代表性论文。

第三部分为"外国宪法(学)发展"。本部分约请有外国法学习和研究背景的青年学者，就德国、日本、韩国等国家2018年的宪法(学)发展予以介绍、评述，以开阔学术视界。

第四部分为"重要学术会议综述"。本部分收录了中国法学会宪法学研究会2018年年会、第二届中国宪法学青年论坛、第十五届中国宪法学基本范畴与方法学术研讨会以及第五届《宪法》释义暨人民代表大会制度条款解释学术研讨会的学术综述。

第五部分为"宪法学研究信息"。本部分从《中国宪法年刊》(2007年)开始设立，目的是为宪法学研究者提供了解该年度我国宪法学研究进展与基本状况的信息，收集宪法学研究的一些基本资料。本部分收录了2018年出版的学术著作及教材目录、2018届博士学位论文目录以及2018年中国十大宪法事例等资料。此外，还收录了2018年中国法学会宪法学研究会、地方宪法学研究会举办的宪法学方面的学术活动。在此，感谢为资料收集提供支持的有关院校，也欢迎继续为编辑部提供信息。

《中国宪法年刊》力求反映中国宪法学的研究水平，记录中国宪法学的学术演变，旨在推动中国宪法制度的发展。出版年刊的目的是回顾年度宪法学发展的进展，了解国外宪法学研究最新动态，为宪法学教学与研究提供可参考的资料。要实现这一目标和功能，离不开各位理事和广大宪法学工作者的支持与配合，对此，编辑部表示由衷的感谢，也感谢法律出版社对年刊编辑和出版工作的大力支持。

年刊编辑过程中不免存在一些不足，在资料收集、论文选择等方面可能不够详尽周全，衷心希望各位读者提出批评与建议，努力使年刊日臻完善。联系邮箱是xfxyjh@163.com。

为扩大年刊及作者知识信息交流渠道，年刊自创办以来的各卷均已被中国学术期刊网络出版总库及CNKI系列数据库收录,同时也被超星集团移动“域出版”平台及系列产品收录。为便于查找引用,本刊“2005卷”(2006年出版)序为第一卷。本卷建议引用格式为韩大元、莫纪宏主编:《中国宪法年刊》(2018・第十四卷),法律出版社2019年版。

《中国宪法年刊》编辑部

2019年8月

目　录

第一部分　学术论文

第二部分　学术热点摘编

第三部分　外国宪法(学)发展

第四部分　重要学术会议综述

第五部分 宪法学研究信息

第一部分　学术论文

合宪性审查的“破题”与“激活”

——以宪法解释为内核的制度发展

任喜荣*

摘要：我国合宪性审查机制在整体上表现出不活跃的特征。其中，法规备案审查主要是“合法性审查”尚无“合宪性审查”的实例、修宪和宪法的“法律化”备受倚重、以“合宪性宣告”和“法律草案的合宪性控制”取代合宪性审查的现象突出。2018年3月，我国现行《宪法》进行了第五次修正，全国人大法律委员会更名为全国人大宪法和法律委员会，该委员会的设立在组织机构上具有“破题”的功效。合宪性审查在修宪后应围绕解释权和解释制度的完善加以推进。宪法解释权的积极行使可以起到“激活”合宪性审查机制的目的；完善宪法解释制度体系和规范体系可以为解释权的行使提供制度支撑；积极行使宪法解释权可以在司法领域产生正效应，并为宪法解释注入活力。

2018年3月，我国现行《宪法》进行了第五次修正，《宪法修正案》第44条将全国人大法律委员会更名为全国人大宪法和法律委员会，在原有职责基础上增加“推动宪法实施、开展宪法解释、推进合宪性审查、加强宪法监督、配合宪法宣传等工作职责”。① 与美国式的司法审查、德国式的宪法法院、全国人大设立与全国人大常委会地位平等的宪法委员会、全国人大设立专门委员会性质的宪法委员会，或者结合司法审查和立法审查两种要素的复合审查模式相比，我国宪法监督制度经历了30多年的理论探讨，最终选择了对现行制度变革最小的调整方案。全国人大宪法和法律委员会首任主任委员李飞提出要积极稳妥地推进合宪性审查工作，审慎提出审查意见，努力实现政治效果和法律效果相统一。② 可以预见，合宪性审查工作在现有体制机制基本不变的基础上，因为组织机构

---

* 吉林大学理论法学研究中心、吉林大学法学院教授、博士研究生导师，司法文明协同创新中心研究员。

基金项目：教育部人文社会科学重点研究基地重大项目“合宪性控制的理论与实践”（16JJD820006）。

① 《全国人民代表大会常务委员会关于全国人民代表大会宪法和法律委员会职责问题的决定》（2018年6月22日第十三届全国人民代表大会常务委员会第三次会议通过）。

② 参见李飞：《坚决贯彻宪法精神　加强宪法实施监督》，载全国人大网：http://www.npc.gov.cn/npc/bmzz/falv/2018-03/29/content_2052705.htm，2018年5月19日最后访问。

的完善势必会有所推进,但对于当下并不活跃、对实践需要缺乏回应的宪法监督制度会有多大程度的改变,尚待理论探讨和实践检验。

本文以上述制度变化为基础,通过分析合宪性审查事实上"备而不用",从而导致其功能被其他宪法实施机制所替代的制度现状,探索全国人大宪法和法律委员会在组织机构上"破题"后,最高权力机关应当从何种制度环节入手"推进合宪性审查"这一工作职责,从而起到激活宪法监督制度、形成良性的宪法实施制度循环的发展路径。

一、合宪性审查的"备而不用"现状

"合宪性审查"概念于2017年10月首次被写入党的十九大报告中,获得政治实践认可。在理论研究中,"合宪性审查"正在取代"违宪审查"成为学术研究的主流词汇。① 同样是作为"constitutional review"这一英文词汇的中文翻译,"合宪性审查"与"违宪审查"两个概念的用法,在方法论上存在"是否不违宪"(not unconstitutional)和"是否违宪"(unconstitutional)的微妙差异。② 但就制度运行程序和效果而言,二者并无本质差别,均是指"特定机关依据一定的法定程序对公共权力的行为(主要是规范性法律文件)是否符合宪法进行判断并做出相应处置的活动或制度"。③ 合宪性审查的重点在于"审查",即提供一种事后的纠错和救济机制,是宪法实施不可或缺的制度环节。

从中国的宪法实施现状来看,合宪性审查机制基本上处于"备而不用"之状态。虽然宪法设计了对普通立法和国家公权力行为的合宪性审查,但是全国人大常委会尚未正式启动宪法审查程序。自1954年《宪法》制定以来,全国人大常委会也未作出过"关于某某宪法条文的解释",④也未针对备案审查的具体法律法规正式作出过全部或部分违宪的决定。但值得注意的是,我国的宪治秩序并没有因此而处于"失控"状态。恰恰相反,通过宪法文本建构的国家基本经济制度、国家基本政治制度、国家机构体系、公民基本权利保障体系等都在有序运转,为保证宪法有效实施的合宪性控制机制整体上运行良好。这表明,在保证"合宪"这一制度目标下,合宪性审查机制的功能被其他宪法实施机制所填补。

从制度竞争的角度看,合宪性审查机制所应发挥的功能实际上被其他宪法实施机制所替代。这种替代又可以分为外部替代和内部替代。所谓外部替代,是指在宪法实施的诸种方式当中,其他的实施方式替代合宪性审查发挥确保"合宪"的功能。例如,宪法的

---

① 2017年年底以来,"合宪性审查"明显取代了"宪法审查""宪法监督""违宪审查"等概念,成为学术讨论的新热点。《比较法研究》2018年第2期、《法律科学》2018年第1期和第2期、《中国法律评论》2018年第1期、《长白学刊》2018年第1期等分别刊登了专题论文。

② 参见王书成:《合宪性推定与"合宪性审查"的概念认知》,载《浙江社会科学》2011年第1期。

③ 林来梵:《合宪性审查的宪法政策论思考》,载《法律科学》(西北政法大学学报)2018年第2期。

④ 尽管根据有些学者的分析,全国人大常委会事实上通过不同的形式行使宪法解释权。(参见胡锦光、王丛虎:《论我国宪法解释的实践》,载《法商研究》(中南政法学院学报)2000年第2期;周伟:《宪法解释案例实证问题研究》,载《中国法学》2002年第2期。)

法律化备受倚重、宪法修改频率较高等；所谓内部替代，是指在通过审查确保宪法权威性和法律体系统一性的制度目标下，其他的审查方式替代了合宪性审查发挥作用。例如，法律文本的合宪性宣告以及立法草案的合宪性控制等。

（一）宪法修改和宪法的法律化实施机制备受倚重

宪法的实施和发展变迁有多种方式，其中，宪法解释、宪法修改、宪法的法律化以及合宪性审查是最主要的实施方式。在诸种实施方式中，宪法的修改和宪法的法律化实施机制备受倚重。

现行《宪法》自颁布以来已进行5次修改，形成了52条“宪法修正案”。在如何使宪法适应社会发展变化这一问题上，尽管修宪机关一再强调“可改可不改的问题不做修改”“可以通过宪法解释予以解决的不做修改”，①但从制度实践看，最高权力机关更愿意选择修改宪法或进行立法，而不是宪法解释。有学者对此提出批评，认为：“在具体的宪法运行过程中我们没有对宪法解释权在社会变革中的功能给予必要的关注，而是不适当地强调了宪法修改权的功能。”②除修宪外，“宪法的法律化”实施机制，即将宪法中的原则性和概括性规定通过普通立法加以具体化，或在普通立法中贯彻宪法的精神和原则，成为推动宪法实施的重要保障机制。我国文化立法的发展即为典型例证。我国宪法中诸多的基本文化政策条款，主要通过发挥对国家政策的指导原则功能、资源配置功能、立法审查功能以及责任主体的界定功能，发挥规范效力。③ 这种规范效力主要“发挥对立法机关的拘束力，通过课予立法者制度建构的义务，实现基本政策的制度化”。④ 全国人大及其常委会正在加快制定文化立法，仅2017年就制定了《图书馆法》《公共文化服务保障法》《电影产业促进法》三部文化领域的立法。文化立法在快速发展的同时，宪法中的基本文化政策条款以及文化权利条款既没有进行过宪法解释，也没有关于文化立法的合宪性审查发生。有学者从我国宪法发展变迁的角度提出“通过立法发展宪法”⑤是宪法发展的各种程序间制度竞争的结果的学术判断和分析，可以提供进一步的理论说明。

---

① 上述表述可以在1999年、2004年、2018年宪法修正案草案的说明中找到相似的内容。参见田纪云：《关于中华人民共和国宪法修正案（草案）的说明》，1999年3月9日在第九届全国人民代表大会第二次会议上；《第九届全国人民代表大会第二次会议主席团关于中华人民共和国宪法修正案（草案）审议情况的说明》（1999年3月14日）；王兆国：《关于〈中华人民共和国宪法修正案（草案）〉的说明》，2004年3月8日在第十届全国人民代表大会第二次会议上；王晨：《关于〈中华人民共和国宪法修正案（草案）〉的说明》，2018年3月5日在第十三届全国人民代表大会第一次会议上。

② 韩大元：《“十六大”后须强化宪法解释制度的功能》，载《法学》2003年第1期。

③ 参见任喜荣：《宪法基本文化政策条款的规范分析》，载《社会科学战线》2014年第2期。

④ 任喜荣：《宪法基本文化政策条款的规范分析》，载《社会科学战线》2014年第2期。

⑤ 林彦：《通过立法发展宪法——兼论宪法发展程序间的制度竞争》，载《清华法学》2013年第2期。

(二)法律文本中“合宪性宣告”和法律草案的合宪性控制发挥解释和审查功能

全国人大及其常委会既是宪法解释权的主体又是法律制定权的主体,二者的统一使全国人大的立法具有了“当然的”民主正当性和合宪性。根据《宪法》和《立法法》的规定,全国人大可以改变和撤销全国人大常委会制定的不适当的法律,但是对全国人大制定的法律的审查则没有任何规定。因此,我国现有的合宪性审查安排并不包含对全国人大所制定的法律的审查。从目前人民代表大会的运行逻辑出发,全国人大是最高国家权力机关,拥有修宪权、宪法解释权、宪法监督权、立法权,对于法律的合宪性质疑,只需要启动法律的修改程序或解释程序即可,而不需要对法律是否合宪进行判断。在实践中,全国人大及其常委会在法律中有时直接通过“根据宪法,制定本法”宣告法律的合宪性,同时通过立法的起草和审议程序在立法过程中进行合宪性控制。

截至2018年5月底,在全国人大及其常委会制定的现行有效的266部法律中,有87部在序言或第1条中有“根据宪法,制定本法”或相类似的表述。有学者提出,“‘根据宪法,制定本法’内含两层规范结构,即立法权源法定和法源法定”。① 考虑到全国人大及其常委会本身便具有宪法解释权和立法权,并不需要在普通立法中对权力进一步加以确认,因此,这样的规定可以被界定为是一种“合宪性宣告”,隐含宪法解释的功能。王汉斌曾就“根据宪法,制定本法”的立法本意作过说明,他指出:“‘根据宪法,制定本法’在第一条,但这不是一句空话,不能只是提一下,最重要的是把立法的这一根本原则贯彻到整个立法过程中,具体体现在法律、法规的内容里。”②除全国人大及其常委会的立法宣告合宪性外,下位阶的立法虽然不会直接宣告自己的合宪性,但也往往明确规定上位法依据,宣告合法性,进而增加合宪性的程度。③ 合宪性宣告从辩证的角度进一步反映了合宪性判断的不活跃。

在我国目前的立法实践中,无论是立法规划,还是法律草案的起草和审议,都经过范围不等的民主审议程序,在各程序环节中可以搜集关于草案合宪性与合法性的意见,并加以调整。在实践中,许多与宪法相冲突或抵触的规定得以在上述过程中纠正,“在现行的政治体制和立法体制下,通过全国人大及其常委会审议法律草案是确保法律合宪性的最主要途径。法律委员会在法律审议的过程中扮演着核心的角色,确保了法律文本与宪法文本不抵触”。④ 在我国的宪法实施实践中,尽管缺乏对法律的合宪性审查实践,但在法律草案起草和审议过程中却一直存在蕴含于民主立法程序中的合宪性

---

① 叶海波:《“根据宪法,制定本法”的规范内涵》,载《法学家》2013年第5期。

② 王汉斌:《社会主义民主法制论集》(下),中国民主法制出版社2012年版,第569页。

③ 如《著作权法》第1条规定:“为保护文学、艺术和科学作品作者的著作权,以及与著作权有关的权益,鼓励有益于社会主义精神文明、物质文明建设的作品的创作和传播,促进社会主义文化和科学事业的发展与繁荣,根据宪法制定本法。”国务院制定的《著作权法实施条例》第1条规定,根据《中华人民共和国著作权法》,制定本条例。

④ 邢斌文:《论法律草案审议过程中的合宪性控制》,载《清华法学》2017年第1期。

控制机制。

二、"破题"后的"激活":宪法解释的关键作用

自"推进合宪性审查工作"被写入中国共产党的十九大报告以来,已可见系列论文探讨中国合宪性审查机制的完善问题。除在《深化党和国家机构改革方案》出台前学者们继续就建立专门的宪法审查机构,特别是设立"宪法委员会"提出建议外,[①]对于如何加强和完善合宪性审查工作则多从制度机制角度提出广泛的措施性建议,包括合宪性审查的案件筛选机制、合法性审查与合宪性审查分流机制、合宪性审查启动机制、个案受理反馈与审查程序公开机制、宪法解释程序机制以及制定专门的《宪法监督法》,甚至包括考虑形成与司法机关联动的"合宪性审查优先移送"机制等。[②] 上述思考和建议涉及合宪性审查的实体法和程序法的制定与完善问题,对于中国合宪性审查制度的发展至关重要。本部分受上述研究的启发,以全国人大宪法和法律委员会的设立为基础,就如何激活当下"备而不用"的合宪性审查机制作出分析。

(一)"破题":变革最小的改革方案

根据2018年6月第十三届全国人大常委会第三次会议通过的《全国人民代表大会常务委员会关于全国人民代表大会宪法和法律委员会职责问题的决定》,除新设立的宪法和法律委员会继续承担原法律委员会的职责外,"增加推动宪法实施、开展宪法解释、推进合宪性审查、加强宪法监督、配合宪法宣传等工作职责"。其中,"推动""开展""推进""加强""配合"等术语的内涵及其对应的程序和方式还没有明确的法律规定。从全国人大宪法和法律委员会的设立方式来看,最高国家权力机关并不准备对已有的合宪性

---

① 参见韩大元:《关于推进合宪性审查机制的几点思考》,载《法律科学》(西北政法大学学报)2018年第1期;林来梵:《合宪性审查的宪法政策论思考》,载《法律科学》2018年第2期;胡锦光:《论推进合宪性审查工作的体系化》,载《法律科学》(西北政法大学学报)2018年第2期。

② 如韩大元教授提出,"可以设置相对合理的'宪法案件筛选标准',如案件筛选机制、合法审查与合宪审查分流机制等,规范和控制合宪性审查,有效降低制度风险。在尊重立法机关的前提下,建立事前审查、立法过程中的合宪性审查模式,是合理的制度选择"。[韩大元:《关于推进合宪性审查机制的几点思考》,载《法律科学》(西北政法大学学报)2018年第1期]。林来梵教授提出:"有必要确立个案受理反馈与审查程序公开等机制,并相应建立前置性的案件筛选机制,又可考虑形成与司法机关联动的'合宪性审查优先移送'机制。"[林来梵:《合宪性审查的宪法政策论思考》,载《法律科学》(西北政法大学学报)2018年第2期]。胡锦光教授提出,推进合宪性审查是一项系统工程,必须找到缺乏实效性的问题所在,明确推进的方向,进行顶层设计,整体推进。具体包括:(1)强化合法性审查作为合宪性审查过滤机制的功能;(2)限定启动合宪性审查程序的主体资格;(3)设立宪法委员会;(4)制定专门的《宪法监督法》;(5)健全宪法解释程序机制,等内容。[胡锦光:《论推进合宪性审查工作的体系化》,载《法律科学》(西北政法大学学报)2018年第2期]。莫纪宏教授贯彻落实党的十九大报告提出的"推进合宪性审查工作"必须要从两个方向发力:一是要抓好违宪审查机制制度的建设,把违宪审查机制运行好,特别是要制定完善的违宪审查程序,有效地启动违宪审查机制,使违宪审查成为保证宪法实施、加强宪法监督、维护宪法权威的一项重要制度;二是要提高所有行使公权力的国家机关和社会组织自觉遵守宪法和保证自身行为合宪性的自觉性,建立起科学和有效的合宪性审查工作长效机制,推动宪法在各领域的全面和有效实施。(莫纪宏:《论加强合宪性审查工作的机制制度建设》,载《广东社会科学》2018年第2期。)

审查机制作重大的制度调整,采取的是变动最小的改革举措。

关于我国违宪审查模式的设计曾有宪法委员会模式、宪法法院模式、复合型审查模式等学术探讨。① 可以预见,该制度变化虽然终结了是否建立专门的宪法委员会的学术探讨,但不会终结关于合宪性审查模式的学术争论。《立法法》第99条规定最高人民法院和最高人民检察院是合宪性审查的启动主体之一,对于启动事由来源中可能包含的立法机关与司法机关的衔接问题,目前仍没有确定答案。这意味着,关于复合型审查模式还有持续研究的空间。复合型宪法审查模式的本质是在人民代表大会制度的框架下,以尊重全国人大常委会享有最终的宪法解释权为前提,在维持立法审查的制度机制总体不变的前提下,允许法院在个案中对宪法条文进行适用,吸收司法审查的活力。有学者指出,复合型宪法审查模式"既能保证宪法解释的权威性和国家法治的统一性,也能充分发挥法官释宪的专业技能,保障宪法审查与解释的经常性、可操作性和高效性"。②

虽然理论争议没有消散,但全国人大宪法和法律委员会的成立,无疑在组织机构的名称上打破了长期以来缺乏合宪性审查"专责"机构的现状,初步达到了"破题"的功效。

1. 组织机构的完善

全国人大常委会是我国的合宪性审查机关。但是,根据《立法法》第99条和第100条的规定,合宪性审查工作分散于各专门委员会和常委会工作机构,国家权力机关内部并没有专门的合宪性审查机构。2004年5月,全国人大常委会在法制工作委员会(以下简称法工委)内设立的法规备案审查室,从事具体事务性工作,并不具备组织基因成为合宪性审查的专门工作机构。目前的合法性审查和合宪性审查共同适用法规备案审查程序,但是,法规备案审查主要进行"合法性审查",尚无"合宪性审查"之实例。③ 有学者分析认为:"在现行体制下,合法性审查制度具有吸纳甚至抵消合宪性审查的功能。"④全国人大宪法和法律委员会的设立将改变国家权力机关内部宪法审查权分散的现状,在主体明确的情况下,合宪性审查的程序设计才更具可操作性。

目前的法规备案审查程序是否能够实现合宪性审查之目标?答案是否定的。其一,

① 参见王振民:《中国违宪审查制度》,中国政法大学出版社2004年版,第383页;包万超:《宪政转型与中国司法审查制度》,载《中外法学》2008年第6期。

② 汪进元:《宪法个案解释基准的证成逻辑及其法律控制》,载《中国法学》2016年第6期。

③ 根据全国人大常委会法工委主任沈春耀在《全国人民代表大会常务委员会法制工作委员会关于十二届全国人大以来暨2017年备案审查工作情况的报告》中统计,十二届全国人大以来,截至2017年12月上旬,人大常委会办公厅共接收报送备案的规范性文件4778件,收到公民、组织提出的各类审查建议1527件,其中属于全国人大常委会备案审查范围的有1206件。通过审查,地方性法规中不符合上位法规定的内容或被修改,或被清理;最高人民检察院有关"附条件逮捕"的司法解释也停止执行。备案审查工作成效显著。对备案法规的审查,既包含合法性审查,也包括合宪性审查。但是,从目前法规备案审查制度的运行实际来看,只是在进行"合法性审查",尚无"合宪性审查"实例。

④ 林来梵:《合宪性审查的宪法政策论思考》,载《法律科学》(西北政法大学学报)2018年第2期。

《宪法》和《立法法》将全国人大及其常委会制定的法律排除在备案审查的范围之外，合宪性审查的对象不完整；其二，《立法法》第100条规定的专门委员会或工作机构提出审查意见——→法规制定机关反馈修改意见——→拒不修改则启动撤销程序的规定，是民主协商与立法审查相结合的程序机制。由于专门委员会、常务委员会工作机构都不是权力机关，不仅不具备实质的宪法解释权，如果当真发现备案法规或司法解释“与宪法相抵触”，仅提出“书面审查意见、研究意见”，制定机关也仅“在两个月内研究提出是否修改的意见”并“反馈”给人大，该程序设计将严重削弱宪法的权威性。《立法法》的这一规定不仅导致宪法解释的不规范，也导致合宪性审查实际上无法实施。

全国人大宪法和法律委员会的设立在组织机构上使构建独立的合宪性审查程序成为可能。

2. 合宪性审查程序规则的制定

学术界对于起草“宪法解释程序法”和“合宪性审查程序法”（或宪法监督程序法）的呼声早已有之，①但制定专门的程序法的进程却很缓慢。宪法和法律委员会在职能上要“推进合宪性审查工作”，需要相应的程序规则，才有可能加快程序法的发展进程。

一方面，只有在审查主体明确的前提下，才可能就审查的提起主体、审查的对象、审查的标准、审查的后果及处罚作出具体规定，从而围绕主体形成可以操作的程序机制；另一方面，程序机制本身要求不同程序间的有效衔接，目前的《立法法》虽然规定了合宪性审查的启动主体，但不同类型的启动主体与人大常委会间如何围绕审查需求形成固定的程序关系，则没有可操作性的程序衔接机制。人大常委会内部的分散审查也难以形成统一的审查标准，审查后的反馈机制也缺少可操作的回应空间。在审查主体明确的前提下，启动程序、审查程序、反馈程序等才能得以有效衔接；此外，合法性审查与合宪性审查程序也需要衔接，法规备案审查机构在“合法性审查”中发现需要进行合宪性审查的问题的内部程序转化机制，在全国人大宪法和法律委员会成立后有可能建立起来。

（二）“激活”：通过宪法解释激发合宪性审查的活力

从法律规则的角度看，中国并不缺乏作为制度整体的合宪性审查，缺少的只是能够及时回应现实需求的、有活力的、高效的合宪性审查机制。全国人大宪法和法律委员会设立后，合宪性审查机制不需要重新建构，但是需要“激活”，以释放现有制度的活力。笔者认为，解释是激活合宪性审查的核心动力机制。这一论点可以从正反两个方面加以说明。

---

① 其中，“宪法解释程序法”的专家建议稿2009年完成，2011年通过全国人大代表以提案的方式提交全国人大。在《关于第十一届全国人民代表大会第五次会议代表提出议案处理意见的报告》（2012年3月13日第十一届全国人民代表大会第五次会议主席团第三次会议通过）中可以看到“梁慧星等35名代表：关于制定宪法解释程序法的议案（第181号）”的统计。（载中国人大网：http://www.npc.gov.cn/wxzl/gongbao/2012-05/29/content_1728277.htm，2018年6月9日最后访问。）

1.宪法解释是最主要缺失的制度环节

合宪性审查的核心运作机制,是通过对宪法文本的解释判断法律规则或某种公权力行为是否合宪,从而保证宪法的最高权威性和维护国家法制的统一。因此,合宪性审查与宪法解释无论是作为两种权力还是作为两种制度都紧密相连。从权力配置的角度看,拥有合宪性审查权的机关势必同时拥有宪法解释权;从权力运行的角度看,进行宪法文本的解释是进行合宪性审查的前提和具体内容。有学者指出:"宪法解释与监督宪法实施之关联性表明两方面的内涵:其一,只有运行宪法解释,才能启动监督宪法实施;其二,只有享有宪法解释权的机关才有权进行宪法审查。"①在我国,全国人大常委会享有宪法解释权,同时行使宪法监督权(主要是合宪性审查权)。在行使宪法监督权的过程中,对宪法文本进行解释是其基本的权力行使方式。

然而实际情况是,我国全国人大常委会"宪法解释权"并未实施,也"缺乏与宪法解释制度配套的操作程序"。② 除了一些模棱两可的通过行使重大事项决定权进行的宪法解释实践③以及全国人大常委会工作机构以"法律询问答复"的方式进行的实际解释外,④全国人大常委会未作出"关于××××××宪法条文的解释"。在《宪法》明确了宪法解释和监督的权力主体,《立法法》规定了合宪性审查的启动主体、反馈机制以及法律后果,甚至也存在违宪审查和宪法解释的实践诉求的背景下,⑤宪法解释的实践缺失显然成为制度上最关键和明显的特征。如果能够弥补这一制度不足,合宪性审查的全部制度环节就能够打通,从而有效地运转起来。

2.积极行使宪法解释权的制度需求持续存在

全国人大常委会积极、有效行使宪法解释权是"激活"合宪性审查的关键。合宪性审查启动机制、过滤机制、反馈机制的完善等都是解释权力行使的外在制度性机制,如果人大常委会不积极行使,甚至不行使宪法解释权,这些机制的设立就无法发挥作用。所谓"宪法始于解释,终于解释。宪法解释既是监督宪法实施的不二法门,也蕴含在宪法实施过程中"。⑥ 但是,无论是宪法解释权还是法律解释权,全国人大常委会都很少"显性"行使,即明确作出以"解释"为标题的决议或决定。目前全国人大常委会作出的现行有效的

---

① 郑贤君:《宪法解释:监督宪法实施之匙》,载《人民法治》2015年第2期。

② 韩大元:《论当代宪法解释程序的价值》,载《吉林大学社会科学学报》2017年第4期。

③ 参见胡锦光、王丛虎:《论我国宪法解释的实践》,载《法商研究》2000年第2期;王旭:《论我国宪法解释程序机制:规范、实践与完善》,载《中国高校社会科学》2015年第4期;秦前红:《〈宪法解释程序法〉的制定思路和若干问题探究》,载《中国高校社会科学》2015年第3期。

④ 参见周伟:《宪法解释案例实证问题研究》,载《中国法学》2002年第2期。

⑤ 时间稍远一些的如2003年5月许志永、俞江、滕彪三位法学博士向全国人大常委会提出审查《城市流浪乞讨人员收容遣送办法》的建议;时间近一些的如2016年律师苗永军提出的"附条件逮捕"制度的审查建议、2017年108位知识产权研究生提出的对有关著名商标的地方立法进行审查的建议等。

⑥ 郑贤君:《宪法解释:监督宪法实施之匙》,载《人民法治》2015年第2期。

立法解释共有25件,集中在对《香港特别行政区基本法》《澳门特别行政区基本法》《刑法》《刑事诉讼法》相关内容的解释。这25件立法解释都明确以"关于××××××的解释"为标题。全国人大常委会还没有作出过对宪法条款的显性解释。

实践中要求全国人大常委会行使宪法解释权的制度需求一直存在,这其中既有明确宪法条文含义的解释需求,也有进行合宪性审查的解释需求。

2003年11月,湖南省人大常委会向全国人大常委会法工委提出《关于如何理解宪法第四十条、民事诉讼法第六十五条、电信条例第六十六条规定的请示》,明确要求全国人大常委会法工委就请示中涉及的宪法和法律条款进行解释,全国人大常委会也回函同意湖南省人大常委会的理解,就是典型的宪法解释。① 但是,这种以"询问"和"答复"的方式进行的解释"不是针对某一类情况做出的抽象的、普遍适用的规则,而是就具体案件的情况与事实,为解决特定事项作出并由有关的国家机关遵守执行之",②并不具有普遍的适用性。不仅如此,这种解释实践还面临更大挑战,全国人大常委会虽然拥有宪法解释权,法工委作为全国人大常委会的工作机构显然并不具有宪法解释权,因此,其本身也面临合宪性的挑战。根据《立法法》第46条和第64条的规定,国务院,最高人民法院,省、自治区、直辖市的人民代表大会常务委员会等主体,可以向全国人大常委会提出法律解释要求。全国人大常委会工作机构可以对有关具体问题的法律询问进行研究,予以答复。但可否提出以及如何提出宪法条文的解释要求,无论是《宪法》还是《立法法》都没有作出规定。

公民个人向全国人大常委会提出对行政法规或司法解释进行合宪性审查的申请也

---

① 《全国人大常委会法制工作委员会关于如何理解宪法第四十条、民事诉讼法第六十五条、电信条例第六十六条问题的交换意见》(法工办复字〔2004〕3号)(以下简称《交换意见》)却具有宪法解释的意味。在《交换意见》中,湖南省人大常委会法工委请求全国人大常委会法工委就《宪法》第40条、《民事诉讼法》第65条、《电信条例》第66条进行解释,并附上了自己的研究意见,即"1.公民通信自由和通信秘密是宪法赋予公民的一项基本权利,该项权利的限制仅限于宪法明文规定的特定情形,即因国家安全或者追查刑事犯罪的需要,由公安机关或者检察机关依照法律规定的程序对通信进行检查。2.移动用户通信资料中的通话详单清楚地反映了一个人的通话对象、通话时间、通话规律等大量个人隐私和秘密,是通信内容的重要组成部分,应属于宪法保护的通信秘密范畴。3.人民法院依照民事诉讼法第六十五条规定调查取证,应符合宪法的上述规定,不得侵犯公民的基本权利"。全国人大法工委复函称:"你委2003年11月25日(湘人法工函〔2003〕23号)来函收悉。经研究,同意你们来函提出的意见。"同样类型的《交换意见》或《复函》在法律数据库中没有找到其他案例。

② 周伟:《宪法解释案例实证问题研究》,载《中国法学》2002年第2期。

有报道,如2016年苗永军就"附条件逮捕"提出的违宪违法审查申请。[①] 但是,从《全国人民代表大会常务委员会法制工作委员会关于十二届全国人大以来暨2017年备案审查工作情况的报告》中的内容来看,全国人大常委会并没有根据当事人的申请进行合宪性审查,而只是进行了合法性审查。

全国人大常委会如能够积极地行使宪法解释权,通过解释权的行使回应实践需求,可以起到"激活"整个合宪性审查制度的目的。

3. 重构宪法解释制度的契机

宪法解释技术的不发达是使宪法学在实践功能上落后于其他部门法学的重要原因,宪法释义学的发展不足也是使宪法学在具体制度的研究上缺乏学科特色的方法论症结。我国目前简略的宪法解释程序机制主要参照民主的立法程序,该程序虽然有利于多元利益的协调和整合,但从实践来看,却使宪法解释并未实施。如果仅仅将目前极不活跃的人大及其常委会的解释程序法律化,仍然难以实现"激活"合宪性审查机制的目的,需要对制度重新加以建构。全国人大宪法和法律委员会的设立提供了重构的契机。首先,完善全国人大宪法和法律委员会的组织规则,将分散于各专门委员会的合宪性审查工作职责统一由全国人大宪法和法律委员会行使,明确该委员会作为合宪性审查专门委员会的地位,提高对全国人大常委会行使宪法解释权的技术支持能力,加强宪法解释的权威性;其次,有利于继续推动宪法解释程序法的制定,将全国人大及其常委会行使宪法解释权的程序从立法程序或重大事项决定程序中分离出来,为发展系统性的宪法解释理论和解释技术提供制度基础。专门的审查机构、可操作的审查程序,将改变我国合宪性审查机制不活跃的现状。

三、积极行使宪法解释权的司法正效应

全国人大常委会缺少对宪法的解释,导致法院在援引宪法进行裁判说理[②]时缺少权

---

① 2016年9月,律师苗永军以当事人名义向全国人大常委会法工委邮寄了一份"审查建议申请书",他在申请书中提出:《刑事诉讼法》中并没有"附条件逮捕"的规定,最高人民检察院《人民检察院审查逮捕质量标准(试行)》第4条附条件逮捕条款、《关于人民检察院审查逮捕工作中适用"附条件逮捕"的意见(试行)》涉嫌违反上位法,建议对其进行违宪、违法审查。(《推动"附条件逮捕"废止的律师:这是职业生涯最有成就感的事》,载澎湃新闻网:https://www.thepaper.cn/newsDetail_forward_1732727,2018年6月9日最后访问。)上述报道得到《全国人民代表大会常务委员会法制工作委员会关于十二届全国人大以来暨2017年备案审查工作情况的报告》的印证,该报告指出"法制工作委员会对收到的审查建议逐一进行认真研究,对审查中发现存在与法律相抵触或者不适当问题的,积极稳妥作出处理",并在所举出的6个代表性案例中,将这个案例包括其中。"根据2016年内蒙古自治区1位公民提出的审查建议,对有关司法解释规定'附条件逮捕'制度的问题进行审查研究,经与制定机关沟通,相关司法解释已于2017年4月停止执行。"

② 最高人民法院2016年6月制定的《人民法院民事裁判文书制作规范》(法〔2016〕221号)在"裁判依据"部分规定:"裁判文书不得引用宪法和各级人民法院关于审判工作的指导性文件、会议纪要、各审判业务庭的答复意见以及人民法院与有关部门联合下发的文件作为裁判依据,但其体现的原则和精神可以在说理部分予以阐述。"以规范性文件的形式确认了援引宪法作为裁判说理依据的正当性。

威性的解释依据，加剧了法院在裁判说理中的解释混乱。宪法解释权的积极行使可以在司法领域产生正效应。本部分以《宪法》第47条和第51条的解释为例，探讨宪法解释对司法权力运行的影响。[①]

（一）《宪法》第47条和第51条的解释

《宪法》第47条规定："中华人民共和国公民有进行科学研究、文学艺术创作和其他文化活动的自由。国家对于从事教育、科学、技术、文学、艺术和其他文化事业的公民的有益于人民的创造性工作，给以鼓励和帮助。"该条是关于公民文化权利的规定。基于对第47条的整体分析可以发现，该条虽然没有明确阐述文化权利的社会权利性质，但对文化参与权以及国家积极的促进义务的规定，则隐含了对文化权利具有自由权与社会权的双重属性的定性。文化权利具有自由权利与社会权利的双重属性，也是宪法学研究中的基本共识。[②] 其中，进行科学研究的自由有时被解读为"学术自由"，[③]进行文学艺术创作的自由有时被解读为"艺术自由"。[④]

《宪法》第51条规定："中华人民共和国公民在行使自由和权利的时候，不得损害国家的、社会的、集体的利益和其他公民的合法的自由和权利。"该条是我国宪法中基本权利的限制性条款，是"基本权利限制的规范表现与宪法依据"。[⑤] 该条1982年首次被写入宪法，是对1975年《宪法》与1978年《宪法》的反思，也是对10年"文化大革命"的总结与反思。[⑥] 1982年11月，彭真向全国人大作宪法修改草案报告时强调："世界上从来不存在什么绝对的、不受任何限制的自由和权利。公民在行使自由和权利的时候，不得损

---

① 选取这两个条款加以研究的原因主要是基于如下考虑。其一，司法实践中有关文学艺术创作自由的案例援引了《宪法》第47条和第51条作为裁判说理依据，其中第47条主要作为权利内容依据、第51条主要作为权利界限依据。但是，不同案例对两个条款的解释有所不同。其二，2018年5月1日起施行的《英雄烈士保护法》明确规定"禁止歪曲、丑化、亵渎、否定英雄烈士事迹和精神""任何组织和个人不得在公共场所、互联网或者利用广播电视、电影、出版物等，以侮辱、诽谤或者其他方式侵害英雄烈士的姓名、肖像、名誉、荣誉"。而这部法律制定的初衷就是因为："有些人以'学术自由''还原历史''探究细节'等为名，通过网络、书刊等媒体歪曲历史特别是近现代历史，丑化、诋毁、贬损、质疑英雄烈士，造成恶劣社会影响，引起社会各界愤慨谴责。"（全国人大常委会法工委副主任许安标于2017年12月22日在第十二届全国人民代表大会常务委员会第三十一次会议上所作的《关于〈中华人民共和国英雄烈士保护法（草案）〉的说明》的解释。）该法的立法宗旨和有关内容明显与《宪法》第47条的文学艺术创作自由权的具体化和具体行使相关，未来将进一步带来宪法解释问题。全国人大常委会只有加强宪法解释，才能有效应对司法实践的需要。

② 参见上官丕亮、孟凡壮：《文化权的宪法解读》，载《学习与探索》2012年第1期；贾宸浩、相焕伟：《宪法上的文化权利：我国文化政策法治化的根基》，载《山东大学学报》（哲学社会科学版）2014年第3期。

③ 参见王德志：《论我国学术自由的宪法基础》，载《中国法学》2012年第5期。

④ 参见张慰：《艺术自由的文化与规范面向》，载《政治与法律》2014年第6期。

⑤ 马克思主义理论研究和建设工程重点教材《宪法学》，高等教育出版社、人民出版社2011年版，第206页。

⑥ 参见石文龙：《论公民行使权利和自由的限制与"限制"的规范——对我国〈宪法〉第51条的研究》，载《政治与法律》2013年第7期。

害国家的、社会的、集体的利益和其他公民的合法的自由和权利。”①该条的目的是为公民行使权利和自由设定宪法界限。②

在对这一条的学理分析中,有人将其概括为是一种“概括限制条款”,与单项基本权利中的“个别限制条款”相对应;③有人将其概括为是一种“总的限制”条款,与《宪法》第33条第4款的一般限制,《宪法》第10条、第13条中的反限制,《宪法》第34条等9个条文中个别限制相对应。④ 对于这一条款的适用,有学者认为在有个别限制条款存在的情况下应该排除《宪法》第51条的适用,在没有个别限制条款存在的情况下,为避免对国家权力的滥用,应该建构“基本权利限制的限制”的教义学体系,包括法律保留与比例原则等。⑤ 有学者虽然提出了一个更综合和宏观的发展《宪法》第51条的理论,但强调第51条对权利的限制是“为保障而限制”,⑥而为了贯彻“为保障而限制”这一精神,必须建立相关的制度予以落实。例如,建立法律保留原则、比例原则等制度以完善对限制的宪法控制,落实权利限制的救济措施等。⑦

可以看到,《宪法》第51条作为基本权利的概括性限制条款,并不能简单地适用于具体案件中。

(二)《宪法》第47条和第51条在裁判说理中的解释混乱

我国各级法院并没有被赋予宪法解释权,从而造成了现实中法院适用宪法条文解决纠纷的困难。在实践中,最高人民法院也多次在有关司法解释和规范性文件中明确规定法院不得引用宪法作为裁判依据。⑧ 但宪法能否作为说理依据则不明确。在司法实践中,由于引用宪法条文进行说理,“避免了法律适用技术层面上可能引发的争议,又能够根据法官判案的需要,在说理的过程中比较自由地援用宪法,在实践中被广泛运用”。⑨近年来,关于宪法在司法实践中的运用的实证研究,一再说明了宪法在司法过程中发挥

---

① 许崇德:《中华人民共和国宪法史》(下卷),福建人民出版社2005年版,第471页。

② 参见孟凡壮:《中国宪法学言论自由观的再阐释》,载《政治与法律》2018年第2期。

③ 参见张翔:《基本权利的体系思维》,载《清华法学》2012年第4期。

④ 参见石文龙:《论我国基本权利限制制度的发展——我国〈宪法〉第51条与德国〈基本法〉第19条之比较》,载《比较法研究》2014年第5期。

⑤ 参见张翔:《基本权利的体系思维》,载《清华法学》2012年第4期。

⑥ 参见石文龙:《论公民行使权利和自由的限制与“限制”的规范——对我国〈宪法〉第51条的研究》,载《政治与法律》2013年第7期。

⑦ 同上。

⑧ 最高人民法院在1955年《关于在刑事判决中不宜援引宪法作论罪科刑的依据的复函》中明确反对各级法院在刑事判决中引用宪法,其后在1986年最高人民法院《关于人民法院制作法律文书如何引用法律规范性文件的批复》以及2009年最高人民法院《关于裁判文书引用法律、法规等规范性法律文件的规定》(法释〔2009〕14号)中都没有规定法院可以援引宪法进行裁判。

⑨ 邢斌文:《法院如何援用宪法?——以齐案批复废止后的司法实践为中心》,载《中国法律评论》2015年第2期。

的作用。最高人民法院2016年6月制定的《人民法院民事裁判文书制作规范》(法〔2016〕221号)在"裁判依据"部分规定:"裁判文书不得引用宪法和各级人民法院关于审判工作的指导性文件、会议纪要、各审判业务庭的答复意见以及人民法院与有关部门联合下发的文件作为裁判依据,但其体现的原则和精神可以在说理部分予以阐述。"以规范性文件的形式确认了使用宪法作为说理依据的正当性。在《人民法院民事裁判文书制作规范》出台前,在以《宪法》第47条规定的文化权利作为说理依据的司法判决中就可以找到一些实例。这些判决在说明宪法一直活跃于司法实践中的同时,也揭示了有的法院在运用宪法的"原则或精神"进行说理时的"随意"性。

如贵州省赤水市人民法院1991年3月19日做出的关于胡某某、周某某、石某某诉刘某某、《遵义晚报》社侵害名誉权纠纷案(以下简称案例1)的判决在说理部分提出:"文学艺术创作是公民的自由,国家对公民在文学、艺术事业中有益于人民的创造性工作,给以鼓励和帮助。公民在行使文学艺术创作自由的权利时,不得损害其他公民的合法的自由和权利。"这一论证明显依据《宪法》第47条和第51条,①但只是截取了第47条中的"文学艺术创作的自由",并且用"文学艺术创作的自由"替代了51条中的"自由和权利",缩小了对两个条款的解释,同时并没有提到"宪法"。

在"葛某某诉洪某某名誉权、荣誉权纠纷案"(以下简称案例2)中,一审和二审法院都依据宪法进行了说理,但说理的方式却有所差别。一审法院认为:"学术自由、言论自由以不侵害他人合法权益、社会公共利益和国家利益为前提。这是我国宪法所确立的关于自由的一般原则,是为言论自由和学术自由所划定的边界。任何公民在行使言论自由、学术自由及其他自由时,都负有不得超过自由界限的法定义务。"②判定被告对"狼牙山五壮士"名誉的损害成立,应当承担侵权责任。二审法院维持了一审法院的判决,但是针对有关"学术自由"的阐述有所变化,"关于洪某某上诉提出的言论自由、学术自由及与人格权利冲突的平衡问题,本院认为,我国现行法律保护公民言论的自由和进行科学研究的自由,同样也保护公民的人格尊严不受侵犯,保护公民享有的名誉、荣誉等权益。公民享有法律规定的权利,同时也必须履行法律规定的义务,包括公民在行使自由和权利的时候,不得损害国家的、社会的、集体的利益和其他公民的合法的自由和权利"。③二审法院没有明确指出《宪法》的规定,但所运用的表述方式,则更接近于《宪法》第47条和第51条的表述。从该案一审判决的说理来看,其中的"言论自由"应该是来自于第35条,而"学术自由"则明显引申自第47条的"科学研究的自由"。我国宪法条文中没有"学术自由"的文本规定。尽管《宪法》第47条关于科学研究的自由可以解释出"学术自

① 《宪法》第51条规定:"中华人民共和国公民在行使自由和权利的时候,不得损害国家的、社会的、集体的利益和其他公民的合法的自由和权利。"

② 北京市西城区人民法院民事判决书(2015)西民初字第27841号。

③ 北京市第二中级人民法院民事判决书(2016)京02民终6272号。

由”的含义,但“学术自由”的含义显然广于科学研究的自由;言论自由、出版自由等与“学术自由”的含义也有重合。从该案二审判决的说理来看,似乎明显意识到了这个问题,用“科学研究的自由”取代了一审说理中的“学术自由”,回到了更接近宪法文本的表述方式。

在实践中,还能够看到从《宪法》第47条中归纳出“创作自由”的判决。例如,在彭某某等诉肖某某名誉权纠纷案[①](以下简称案例3)中,判决书说理部分阐述了“我国宪法保护公民的创作自由,允许小说可以以真人真事为原型,直接或间接地反映现实生活。但公民在行使文学艺术创作自由的权利时,不得损害其他公民合法的自由和权利”。在北京彗鑫盛世国际贸易发展有限公司与上海追得贸易发展有限公司侵害著作权纠纷上诉案[②](以下简称案例4)中,判决书在说理部分论述:“创作行为的法律基础并非其利用内容的权利人的许可,而在于宪法中规定的作为言论自由或表达自由中的重要内容之一——创作自由。因此,创作中如利用了他人合法权利指向的客体(如作品、肖像等),并不会导致创作行为‘无效’。”两个案例对“创作自由”的理解不同,如案例3将“创作自由”作为“文学艺术创作的自由”的权利类型的概括。而案例4却将“创作自由”作为“言论自由或表达自由中的重要内容之一”。事实上,“创作自由”不是一个严谨的对宪法权利类型的概括。《宪法》第47条虽然使用了“进行科学研究、文学艺术创作和其他文化活动的自由”,但专业的宪法学者在对该条的研究中,从未单独使用“创作自由”来对其权利类型加以概括。[③]

上述4个案例中,前3个案例都将第47条与第51条结合适用,重心在于第51条的权利限制内容,为案件败诉方承担法律责任提供论证依据。只有案例4从权利本身出发论证。上述情况说明,虽然司法实践中一直存在引用宪法作为说理依据的内在动力,但由于缺乏宪法的明确授权,缺乏宪法解释程序和规则的明确依据,法院对宪法的“适用”不仅混乱,而且包含着“滥用”的可能。由此,不难理解为什么有宪法学者指出:“对我国来说也是这样,问题的症结已经不是应否允许法官造法,而是如何对其造法行为予以控制。”[④]尽管援引宪法进行裁判说理存在上述混乱状况,但是至今全国人大常委会也未对上述两个条款进行解释,也没有任何法院向全国人大常委会提出解释的要求,也未见任何个人提出审查或解释的申请的报道。因此,只有全国人大常委会积极行使宪法解释权,并建立司法机关提请宪法解释的程序机制,宪法的裁判说理才具备权威性依据,同时也会为宪法解释注入活力。

---

① 临澧县人民法院民事判决书(2011)临民一初字第131号。

② 北京知识产权法院民事判决书(2015)京知民终字第00392号。

③ 参见张慰:《艺术自由的文化与规范面向——中国宪法第47条体系解释的基础》,载《政治与法律》2014年第6期;王德志:《论我国学术自由的宪法基础》,载《中国法学》2012年第5期;周叶中主编:《宪法》,高等教育出版社2011年版,第267页。

④ 杜强强:《合宪性解释在我国法院的实践》,载《法学研究》2016年第6期。

四、结语

宪法实施的诸种机制构成制度竞争关系。从宪法实施实践来看,宪法的法律化和宪法修改明显在竞争中胜出,而宪法解释与合宪性审查则不受重视。由于合宪性审查以宪法解释为前提和基本内容,因此,只有在制度上积极行使宪法解释权,才能真正“激活”合宪性审查机制,从而形成良性的宪法实施的制度循环。宪法的根本法地位除依赖政治权威来维持,还需要在法治体系的整体框架下通过国家权力的结构性运作机制发挥最高法律效力。正如救济是决定权利是否能够真实享有的保障性机制一样,合宪性审查也是确保宪法实施机制整体有效运转的不可或缺的制度环节。在全国人大宪法和法律委员会的更名实现了“破题”后,宪法解释权的积极行使不仅可以“激活”合宪性审查机制,更可以优化中国特色社会主义法治体系建设。

英国议会监察专员制度的合宪性基础探析

王佳红[*]　陈胜强[**]

摘要:在英国宪法学学者眼中,议会监察专员机构从其设立之日起就是宪法上的一个重要机构,而议会监察专员制度也是英国不成文宪法中的督促政府负责的核心机制。围绕议会监察专员机构或这一制度,英国学界通过自创或吸收借鉴域外宪法学理论试图给出一个具有广泛说服力的论证框架,形成了三大典型理论,即经典的分权理论、修正的分权理论、独立价值说。本文在扼要介绍这三种理论的论证逻辑的基础上,从变迁的英国宪法、现代监管型国家的责任机制变化、捍卫宪法价值三个层面探寻议会监察专员制度的合宪性基础。

一、英国议会监察专员制度的内涵

(一)"监察专员"的词源学及类型学考察

"监察专员"(ombudsman)一词,源于斯堪的纳维亚半岛的当地语言"umbud"或"ombud",其初始含义是"代理人或代表",即被授权代表某人从事某项行为的人。在现代英语中,"ombudsman"最为常用,此外,"ombuds""ombudsmen""ombudsinstitution""ombudsperson""ombudspepole"等用语在不同的语境中也分别表示类似含义。

就作为国家政治生活中的一个重要机构而言,监察专员的起源最早可溯源于1713年瑞典国王查尔斯十二世设立的最高监察专员办公室(the Office of Supreme Ombudsman),1719年该职位被重组为大法官官署(the Chancellor of Justice),对法官和公务员是否依法履职进行监督。① 但现代学者普遍认为,与遍布当今世界各地的监察专员机构最接近的源头机构并非大法官,而是1809年设立的瑞典议会监察专员(the Swedish Parliamentary Ombudsman)。经过民主化进程,瑞典颁布了新宪法(1809年),并在新宪法中设立了独立于行政机关的议会监察专员,以处理公民对行政机关的申诉。议会监察专

---

* 河南大学法学院讲师。

** 河南大学法学院副教授。

① See Donald C. Rowat, *The Ombudsman—Citizen' s Defender*, London: George Allen & Unwin, 1968, pp. 17 – 21.

员设立后,原来的大法官官署继续保留。

在20世纪50年代之前,监察专员制度的影响力仅局限于斯堪的纳维亚半岛。自20世纪60年代开始,监察专员制度开始向世界扩展,逐渐成为一种普遍的世界现象。① 随着20世纪70年代后期新公共管理运动的兴起,监察专员在私营机构内部也得到普遍设立,用以处理顾客(消费者)的各种投诉。与此同时,行政机关内部也纷纷设立申诉处理机构,也冠以监察专员(或申诉专员)之名。加上发展中国家设立的各种议会人权(监察)专员,以及世界性、地区性的监察专员国际组织的成立,当今世界已经形成了一个功能和层级不同的、多样化的"监察专员世界(或迷宫)"。

为了正本溯源、廓清迷思,相关国际组织及学者们进行了不懈努力,以求达成"什么是监察专员"的共识,并对多样化的监察专员机构进行分类。就笔者所见,国际组织关于监察专员概念的通行界定有两个:一个是国际律师协会(International Bar Association, IBA)于1974年给出的界定,它认为,一个"妥当称谓"的监察专员具有三大特征:(1)该机构由宪法或议会通过立法设定,由一个独立的、高级别的官员担任首脑,该首脑向议会负责;(2)该机构受理有冤屈的公民对政府机构、政府官员或工作人员所进行的申诉;(3)该机构有权进行调查、提出改正的建议,以及发布报告。② 另一个是美国律师协会(American Bar Association, ABA)于2001年给出的界定,它认为,监察专员(或者说申诉专员)是这样的一个人:(1)依其职权可受理对被控行为的疏忽、不当及系统问题的申诉或质疑;并且(2)能独立且不偏私地去处理、调查或审查这些问题。③ 显然,美国律师协会2001年的界定不仅包括了1974年国际律师协会所界定的那些机构,而且还把那些行政机关内部设立的申诉处理机构、私营部门的投诉处理机构都囊括在内。而学者们关于监察专员的界定,与国际组织的界定大体无差。④

尽管要在多样化的监察专员共同体中作出完全妥当的种类划分不太可能,但主流观点对世界上形形色色的监察专员机构进行了如下划分:(1)依据设立依据和负责主体的不同,将监察专员分为议会监察专员(包括作为其变体的人权监察专员)和行政性的监察专员;(2)依据职能范围和针对对象的不同,将监察专员分为一般监察专员(议会监察专员)和特种监察专员(如医疗保健服务监察专员、财政金融服务监察专员、狱政监察专员等);(3)依据监察专员层级的不同,将监察专员分为国家监察专员和地方监察专员;

---

① See Linda C. Reif, *The International Ombudsman Yearbook*, Leiden: Martinus Nijhoff, 2009, p. 1.

② See Sabine Carl, "Toward a Definition and Taxonomy of Public Sector Ombudsmen", *Canadian Public Administration*, 2012(5).

③ Ibid.

④ 由于本文主题是对英国一项具体制度的研究,而不是对监察专员的通识性介绍或概念界定,故国外学者关于监察专员概念的种种界定,不再一一赘述。除了前文引注提到的萨比娜(Sabine Carl)外,近年来关于监察专员概念的另一篇综述性的介绍,可参见 Najmul Abedin, "Conceptual and Functional Diversity of the Ombudsman Institution—A Classification", *Administration & Society*, 2011(8)。

(4)依据设立领域的不同,将监察专员分为公共机构监察专员和私营机构监察专员。

(二)英国议会监察专员制度的界定

英国设立议会监察专员的想法萌发于20世纪50年代中后期,经过20世纪60年代的酝酿与论辩,在1967年变成现实。议会监察专员的正式称呼是"Parliamentary Commissioner for Administration"(PCA),汉语的直译是"议会行政监察专员";在这一机构日后的发展中,无论是学界还是官方都逐渐不再使用PCA的提法,而是倾向于使用"Parliamentary Ombudsman"(PO),翻译过来就是"议会监察专员";此外,自从1973年英国设立医疗保健服务监察专员(Health Service Commissioner,HSC)后,虽然这两个机构的管辖范围和职权不同,但习惯上PCA和HSC的"一把手"均由同一人兼理,故现在提到议会监察专员,一般的表述是"Parliamentary and Health Service Ombudsman"(PHSO)。

实际上,早在英国设立议会监察专员之前及之初的观点论辩中,英国政学两界达成的共识就是,这个新机构不是完全或典型意义上的监察专员,它要契合英国的宪法精神,尤其是议会主权和内阁责任。① 为此,在制度设计上,该机构与北欧模式的核心差异在于,针对英国中央政府各部门的申诉只能通过议员转交给监察专员,民众没有通向监察专员的"直接入口",这就是所谓的"议员过滤机制"(MP Filter)。因此,提及英国议会监察专员,直接相关联的就是议员过滤机制,这是英国该项制度的独特之处。此外,由于议会监察专员设立之初的目的是监督中央政府各部门,地方政府、医疗服务机构及大量公共机构(如事业单位、国有企业等)被排除在监督范围外,在后来的制度演进中,这些监管"空隙"逐渐被填平,从而形成了一个多样化、分散化的公务机关监察专员(Public Service Ombudsman,PSO)。加上1998年地方分权后设立的北爱尔兰、苏格兰、威尔士公共机构监察专员,以及大量设立的特种监察专员和公共服务投诉处理机构,监察专员机构复杂犹如迷宫,让这项服务的享受者——有冤屈的英国公民经常是无所适从,对国外民众乃至学者来说更是难以把握。

由于英国议会监察专员是英国首个设立的监察专员,不仅其本身取得较大发展,而且,它还在英国公共机构监察专员50余年的发展历程中发挥着引领作用,笔者遂将研究主题确定为议会监察专员。在笔者的分析中,英国议会监察专员首先是一个公务机关监察专员,它对政府部门及其他公共机构的不当行为进行监督;其次,英国议会监察专员是一个国家层面的公务机关监察专员,其监督的对象是英国中央政府部门(如内政部)及其派出机构(如民航局)、其他"中央级"的公共机构(如全国福利彩票委员会);最后,英国议会监察专员还是一个一般性的监察专员、经典的监察专员,它的管辖范围为概括性的(或一般性的)行政不良行为,它由议会通过立法设立、独立于行政机关但对议会(下议院)负责;还需指出的是,由于英格兰在英国地方分权安排中的"缺席"(不存在类似苏格

---

① See Roy Gregory and Alan Alexander, "Our Parliamentary Ombudsman—Part I: Integration and Metamorphosis", *Public Administration*, 1972(Autumn).

兰那样的“英格兰”议会及政府)，英国议会监察专员的监督对象还包括英格兰的公共机构(如英格兰旅游协会)。因此，一个切合英国制度实际并与英国学者研究相一致的议会监察专员的概念是，一个管辖范围包括英国公共机构、英格兰公共机构以及分权制地方的中央保留事项所涉及公共机构的不良行政(Maladministration)的国家级监察机构，它独立于行政机关行使职权、对下议院负责，以“议员过滤机制”为独有特征。相应地，英国议会监察专员制度就是关于议会监察专员性质与地位、职权保障、受案与管辖、调查程序和报告制度的规则体系，它以1967年《议会监察专员法》为主要构成。

(三)议会监察专员制度的关联问题

准确界定并充分理解英国议会监察专员，还需要廓清围绕这一概念的关联概念与问题。

第一，不良行政。不良行政(Maladministration)是英国议会监察专员行使职权的行为要件，但《议会监察专员法》并未对什么是不良行政作出规定。长期以来，实践中对不良行政的认定采纳了所谓的“克罗斯曼目录”(Crossman Catalogue)，即理查德・克罗斯曼(Richard Crossman，工党下院领袖)在议会立法程序中提到的那些行为——偏见(bias)、疏忽(neglect)、漠不关心(inattention)、拖延(delay)、不称职(incompetence)、不适当(inaptitude)、任性(perversity)、腐败(turpitude)、专断(arbitrariness)等作为指引。① 至于对不良行政的理解采宽泛还是严格解释，不同的议会监察专员做法有所不同。需要注意的是，第六任议会监察专员威廉・里德(William Reid)爵士在1993年的年度报告中把蛮横、不愿把申诉人当作权利主体、很明显地给出误导性或不充分的建议、不补救或补救明显不合理、程序瑕疵、对确保平等对待的指导方针冷漠视之、不愿消除僵化执行带来差别对待的纸面法律的效果等内容，添加到不良行政的概念中来。② 此后，议会监察专员原则上可以对所有的行政行为进行监督，只要该行为有不良行政之嫌疑。

第二，行政正义。由于英国议会监察专员在新世纪以来的发展中将其角色从被动性的“个案救济”“消极控制”转向事后救济和事前防控并重，议会监察专员制度被越来越多的学者从更宽泛的行政正义体制(the System of Administrative Justice)角度进行思考，将监察专员与法院、行政裁判所视为实现行政正义的三大机制。因此，行政正义是始终围绕在议会监察专员概念周围的一个重要概念。根据英国学者的研究，传统行政法学者一般将目光聚集在法院和行政裁判所上，这种理解上的行政正义体制可与行政司法体制的概念等同；20世纪90年代末以来，越来越多的学者将目光向前延伸，将初始行政决定

---

① See Mark Elliott and Robert Thomas, *Public Law* (2nd *edition*), Oxford: Oxford University Press, 2016, p. 592.

② See Third Report of PCA, *Annual Report for* 1993, Session 1993 - 1994.

的作出过程也纳入行政正义体制中来。① 因此,英国语境下的"Administrative Justice"不仅指代一系列价值(如公正、不偏私、充分及时救济等),其内涵更指向了引致这些价值的过程及机制,而议会监察专员便是这些过程或机制的有机构成。

第三,议会专门委员会(以下简称专委会)。议会监察专员自其成立之初便被视为"下议院的勤务员",议会监察专员与下议院的紧密关系是英国该项制度的突出特征。通过议员过滤机制,议会监察专员与下议院发生了"个别"联系;通过专委会,议会监察专员与下议院发生了"整体"联系。正是由于与下议院专委会的紧密联系,虽然议会监察专员的建议不具有强制执行力,但其权威却得到了被调查对象的充分尊重;与此同时,下议院专委会也对议会监察专员的履职情况进行监督。在本文分析中,议会专委会指代的是专门对议会监察专员行使职权提供有力支持并监督其工作的下议院专委会。由于英国议会时常发生的内部机构改革,该专委会也在不断变化。在1967~1997年,下议院专委会指代的是议会监察专员专委会(Select Committee on the Parliamentary Commissioner for Administration,PCASC);在1997~2015年,下议院专委会指代的是公共行政专委会(Select Committee on Public Administration,PASC);2015年至今,下议院专委会指代的是公共行政与宪法事务专委会(Public Administration and Constitutional Affairs Committee,PACAC)。无论其名称和职权范围如何变化,下议院始终存在一个专委会来保障并监督议会监察专员的工作。值得注意的是,也有学者对1998年以来议会将PCASC合并至PASC的做法存有质疑,认为这一做法会降低议会监察专员的工作在下议院的受重视程度。②

第四,仿行模式。尽管现代监察专员制度的原型是瑞典的议会监察专员制度,但对英国及世界其他地方的监察专员制度发展具有重大影响的是丹麦模式。瑞典的议会监察专员类似于准司法机构,除了有权将相关行政机构的不良行政报告给议会外,它还将司法机关明显违反正义的裁判提交至上级法院,还能对专断性地行使职权的行政机关官员提起公诉;③而丹麦的议会监察专员不仅不能将管辖权扩展至司法行政行为,而且针对不良行政它只能进行调查并将调查的结果报告给议会。从行使职权的方式看,英国议会监察专员更多地借鉴了丹麦模式。此外,在英国议会监察专员制度的确立过程中,丹麦首任议会监察专员斯蒂芬·霍尔维(Stephan Hurwitz)教授扮演着重要的角色。1958年11月和1960年5月,斯蒂芬·霍尔维两次造访英国,通过讲座、访谈、发表文章等形式介绍丹麦的议会监察专员制度,吸引英国政治和法律精英乃至普通民众对该项制度的兴趣。④

① See Michael Harris and Martin Partington ed., *Administrative Justice in the 21st Century*, Oxford: Hart Publishing, 1999; Michael Adler ed., *Administrative Justice in Context*, Oxford: Hart Publishing 2010.

② See Oonagh Gay, The Ombudsman—The Developing Role in the UK, 20 November 2012.

③ See Brian Chapman, "The Ombudsman", *Public Administration*, 1960(4).

④ See William B. Gwyn, "The Discovery of the Scandinavian Ombudsman in English-speaking Countries", *West European Politics*, 1980(3).

这在某种意义上促进了英国议会监察专员制度的"丹麦借鉴"。因此,从效仿对象上看,英国议会监察专员制度的学习模型是丹麦模式,而非瑞典模式。

二、英国议会监察专员制度合宪性的理论争辩

(一)经典的分权理论

在启蒙运动及资产阶级革命时代,权力的分立和相互制约是资本主义近现代宪法的基本原则之一。从形式上看,英国宪法虽没有确立完全的分权原则,但通过确立"议会至上"和"法的统治"两大原则,英国在政权组织形式上也收到了与其他建立"彻底的"分权制的国家同样的效果。① 这即是说,行政机关受议会直接监督,且被要求依法行政,而行政机关所依之"法"的解释和适用权操之于司法机关手中。在这样一个自由、民主的社会中,普通民众对侵害其权利的公共机构(尤其是行政机关)有寻求救济的权利。进而,在这种经典的权力配置模式下,议会和司法机关在控制行政权问题上的作用得到了着力强调。因此,即便议会监察专员属于宪法上一个非明确规定的机构,也是一个非选举性的责任机构,在经典分权理论者眼中,它是分权体制中的一个重要的次级机构,并能在立法、行政或司法机构"三分法"内找到其应有位置。

经典分权论者给议会监察专员找出的第一个栖身之地是"议会的"次级机构。从其设立之日起,议会监察专员的称呼现在虽然多以"Parliamentary Ombudsman"冠之,但其正式的官方称谓仍是"Parliamentary Commissioner for Administration","议会的"始终是该机构的重要前缀。而且,无论是在《议会监察专员法》的制定过程中,还是在《议会监察专员法》规定的职权范围和行使程序中,议会监察专员与议会都有非常紧密的关系,以致它被人们(尤其是政治精英)视为"下议院的勤务员"。此外,在英国学者关于议会专员(Parliamentary Officer)的研究中,议会监察专员被认为是典型的法定议会专员之一(另一典型的法定议会专员是财政监督审计长),其根由即在于它在问责和独立性方面是宪法上监督机构(Watchdogs)的典型,表现为:(1)议会在该专员任命和解职过程中的参与(involvement);(2)一个法定委员会批准其预算并实施监督;(3)一个专门设立的专委会来聆听该专员的报告;(4)独立于公务员的职员队伍。② 但是,不独有学者对这种逻辑提出批评,连议会监察专员本身也强调,下议院专委会经常性的工作是对议会监察专员的工作情况进行整体性的审查评估,极少卷入议会监察专员的个案调查过程中来,③故在绝大部分实际发生的调查过程中,议会监察专员以一种独立、权威的姿态而存在。仅因为议会监察专员与议会的紧密联系就视其为议会的一个"次级"机构(或代理人),这显然是一种过于简单化的分析。

---

① 参见[英]M. J. C. 维尔:《宪政与分权》,苏力译,三联书店 1997 年版,第 306 ~ 309 页。

② See Oonagh Gay, *Officers of Parliament—A Comparative Perspective*, 20 October 2003, pp. 12 – 13.

③ See Michael Buckley, "Remedies, Redress and 'Calling to Account'—Some Myths about PCA", *The Denning Law Journal*, 2012.

经典分权论者给议会监察专员寻找的另一个栖身之地,是"宪法上的行政分支"。这一说法源自于澳大利亚联邦监察专员制度的初步确立之际,考虑到英国与澳大利亚的密切关系,源于澳大利亚的某种理论在英国学界之"池"也能激起一定的"涟漪"。这一说法的基本逻辑是,尽管议会监察专员在个案救济中发挥着重要作用,但它所发挥的这些作用离不开行政机关的配合之"意愿"(willingness)以及行政机关对其工作的通常"尊重"(respect),由此,议会监察专员可被视为行政机关"内化的"(internalized)控制机制。对于这种论调,批评者认为它严重低估了议会监察专员进行政治干预时的独立性、直接向议会报告不良行政的权能,也无法解释议会监察专员作为督促行政机关负责的重要机制之一所拥有的真实的自治性。① 此外,即便是澳大利亚联邦监察专员最初能够被行政机关"内化",时至今日,它的管辖范围和职权早已摆脱这种初始设定,而成为监督行政机关的所有程序和机构中最切近宪法核心问题(责任制问题)的机制,而非能为行政机关内部控制机制所"内化"了的。②

经典分权论者对议会监察专员的另一个设定是"行政小额赔偿法院"。根据卡萝尔·哈洛(Carol Harlow)和理查德·罗林斯(Richard Rawlings)的分析,作为英国《议会监察专员法》立法原型的《怀亚特报告》(Whyatt Report)(《公民与行政——冤屈的救济》)中充斥着对议会监察专员"灭火"(fire fighter)的功能设定:(1)该报告的起草者为约翰·怀亚特(John Whyatt)爵士,他是前新加坡首席法官,而他承接任务的组织——正义联盟(JUSTICE),是一个由律师构成的致力于"保护公民基本权利"的压力集团;(2)《怀亚特报告》承认传统的控权机制存在一个漏洞——司法审查范围有限(不审查不良行政)且费时费力、议会的控制机制(一般性辩论、质询、特别调查活动)并不那么奏效,监察专员即是楔入立法与司法控制"罅隙"的那个楔子;(3)为此,《怀亚特报告》中对议会监察专员的角色设定是一个行政小额赔偿法院(administrative small claims court),或者说普通法院的替代物(court substitute)。③ 由此可见,由于《怀亚特报告》起草者的法律背景、议会监察专员填补漏洞功能之设定、置于内阁责任自治性之下的常设公共调查机制(standing inquiry)之设定,在审计与监督文化流行之前,无论是 JUSTICE,还是下议院,它们对议会监察专员的职能设定主要是个案救济(redress),类似于法院或准司法机构。但正如批评者所指出的那样,无论是议会监察专员的调查程序,还是其调查结果和建议的执行力,都不同于法院。此外,在实践中发生的案例中,上级法院并不像审查下级

---

① See Trevor Buck, Richard Kirkham and Brian Tompson, *The Ombudsman Enterprise and Administrative Justice*, Surrey: Ashgate 2011, p. 17.

② See R. Snell, "Australian Ombudsman—A Continual Work in Progress", in M. Groves and H. P. Lee eds., *Australian Administrative Law*, Cambridge: Cambridge University Press, 2007, pp. 100 – 101.

③ See Carol Harlow and Richard Rawlings, *Law and Administration* (3rd *edition*), Cambridge: Cambridge University Press, 2009, pp. 537 – 538.

法院裁判那样而为,而是认可并尊重议会监察专员在其职权范围内的裁量权。[①] 因此,将议会监察专员视为一个小额赔偿法院进而在司法权力中为其寻找栖身之地,这一做法在理论上是站不住脚的。

由于议会监察专员调查程序和调查行为的独特性,也由于议会监察专员在实践中融合个案救济与系统弊端纠正两种功能的做法,使它成为勾连政治和法律的一个连结点,[②] 这也给经典的分权理论带来严重挑战。在行政集权和监管型国家勃兴的现代社会中,用经典分权理论来"概念化"议会监察专员制度的宪法地位,显然不甚适宜。

(二)修正的分权理论

鉴于议会监察专员在宪法和责任机制中的重要性,越来越多的学者开始对经典分权理论进行修正,提出了所谓的"新分权理论"。在形形色色的新分权理论背后,有两个动向值得关注:一个是从宪法的"第四分支"着眼,将议会监察专员视为整合既有的分散性监督机制的宪法上的"正直分支"(integrity branch);另一动向是在福利国家向监管型国家转变及作为其后果的责任机制的变化中审视议会监察专员的宪法角色。

就前者而言,詹姆斯·J. 斯皮格尔曼(James J. Spigelman)首先认为,"正直分支"关注的焦点不是官员个人正直问题,而是机构的正直性;"正直机构"的作用是保障政府(广义)行为不腐化,这不是简单地说官员们不贪污受贿,而是在更宽泛的意义上说政府官员应妥当履职。进而,在分权制框架下,议会、国家元首、行政机关、法院在其本职工作外都扮演着一定的"正直机构"角色,督促被监督对象廉洁、忠诚地行使职权。就对行政机关的专门监督而言,财政审计机构、独立性的反腐机构、监察专员与申诉处理机构、纠正官员个人作风的机构(1994 年的诺兰委员会)、公共调查都是督促行政机关负责的"正直机构"。[③] 从詹姆斯·J. 斯皮格尔曼的论述来看,他所提出的"正直机构"不是一个机构,而是一系列机构,正是在分权制所形成的"有创意的紧张"(creative tension)中,一种不同于立法、行政和司法的新职能得以形成,成为一国宪法中的重要组成部分。詹姆斯·J. 斯皮格尔曼关于宪法的"正直分支"的论述,得到了英国监察专员制度研究者的重视。在伴随福利国家而逐渐兴起的审计文化(audit culture)的社会思潮作用下,议会监察

---

① 实践中发生的最早的一起提请法院审查议会监察专员行为的诉讼(Re Fletchers Application,1970)中,法院表明了尊重议会监察专员裁量权的态度,此后直到 1993 年,法院才初步表明可对议会监察专员的行为进行司法审查[代尔(Dyer)案],而到目前为止对议会监察专员行为进行审查,唯一成功的案例是鲍尔钦(Balchin)案(但该案中法院的态度也受到学者的批评)。See Fourth Report of PHSO, The Parliamentary Ombudsman—Withstanding the Test of Time, Session 2006 – 2007.

② See Gavin Drewry, "Ombudsmen and Administrative Law-Bright Stars in a Parallel Universe?", *Asia Pacific Law Review*, 2009(3).

③ 斯皮格尔曼虽为澳大利亚学者、法官(新南威尔士州首席法官),但他关于宪法的"第四分支"的观点在英国学界具有一定的影响力。See James J. Spigelman, "The Integrity Branch of Government", *Australian Law Journal*, 2004(11).

专员因为能有效填补议会和司法监督机制之空隙而被认为是英国宪法的"正直分支"的代表性机构,而议会监察专员的实践对行政机关内设的申诉处理机构、其他独立性的监督机构的实践具有示范和引领作用。

就后者而言,第二次世界大战结束以来,英国福利国家建设迈入了新阶段,议会主权原则不断削弱、行政权力扩张成为显著趋势。在权力越来越集中于行政机关的情势下,一方面,英国国民的福利有了长足发展;另一方面,行政权力(特别是裁量行政)侵害公民权利的情形时有发生。随着时间推移,由于下列局限性,由政府直接提供公共服务的福利国家模式越来越难以为继:中央集权的国家在知晓什么是民众最需要的服务方面越来越具有局限性,高度活跃的国家面临越来越大的财政危机,公权力行使者追求私益甚于公益的风险日甚,国家的制度供给(特别是法律)在影响社会经济制度变革上越来越具有局限性。① 于是,20 世纪 70 年代末以来,在私有化、公共服务外包、更大范围与层级的委托立法等因素推动下,英国正经历福利国家向监管型国家的转型,公共服务供给呈现碎片化(分散化)的特征,政府也由"台前"走向了"幕后",更多地担负监督公共服务提供者之责任。为此,大量实际运行相对独立于政府但又旨在实施政府设定目标或政策的非选举性监管机构被创设出来(通过议会立法),以至于弗兰克·魏博特(Frank Vibert)强调说这些非选举性监管机构可以说是体现了一种新的分权原则,②它们大大强化了传统的依赖于议会和法院对行政机关实施控制的机制。但随之而来的问题是,这些非选举性监管机构的大量出现,也使诸如"谁来负责""向谁负责""因为什么而负责"等问题的答案不易找到。根据菲利普·诺顿(Philip Norton)的研究,虽然在最微弱的行为公开到最强有力的限制或推翻被监督对象的行为这两端之间存在消费者、被监管者、法院、政府和议会等主体,但英国至今不存在对这些非选举性监管机构进行统一、持续性监督的机构或程序,以至于英国的监管型国家建设实际上是以一种有风险的方式前行着。③ 在这样的背景下,学者们关注的重点也转向了如何确保这种非政治性的监管体制合法、负责且有效地运行上。④ 由于议会监察专员在 1997 年以来(特别是 2007 年以来)的实践中越来越强调纠正行政系统弊端的功能,它不仅从消极面发挥着审计与监督的职能(fire-watcher),而且从积极面发挥着示范并引导良好行政的职能(fire-preventer),从而成为一个核心的"垂直责任"机制。正是在监管型国家中所发挥的有效督促政府负责之功能(包括监督这些非选举性监管机构),使议会监察专员的宪法地位得到了越来越多学者的

---

① See Colin Scott, "Accountability in the Regulatory State", *Journal of Law and Society*, 2000(1).

② See Frank Vibert, *The Rise of the Unelected—Democracy and the New Separation of Powers*, Cambridge: Cambridge University Press, 2007, p. 12.

③ See Philip Norton, "Regulating the Regulatory State", *Parliamentary Affairs*, 2004(4).

④ See Colin Scott, "Accountability in the Regulatory State", *Journal of Law and Society*, 2000(1); J. Black, "Constructing and Contesting Legitimacy and Accountability in Polycentric Regulatory Regimes", *Regulation and Governance*, 2008(2).

认可。

与经典的分权理论相比,修正的分权理论在论证议会监察专员的合宪性基础方面前进了一大步,该理论结合现代英国经济社会和政治变化所给出的阐释颇具说服力。然而,这些额外的非选举性监管机构(包括议会监察专员)之大量存在所揭示的深层次现象,并非是传统分权体制作为一个"制度"所欠缺的灵活适应性,而是传统分权体制对宪法价值的维护不力。在这个意义上,修正的分权理论,无论是从宪法的"第四分支"出发,还是从监管型国家的责任机制出发去寻找议会监察专员的合宪性基础,仍有一定的局限性,它仍不是一个"彻底的"革新理论。

(三)成长中的独立价值说

在寻找议会监察专员合宪性基础的问题上,修正的分权理论(特别是第二个动向)离开的地方,正是独立价值说的立基之地。正如艾沃因·卡罗兰(Eoin Carolan)所分析的那样,如果说分权制仍是宪法上的一项重要原则,那么与其说它是作为一种"制度"而赢得其宪法地位,毋宁说是分权制所承载的价值才是关键性的问题。① 具体就议会监察专员而言,正是由于该机构在捍卫民众对行政机构所产生预期(expectations)方面所具有的独特功能,才诠释了其合宪性基础。换句话说,作为国民总意承载者的宪法在进行分权制度安排时,给宪法的各个分支(尤其是行政分支)嵌入了民主、法治、责任等价值,当行政机关失于践行这些价值时即构成不良行政,便由议会监察专员对其进行纠正,从而使相关机构和事务各归其位。从表面上看,议会监察专员救济的是不良行为,实际上,议会监察专员救济的是行政机构内嵌价值的失序问题。

正在成长的独立价值说实际上与议会监察专员制度的实践"新"发展有密切关系。在议会监察专员制度的前期运行实践(前 30 年)中,个案救济以及从大量个案中发现系统弊端以促进行政机关更人性化,是议会监察专员主导性的实践。在这样的背景下,议会监察专员更多地被视为一个"替代"机制(just an alternative mechanism)。20 世纪 90 年代中后期以来,议会监察专员有时在群体申诉的情况下选择 4 个模板案例进行调查,并发布主题性的报告,以吸引议会对其他类似案件的关注,"主动性"色彩十分明显,这与"八八宪章"运动及新工党政府上台后审计与监督文化广为流行的趋势密切相关。在这一时期,议会监察专员虽然仍未偏离其中心任务,但其监督和审计色彩渐浓。至 2007 年以来,议会监察专员先后发布了关于个案救济、良好行政、良好的申诉处理等正向引导"三部曲",议会监察专员的独立宪法价值越来越明显。在总结"八八宪章"运动 20 周年之际,理查德·科克汉姆(Richard Kirkham)、布雷恩·汤普森(Brian Tompson)和崔弗·巴克(Trevor Buck)三位学者通过分析议会监察专员在回应"八八宪章"运动核心要求(个案救济、捍卫法治和促进良好行政、公开政府、将政府置于议会控制之下及促进行政

---

① See Eoin Carolan, *The New Separation of Powers—A Theory for the Modern State*, Oxford: Oxford University Press, 2009, p. 2.

责任)上的实践后,强调从民主的视角看,责任机制应将政府行为置于委托立法的民主枷锁之下;从政制的视角看,责任机制应能揭露或预防公共权力的滥用;从吸取教训的视角看,责任机制应让政府有效地践行其承诺。正是因为议会监察专员能够实现这三个目标的"兼得",它才能够成为英国不成文宪法中的"固有之部分"。[①] 同样地,作为正向引导"三部曲"提出者的安·亚伯拉罕(Ann Abraham)在其系列文章中强调,议会监察专员作为配送个人"福利"的正义制度、作为配送公共"福利"的变革代言人、作为矫正过度法律主义视角的人权保障机构、作为督促行政机关负责的重要机制,是英国宪制运行"游戏"中的一个重要"选手",它依其自身能力而获得宪制运行"游戏"的准入资格。[②] 在一个自由、民主的现代社会中,议会监察专员因为能够有效捍卫民众对公共机构预期这一宪法价值,故而有了稳固的合宪性基础。

独立价值说从议会监察专员制度在供给个案救济、人性化行政机关、扮演宪法改革重要"选手"角色、保障人权等方面,论证了议会监察专员制度的合宪性。从表面上看,这种论证方式是一种"综合性的",甚至有些泛泛而论,但实际上,这种论证方式是一种"集中式的""单一性的"。这种论证方式从宽泛和延伸的视角出发,将议会监察专员视为一个常设的、填补现有制度"空隙"的机制:在"空隙"内,该机制就是唯一的"正直分支",能有效地监督行政机关妥当履职;在"空隙"外,它也不仅是一个替代机制,更是一个恰如其分的替代机制(a just alternative mechanism),成为完全不同于议会程序和司法审查程序的解决机制(arm's length of them)。

三、英国议会监察专员制度合宪性的新思考

(一)议会监察专员制度合宪性基础的关键

毋庸置疑,议会监察专员对于传统英国宪法来说,是一个"新事物",前文扼要介绍的三种典型理论体现出学界对这一"新事物"进行概念化的努力。所不同者,经典的分权理论者在恪守经典宪法教义的基础上,试图将这一"新事物"内化至现有理论框架中来,将其视为次于立法、行政和司法三大机构的"低阶"机构。修正的分权论者根据时势的变化呈现一种对议会监察专员机构"升阶"的趋向,无论是从论证宪法的"正直分支"之存在的角度出发,还是从论证非选举性监管机构代表的新的分权模式的角度出发,都表现出在分权制内认可议会监察专员地位的特征,但至于说议会监察专员是否"升阶"至与传统三大权力机构"平阶"的地位,英国学者的现有研究并未给出清晰的回答。成长中的独立

① See Richard Kirkham, Brian Tompson and Trevor Buck, "Putting the Ombudsman into Constitutional Context", *Parliamentary Affairs*, 2009(4).

② See Ann Abraham, "The Ombudsman as Part of the UK Constitution: A Contested Role?" *Parliamentary Affairs*, 2008(1); Ann Abraham, "The Ombudsman and Individual Rights", *Parliamentary Affairs*, 2008(2); Ann Abraham, "The Ombudsman and the Executive: The Road to Accountability", *Parliamentary Affairs*, 2008(3); Ann Abraham, "The Future in International Perspective: The Ombudsman as Agent of Rights", Justice and Democracy, *Parliamentary Affairs*, 2008(4).

价值说表现出跳出分权制框架的特征,从议会监察专员机构本身、宽泛的行政正义体制以及宪法改革过程中思考其合宪性基础,代表了一种新的研究趋向。

总的说来,经典的分权理论所给出的阐释在现代英国政治发展中的说服力已日趋弱化,修正的分权理论和独立价值说成为当前英国学界的主流理论。但问题是,修正的分权理论纵然表现出给议会监察专员"升阶"的趋向,却仍然没有明确该机构在宪法体制内的妥当地位,而英国政治现实中复杂的责任机制"网络"又有使议会监察专员淹没在这一复杂"网络"中之虞。毕竟,无论是"垂直责任"和"水平责任"机制的"二分法",还是"上行责任"、"下行责任"和"水平责任"的"三分法",议会监察专员仅是众多责任机制的一个表现。如果再从科林·司格特(Colin Scott)关于福利国家的责任机制模型、监管型国家责任机制模型(一般模型)、相互依存与制约模型(interdependence model——修正模型之一)、备份模型(redundancy model,修正模型之二)的区分中来审视,则议会监察专员在宪法体系中的位阶可能更会有所降低。① 与之相对,独立价值说在论证目标上旨在证成议会监察专员的独立宪法价值,但因为学者群体和论证方式的宽视域,使独立价值说的证成显示出浓郁的"综合性"色彩,使人不易一目了然地洞察议会监察专员机构在宪制框架中的独特性。

为此,"语境"或许成为我们转换思路的一个立足点。从前文论述可知,英国议会监察专员机构在50余年的发展中,其功能经历了若干大的变化,而这些变化又与同时期英国宪法的变化密切相关。既然议会监察专员制度是英国宪法的"固有之部分",我们首先应当在变迁的英国宪法语境下寻找其合宪性基础。还需注意的是,本文研究既是一个关于历史的追寻,更是一个关于现状的研究,英国当前的政治样态——监管型国家及其责任机制便无可回避,故探寻议会监察专员制度的合宪性基础还需着眼于这一层面。此外,就制度本身而言,督促政府负责和保障人权是英国议会监察专员在实践中"自发"拓展的职能,这一职能在现代英国政治生活中越来越重要,关于议会监察专员制度改革的历次争论均围绕更好地问责、更好地保障人权两个方面展开,故从公民拥有良好行政之权视角出发,有助于深入地探寻议会监察专员机构的宪法地位。因此,从议会监察专员制度本身的"微观"、现代监管型国家的"中观"和变迁的宪法的"宏观"三结合视角出发,是对议会监察专员制度进行合宪性证成的妥当出发点。

(二)议会监察专员制度合宪性基础的三个维度

首先,变迁的英国宪法是议会监察专员制度的"宏观"层面的合宪性基础。虽然英国1997年以来的宪法变革以一种"彻底"变革的面目示人,但在科林·图尔宾(Colin Turpin)和亚当·汤姆金(Adam Tomkin)看来,英国传统宪法及其所确定的政治框架仍没

① See Colin Scott, "Accountability in the Regulatory State", *Journal of Law and Society*, 2000(1).

有发生根本性的变化,即便与1997年之前的那些变革相比也不具有根本性。[①] 与此同时,安索尼·金(Anthony King)在解读"新"英国宪法正在形成的趋势时将这一源头溯及至20世纪60年代,从而间接性地否认了1997年以来宪法变革的根本性。[②] 但无论这些学者对"新"英国宪法提法的反对程度如何,英国宪法确实已经发生了不小的变化。如果我们将目光投向第二次世界大战后的英国,随着福利国家思潮的兴起,政府在提供社会服务和经济管理方面的职责得到大幅扩充,这跟第二次世界大战前形成鲜明对比。于是,在之后的第一个10年中,直接影响公民人身和财产的新的公共管理领域(如医疗保健服务、家庭津贴、职业年金等)广泛存在,形成了一个无所不包的"国家服务"。需要注意的是,在建立这样一个无所不包的"国家服务"体制时,相关立法均规定对公民和这类公共机构之间的纠纷由行政裁判所或部长经过法定调查后裁决,而非由法院裁断。随着此类纠纷解决机制的大量使用,特别是在部分影响巨大的案件[如科里切尔高地(Crichel Down)事件]发生后,对公共权力机构的侵权行为进行有效规制成为民众的普遍呼声。在这样的背景下,弗兰克斯委员会(Franks Committee)对英国的行政裁判所进行了一次系统审查,解决了行政裁判所的"裁判性"定性,明晰了裁判所处理纠纷时的标准(公开、公正、不偏私),但这次审查活动并没有就不良行政和裁量行政侵权构想一个正式的救济机制。当北欧的议会监察专员制度传播到英国时,在旷日持久的引介、评析和论辩中最终成了一项重要的宪法制度安排。这个旨在填补议会监督和司法救济(包括行政裁判所)机制漏洞的制度,正是救济不良行政的一把"利刃"及宪法变迁的直接反映。此后,在议会监察专员制度的发展历程中,宏观的宪法体制每发生重大变化,则必然要反映在议会监察专员的职能变化中。可以说,在20世纪60年代,当议会程序和司法审查在对不良行政进行个案救济"无能为力"时,议会监察专员机构便被创设出来去进行个案救济;在监督和审计文化流行的20世纪90年代,议会监察专员的审计和监督职能便有了用武之地;当良好行政的权利文化勃兴之际,议会监察专员的正向引导职能便得以彰显。因此,作为宪法体制的"嵌入物",议会监察专员制度本身的变化即是变迁的英国宪法的直接反映,而英国宪法的其他变化也会引起议会监察专员制度的进化。

其次,现代监管型国家责任机制的变化是议会监察专员制度的"中观"层面的合宪性基础。英国首位女性议会监察专员安·亚伯拉罕(第八任)在回首1961年《怀亚特报告》(Whyatt Report)时从议会监察专员制度本身、作为行政正义体制的构成部分、作为宪法"游戏"的重要"选手"、与人权保障的关系四个方面回应了该报告的改革设想,并强

---

① See Colin Turpin and Adam Tomkin, *British Government and the Constitution* (7th *edition*), Cambridge: Cambridge University Press, 2012, p. 36.

② See Anthony King, *The British Constitution*, Oxford: Oxford University Press, 2007, chapter 14.

调,时至今日,议会监察专员已然是一个"公正的"替代机制,而非"仅仅是"一个替代机制。[①] 这就指明了:在对不良行政进行个案救济时,由于其不良行政概念、调查程序和后续处理的弹性,议会监察专员表现出比司法审查程序和议员处理程序的优越性;在纠正行政系统弊端时,议会监察专员因为与议会的紧密关系、自身调查活动和改正建议的权威性而显示出在促进行政机关"人性化"、行政正义方面的独特贡献;在督促行政机关负责方面,议会监察专员近些年所进行的正向引导实践对行政机关及其内设申诉处理机构具有引领和示范作用;因为议会监察专员在实践中发挥出来的卓越作用,公民获得良好行政的权利正作为一种新的权利而生成。安·亚伯拉罕关于议会监察专员功能的全方位分析,实际上揭示了在现代监管型国家复杂的责任机制"网络"中议会监察专员机制的独特性。在前文分析中,我们曾提到英国从福利国家向监管型国家转型的现象以及这种现象给责任机制带来的变化。在福利国家体制下,行政机关及其他公共机构直接站在"前台",就其提供公共服务的行为接受议会、法院、监察专员及审计机构的监督;在监管型国家体制下,政府就其政策行为接受议会、法院、监察专员及审计机构的监督,非选举性监管机构就行政行为接受法院、监察专员、审计机构和社会上相关的第三方的监督,公共服务提供者就其提供服务的行为接受监管机构和社会上相关的第三方的监督,从而形成一个复杂的责任机制"网络"。如果按照科林·司格特的思路把责任机制进一步拓展,政府部门、监管机构、公共服务提供者、公共服务的竞争者、相关的第三方、消费者,再加上股东,它们之间就公共服务的供给形成了一个相互依存而又相互制约的多向度、复杂的责任体系。[②] 在这样一个复杂的责任体系中,议会监察专员首先因为是作为非选举性机构的一个构成而成为新分权体制的构成要素,进而获得了修正的分权理论下的合宪性基础;议会监察专员因为在广义的申诉处理机制和广义的监督机制中所发挥的督促政府部门及其他公共机构负责的引领和示范作用,而成为变迁的宪法"游戏"中的重要"选手"。置身于监管型国家的复杂责任体系之中而又表现出一定的超然性,是议会监察专员作为核心的责任机制而获得其宪法地位的根本原因。

最后,捍卫民众对公共权力预期之价值,是议会监察专员制度的"微观"层面的合宪性基础。如前文所述,修正的分权理论的其中一个动向是从宪法的"正直分支"角度诠释议会监察专员的宪法地位。"正直分支"所关注的并非官员个人品行,而是政府机构的忠诚、廉洁、妥当履职。因此,就议会监察专员而言,重要的问题是被授予执行权力的政府部门在作出决定时是否契合了宪法或法律授予该权力之目的(或授予该权力时的内嵌价值)。于是,就消极面而言,当政府部门以一种反于该目的或价值的方式作出决定时,这一决定过程(甚至特定情形下的决定本身)便被定性为不良行政,如果导致不公正结果,

---

① See Ann Abraham, *The Parliamentary Ombudsman and Administrative Justice—Shaping the next 50 years*, JUSTICE Tom Sargant memorial annual lecture, 13 October 2011.

② See Colin Scott, "Accountability in the Regulatory State", *Journal of Law and Society*, 2000(1).

便会在议会监察专员的干预下得到纠正。就积极面而言,"预防始终是优于救治的",为此,英国议会监察专员在2007年的《良好行政之原则》中给出了"良好行政"的标准:摆正自己的位置(Getting it right)、以顾客为中心(Being customer focused)、公开而负责(Being open and accountable)、公正而合理地行为(Acting fairly and proportionately)、让事情各归其位(Putting things right)、不断寻求改进(Seeking continuous improvement)。这个标准不仅用以宣示议会监察专员审查行政过程的尺度,而且对政府部门是重要的指引。在实践中,当《良好行政之原则》发布后,绝大多数政府部门在其内部指引中强调要把它作为制定工作手册的重要参考。在这个意义上,议会监察专员机构不仅因为契合了民主、人权、法治、责任制等宪法精神而"间接地"获得了其宪法地位,而且促成了一种新型权利——获得良好行政权利的萌生和发展。正如安·亚伯拉罕所指出的,在新的《权利法案》起草之际,是时候考虑把获得良好行政的权利作为一项新权利写进法律条文中;进而,该项新权利的内容可通过议会监察专员发布的《良好行政之原则》而获得明确;这项新权利应当赋予其效力,但其效力的实现方式不在于法院的严格适用法律,而是依赖于议会监察专员的日常实践。① 在获得良好行政的权利是一项"自然权利"的时期,议会监察专员通过适用良好行政的那些原则从而在促进公民和国家保持有效、和谐关系中发挥核心作用;如果这一权利成为一种"法定权利",则议会监察专员在优化公民和国家关系方面的作用会得到进一步强化。因此,从消极面上来讲,议会监察专员因监督不良行政而"间接地"捍卫了民众对公共权力的预期;从积极面上来讲,议会监察专员因促进获得良好行政之权利而"直接地"捍卫了民众对公共权力的预期。这是议会监察专员机构成为英国宪法"固有之物"的价值基础。

---

① See Ann Abraham, "Making Sense of the Muddle: the Ombudsman and Administrative Justice (2002 - 2011)", *Journal of Social Welfare & Family Law*, 2012(1).

刑法的象征化与罪刑法定原则的衰颓

刘　祎[*]　张　晨[**]

摘要：风险社会理论催生了风险刑法理论，当刑法成为风险控制的工具，预防风险、确保安全成为刑法目的组成时，刑法的工具化就随之而来，当刑事立法的目的仅是强化规范的有效性或是仪式性的安全保障时，作为刑法的金科玉律兼具宪治功能的罪刑法定原则，离倾覆便为时不远了。而导致罪刑法定原则衰颓，刑法在象征化的方向不断前进的关键成因恐怕是法学的过度政治化或意识形态化，这一演变的开端可追溯至宪法的"政治法化"。

一、刑法的象征化与风险刑法理论

（一）20年来中国刑事立法的象征化

据刘艳红教授之研究，象征性立法这一概念可追溯至20世纪80年代德国及瑞士学者关于立法理论的分析。立法的正当性何在？一部法律除了具备程序合法等形式正当性，是否还要求具备实质正当性。瑞士学者皮特・诺儿指出，立法的核心价值就是提出解决纠纷的理性方法，而不仅是立法过程的正当性。德国学者克雷姆斯指出，如果立法只是为了作一份"规范申明，其规范的目的只是国家期待在社会大众之间形成一定的合法与不法意识，实质上并不想影响任何个人的行为取向"，那么这样的立法就是"象征立法"。可见，象征立法传递的是立法者在特定时空与社会背景下对社会问题的情绪或者价值偏好，而并不发挥"实质的规制效果"；①我国台湾地区学者古承宗也引述类似见解：所谓的象征性立法则是指，面对当代社会冲突的多样性与社会安全需求的快速增加，立法者实际上无意或未能解决问题，而只是仪式性地将社会当时正在形成，或是既成的风险意识纳入立法的脉络，借此强化社会成员关于特定冲突议题的价值判断。同时，也是宣示国家已经有所作为，试图弥平日益高涨的舆论及满足社会期待。② 举例来说，立法者

* 湖北大学政法与公共管理学院副教授，法学博士。

** 湖北大学政法与公共管理学院2018级宪法学与行政法学研究生。

本文系湖北省教育厅项目"凯尔森'纯粹法'理论与中国当代法治的互动"（17Q016）之阶段性研究成果。

① 参见刘艳红：《象征性立法对刑法功能的损害》，载《政治与法律》2017年第3期。

② 参见古承宗：《刑法的象征化与规制理性》，台北，元照出版有限公司2017年版，第118～119页。

优先选择刑法作为解决环境污染、食品安全的手段,背后的真正考量无非是各种经济上、国家财政上,或是选举策略上的理由,而制裁效果严厉的刑法相较其他规范系统则是最省力,且容易满足社会期待的方案。也有学者形容象征性立法为推辞性立法。① 德国学者罗克信就一针见血地指出,象征性立法"不是服务于法益保护。对于保障和平的共同生活不是必要的,但为了谋求刑法之外的目的,就像安抚选民或者表达国家自我姿态的法律规定"。② 综合上述,刘艳红教授归纳了象征性立法的最大特点为"立法是一种对犯罪施以威胁的姿态或情绪"。"象征性立法之所以是象征性的,是因为此种立法不追求刑罚规范的实际效果,而更多地只是为了表达立法者的某种姿态与情绪、态度与立场。"③

经考察德国、日本等国家的象征性刑事立法状况后,刘艳红教授指出象征性刑事立法并非孤立个案而是世界范围内的普遍现象。当"面对这些威胁社会安全的风险,我国也选择了与德日等国极为相似的做法,即试图通过立法实现对风险的管控以摆脱风险;其中,刑事立法走在各项立法之前列,并进行了一些象征性刑事立法"。④ 通过分析我国的9个刑法修正案,刘艳红教授对中国20年来刑事立法中的象征化倾向,作了梳理。⑤

象征性立法之一:恐怖犯罪。近20年来,我国最典型的象征性刑事立法当属恐怖犯罪无疑。我国恐怖犯罪立法从一开始就建立于回应国际国内恐怖犯罪打击需求的基础上,同时也是对国内外反恐呼声高涨的回应;它们向国际社会表达了中国政府坚定的反恐立场和态度,对国内民众则有效传达了我国政府反恐的信心和决心。于是,恐怖犯罪罪名由1997年的1个增加到目前的9个。这些恐怖犯罪立法的特点是,入罪门槛降低,处罚范围扩大,刑罚惩处严厉。

象征性立法之二:网络犯罪。我国网络犯罪如同前述恐怖犯罪立法一样,是刑法"适应犯罪形势变化及其应对的需要,加强对恐怖主义、极端主义犯罪和网络犯罪的惩治"的结果。为了配合打击恐怖犯罪,选择了如同恐怖犯罪一样的立法路径,降低入罪门槛,扩大处罚范围,加强对网络空间安全的治理。

象征性立法之三:环境犯罪。从1997年至今,共有3部刑法修正案对刑法第六章第六节破坏环境资源保护罪进行了修改,新增1个环境犯罪罪名,扩大了6个原有环境犯罪罪名处罚范围。以上3部刑法修正案对环境犯罪立法的象征性极为明显。

(二)当刑法作为风险控制的工具

刑事立法的象征化是与将刑法作为风险管控之工具的想法有紧密联系的。而谈到这一想法,就无法忽视风险社会理论及受其影响的风险刑法理论。

---

① 参见古承宗:《刑法的象征化与规制理性》,台北,元照出版有限公司2017年版,第118~119页。

② [德]克劳斯·罗克信:《刑法的任务不是法益保护吗?》,樊文译,载陈兴良主编:《刑事法评论》(第19卷),北京大学出版社2007年版。

③ 刘艳红:《象征性立法对刑法功能的损害》,载《政治与法律》2017年第3期。

④ 同上。

⑤ 同上。

风险社会理论是由德国社会学家贝克于20世纪80年代所主张的一项社会理论。贝克十分犀利地指出工业社会的技术经济发展逻辑与现代性的后果不仅带来诸多人为危难与社会不平等，更同时衍生了大量难以预测但却影响深远的未知风险，现代社会俨然已经成为风险社会。人类的日常生活不仅处处与风险密不可分，风险彻底渗透人类生活、社会体系、政经结构的各个环节，并成为当代人类社会发展变迁的主要结构与动能。① 基本上，贝克是从后现代角度批判工业社会产生的新弊害，其用意并不在于渲染现代社会已进入朝不保夕的地步，反而是启发人们关注周围存在的可能被忽视的风险，并积极防范风险。尽管对于贝克所指的“风险”究竟为何，“风险”和现实的“危险”之间有多大区别，向来有许多争议，但自从贝克提出“风险社会”概念后，安全便成为头等大事，积极预防一般性风险演变为现实危害与危险，成为刑法体系的首要任务。风险社会使刑法“变成管理不安全性的风险控制工具，并受到社会公共政策的外部策动”。② 刑法由此被定义为保护风险社会稳定的基本前提条件，重点被用来满足安全政策的公共需求，通过禁止危险的方式实现对安全的维护和保障。③ 如此看待刑法的立场，便被冠以风险刑法之名，成为新的法政策主线。刑法学者不约而同地观察到，风险社会促使现代刑法的使命发生“变轨”，应对不确定的风险和维护安全秩序已然成为刑法必须实现的主要目标。换言之，如我国台湾地区学者古承宗所指出的“风险社会实际上需要的只是‘风险微量化’的规范手段，又刑罚与刑法制度也就只能够为了实现此等目的而具有正当性”。④ 于是，当刑法作为风险控制的工具，预防风险、确保安全成为刑法目的要素时，刑法的工具化就随之而来。在刑法的工具性中，象征性立法更贴近于一种对犯罪施以威胁的姿态或情绪。尽管它缺乏明确的法益，但它却可以建立公众对政府的信任和情感，帮助人民寻找安全的精神家园。

二、刑法的象征化对罪刑法定原则的侵袭

（一）罪刑法定原则之解说

我国《刑法》第3条规定：法律明文规定为犯罪行为的，依照法律定罪处刑；法律没有明文规定为犯罪行为的，不得定罪处刑。此条文系罪刑法定原则最直接的表述。罪刑法定，顾名思义，即指“罪”与“刑”都必须以法律明文规定。也就是19世纪著名法哲学家费尔巴哈所表示的“无法律、无犯罪”“无法律、无刑罚”之意。具言之，“无法律、无犯罪”乃指某个行为唯有在国家事先以法律清楚地订定且将其公布为犯罪行为之后，始能够具有刑罚处罚之依据，否则，纵使该行为是如此严重以致造成社会损害而具有处罚之必要性，国家仍不得动用刑罚加以制裁，至于“无法律、无刑罚”则是指不仅某特定行为是否属

---

① 参见古承宗：《刑法的象征化与规制理性》，台北，元照出版有限公司2017年版，第48～51页。

② 劳东燕：《公共政策与风险社会的刑法》，载《中国社会科学》2007年第3期。

③ 参见高铭暄、孙道萃：《预防性刑法观及其教义学思考》，载《中国法学》2018年第1期。

④ 古承宗：《刑法的象征化与规制理性》，台北，元照出版有限公司2017年版，第57页。

于可罚的事实情况须事先以法律明文规定,且有关刑罚的种类以及其处罚的范围也必须事先以法律确定。① 时至今日,现代法治国家莫不将罪刑法定原则确立为最重要的法治基石之一,兼具刑法和宪法意涵,可以说是一则具有人权特质的共通原则。

1. 罪刑法定原则的形塑脉络

罪刑法定原则能成为人权法治原则,大致经历了三个阶段方形塑确定为当代之内容。此一过程包括以下内容。②

(1)罪刑法定原则的滥觞——《大宪章》与《权利请愿书》

罪刑法定原则于文献上最早并具有意义者,一般认为出自1215年英国《大宪章》(Magna Carta)以及1628年的《权利请愿书》(Petition of Right)。其中,《大宪章》第39条规定:“任何自由人非依国家法律及适法裁判,不得逮捕、监禁、流放或处死、剥夺领土与法律的保护。”而《权利请愿书》中限制国王权力的内容,亦被视作罪刑法定原则的前身与滥觞。《大宪章》和《权利请愿书》作为英国宪政发展之里程碑,自无异议,但并不可就此认为英国早至18世纪前便已确立具有现代意味之罪刑法定原则。毕竟,一项理念从萌芽到成熟直至成为制定法上之原则,经历的过程和曲折远不是几页论文可以轻松描述的。

(2)启蒙时代——罪刑法定原则的成熟期

到了17~18世纪的启蒙时代,罪刑法定原则才得以渐趋成熟。启蒙运动带来了宗教改革、自然法思潮的广泛传播、自然科学的蓬勃发展和人本身自由意志的解放,种种因素作用下,人们得以有机会反思启蒙运动之前各个蒙昧黑暗时代中的残酷刑罚,开始讨论和省思刑法的目的和意义。这种反思中较著名者如孟德斯鸠、卢梭、洛克等人提出的政治自由主义和人权理念。其所述启蒙思想在现实中的反映成果——法国1789年《人权和公民权利宣言》,其第8条规定:“任何人非依犯罪之前已经制定公布,且经合法执行之法律,不得处罚之。”罪刑法定原则已然萌生。启蒙思想对罪刑法定原则的塑造作用,早有学者论断:“近代罪刑法定原则之所以能够蓬勃发展,实要拜自由主义与启蒙思想之赐。在省思‘限制国家的权力’以及‘避免滥刑’,追求人身自由与人格尊严的启蒙时代,国家只能透过事前确立的法律才能干预个人自由。”③

(3)罪刑法定原则的成文法化

①规定在刑法典中

法国自1789年的《人权和公民权利宣言》后,于1810年所制定的刑法法典,已经规定了罪刑法定原则,“任何微罪、轻罪或重罪,不得处以在行为违犯之前的法律所未明定

① 参见吴耀宗:《罪刑法定主义:刑法实例问题之思考与解决(二)》,载《军法专刊》2013年第4期。

② 参见林冠毅:《从罪刑法定原则析论中国传统法制》,载《中正大学法学集刊》2015年第1期;吴耀宗:《罪刑法定主义:刑法实例问题之思考与解决(二)》,载《军法专刊》2013年第4期。

③ 李惠宗:《行政法要义》,台北,元照出版有限公司2010年版,第28页。

之刑罚”首开罪刑法定原则制定于刑法法典之先例。

同时,“无法律、无犯罪”和“无法律、无刑罚”的著名法谚,系由德国刑法和法哲学家费尔巴哈所提倡。费尔巴哈乃1813年德意志《巴伐利亚刑法典》之起草人,其将罪刑法定原则明白规定于该部刑法典中。后来,这条规定成为1871年《德意志统一刑法典》中之规定:“一行为唯有其可罚性在行为违犯前已明定于法律者,始得加以处罚。”另外,如意大利、瑞士、德国等国于刑法典中也都相继有此原则之明文规定。德国《刑法典》第1条内容为:“行为之处罚,以行为时之法律有明文规定者为限。”

②规定于国际公约中

进入20世纪,罪刑法定原则开始在国际条约和公约中获得国际社会及组织之承认。一是《世界人权宣言》。联合国大会于1948年12月10日通过此宣言,其第11条第2款为:“任何人在刑事上之作为或不作为,于其行为时依国内法或国际法均不构成罪行者,应不为罪。刑罚不得重于行为时法律之规定。”此被视为罪刑法定原则之规定。二是《日内瓦战俘处理协定》与《日内瓦战时保护平民协定》,此二者皆为1949年所协定,其中《日内瓦战俘处理协定》第99条、《日内瓦战时保护平民协定》第65条皆有罪刑法定原则之条文。三是《欧洲保护人权及基本自由公约》,1950年的《欧洲保护人权及基本自由公约》,简称欧洲人权公约,其第7条第1款即为罪刑法定原则。四是《公民权利和政治权利国际公约》,联合国大会于1966年12月决议通过,并于1967年3月23日生效的《公民权利和政治权利国际公约》,其第15条第1款规定:“任何人之任何行为或不作为,在其发生时依照国内法或国际法,均未规定处以刑罚者,不得据以认定犯罪。所科处之刑罚,不得重于行为时适用之规定,若在行为后依法规定应处以较轻之刑罚者,则应予行为人减刑。”

2. 罪刑法定原则的思想奠基

据我国台湾地区学者吴耀宗之介绍,德国刑法学大家罗克信认为罪刑法定主义与法治思想发展关联密切,后者乃成为建构前者正当性之基础。这些思想基础包括以下内容。

(1)政治自由主义

罪刑法定主义系植根于政治上的自由主义理念。其要求行政与司法必须受到抽象的法律规定之制约。统治者与法官不得恣意地行使刑罚权力,而是仅能依据清楚的法律规定标准而行使。恰如罗克信所言:“如果我们将刑法之可预测性与可估算性或者防止感情用事的个案判决视为德国基本法第103条第2项之目的,如果我们将保护个人自由免予受到法官的恣意作为禁止类推与禁止不明确之人物,那么唯有透过抽象的法律而对国家权力之拘束,始可能确保国家人民的自由不受到政府当权者之迫害。”①

---

① Roxin, AT/1, § 5 Rn. 19。转引自吴耀宗:《罪刑法定主义:刑法实例问题之思考与解决》(二),载《军法专刊》2013年第4期。

(2)民主与权力分立制度

第二个重要的思想基础是权力分立的民主原则。由于刑罚乃是对于个人自由之一种严重侵害,因此,刑罚的前提要件之正当性仅能在于,其系由以最直接的方式而代表人民之机构——经选举出的人民代表所组成的国会来决定。在罪刑法定主义中所体现的是,免除法官造法的作用而将其缩限在法律适用之职务,至于行政则完全排除于决定刑罚的共同作用外,如此,将可防止此一领域之权力滥用。①

(3)一般预防思想

罪刑法定主义之第三个思想根基与刑法理论有关,其根植于费尔巴哈的"心理强制理论"。费尔巴哈不仅提出"无法律、无犯罪""无法律、无刑罚"此一脍炙人口的名言,而且他还附加一项自己独特的刑罚目的观以作为论证基础。申言之,费尔巴哈认为,预设刑罚的目的乃在于威吓、震慑那些潜在的犯罪者,经由刑罚之威吓而使那些可能犯罪的人不敢有所违反,因此,如果所禁止的行为在行为人行为之前尽可能在法律中予以明确规定时,即只应对该等有意的心理决定之人动用刑罚;相反地,如果欠缺一项事先存在的法律规定或者该法律规定本身不清楚,那么便无法产生威吓的效果,因为没有人知道他的行为是否会遭受刑罚。②

针对有人批评费尔巴哈的"心理强制理论"是过时的,罗克信则认为,如果我们希望,刑罚之预设与科处基本上仍有助于强化人民之法忠诚以及在许多个案中根本性地影响人民作出符合规范的行为支配,那么唯有在法律中将可罚行为予以明确地规定,始有可能。倘非如此,刑法想要指示命令社会大众去注意其所规范的事项,即产生形塑刑法意义的效果,这将难以达成。③

(4)罪责原则

罪刑法定主义之另一刑法上的思想基础乃源自罪责原则。按罪责原则要求,刑罚之科处系以罪责为前提,即唯有当行为在其行为之前认识或至少有可能认识到他的行为是禁止的,始能宣判其有罪而得以科处刑罚。由此得出,行为之可罚性应事先以法律明定。④

3. 罪刑法定原则的四大内涵

由罪刑法定原则的本质要求,可以导出其有四大内涵,也可称其为四项个别原则,即禁止类推适用、禁止习惯法、禁止溯及既往以及禁止不明确性的刑法。下面就此四项之内容分别论说。

---

① Roxin, AT/1, § 5 Rn. 20;转引自吴耀宗:《罪刑法定主义:刑法实例问题之思考与解决》(二),载《军法专刊》2013 年第 4 期。

② 同上。

③ 同上。

④ 同上。

（1）禁止类推适用

此项内涵由罪刑法定原则的“严格法”要求导出，即禁止以类推适用创设刑罚或加重刑罚，而且类推适用与法律解释之间必须存有界限。法律规定通常难以尽善尽美，有时乃因为立法者的疏忽或时代之变迁，出现一些应该加以规范而未及时加以规范的法律漏洞，因此，司法者于此时可能使用类推适用的方法加以填补漏洞。但此一做法乃原则上禁止。因为行为人之行为若无刑法条文所能涵盖包摄者，本应该判处无罪，方符合罪刑法定原则。若以类推适用相近似之条文而创制或扩张可罚范围，无异于法官造法。

禁止类推适用亦有例外。一是刑事程序并不及于刑罚权的范围，故通说认为得以类推适用；二是倘若类推适用有利于行为人，并不会恶化行为人的法律地位，则此时对于行为人的类推适用并不违反罪刑法定原则。①

（2）禁止习惯法

由制定法的要求导出禁止借由不成文的习惯法创设刑罚与加重刑罚。罪刑法定原则要求犯罪与刑罚都必须由成文法规定，排除一切习惯法的适用，否则将使人民在行为时无法预见将受到的惩罚，不符合“无法律、无处罚”的核心概念。因此，不同于民法领域——法律未规定者，可参照习惯，习惯可以成为法律渊源之一，在刑法领域中，只能适用成文法，方符合罪刑法定原则。

（3）禁止溯及既往

由事前法的要求得出禁止溯及既往。禁止溯及既往在刑法领域意味着，在法律制定前发生的行为，并不得溯及处罚。无论是行为时该行为并无法律规范处罚，而行为后立法溯及处罚；或者是行为时虽有处罚，然而行为后法律对该行为加重处罚，却溯及将加重行为适用于法律加重处罚前的行为人。这些形态都是使行为人所受的处罚超乎期限行为时之预见，因此，依照罪刑法定原则，皆不允许，除非刑事程序以及不恶化行为人之法律地位的回溯。

（4）禁止不明确的刑法

有论者指出，“罪刑法定原则的真正威胁，并非来自于类推适用，而是来自于不明确的刑法规定”。②

刑法是可罚行为的决定基础，如果立法者使用不明确的、空泛的刑罚构成要件，那么法官便可随心所欲地将其认为应刑罚的各种完全不同的行为予以涵括。如此，将严重动摇法治国家之根基。职是之故，为了让人民事先能够预见到，什么样的行为是禁止的，什么样的行为是容许的，什么样的行为会受到什么样的刑罚之科处，罪刑法定原则同时也要求刑法的规定必须符合明确性。换言之，有关犯罪行为之构成要件与法律效果应该予以充分明确地规定。

---

① 参见林冠毅：《从罪刑法定原则析论中国传统法制》，载《中正大学法学集刊》2015 年第 1 期。

② 林钰雄：《新刑法总则》，台北，元照出版有限公司 2009 年版，第 40 页。

同时,罪刑法定原则所要求的明确性并不是绝对的明确,而是一种相对的明确。即使有关犯罪行为之法律效果并非限定于某一种刑罚种类之绝对的刑度,而是可能同时列举数种刑罚种类并定其处罚之上限或下限,此种相对性的规定,由于行为人在行为前仍然可以预见到此等法律效果之相对性确定,故并不违反罪刑法定原则的要求并且赋予法官一定的裁量空间,还能创发满足个案正义之效果。①

4. 罪刑法定原则的宪治功能

"原则上讲,所有刑法问题都可以从宪法角度来解释"②对历史稍作观察会发现——罪刑法定原则最早便规定在《人权宣言》等宪法性文件中。其联系可以从罪刑法定原则的宪法意义加以说明。"罪刑法定原则的核心目的就是限制司法擅断,从而限制国家权力"③而限制国家权力、保障人权正是立宪主义的基本精神。所以,现代立宪主义都以罪刑法定作为其最基本的内容。德国法学家总结历史经验得出:起源于启蒙运动的罪刑法定原则是"维护自由的工具","在驯化至高无上的主权这条唯一独特的欧洲之路上,罪刑法定原则就是它发起和保护的措施之一"。④

无独有偶,我国刑法学者对罪刑法定原则的宪法意义同样有深刻的理解。宪法学者张翔教授主张,"1997 年刑法修改最终确立罪刑法定原则、取消类推,应该被看作由刑法学者作为主要推动力而进行的一项宪治建设(作为罪刑法定上位原则的法治原则在宪法中的确立,反而是在略晚的 1999 年)"。⑤ 此后刑法学的变化——"刑法学术的中心从立法论转向解释论,刑法教义学开始走向繁荣"——"都与具有宪治价值的罪刑法定原则的确立有直接关系"。⑥

更进一步说,张翔教授基于罪刑法定原则的宪法意义,明确提出罪刑法定原则能够起到宪治之效——"严格依据刑法进行的刑法教义学工作也具有宪治功能。这是因为,刑法教义学的体系越是严谨、细密,越是排除刑法之外的其他因素,越是能够为法官判案提供确定指引,就越能控制国家权力的恣意,越有利于保障自由"。⑦ 具体来说,罪刑法定原则的宪治功能可从如下几点予以说明。

(1)赋予国家刑罚权力以正当性

在国家组织尚未确立时,因为欠缺有效率的司法和警察制度,自力救济与同态复仇便成为保护个人生命、财产的重要手段。当国家政府组织系统确立后,基于复仇所产生的妨害治安及其他附随的不良作用,因而禁止私人报复,转而由特定机关对加害人审判,

① 参见吴耀宗:《罪刑法定主义:刑法实例问题之思考与解决(二)》,载《军法专刊》2013 年第 4 期。
② [德]洛塔尔·库伦:《论刑法与宪法的关系》,蔡桂生译,载《交大法学》2015 年第 2 期。
③ [德]埃里克·希尔根多夫:《德国刑法学》,江溯、黄笑岩等译,北京大学出版社 2015 年版,第 217 页。
④ 同上书,第 198 页。
⑤ 张翔:《刑法体系的合宪性调控》,载《法学研究》2016 年第 4 期。
⑥ 同上。
⑦ 同上。

处以刑罚，至此时期，国家刑罚权得以出现。对于国家刑罚权的正当性或需要性，理论上的解说，较著名者有社会契约理论和马克思主义的民主契约国家观。

17～18世纪，西方社会契约理论诞生，该理论在解释国家刑罚权时，认为人类为了生存的需要，相互缔结社会契约，个人之间应互相尊重，不可侵害他人。如果违反契约，而危害社会共同生活者，应受制裁。由国家行使制裁，因而国家具有刑罚权。时至今日，西方的社会契约理论已发展为与国家学说合为一体。多数情况下，契约论成为现代国家学说的一个隐性前设。转至国家学说乃论，国家拥有主权，主权对内最高、对外独立。主权的行使可依事务性质区分为各种不同的公权力，如行政、立法和司法权等。国家刑罚权源自于国家主权，立法机关设定行为可罚的范围与程度，司法机关依据立法者所设定之标准与范围，从事审判工作，就具体案件予以认定。无论立法或司法，都应该对犯罪人科处与其违法行为、罪责相当的刑罚，一方面，满足社会大众的正义感；另一方面，公正的处罚也要符合对等正义与分配正义。①

马克思主义的民主契约国家观，系不同于西方社会契约理论的另一条理论路径。在马克思看来，国家是建立在社会生活和私人生活、公共利益和私人利益相冲突与协调的基础上的，因此，国家“必须实现法律的、伦理的、政治的自由，同时，个别公民服从国家的法律也就是服从自己本身理性的即人类理性的自然规律”。国家生活也“只是人权、个人权利的保证，因此，它一旦和自己的目的即这些人权发生矛盾，就必须被抛弃”。② 职是之故，罪刑法定原则乃是符合马克思主义民主契约法律观，能够保证国家“实现法律的、伦理的、政治的自由”的公共理性之体现。

（2）防止权力滥用和保障人权

学者刘幸义认为，罪刑法定原则的一项主要思想内涵，就是必须经由立法机关制定刑事法律，明确界定刑罚权的范围。法定刑罚权范围意指，国家刑罚权的范围必须以法律明定。就防止滥用刑罚权而言，借由立法机关制定刑事法律，以确定刑罚权的范围，法律条文内容明确，才不至于被任意解释，出入人罪。防止刑罚权被滥用，不只是防止被法官滥用，尤其是要防止政治权力之滥用。

至于保障人权之效，刘幸义解说为：“凡行为没有法律规定要处以刑罚，就不构成犯罪。既然不构成犯罪，则在任何情形之下，不得施以刑事处罚。罪与刑明确规定在刑法条文内，使社会成员知道，自己做了什么行为会成立犯罪，而且会受到如何的处罚。法官审理刑事案件时，不能由无生有，把不是犯罪的行为当做犯罪；也不能由轻变重，超过法定范围之外，且自己加重处罚。因为明定国家刑罚权的范围，保障人民没有犯罪时不受刑事追诉，即使犯罪也不受滥刑处罚，由此而产生保障人权的功能。”③

---

① 参见刘幸义：《法律推论与解释》，台北，翰芦图书出版有限公司2015年版，第298页。

② 《马克思恩格斯全集》（第1卷），人民出版社1965年版，第129页、第440页。

③ 刘幸义：《法律推论与解释》，台北，翰芦图书出版有限公司2015年版，第299页。

(3)司法的具体化功能

刘幸义教授认为,既然"罪刑法定原则要求立法者必须把国家刑罚权的范围,预先以制定法的方式加以确定",但"就整体的法律实务而言,立法只不过是其中一部分,除此之外,尚有司法与监狱等行政执行部分。法律条文具有一定程度的抽象性,决定其具体化过程的关键人物,就是法官与检察官。司法官(广义包括法官与检察官)的解释法律,也是属于确定国家刑罚权不可或缺的一环"。[①] 换言之,要落实罪刑法定原则,立法工作只是一部分,包括司法解释、监狱执行在内的法条具体化工作都应看作罪刑法定原则要求的内容。如此,罪刑法定原则也发挥着创制法规范和提出法律职业人士忠于法律的诫命要求。

(二)刑法的象征化与罪刑法定原则的倾覆

"罪刑法定原则是刑法的铁则。""之所以如此强调罪刑法定原则,不仅因为对该原则的违反会破坏法治、侵害国民自由,而且因为该原则容易被违反。事实表明,只要发生人心冲动的案件,只要权力机关认为必须惩罚某些行为,罪刑法定原则就面临着被违反、被抛弃的重大危险。"[②]当罪刑法定原则遭遇象征刑法,会导致何种结果或判断,按照前述对象征刑法(刑法的象征化)之讨论——"象征立法作为一种纯粹的规范声明,目的不论是在强化规范的有效性宣称或是仪式性的安全保障,最深层的用意其实是指向:'国家欲透过立法活动实现其他隐藏其中的规范目的。'而这样的象征性特征将使得法无法取得实质的正当性基础"。[③] 因此,当刑事立法的目的切换为国家的政策目标、隐藏的规范目的时,罪刑法定原则离"跌倒"也就相距不远了。现实是,已有刑法学者通过研究指出当前刑事立法的象征化给我国罪刑法定原则带来的冲击。据刘艳红教授的研究,"恐怖犯罪、网络犯罪与环境犯罪,是二十年来我国象征性刑事立法的典型代表"。[④]

以恐怖犯罪为例,近年来关于惩治恐怖主义的刑事立法,就立法目的而言,"是为了有效应对极端主义,铲除滋生恐怖主义的思想基础,强化政府权威与基层治理,从而符合维护集体安全的反恐刑事政策目标与安全刑法的价值诉求"。[⑤] 在对这一立法目的给予充分的理解与尊重的情形下,如果"立法上设置没有明确内涵和确定外延的开放构成要件……这恐怕不是妥当的做法"。换言之,无论出于何种立法目的,刑法的制定、修改及其解释都应符合罪刑法定原则。进一步说,不得与罪刑法定原则的四大内涵相抵触矛盾。而恐怖犯罪的若干刑事立法却欠缺明确性。"刑法的明确性是罪刑法定原则的基本要求,其既对立法者提出了制定内涵明确、外延确定的实定刑法条文的要求,又反对立法

① 刘幸义:《法律推论与解释》,台北,翰芦图书出版有限公司2015年版,第300页。

② 张明楷:《简评近年来的刑事司法解释》,载《清华法学》2014年第1期。

③ 古承宗:《刑法的象征化与规制理性》,台北,元照出版有限公司2017年版,第68~69页。

④ 刘艳红:《象征性立法对刑法功能的损害》,载《政治与法律》2017年第3期。

⑤ 梁根林:《刑法修正:维度、策略、评价与反思》,载《法学研究》2017年第1期。

者制定缺乏概括性以至于沦为具体裁判命令的刑法条文。”[①]据此对照,《刑法修正案(九)》中个别条文有违罪刑法定原则。据梁根林教授研究分析如下。[②]

《刑法修正案(九)》增设了利用极端主义破坏法律实施罪,将“利用极端主义煽动、胁迫群众破坏国家法律确立的婚姻、司法、教育、社会管理等制度实施”的行为直接入罪。本罪显然是一个构成要件内涵更加不明确、适用范围更加没有边际的“口袋罪”。作出这一判断的依据在于,极端主义概念内涵和外延的模糊性以及破坏对象范围的广泛性。该修正案没有界定极端主义的含义,从《反恐怖主义法》第4条第2款“国家反对一切形式的以歪曲宗教教义或者其他方法煽动仇恨、煽动歧视、鼓吹暴力等极端主义,消除恐怖主义的思想基础”的表述,隐约可见立法者对极端主义的界定。但是,一方面,该条款并非对极端主义的明确定义,而只是对极端主义主要表现的概括列举;另一方面,较2001年签署的上海合作组织《打击恐怖主义、分裂主义和极端主义上海公约》第1条关于极端主义的定义,该条款突破了公约对极端主义必须具有目的的政治性(“旨在使用暴力夺取政权、执掌政权或改变国家宪法体制”)和手段的暴力性(“通过暴力手段侵犯公共安全”)的要求。此外,《刑法修正案(九)》概括列举了利用极端主义破坏的对象,包括国家法律确立的婚姻、司法、教育和社会管理等制度。这些法律制度,特别是社会管理制度,具有极其广泛的范围,几乎囊括了基层治理的方方面面。在极端主义概念本身非常模糊、内涵和外延不确定的情况下,对本罪的对象作如此宽泛的列举,必将使本罪几乎可以实现对基层日常社会治理的全覆盖。

此一欠缺明确性的立法,对法治的破坏后果,则可能体现为“司法实践如果按照三段论演绎推理模式机械适用法条,可能使得本罪的干预范围过度扩张;如果根据处罚必要性限缩适用本罪,却由于缺乏具体的参照标准,而可能导致司法者恣意裁判”。[③]

同样属于恐怖犯罪立法的《刑法》第120条之六非法持有宣扬恐怖主义、极端主义物品罪,也存在欠缺明确性的漏洞。2017年四川警方公布了一起涉恐案件,嫌疑人郭某将其下载的部分暴恐视频上传至其QQ空间,在其使用的电脑中发现带有宣扬恐怖主义、极端主义照片的视频文件19个,照片5张,音频文件7个。本案被公安机关以触犯《刑法》第120条之六为由移送检察院起诉。但“问题是《刑法》第120条之六非法持有宣传恐怖主义,极端主义物品罪的成立要求情节严重,而如何认定和把握情节严重,刑法条文既无明确规定,也无相关司法解释加以说明。司法机关仅仅根据郭某电脑中的5张照片、19个视频文件和7个音频文件,即认为郭某非法持有宣传恐怖主义、极端主义物品情节严重,并以此罪名移送起诉,无疑令人质疑”。“在此,罪与非罪的界限并不清晰”。[④]

---

① 梁根林:《刑法修正:维度、策略、评价与反思》,载《法学研究》2017年第1期。

② 同上。

③ 同上。

④ 刘艳红:《二十年来恐怖犯罪刑事立法价值之评价与反思》,载《中外法学》2018年第1期。

刘艳红教授在梳理20年来恐怖犯罪刑事立法的特征后,得出这样的判断:"面对严重的恐怖犯罪,刑事立法似乎倾向于淡化罪刑法定原则的自由保障机能而更加强调国家与社会安全之保护,刑法日渐成为控制严重扰乱社会、国家秩序行为的工具以及为援助打击恐怖犯罪的各类国际国内政策提供辅助性支持的工具。"①

除了刑事立法欠缺明确性会破坏罪刑法定原则外,部分关于刑法的司法解释也在以类推适用和溯及既往的方式对罪刑法定原则釜底抽薪。

2013年9月,最高人民法院、最高人民检察院颁布了《关于办理利用信息网络实施诽谤等刑事案件适用法律若干问题的解释》(以下简称《解释二》)。《解释二》第5条第2款规定:"编造虚假信息,或者明知是编造的虚假信息,在信息网络上散布,或者组织、指使人员在信息网络上散布,起哄闹事,造成公共秩序严重混乱的,依照刑法第二百九十三条第一款第(四)项的规定,以寻衅滋事罪处罚。"《刑法》第293条第1款第4项规定的行为内容是"在公共场所起哄闹事,造成公共场所秩序严重混乱"。司法解释的这一规定将编造、散布编造的网络虚假信息及其组织、指使行为解释为起哄闹事的寻衅滋事犯罪行为,在刑法学界引起了较大争议。刑法学家中陈兴良和张明楷两位教授对该项解释持否定立场,皆认为违反了罪刑法定原则。

陈兴良教授直言:"《解释二》将编造虚假信息,或者明知是编造的虚假信息,在网络散布,或者组织、指使人员在网络上散布行为解释为起哄闹事,对其以寻衅滋事罪论处,确实存在违反罪刑法定原则之弊。"②具言之,在我国刑法中,只有《刑法》第291条之一规定了编造、故意传播虚假恐怖信息罪。也就是说,只有编造、传播的是虚假恐怖信息才构成犯罪。如果编造、传播其他虚假信息并没有规定为犯罪,而只是《治安管理处罚法》第25条规定的"传播谣言"的治安违法行为。但《解释二》第5条第2款实际上将网络传谣这种《刑法》没有规定的行为,利用起哄闹事这一中介加以转换,定性为寻衅滋事罪。这是以司法解释造法。③ 尽管相关人员指出:"网络空间属于公共空间,网络秩序也是社会公共秩序的重要组成部分。随着信息技术的快速发展,信息网络与人们的现实生活已经融为一体,密不可分。维护社会公共秩序是全体网民的共同责任。一些不法分子利用信息网络恶意编造、散布虚假信息,起哄闹事,引发社会公共秩序严重混乱,具有现实的危害性,应以寻衅滋事最追究刑事责任。"④但这一解释并不能令人信服。陈兴良教授认为,网络传谣和起哄闹事有本质区别。(1)起哄闹事的起哄具有语言的刺激性与煽动性。起哄闹事中的起哄是以语言为工具的,这里的语言是指刺激性的、煽动性的言论,而并不

① 刘艳红:《二十年来恐怖犯罪刑事立法价值之评价与反思》,载《中外法学》2018年第1期。

② 陈兴良:《寻衅滋事罪的法教义学形象:以起哄闹事为中心展开》,载《中国法学》2015年第3期。

③ 同上。

④ 戴佳:《保护公民合法权益　促进网络健康发展——最高人民法院、最高人民检察院有关部门负责人答记者问》,载《检察日报》2013年9月10日,第3版。

包括虚假性的言论。即便在某些起哄闹事行为中包含了一些虚假信息，行为人也并非以此欺骗他人，而是为了煽动受众服务的。而虚假性的言论目的是使他人上当受骗。由此可见，网络谣言不具有起哄的性质。(2)起哄闹事具有行为的当场性与当面性。起哄闹事中的闹事是以一定方式招揽观众，形成群体性聚集，从而破坏公共场所秩序。因此，起哄闹事型的寻衅滋事具有公然犯的性质，是当场和当面进行的。而网络空间的特点决定了其网络传谣行为不具有当场性和当面性。(3)起哄闹事与公共场所秩序遭受破坏之间具有共体性与共时性。但网络传谣行为不会造成信息系统以及其中的特定公共场所空间秩序混乱。①

张明楷教授亦从五个方面论证了该司法解释的不合理之处。第一，《刑法》第 293 条第 1 款第 4 项在两处使用“公共场所”概念，前者是指行为发生的场所，后者是指结果发生的场所，二者显然具有同一性。但是，该解释“居然将刑法明文规定的‘造成公共场所秩序严重混乱’这一要件直接表述为‘造成公共秩序严重混乱’放弃了行为发生场所和结果发生场所同一性的要求”。第二，公共空间不等于公共场所，人们所称的“网络空间”事实上并不等同于现实空间。第三，“公共场所”是公众可以在其中活动的场地、处所，或者说，是公众可以自由出入的场所。这里的“自由出入”并不是指言论的自由出入，而是指身体的自由出入。公众虽然可以在网络空间发表言论，但其身体不可能进入网络空间。“将公共场所提升为公共空间，将公共场所秩序提升为公共秩序。如同将刑法条文中规定的‘妇女’提升为‘人’的概念一样，属于典型的类推解释。”第四，与刑法分则其他条文使用的“公共场所”概念相比，也会发现公共场所只能是公众身体可以进入的场所。第五，《刑法》第 293 条第 1 款第 4 项所规定的“造成公共场所秩序严重混乱”显然是指一种物理秩序的混乱，在网络上散布虚假信息的行为，虽然可能导致人们的心理秩序混乱，但不会直接引起物理秩序的混乱。②

所以，该司法解释存在的致命性问题在于，“把规制物理空间的行为的刑法规定适用于规制网络空间的言论，这是类推解释而不是扩张解释”，③如前述，罪刑法定原则的四大内涵之一为禁止类推。由此，陈兴良教授最终判断：“《解释二》将编造虚假信息，或者明知是编造的虚假信息，在网络散布，或者组织、指使人员在网络上散布行为解释为起哄闹事，对其以寻衅滋事罪论处，确实存在违反罪刑法定原则之弊。”④

禁止不利于行为人的溯及既往，也是罪刑法定原则的重要内容之一。我国《刑法》第 12 条规定了从旧兼从轻原则，旨在禁止不利于行为人的溯及既往。但是，在 2011 年 2 月 25 日通过了《刑法修正案(八)》之后，“两高”的司法解释出现了溯及既往的内容。具言

① 参见陈兴良：《寻衅滋事罪的法教义学形象：以起哄闹事为中心展开》，载《中国法学》2015 年第 3 期。

② 参见张明楷：《简评近年来的刑事司法解释》，载《清华法学》2014 年第 1 期。

③ 陈兴良：《寻衅滋事罪的法教义学形象：以起哄闹事为中心展开》，载《中国法学》2015 年第 3 期。

④ 同上。

之,最高人民法院2011年4月25日作出的《关于〈中华人民共和国刑法修正案(八)〉时间效力问题的解释》中与禁止令和限制减刑有关的内容违反了罪刑法定原则。前者使新的禁止令规定可以溯及既往,对于被判处管制或宣告缓刑的被告人来说,明显不利,不能认为对被告人作出了"从轻"判决。《刑法》第12条所规定的从旧兼从轻原则,不仅适用于刑罚处罚,而且适用于刑法所规定的非刑罚处罚与保安处分。相关人员以禁止令不是刑罚为由而溯及既往,缺乏说服力。[①] 后者关于限制减刑的规定是因为,一方面,明显延长了羁押时间,是不利于行为人的规定;另一方面,采取从旧兼从轻原则时,应当根据新旧刑法规定的内容比较处罚的轻重,而不能就个案的处理结果比较处罚的轻重。[②]

三、罪刑法定原则衰颓之关键成因

笔者认为,法学的过度政治化和意识形态化是导致罪刑法定原则"跌倒"、被轻易违反的关键原因。刘艳红教授曾将当今中国刑法学研究领域中活跃派别分类为两大派——政法法学派和教义法学派。对于前者,刘教授评价为"这个学派过多地强调政治因素,过多地将政治的、社会的、历史的等因素吸纳进刑法研究之中",尽管"政法法学欲将政治与法治融为一体,但起主导作用的仍是政治"。[③] 这对法学意味着"在中国,政治对法律的理解被凝结在'政法'这个概念中,至少在具有政治意义的社会领域法律仍然被政治统帅"。[④] 换言之,政法法学派的学者并无法持守法学的独立性,在笔者看来,与其说是在研究刑法,勿宁说是在研究政治对刑法的影响。也因为政法法学派自中华人民共和国成立以来一直作为刑法学研究领域的主流,"这一派学者紧跟国家政治发展与民主立法,对我国刑法的制定与修改,反恐怖法、反间谍法、网络信息安全法等众多刑事法或与刑事治理有关法律的制定奉献很多,重大领域的刑事立法活动基本上都能见到他们的身影"。[⑤] 相应地,当刑法领域的政法学派积极投身刑事立法时,在政治挂帅下,将某种政治目标或价值意识形态灌注入刑法中,也就不足为奇、顺理成章了。如刘艳红教授所言,"当我们办理刑事案件讲究社会效果与法律效果的统一、民意与法意的统一时,刑法的形式性可能就会因此而服务于实质性,教义法学的体系与逻辑的完整性可能就会服务于政法法学的社会与案件的具体需求,抽象正义让位于个案正义,法律稳定性让位于社会稳定性。总之,政法法学使法律判断承当了过多的政治判断、社会判断和后果裁量的负担,从而最终损害了法治"。[⑥]

刑法学的政治化和意识形态化绝非个案,从宪法(学)和刑法(学)关系乃论,追根溯

---

① 参见张明楷:《简评近年来的刑事司法解释》,载《清华法学》2014年第1期。

② 同上。

③ 刘艳红:《刑法学变革的逻辑:教义法学与政法法学的较量》,载《法商研究》2017年第6期。

④ 伍德志:《欲拒还迎:政治与法律关系的社会系统论分析》,载《法律科学》(西北政法大学学报)2012年第2期。

⑤ 刘艳红:《刑法学变革的逻辑:教义法学与政法法学的较量》,载《法商研究》2017年第6期。

⑥ 同上。

源，刑法中不必要的过度政治化和意识形态倾向都可以上溯至宪法（学）本身。宪法作为控制法律的法律，母法、根本法、国内法律秩序的顶点，既决定了其他部门法下位法的产生条件及程序，也影响甚至限定了其他法律的价值内容。从这一点出发，若无宪法（学）的政治化和意识形态化，岂有其他部门法的政治化。

俯瞰宪法学发展史可知，长期以来占据宪法学主流的方法论是非规范论的。林来梵教授曾这样描述它："它具有两面性，这两个方面是具有一定的关联性的，而且彼此之间还具有一定的递进关系：一方面，它在马克思主义理论的影响下，将宪法现象倾向性地理解为一种社会现象，甚至是一种政治现象，并对其进行把握，由此，自然进入了社会科学意义上的宪法学范畴之中；另一方面，它又基于政治意识形态的要求，致力于对现实中的实定宪法进行解说性的阐明，以完成正当化的政治话语。这是我国迄今为止宪法学的主流。"①而这一主流的宪法学方法论对宪法学之独立的法学品格和立宪主义精神在中国的根植，却是无益的。就此观点，细说起来有如下分析。

首先，在宪法是什么、宪法本质论上，主流方法仅把宪法作为一种实然的社会现象或者政治现象来考察，忽视了将其作为一种规范现象来加以考察的必要性。"它没有解释宪法应该是什么，没有从规范层面来解释宪法。"尽管"它很敏锐地洞察'是什么'的问题，但往往忽略'应该是什么'的问题。它的应然结论时常是从实然描述中直接推导出来的。""他们对宪法的本质是什么的理解，缺乏规范主义、立宪主义的立场。""在这样偏狭视角下，他们当然不会去全面地把握宪法的思想基础，特别是没有把握宪法当中应当具有的立宪主义精神。"②

其次，由这种非规范主义产生的解说性宪法理论，"它所得出的解说性的结论实际上针对法意义上的问题之解决来说，必然是没有实效性的，因为它只告诉你'是什么'，而没有告诉你应该怎么样，为此基本上自觉地放弃了问题解决的功能，最后就等于达到了维护现状的目的，实际上就是维护旧有体制，最终使要维护的对象得到正当化。至于这样一个体制里面产生的问题怎么办，它不会去关心，而是通过其他的途径去解决"。"这就不需要宪法学去解决，宪法学无缘置喙"。③

严格来说，这种将宪法"政治法化"——以某种特定的政治利益或政治信念作为学术思考或学术表达的预设前提——的法学方法论：一来，它会忽视宪法应当具备的立宪主义精神，使宪法丧失独特价值而"跌落"为修辞术；二来，它无法助力我国产生类似日本芦部信喜宪法学那样的法教义学体系。

诚如刘艳红教授的判断："法治的建立虽然需要政治的决断和判断，……作为部门法

---

① 林来梵：《宪法学的方法和谋略》，载林来梵：《剩余的断想》，中国法制出版社 2007 年版，第 313 页。

② 林来梵：《宪法学讲义》，法律出版社 2015 年版，第 58 页。

③ 林来梵：《今日宪法学：方法与机遇》，载林来梵：《剩余的断想》，中国法制出版社 2007 年版，第 331 页。

学的刑法学科应告别政法法学,实现教义法学,这是我国刑法变革的必由之路。"[①]但刑法欲从政法法学变革至教义法学,并无法单兵突破,仍然仰赖宪法学的辅助,从宪法和部门法的关系出发,没有宪法学整体的法教义化,教义刑法学成为坚定的主流会很艰巨,当前"政法法学极为旺盛的活力与重要的地位,导致其与刑法教义学之间的较量一直都存在且远未结束,从某种意义上讲,前者可能还更有优势"。[②] 从宪法这一端来看,近年来,大量价值意识通过各种路径影响宪法学的独立品格,某些不容置疑的政治判断直接成为宪法规范内容,政治宪法学派和宪法教义派的论战也未有停息,种种现象体现出——宪法欲摆脱"政治法"的肤色,回归规范主义,把宪法不仅看作社会现象或政治现象,而且主要看作一种规范现象来进行研究还十分艰难。政治化的宪法、象征化的刑法,成为我国改革开放以来法治建设中一个醒目的特征。

① 刘艳红:《刑法学变革的逻辑:教义法学与政法法学的较量》,载《法商研究》2017 年第 6 期。

② 同上。

《共同纲领》与“五四宪法”之比较

——对中国社会科学院大学政法学院2018级学生作业的总结

马　岭*

内容提要：在《共同纲领》颁布70周年之际，教师在法学院一年级的作业中要求同学们就《共同纲领》与“五四宪法”进行比较。有同学比较了《共同纲领》与“五四宪法”的总体框架，如对《共同纲领》与“五四宪法”的“序言”“总纲”“国家机构”“公民基本权利和义务”等章节和条文进行了结构性比较，更多的同学则围绕《共同纲领》与“五四宪法”的政体及其各国家机关的性质、地位、职权等领域展开，集中讨论了国家最高权力机关及其常设机关、国家元首、中央人民政府等内容，对从《共同纲领》到“五四宪法”的权力板块及其权力格局的调整，其权力中心是否转移、权力监督制约机制的改进等问题各抒己见。同学们普遍认为，《共同纲领》具有新政权建立之初的过渡性、临时性等特征，国家权力框架相对简单，这是当时的形势所致，“五四宪法”则在各方面都更细致和完善了，如在政体方面有更清晰的建构，对于全国人大以及各国家机关的性质职权有了比较明确的规定，国家权力框架更合理。

在中国社会科学院大学政法学院大学一年级的宪法课上，期末的卷面考试成绩占总成绩的70%，平时作业（一般是一篇小论文）占30%。巧遇《中国人民政治协商会议共同纲领》（以下简称《共同纲领》）颁布70周年，教师出的论文题目是“《共同纲领》与‘五四宪法’中的政体之比较”，同时鼓励大家围绕这一主题选择更小的角度，也允许脱离这一主题选择自己更感兴趣的话题。从上交的42份作业来看，有31位同学是围绕这一主题写的，多数同学对两部宪法中的各国家机关作了多方面的比较，少数同学选择了其中一点进行论述。虽然同学们的写作方法还很稚嫩，学术水平有待提高，但综合来看，大家通

* 中国社会科学院大学政法学院教授。

本文为2018年度国家社会科学基金重点项目“‘重大改革于法有据’理论与实践研究”（项目编号18AFX001）、北京市政治文明建设研究基地课题“我国传统法律文化中的可借鉴因素之分析”（项目编号2019ZZWM006）的阶段性成果。

过对《共同纲领》与“五四宪法”的反复阅读,熟悉了文本,对其中国家权力的比较是较全面的(当然还不够深入),同时用自己的眼睛发现了一些新问题,这些都值得充分肯定。①

一、《共同纲领》与“五四宪法”总体结构的比较

《共同纲领》由中国人民政治协商会议(以下简称政协)于1949年9月通过,通常被认为是过渡性质的宪法性文件,起临时宪法的作用。“五四宪法”“以共同纲领为基础,又是共同纲领的发展”。② 它们分别是各自时期的最高级别法律文件,都具有根本法的地位。

许多同学都发现,《共同纲领》和“五四宪法”在文本结构的设置上存在相同和不同的地方,《共同纲领》由“序言”和七章共60个条文组成,每章的条文安排为:第一章“总纲”11个条文,约占全部条文总量的18.3%;第二章“政权机关”8个条文,约占全部条文总量的13.3%;第三章“军事制度”6个条文,占全部条文总量的10%;第四章“经济政策”15个条文,占全部条文总量的25%;第五章“文化教育政策”9个条文,约占全部条文总量的15%;第六章“民族政策”4个条文,约占全部条文总量的6.7%;第七章“外交政策”7个条文,约占全部条文总量的11.7%。除第二章规定的“政权机关”外,其余6章基本都是纲领性条款。“五四宪法”由“序言”和四章共106条构成,每章的条文安排与比例为:第一章“总纲”20个条文,约占全部条文的18.9%;第二章“国家机构”64个条文,约占全部条文总量的60.4%;第三章“公民的基本权利和义务”19个条文,约占全部条文总量的18.9%;第四章“国旗、国徽、首都”3个条文,约占全部条文总量的2.8%。《共同纲领》中占篇幅最大的是第四章“经济政策”(25%),“五四宪法”中占篇幅最大的是第二章“国家机构”(60.4%)。

《共同纲领》最初的名称是《中国人民民主革命纲领草稿》,起草工作在周恩来的主持下,由中共中央统战部部长李维汉具体负责。李维汉联系了多方社会贤达,在1948年10月27日完成了《中国人民民主革命纲领草稿》第一稿,1949年9月进入最后的修改定稿阶段,并正式更名为《中国人民政治协商会议共同纲领》,③所以《共同纲领》是一部完全由我国的政治精英们自主构思编写的法律文件,是基于我国的现实需要主动制定的,以此为基础建立了过渡性质的政权体系,“同时兼备了纲领性与宪法性两种特征”。

相形之下“五四宪法”多少有一点被动性,“与斯大林提议中国召开人大制定宪法有直接联系,因为中国人民政治协商会议对全国人民的代表性是不如全国人大的”。由此,“五四宪法”受到了苏联较大的影响,如“五四宪法”的章节构造和苏联的1936年《宪法》非常相似,苏联1936年《宪法》的章节构成为“社会结构”“国家结构”“苏维埃社会主义共和国联盟最高国家权力机关”“加盟共和国最高国家权力机关”“苏维埃社会主义共和

① 本文注释中的引文基本上来自同学们的作业,但笔者有所补充和完善。

② “五四宪法”中的“序言”第3自然段。

③ 参见张岩:《〈共同纲领〉诞生的台前幕后》,载《党史纵横》2010年第9期;任严:《共同纲领与我国的根本政治制度》,载《中国人大》2010年第10期。

国联盟国家管理机关”“加盟共和国国家管理机关”“苏维埃社会主义自治共和国最高国家权力机关”“地方国家权力机关”“法院和检察院”“公民的基本权利和义务”“选举制度”“国徽、国旗、首都”“本宪法修改程序”共13章,因为苏联的联邦制性质,所以宪法中有许多“苏维埃社会主义共和国”“加盟共和国”一类的规定,如果将其纳入“国家机构”一章中,就基本只剩下了“社会结构”“国家机构”“公民的基本权利与义务”“国旗、国徽、首都”,和我国“五四宪法”的4章(“总纲”“国家机构”“公民的基本权利与义务”“国旗、国徽、首都”)颇为类似。再仔细看,苏联宪法中的社会结构与我国的“序言”“总纲”基本相同,所以我国“五四宪法”的篇章结构大体仿照了苏联1936年《宪法》的布局。

(一)《共同纲领》与“五四宪法”中“序言”的比较

《共同纲领》与“五四宪法”都有“序言”,有同学对两个“序言”部分进行了比较。发现“五四宪法”中“序言”的设置,在结构上继承了《共同纲领》,如“序言”的开头部分都确认了人民革命取得伟大胜利的事实,阐述了我国当时的政治状况,陈述了国家政权的正当性。不同的是,《共同纲领》的“序言”中没有国家总任务的相关规定,它将总任务分散在各章的具体条文中,如第四章“经济政策”中的第26条规定了经济建设总任务和根本方针:“中华人民共和国经济建设的根本方针,是以公私兼顾、劳资两利、城乡互助、内外交流的政策,达到发展生产、繁荣经济的目的。”第六章“民族政策”中的第50条规定了处理民族关系的目标:“中华人民共和国境内各民族一律平等,实行团结互助,反对帝国主义和各民族内部的人民公敌,使中华人民共和国成为各民族友爱合作的大家庭。”第七章“外交政策”中的第54条规定了外交方面的总任务和原则:“中华人民共和国外交政策的原则,为保障本国独立、自由和领土主权的完整,拥护国际的持久和平和各国人民间的友好合作,反对帝国主义的侵略政策和战争政策。”而“五四宪法”则将总任务集中在“序言”中,如“序言”第2段规定:“国家在过渡时期的总任务是逐步实现国家的社会主义工业化,逐步完成对农业、手工业和资本主义工商业的社会主义改造。”第5段规定:“我国的民族团结将继续加强。国家在经济建设和文化建设的过程中将照顾各民族的需要,而在社会主义改造的问题上将充分注意各民族发展的特点。”第6段规定:“在国际事务中,我国坚定不移的方针是为世界和平和人类进步的崇高目的而努力。”

(二)《共同纲领》与“五四宪法”中“总纲”的比较

《共同纲领》与“五四宪法”都有“总纲”,其内容都是对后文的总括性表述,大致是从国家性质、阶段任务、经济制度和政策、民族政策、武装力量、外交政策等方面规定的。如《共同纲领》第1条规定:“中华人民共和国为新民主主义即人民民主主义的国家,实行工人阶级领导的、以工农联盟为基础的、团结各民主阶级和国内各民族的人民民主专政,反对帝国主义、封建主义和官僚资本主义,为中国的独立、民主、和平、统一和富强而奋斗。”第2条规定:“中华人民共和国中央人民政府必须负责将人民解放战争进行到底,解放中国全部领土,完成统一中国的事业。”第3条规定:“中华人民共和国必须取消帝国主义国家在中国的一切特权,没收官僚资本归人民的国家所有,有步骤地将封建半封建的土地所有制改变为农民的土地所有制,保护国家的公共财产和合作社的财产,保护工人、农民、小资产阶级和民族资产阶级的经济利益及其私有财产,发展新民主主义的人民经济,稳步地变农业国为工业国。"第9条规定:"中华人民共和国境内各民族,均有平等的权利和义务。"第10条规定:"中华人民共和国的武装力量,即人民解放军、人民公安部队和人民警察,是属于人民的武力。其任务为保卫中国的独立和领土主权的完整,保卫中国人民的革命成果和一切合法权益。中华人民共和国中央人民政府应努力巩固和加强人民武装力量,使其能够有效地执行自己的任务。"第11条规定:"中华人民共和国联合世界上一切爱好和平、自由的国家和人民,首先是联合苏联、各人民民主国家和各被压迫民族,站在国际和平民主阵营方面,共同反对帝国主义侵略,以保障世界的持久和平。"

"五四宪法"与之大同小异,如其第1条规定:"中华人民共和国是工人阶级领导的、以工农联盟为基础的人民民主国家。"第3条规定:"中华人民共和国是统一的多民族的国家。各民族一律平等。禁止对任何民族的歧视和压迫,禁止破坏各民族团结的行为。各民族都有使用和发展自己的语言文字的自由,都有保持或者改革自己的风俗习惯的自由。各少数民族聚居的地方实行区域自治。各民族自治地方都是中华人民共和国不可分离的部分。"第6条第1款规定:"国营经济是全民所有制的社会主义经济,是国民经济中的领导力量和国家实现社会主义改造的物质基础。国家保证优先发展国营经济。"①第20条规定:"中华人民共和国的武装力量属于人民,它的任务是保卫人民革命和国家建设的成果,保卫国家的主权、领土完整和安全。"《共同纲领》中的有些条文在"五四宪法"中变换了位置,如《共同纲领》第四章"经济政策"中的部分条文(第26条关于经济建设的方针、第28条关于国营经济、第29条和第38条关于合作社经济、第30条关于私营企业)被移放到"五四宪法"中的"总纲"第5~15条中,等等。

(三)《共同纲领》与"五四宪法"中公民权利义务部分的比较

有同学专门对《共同纲领》与"五四宪法"中的公民权利义务部分进行了比较。《共同纲领》在"总纲"部分的第4~6条规定了人民的权利,第8条规定了国民的义务,第9条则专门提及关于少数民族的权利与义务。"仅就条款的数量和分布来看,《共同纲领》在立法技术和重视程度上无疑有一定欠缺,但其中的人民权利条文尽管数量较少,然而内容却较为全面,如第5条规定:'中华人民共和国人民有思想、言论、出版、集会、结社、通讯、人身、居住、迁徙、宗教信仰及示威游行的自由权'囊括了十一项人民的基本权利。"至于"五四宪法",其公民权利义务部分没有放在"总纲",而是设置了专章——第三章"公民的基本权利与义务",并增加到19个条文,"展开了更加准确细致的描述"。"五四宪法"基本保留了《共同纲领》关于基本权利方面的规定,同时根据5年来社会发展实际,进一步发展了基本权利的内容与类型,如增加了平等权、劳动权、休息权、物质帮助权、受

---

① 关于经济制度的规定还有第7条关于合作社经济、第8条关于农村个体经济、第9条关于其他非农业的个体经济、第10条关于资本主义工商业经济等条文。

教育权、科研文艺创作权等权利，《共同纲领》的第5条在“五四宪法”中扩展为4个条文，[①]第6条在“五四宪法”第96条中进一步细化了。[②] 从《共同纲领》中的“总纲”5条规定到“五四宪法”以单独一章呈现的19条规定，“充分体现了我国立宪技术的改进以及对公民权利保护的重视程度的提升”。

还有一个重要变化是，《共同纲领》规定的权利主体为“人民”，义务主体为“国民”，“五四宪法”规定的权利义务主体均为“公民”，“这实际上是淡化了权利主体的阶级性色彩”。对权利及义务主体的重新界定（或者说是权利主体的范围扩大）深受苏联1936年《宪法》的影响，苏联1936年《宪法》的一大特点便是其规定的权利完全没有附带条件或者限制，[③]认为所有的公民都是积极的、所有公民都享有平等的权利。[④] 这一平等特征集中表现在其第123条第1款的规定：“苏联公民，不分民族和种族，在经济的、国家的、文化的社会—政治的生活各方面，一律平等，这是确定不移的法律。”同时，苏联1936年《宪法》还贯彻了“基本权利与基本义务相一致”的观念，《苏联宪法教程》指出：“苏联公民当然不仅有权利，而且还有义务。……因此，也强调基本权利与基本义务的不可分关系。……在苏联不可能有仅负义务而不享有权利的公民，也不可能有仅享权利而不负任何义务的公民。”[⑤]这一观念也被“五四宪法”所接纳。正是由于受苏联1936年《宪法》的这些影响，“使得我国‘五四宪法’在关于‘公民权利与义务’这一章的条款中突破了阶级性这一局限”，放弃了人民是权利主体，国民是义务主体的规定，“这也是‘五四宪法’相较于《共同纲领》的一大进步”。

（四）《共同纲领》与“五四宪法”政体部分的文本框架之比较

《共同纲领》中关于国家政体的内容为第二章“政权机关”，共8条，1129个字，占《共同纲领》总字数的18.4%。这8条“简要规定了过渡时期的人民代表大会制度及其实施

---

① 《共同纲领》第5条关于思想、言论、出版、集会、结社、通讯、人身、居住、迁徙、宗教信仰及示威游行权的规定，在“五四宪法”中被分解为第87条，即“中华人民共和国公民有言论、出版、集会、结社、游行、示威的自由。国家供给必需的物质上的便利，以保证公民享受这些自由”。第88条规定：“中华人民共和国公民有宗教信仰的自由。”第89条规定：“中华人民共和国公民的人身自由不受侵犯。任何公民，非经人民法院决定或者人民检察院批准，不受逮捕。”第90条规定：“中华人民共和国公民的住宅不受侵犯，通信秘密受法律的保护。中华人民共和国公民有居住和迁徙的自由。”但删去了“思想自由”（这可能和苏联1936年宪法没有规定思想自由有关）。

② 《共同纲领》第6条规定：“中华人民共和国废除束缚妇女的封建制度。妇女在政治的、经济的、文化教育的、社会的生活各方面，均有与男子平等的权利。实行男女婚姻自由。”“五四宪法”第96条规定：“中华人民共和国妇女在政治的、经济的、文化的、社会的和家庭的生活各方面享有同男子平等的权利。婚姻、家庭、母亲和儿童受国家的保护。”

③ 从苏联1936年《宪法》第118～128条的规定来看，“对公民权利的规定无任何权利但书，同时未对权利主体作出任何限制”。如第119条规定：“苏联公民有休息的权利”；第121条规定：“苏联公民有受教育的权利”等。

④ 参见《斯大林文选》（上），人民出版社1962年版，第93页。转引自程乃胜：《论五四宪法的国际化和本土化——对五四宪法与苏联三六宪法的比较研究》，载《当代法学》2005年第2期。

⑤ ［苏联］M. P. 加列瓦：《苏联宪法教程》，梁达、石光等译，五十年代出版社1950年版，第229页。

方法,粗略描绘出我国建国初期国家机关的设置、权力、组织原则”,但并没有直接规定各机构的具体职责、运作方式、任期等,也就是说,《共同纲领》对政权机关的规定限于最基本的原则和框架。有同学认为,《共同纲领》中对国家机构的规定太过简单,很多关于国家机构和国家机关方面的规定、事宜等都是由《中央人民政府组织法》来补充的,二者配合才能构成完整的政体图谱,这在一定程度上削弱了《共同纲领》的根本法地位。

“五四宪法”中的国家机构与《共同纲领》一样被放置于正文第二章,凸显了其重要性。不同于《共同纲领》的是,“五四宪法”在“国家机构”一章用了整整64个条文,5846个字,占整部宪法字数的61.0%,规定条款和文字的数量都以一种几何倍数增长。该章内容包括《共同纲领》的第二章“政权机关”和《中央人民政府组织法》,分6节对我国各政权机构进行了规范和细化,涉及各国家机关的性质、组织原则、运作方式、职能、任期以及各机构之间的关系等。不仅版块的数量增加了(如增加了“国家主席”一节),各个版块的大小也发生了变化,如“全国人大”在“共同纲领”中仅有2个条文,但在“五四宪法”中则设置了专门一节,共18条。显然,在政体的整体设计方面,“五四宪法”要比《共同纲领》更详细周全,整体的建构也更完善,“无论是条文绝对数目还是相对全文所占比重,‘五四宪法’在国家机构这一板块的规定量都远超《共同纲领》,其重要性可见一斑”“‘五四宪法’才真正体现了宪法组织国家政权这一最重要的职能”。

二、《共同纲领》与“五四宪法”政体内容的比较

许多同学都认为,无论是《共同纲领》,还是“五四宪法”都强调了人民的主体地位,都规定了国家的一切权力属于人民,即二者规定的国体是相同的,但在二者规定的政体是否一致上,则出现了一定分歧。①

① 有同学对《共同纲领》与“五四宪法”进行了词频统计,发现“人民”“中华人民共和国”是两部文件中都名列前三的关键词;不同之处在于,《共同纲领》中似乎没有重点提到如“人大”“人大常委会”“法院”“检察院”“国家主席”等具体的国家机关,而更多的是“经济”“民主”“事业”这样的宏观概念(见表1)。

表1 对《共同纲领》与“五四宪法”的词频统计

关键词	词频	关键词	词频
人民	93	全国人民代表大会	53
政府	47	中华人民共和国	64
中华人民共和国	37	人民	43
经济	29	人民代表大会	28
中央	22	委员会	36
中央人民政府	17	公民	31
民主	15	全国人民代表大会常务委员会	22
事业	17	主席	25
机关	16	民族	23
民族	14	国务院	23

（一）《共同纲领》与"五四宪法"中政体的相同点

大部分同学认为，《共同纲领》与"五四宪法"中的政体在本质上是相同的，理由主要有三点。首先，二者都确立了人民代表大会制度为根本的政治制度。如《共同纲领》第12条第1款规定："中华人民共和国的国家政权属于人民。人民行使国家政权的机关为各级人民代表大会和各级人民政府。各级人民代表大会由人民用普选方法产生之……"；"五四宪法"第2条第1款规定，"中华人民共和国的一切权力属于人民。人民行使权力的机关是全国人民代表大会和地方各级人民代表大会"。因此，《共同纲领》与"五四宪法"所规定的政体架构在理论上均是以全国人民代表大会为核心，"人民代表大会制度是我国的根本政治制度"这一共识由《共同纲领》沿袭到了"五四宪法"。其次，民主集中制的政权组织原则从未改变。《共同纲领》第15条规定："各级政权机关一律实行民主集中制……"；"五四宪法"第2条第2款也规定："全国人民代表大会、地方各级人民代表大会和其他国家机关，一律实行民主集中制。"①这一政权组织原则体现在两部宪法规定的国家机构的运行关系没有太大差异，"国家机构之间相互协作，单向监督，形成了以人民代表大会为最高权力机关、从它向下监督的机构体系"。各国家机关彼此之间"协调大于制约"是二者的共同特征。最后，政体的板块大致相同。《共同纲领》与"五四宪法"皆规定了以下国家机关：全国人大，中央人民政府，审判机关、检察机关等，②"五四宪法"中增加了"国家主席"一节，对"中央人民政府"作了重新界定，对军事机关作了较大调整，但这些并不构成基本板块的变化。因此，"总体上看二者确认的是同一类型的政权体制"，二者"虽有结构上的一些差别"，但"其体制总体而言没有变化"，都"正式确认了人民代表大会制度"。③

（二）《共同纲领》与"五四宪法"中政体的不同点

几乎所有同学都承认，《共同纲领》和"五四宪法"确认的政体是有差别的，分歧在

---

① 有同学指出，二者规定的民主集中制原则的位置有所不同：《共同纲领》是在第二章"政权机关"第15条规定的这一原则；而"五四宪法"则是在第一章"总纲"第2条就作出了规定。鉴于"总纲"的重要地位，"五四宪法"将民主集中制原则提前到"总纲"中作出规定，"可见其地位的提升，也反映了国家领导阶层对于政体建构的更深层次的理解"。

② 该表述不够准确，审判机关、检察机关在《共同纲领》中并未出现，而是由《中央人民政府组织法》规定的。

③ 同学们没有说透的是，《共同纲领》和"五四宪法"最大的相同点在于都确认了中国共产党的领导，但其表述有所不同，《共同纲领》在"序言"中的表述是："由中国共产党、各民主党派、各人民团体、各地区、人民解放军、各少数民族、国外华侨及其他爱国民主分子的代表们所组成的中国人民政治协商会议，就是人民民主统一战线的组织形式。""五四宪法"在"序言"中的第1段和第4段的表述是，"中国人民经过一百多年的英勇奋斗，终于在中国共产党领导下，在1949年取得了反对帝国主义、封建主义和官僚资本主义的人民革命的伟大胜利，因而结束了长时期被压迫、被奴役的历史，建立了人民民主专政的中华人民共和国"。"我国人民在建立中华人民共和国的伟大斗争中已经结成以中国共产党为领导的各民主阶级、各民主党派、各人民团体的广泛的人民民主统一战线。"

于,多数同学认为这只是程度的差别,而少数同学认为二者之间存在根本性的差别,如《共同纲领》并"没有真正建立起人民代表大会制度",其对于人民代表大会制度的表述"不甚清晰",当时"中央人民政府一直都是实际意义上的权力机关,而这与人民代表大会制度有所冲突""由全国人民政治协商会议暂时替代全国人大,是不完全的人民代表大会制度""《共同纲领》不是真正意义上的宪法,其政体结构具有一定的临时性、过渡性,表现出较强的集中性",甚至有同学认为,"五四宪法""重新构建了国家机构体系""二者在权力中心、国家元首等方面均存在差异","五四宪法规定了一套不同于以前的全新政治体制"。

关于政体的差异主要围绕五个方面展开。

1.政体中的国家核心权力机关是谁?众所周知,我国人民代表大会制度与三权分立制度最重要的区别在于,人民代表大会制度确认了人大系统是整个政体的主干,其地位高于同级的其他国家机关,它产生、监督、制约这些机关。

《共同纲领》第12条第1款规定:"……人民行使国家政权的机关为各级人民代表大会和各级人民政府……",而"五四宪法"第2条第1款规定:"……人民行使权力的机关是全国人民代表大会和地方各级人民代表大会。"一些同学认为,在此,国家权力机关发生了重大变化,《共同纲领》中的人大和政府"两个机构处于平列地位",人大并不具有唯一的"至上性"。尤其是在1949~1954年应当普选产生的全国人大由于条件限制并没有产生,当时的中央人民政府实际上是行使最高国家权力的机关,这一点体现在它享有的广泛职权中。

(1)构建其他国家机关的权力。《中央人民政府组织法》第5条规定,中央人民政府委员会组织政务院、人民革命军事委员会、最高人民法院、最高人民检察署。这些国家机关的成员都是由中央人民政府委员会自己产生的。① 按照当时的体制,中央人民政府是所有最高国家机关的总和——它组织的政务院统揽最高行政权,它组织的人民革命军事委员会统辖最高军事权,它组织的最高人民法院和最高人民检察署行使最高审判权和检察权。这些机关之间互相平行,但它们都共同存在于中央人民政府的框架下。

(2)立法权与法律解释权。依据《共同纲领》第13条第2款,代行全国人大职权的政协只拥有对《中央人民政府组织法》的制定权,而根据该法第7条规定,中央人民政府委员会有权"制定并解释国家的法律,颁布法令,并监督其执行","说明中央人民政府委员会本身具有很大的立法权(除《共同纲领》、《中国人民政治协商会议组织法》和《中央人

---

① 《中央人民政府组织法》第7条第9项规定,中央人民政府委员会有权"任免下列各项政府人员:甲、任免政务院的总理、副总理,政务委员和秘书长、副秘书长,各委员会的主任委员、副主任委员、委员,各部的部长、副部长,科学院的院长、副院长,各署的署长、副署长及银行的行长、副行长。乙、依据政务院的提议,任免或批准任免各大行政区和各省市人民政府的主席、副主席和主要的行政人员。丙、任免驻外国的大使、公使和全权代表。丁、任免人民革命军事委员会的主席、副主席、委员,人民解放军的总司令、副总司令,总参谋长、副参谋长,总政治部主任和副主任。戊、任免最高人民法院的院长、副院长和委员,最高人民检察署的检察长、副检察长和委员"。

民政府组织法》之外的一切法律)";其第31条还规定:"本组织法的修改权,属于中国人民政治协商会议的全体会议;在全体会议闭会期间属于中央人民政府委员会。本组织法的解释权属于中央人民政府委员会。"

(3)国家的代表权和领导权。《中央人民政府组织法》第4条规定,"中央人民政府委员会对外代表中华人民共和国,对内领导国家政权。"这说明中央人民政府委员会具有国家元首的地位。

(4)重大问题决定权。《中央人民政府组织法》第7条规定中央人民政府委员会有权"废除或修改政务院与国家的法律、法令相抵触的决议和命令","批准或废除或修改中华人民共和国与外国订立的条约和协定","处理战争及和平问题","批准或修改国家的预算和决算","颁布国家的大赦令和特赦令","制定并颁发国家的勋章、奖章,制定并授予国家的荣誉称号"。

可以说,国家最高权力机关表面上是未召开全国人大之前的政协,实际上是中央人民政府,它才是国家最高权力的中心,其性质是二元化甚至三元化的,既立法,又执法和司法。还有同学认为,准确地说,最高权力机关并不是"中央人民政府",而是"中央人民政府委员会","中央人民政府虽然是名义上的最高机关,却没有具体的法律规定对其职权进行落实。它是整个中央政权机关,相当于今天我国的国家机构,类似于一个框架,简单地将各个国家机关包含在内,其自身没有任何实际权力,也不能对其内部机关形成制约"。因此,这里存在权力转移的问题:《共同纲领》中并没有规定中央人民政府委员会的地位与职权,而是在《中央人民政府组织法》中通过一系列规定,使中央人民政府委员会成了最高权力机关。有同学提出,这种最高权力由"中央人民政府"到"中央人民政府委员会"的转移理应由《共同纲领》来规定,再由《中央人民政府组织法》细化,而不应由《中央人民政府组织法》这样的次位阶法律进行最高权力的转移。

相形之下,"五四宪法"规定人民行使权力的机关是"全国人民代表大会和地方各级人民代表大会",只有人大一个系统,只承认全国人大是最高国家权力机关,从《共同纲领》到"五四宪法",人民行使国家权力的机关不再有各级人民政府,①有同学因此认为"五四宪法"中的政体,"其权力中心发生了转移""实现了从人民代表大会与人民政府共权到人民代表大会独立掌权的过渡,是在根本上对于人民代表大会制度的实践","五四宪法"才真正"为中国的政体夯实了基础"。

2. 国家权力的来源发生了变化。人民代表大会制度的本意是人民通过选举将管理国家的权力交给国家权力机关,《共同纲领》与"五四宪法"虽然都对此作出了规定,但其中的选举条款其繁简有明显不同。《共同纲领》第12条规定:"……各级人民代表大会由人民用普选方法产生之……"。这条极为简单,仅是一条原则,完全没有提及具体的选举

① 个别同学认为,《共同纲领》将其全国人大定性为"国家最高政权机关",而"五四宪法"将其定性为"最高国家权力机关",这"并不是仅仅改变了全国人大的称谓,更是改变了这个代表机关的性质和法律地位"。

程序,而在当时的形势下,“普选产生代表的方法可操作性实际上是较低的”。现实中的情况是,由于解放战争还在进行,社会秩序并不安定,在全国范围进行普选的各项条件不成熟,选举没有进行。《共同纲领》第13条第2款规定:“在普选的全国人民代表大会召开以前,由中国人民政治协商会议的全体会议执行全国人民代表大会的职权……”,但政协成员并非公民选举产生,这在一定程度上削弱了政协的民意代表性。有同学提出,政协代替全国人大的依据是什么?应当怎么代行?全国人大理应享有的立法权、最高决议权、最高任免权和最高监督权等基本权力,为什么全国政协在代行其职权时,只是部分拥有?这是否是因为政协通过的《共同纲领》无法称为真正的宪法而只能起“临时宪法”作用?……同时,许多同学对此表示理解,认为政协代行全国人大职权是当时的一个必然选择,是符合历史现实的。中华人民共和国成立之前,面临的是一个百废待兴的景况,通过人民选举产生人民代表大会的成本在当时过高,通信手段、交通工具都不发达,还面临着西藏、台湾尚未解放……种种原因都决定了政协会议作用和地位的合理性。“新政协的自我授权情有可原”,政协“这种把先进人士吸纳到政府队伍的做法,帮助国家度过了最艰难的初期阶段”,是“一种具有中国特色的精英协商的政治体制”。①

“五四宪法”对各级人大的选举方式则作了明确规定,并设计了直接选举和间接选举相结合的较切实可行的方案,其第56条第1款规定:“省、直辖市、县、设区的市的人民代表大会代表由下一级的人民代表大会选举;不设区的市、市辖区、乡、民族乡、镇的人民代表大会代表由选民直接选举。”更具体的相关程序由《选举法》规定。1953年3月1日《选举法》颁布实施,“1953年到1954年进行了中国历史上规模空前的普选工作”,人民的选举权开始实现了,“全国人民政治协商会议的全体会议还权全国人民代表大会的时机到来了”,“这是我们中国共产党根据自身的执政规律以及社会、国情发展规律,摸索出来的一套正确的、科学的还权方案”。从此,政协由代行最高权力的机构变成了“咨议机构”,最高权力的“代行”现象由此结束。全国人大作为国家最高权力机关应运而生,此时的权力机关才“真正具有唯一性和至高无上性”,通过选举产生的各级人大使“人民代表大会制度真正建立起来”,普选的人民性“使得政体和国体真正地相匹配”。

3.最高权力机关的常设机关有所不同。“人民代表大会和政协开会的时间都不是很长,那么就出现了人民代表大会和政协会议闭会期间权力由谁来行使的问题,《共同纲领》和‘五四宪法’对此的规定也不相同。”《共同纲领》第12条第2款规定:“国家最高政权机关为全国人民代表大会。全国人民代表大会闭会期间,中央人民政府为行使国家政权的最高机关。”在政协代行全国人大职权期间,最高权力机关的常设性机关不是政协全体会议闭幕后代行其职权的机关——其常设性的政协全国委员会,而是中央人民政府。

① 有关精英制定《共同纲领》,参见徐一萍:《〈共同纲领〉与五四宪法之比较》,载《法制博览》2018年第6期。

由于政协开会的时间短，闭会时间长，①这一时期国家的最高权力实际上集中在中央人民政府，“显然《共同纲领》将中央人民政府放在了一个很高的地位上”，“作为常设机构的政府实际上具有了对国家权力的绝对控制权”。而“五四宪法”却明确规定：“全国人民代表大会常务委员会是全国人民代表大会的常设机关。”“在全国人民代表大会闭会期间，部分职权由全国人民代表大会常务委员会行使。”此即在全国人大闭会期间的权力机关，《共同纲领》规定的是“中央人民政府”，而“五四宪法”规定的是“全国人大常委会”。由此可见，人大闭会期间的权力机关由政府转移到了人大自己的常设机构（人大常委会），“真正落实了人民代表大会制度”。

“五四宪法”确认的全国人大常委会，作为全国人大的常设性机关与1949年的全国政协常设机构全国委员会不同，它是最高国家权力机关的重要组成部分，在全国人大闭会期间行使最高国家权力，如它有主持全国人大代表的选举、召集全国人大会议、解释法律、制定法令、决定同外国缔结的条约的批准和废除、决定特赦、监督一府两院、规定和决定授予国家的勋章和荣誉称号、决定战争状态的宣布等一系列实权，②可以在最高国家权力机关闭会期间充分发挥作用，保证人大制度正常有效运转。而全国政协的常设机构全国委员会，即使在1949～1954年，也只是统一战线的组织形式。③

4. 权力版块以及权力格局的调整。有同学认为，“五四宪法”颁布以后，政体的一大变化是中华人民共和国主席的设立，这是一个“全新的国家机关，是国家的代表和象征”，这一改变“进一步完善了国家的政治体制”。在《共同纲领》中虽然也有主席，但那是中央人民政府委员会的主席，是某个国家机关的代表，本身并不具有独立性。也就是说，国家主席是整个国家的代表，是一个独立的国家机关，中央人民政府主席则只存在于中央人民政府委员会这一机构中。

更为重要的是，“五四宪法”规定：“全国人民代表大会是行使国家立法权的唯一机关”“国家最高立法权与最高行政权的分立”是国家领导体制发生的最深刻变化，改变了

---

① 笔者补充一下，实际上作为最高协商形式的政协会议（具有立法权、选举权和决议权）历史上仅开过一次，即1949年的政协全体会议。《中国人民政治协商会议组织法》第6条规定，“中国人民政协全体会议，每三年开会一次”，但第二届全体会议到1954年12月才召开，期间只召开过一届政协的常设机构全国委员会的会议（1950年、1951年、1953年）。参见《第一届全国政协历次会议》，载新华网2004年3月2日。

② 参见“五四宪法”第31条。

③ 《中国人民政治协商会议组织法》第13条规定：“在中国人民政协全体会议闭幕后，设立全国委员会，其职权如下：一、保证实行中国人民政协全体会议及全国委员会的决议；二、协商并提出对中华人民共和国中央人民政府的建议案；三、协助政府动员人民参加人民民主革命及国家建设的工作；四、协商并提出参加中国人民政协的各单位在全国人民代表大会代表选举中的联合候选名单；五、协商并决定下届中国人民政协全体会议的参加单位、名额及代表人选，并召集之；六、指导地方民主统一战线的工作；七、协商并处理其他有关中国人民政协内部合作的事宜。”可以看出，政协全国委员会的职权基本上是建议、协助性的，性质上仍然是“统一战线的组织形式”，而不是国家最高权力机关的常设性机关，更像是一个辅助全国政协和中央人民政府工作的咨议性组织。

中华人民共和国成立以来效仿苏维埃政权的“议行合一”的模式。① 同时,还确立了它的常设机关——全国人大常委会,“这是先前所没有的”。在职能方面,《共同纲领》中的“中央人民政府委员会”的职权大多转移到了“五四宪法”中的“全国人大及其常委会”手中,二者的职能基本上都包括立法权、任免权、决定权、监督权等。② 简言之,“五四宪法”带来的变化不仅是全国人大地位的上升及其常设机关的设立,而且其权力格局也发生了变化。③

“五四宪法”确立的全国人大地位的至上性,并非像《共同纲领》中的中央人民政府那样把其他机构纳入自己的体系,而是行政权、检察权、审判权分别由政府、检察院、法院独立行使,这些机关只是由人大产生,对人大负责并受人大监督,“而不是人大直接对它们进行领导”;它们在行使各自权力的时候,人大除依法监督外也不得干涉,“这样的改变是具有进步性的”。

许多同学认为,《共同纲领》时期的政体是一种“议行合一”的体制,立法权、行政权、司法权和检察权同属于中央人民政府,“中央人民政府是典型的议行合一体制”,④也有同学对此提出了异议,认为中央人民政府并不属于严格意义上的“议行合一”,因为“在中央人民政府内部,立法权、行政权、军事权、司法权分属中央人民政府委员会、政务院、革命军事委员会、最高人民法院和最高人民检察署,在这些机关之中,依然采取立法权高于行政权、司法权的模式,在这些机关之上,并没有另一个全体性的机构(如中央人民政府全体会议或中央人民政府大会)将它们联系起来。如果仅仅因为10名第一届政务院

---

① 参见李格:《从〈共同纲领〉到〈中华人民共和国宪法〉——以1954年国家与政府领导体制变化为中心》,载《党的文献》2003年第4期。也有个别同学认为,《五四宪法》总体上来看仍然保留一些“议行合一”的特点。

② “五四宪法”第31条、第52条、第80条、第84条。参见阚珂:《人民代表大会那些事》,法律出版社2017年版,第55~56页。但笔者认为,二者仍然有重大区别,即中央人民政府委员会对政务院有领导权,从而有国家最高行政权,而全国人大及其常委会只有“监督”(非“领导”)国务院的权力,因此,议事与行政是分离的。

③ 有个别同学认为,《共同纲领》中规定的主要权力集中于全国人大,虽事实上集中于中央人民政府委员会,并可能最终集中于该委员会主席,但“一个中心”的格局是明确的,而“五四宪法”中关于国家主席的设置,导致全国人大和国家主席两个权力中心的出现,这也反映了国家政体结构的不同。还有同学提出,“五四宪法”中“最高国务会议的‘最高’和最高国家权力机关人大的‘最高’是否冲突?”并引用了杨建党教授的观察:“1957年、1958年是最高国务会议召开次数最为频繁的两年,也是最高国务会议在国家政治生活中影响最重要的两年。与此相反的是,这一时期恰恰是包括人大、政协的中国政府和政治体制进入曲折发展的阶段。”参见杨建党:《最高国务会议制度探略》,载《云南行政学院学报》2006年第4期。

④ 有同学通过引述有关学者的论文,指出“议行合一”体制来源于苏联的苏维埃制度,1917年俄国十月革命后建立了“工农兵代表苏维埃”,“其政权体制特点是权力高度集中统一:既是立法机关,又是执行机关”。抗战中这种“政治体制略有变化”,在1948年建立华北人民政府后又重新回到“议行合一”。参见李格:《从〈共同纲领〉到〈中华人民共和国宪法〉——以1954年国家与政府领导体制变化为中心》,载《党的文献》2003年第4期。

成员同时兼任第一届中央人民政府委员会委员,就认为中央人民政府委员会是‘议行合一’机关,是不恰当的。英国的首相及政府部长同时也是议会议员,但人们普遍认为英国议会只是代议机关,而非‘议行合一’”。

5. 对权力的监督制约机制有所不同。《共同纲领》第15条规定:“人民代表大会向人民负责并报告工作。人民政府委员会向人民代表大会负责并报告工作。在人民代表大会和人民政府委员会内,实行少数服从多数的制度。各下级人民政府均由上级人民政府加委并服从上级人民政府。全国各地方人民政府均服从中央人民政府。”有同学认为,其中的“人民代表大会向人民负责并报告工作”,“这一点略显怪异”。“人民”是一个群体而非机构,此项权力的实施对象是谁?“人民代表大会是对哪些或哪类人民报告工作?报告工作的范畴又有多大?听取人是否具有质询的权利?”并因此认为其“实施必然遇到困难”。“人民政府委员会向人民代表大会负责并报告工作”,是《共同纲领》中人大制约政府的主要条款,但由于人大并未产生,中央人民政府委员会主要成员(主席一人,副主席6人,委员56人)是由全国政协选举产生的,而政协对中央人民政府的制约是比较弱的,它只能选举产生中央人民政府的成员,对他们是否有监督权、罢免权,则不明确;而且,中央人民政府一旦产生,在全国人大(实际上是政协)闭会期间就享有同等的行使国家最高政权的地位,既没有人大的约束,也不受政协的制约,虽然中央人民政府要向全国政协报告工作,但全国政协并没有相应权力对其工作进行更正,①“这种权力的分工方式值得商榷”。

而在“五四宪法”中,全国人大有权监督宪法实施,可以通过审查和批准国家的预算和决算来控制政府;对国家机关领导人不仅有任的权力,也有免的权力,同时,全国人大代表有特定问题的调查权,有权向国务院及其各部委提出质问,受质问的机关必须负责答复;全国人大常委会有对“一府两院”的监督权,有权撤销国务院的决议和命令,改变或撤销地方权力机关的决议;“一府两院”对全国人大负责并报告工作,在其闭会期间对全国人大常委会负责并报告工作。② 这些都从制度方面克服了《共同纲领》时期中央人民政府委员会权力过大、受监督不够的缺陷。

同时,“五四宪法”对公权力的监督还规定了多种渠道和形式,如“全国人民代表大会代表受原选举单位的监督。原选举单位有权依照法律规定的程序随时撤换本单位选出的代表”。“其中监督关系的构建十分有趣:一方面,上级人大可以监督下一级人大的工作,是国家机关对国家机关的监督;另一方面,作为原选举单位的下级人大又可以对本地区产生的上级人大代表进行监督,这是国家机关对公务人员个体的监督。通过对不同

---

① 如作为政协常设机构的全国委员会,在其第一届第二次会议上只是“听取”了中央人民政府副主席刘少奇关于土地改革问题的报告;虽然会议同意国徽审查组代表马叙伦关于国徽图案审查意见的报告,并通过了国徽图案,但只能“建议”中央人民政府委员会采用。

② 参见“五四宪法”第27条、第28条、第31条、第35条、第36条、第52条、第80条、第84条。

对象的监督,既实现了双向的监督,从各自的监督权行使方式来看,又都能够不受阻碍地发挥其作用,是值得称道的。”其第17条还规定:“一切国家机关必须依靠人民群众,经常保持同群众的密切联系,倾听群众的意见,接受群众的监督。”①此条虽然是原则性规定,“监督”一词的表现形式没有具体说明,但群众监督的主要形式,在实践中包括直接向政府提出意见,通过信访渠道、通过社会组织及报纸杂志等舆论工具提出批评建议等,即人民群众可以通过多种途径参与到对各级国家机关的监督中来。

有同学总结说,“通过对比可以看出,《共同纲领》中虽然有对监督制度的规定,但是存在具体规定不明确、监督机制不明晰、监督形式单调等问题,作为宪法性文件,其在国家权力机关的设置上显然着墨不足,没有构建一个清晰的完整的具备良好运行条件的国家机构。”“相比之下,‘五四宪法’在国家机构的构建上就明显做得更好,尽管仍然存在部分机构之间制约关系不够具体的问题,但从中我们可以看出国家立法的完善。”

有同学用表格的形式列出了“五四宪法”政权体系中最高权力对其产生机关的监督关系(见表2)。

表2 “五四宪法”政权体系中最高权力对其产生机关的监督关系

依据	监督方	被监督方	监督方式
第28条第1项	全国人大	国家主席、副主席	罢免
第28条第2项	全国人大	国务院总理、副总理、各部部长、各委员会主任、秘书长	罢免
第28条第3项	全国人大	国防委员会副主席和委员	罢免
第28条第4项	全国人大	最高人民法院院长	罢免
第28条第5项	全国人大	最高人民检察院检察长	罢免
第28条第6项	全国人大	国务院及各部委	罢免
第36条	全国人大	国务院及各部委	质问
第33条	全国人大	全国人大常委会	对其负责并报告工作;罢免其成员
第31条第5项	全国人大常委会	国务院、最高人民法院、最高人民检察院的工作	监督
第31条第6项	全国人大常委会	国务院	撤销其同宪法、法律和法令相抵触的决议和命令

① 比如《共同纲领》第18条的规定“中华人民共和国的一切国家机关,必须厉行廉洁的、朴素的、为人民服务的革命工作作风,严惩贪污,禁止浪费,反对脱离人民群众的官僚主义作风”,更强调了“受群众监督”。

续表

依据	监督方	被监督方	监督方式
第 31 条第 7 项	全国人大常委会	省、自治区、直辖市国家权力机关	改变或撤销其不适当的决议
第 31 条第 8 项	全国人大常委会	国务院副总理、各部部长、各委员会主任、秘书长	个别任免(人大闭会期间)
第 31 条第 9 项	全国人大常委会	最高人民法院副院长、审判员和审判委员会委员	罢免
第 31 条第 10 项	全国人大常委会	最高人民检察院副检察长、检察员和检察委员会委员	罢免
第 52 条	全国人大(闭会期间为其常委会)	国务院	对其负责并报告工作
第 80 条	全国人大(闭会期间为其常委会)	最高人民法院	对其负责并报告工作
第 84 条	全国人大(闭会期间为其常委会)	最高人民检察院	对其负责并报告工作

三、《共同纲领》与“五四宪法”政体版块的比较

许多同学罗列了《共同纲领》与“五四宪法”中各国家机构的相关条文，并在此基础上进行了初步比较，归纳起来大致有 7 个方面。

(一)关于人大的比较

《共同纲领》中关于人大的规定，其特点是一方面规定其地位很高，另一方面又“规定少”“规定单薄”。“少”体现在用于规定人大的条文少、文字少，没有一条内容是单独规定人大的，论述文字最多的是第 12 条：“中华人民共和国的国家政权属于人民。人民行使国家政权的机关为各级人民代表大会和各级人民政府。各级人民代表大会由人民用普选方法产生之。各级人民代表大会选举各级人民政府。各级人民代表大会闭会期间，各级人民政府为行使各级政权的机关。国家最高政权机关为全国人民代表大会。全国人民代表大会闭会期间，中央人民政府为行使国家政权的最高机关。”这还是与中央人民政府“共用”一条，对于人大这么重要的国家机关“用如此少的文字进行论述实属不该”。[①] 论述的“单薄”则体现在内容过于简单，对人大具体如何产生，拥有哪些职权均未提及。相形之下“五四宪法”中对于人大的规定充实了许多，不仅文字多了起来，涉及的内容也变得全面了，对各级人大如何产生，会议召开方式、代表人选的规定，人大究竟有哪些职权这些内容都一一作了规定，如第 21 条和第 22 条规定了全国人大的性质与地位，第 23 条则规定了其组成人员与组成方式，第 24 条规定了任期，第 25 条和第 26 条规

① 《共同纲领》第 12 条规定的应是政体，其中涉及人大和政府的关系，但该条不完全是关于人大的条款。

定了有关会议,第27条规定了一系列职权等。

(二)关于国家元首的比较

《共同纲领》与"五四宪法"都没有明确国家元首是哪个机关,但"根据国际惯例,每个主权国家都应有国家元首",事实上,从国家元首的职权分配来看,可以有一个大体的确定。《共同纲领》中的国家元首,有些同学认为是"中央人民政府委员会主席",因为他在实际上行使了一部分属于国家元首的职权,这是个人元首。① 持反对意见的同学认为,中央人民政府委员会主席即便能领导该委员会的工作,也无法代替它行使国家主权,主席并不享有颁布法令、特赦令,授予荣誉称号等元首权力,因此,也无法代表统一的政权,所以中央人民政府主席称不上国家元首。《中央人民政府组织法》第4条规定,"中央人民政府委员会对外代表中华人民共和国,对内领导国家政权。"这符合"国家元首是一个国家在实质或形式上对内对外的最高代表的特征",董必武曾说明:"中央人民政府委员会的职权,各国宪法都规定为国家元首的职权",因此可以认为,在中华人民共和国建立至1954年9月,中央人民政府委员会就相当于国家主席,是我国的集体元首。② 而"五四宪法"中的国家元首,同学们的认识比较一致,都认为是国家主席。

有部分同学比较了两部宪法中的"主席",即《共同纲领》中的"中央人民政府主席"与"五四宪法"中的"国家主席",认为二者有联系也有区别。③

首先,从地位上看,有同学强调,两位主席都是由最高权力机关选举产生的,因此,它们的法律地位是相当的。也有同学认为,中央人民政府委员会主席由《中央人民政府组织法》(而不是《共同纲领》)确立,其第6条规定:"中央人民政府委员会,由中国人民政治协商会议的全体会议选举中央人民政府主席一人,副主席六人,委员五十六人……",对主席并未设专条,而是在规定中央人民政府委员会组成人员的产生时规定的,说明中央人民政府主席是该委员会的组成人员(不是一个独立的国家机关)。而"五四宪法"中的国家主席由宪法本身规定,并将其设置为一个单独的国家机关,不再是某个委员会的组成人员,不仅在"全国人民代表大会"一节中有相关内容,如第27条"全国人民代表大会选举产生国家主席",还设了"国家主席"专节作了较具体的规定,"因此主席在各自政体结构中的位置有所不同,中央人民政府委员会主席的地位要低一些"。

其次,从职权上看,《中央人民政府组织法》第8条规定:"中央人民政府主席,主持中

① 有同学认为,"中央人民政府委员会主席是实际意义上的国家元首,法律意义上的国家元首则是中央人民政府委员会集体"。在实践中,毛泽东本人曾说,自己于1949年担任中央人民政府主席期间访苏,是以"国家元首"的身份进行的。参见吴冷西:《十年论战1956~1966》(上),中央文献出版社1999年版,第95页。

② 参见许崇德:《许崇德全集》(第5卷),中国民主法制出版社2009年版,第1484页。

③ 《共同纲领》中的主席在实践中究竟是"中央人民政府主席"还是"中央人民政府委员会主席"?同学们的提法比较乱。笔者认为,根据《中央人民政府组织法》第6条的规定,"中央人民政府委员会,由中国人民政治协商会议的全体会议选举中央人民政府主席一人,副主席六人,委员五十六人,并由中央人民政府委员会互选秘书长一人组成之",应为"中央人民政府主席"。

央人民政府委员会的会议,并领导中央人民政府委员会的工作。”第 14 条规定:“政务院对中央人民政府委员会负责,并报告工作。在中央人民政府委员会休会期间,对中央人民政府的主席负责,并报告工作。”可见,当时中央人民政府主席是“中央人民政府委员会的核心,领导中央人民政府委员会进行国家方针政策的制定、重大事项的决定等”,还可以直接领导政务院的工作,拥有最高行政权,是“实权”主席,“实际上是国家最高权力机关的领导人”。

而“五四宪法”中国家主席的权力有的是程序上的虚权,如人事任免和发布命令的权力以及荣典权等都需要根据全国人大或全国人大常委会的决定,有的则是实权,如最高军事权力(担任国防委员会主席)和召开国务会议的权力,“他既是法律意义上的国家元首,也是实际意义上的国家元首”。① 但国家主席不再是国家行政机关的领导人,取消了总理对主席负责的规定,不再领导国家的立法和行政工作,更不能干涉司法,“避免了权力过于集中于一人,有利于防止个人专断和民主建设的推进”“从总体上说,主席的权力较前有所缩减”。也有同学强调,“国家主席的 6 项职权基本上是中央人民政府主席工作的继续,如国家主席统率武装力量,看起来是新增的,但是前五年中央人民政府主席实际上一直兼任着人民革命军事委员会主席”;“‘五四宪法’第 43 条关于国家主席可以召开最高国务会议(参加人员规格很高——国家副主席、人大委员长、国务院总理等)并担任会议主席的规定,以及在实践中毛泽东召开的十几次最高国务会议都充分发挥了其对党和国家的领导作用,说明实际上国家主席和中央人民主席一样都是国家最高领导人”;且国家主席“必要时召开”的最高国务会议比中央人民政府主席“两个月召集”一次的中央人民政府委员会会议具有更大的自由裁量性。② 因此,“在一定意义上,最高国务会议是宪法赋予国家主席的一项完全的权力”,③它使得国家主席的权力“由虚转实”,“这足以体现《共同纲领》中主席制度影响之深远”。④

再次,从监督制约上看,两位主席虽然都是由选举产生,但中央人民政府主席是由政协全体会议选举产生的,政协会议对政府主席没有监督权,更没有罢免权。也有人认为,中央人民政府委员会实行的是合议制,中央人民政府主席作为其成员必然要“受限于合议制”,因此,其职权受到合议制的约束。“五四宪法”中的国家主席由全国人大选举产生并有权罢免之,但“五四宪法”也未规定全国人大对国家主席的有效监督机制,“罢免虽然具有较大的威慑力,但鉴于其产生后果的严重性,也就相应地只能被适用于重大的失职问题,反而对于一些基本职权的行使失去了监督作用”。在由全国人大直接产生的

① “五四宪法”第 41 条规定:“中华人民共和国主席对外代表中华人民共和国,接受外国使节……”

② 《中央人民政府组织法》第 10 条规定:“中央人民政府委员会的会议,两个月举行一次,由主席负责召集。主席根据需要,或有三分之一以上的中央人民政府委员的请求,或政务院的请求,得提前或延期召开会议。中央人民政府委员会的会议,须有委员过半数的出席始得开会,须有出席委员过半数的同意始得通过决议。”

③ 李林:《最高国务会议组织结构及其功能探析》,载《中共党史研究》2005 年第 1 期。

④ 有同学认为最高国务会议兼有“行政会议”和“统一战线组织形式”的双重性质。

机关中,只有国家主席是不被要求"对全国人大及其常委会负责并报告工作的"。

最后,从任期上看,中央人民政府主席的任期在《共同纲领》中没有规定,国家主席的任期"五四宪法"规定为一届任期4年,但没有连选连任届数的限制。

(三)关于国家最高行政机关的比较

1. 谁是国家最高行政机关?《共同纲领》与"五四宪法"中都设有"中央人民政府",但两者的内涵不同,《共同纲领》中的"中央人民政府"一词偏向于广义"政府"的概念,是指行使国家权力的所有机关,包括立法、行政、司法机关;而"五四宪法"中的"中央人民政府"则对应于狭义的政府概念,仅指国家的行政机关。"二者在性质、组织、职权和在国家机关体系中的地位都有很大不同。"

《中央人民政府组织法》第5条规定:"中央人民政府委员会组织政务院,以为国家政务的最高执行机关……"一部分同学因此认为,"政务院不是中央人民政府,它只是中央人民政府的一个组成部分,政务院与国务院的地位是不同的"。政务院只是国家政务的最高执行机关,法律并没有赋予政务院国家最高行政机关的地位,"法律意义上的国家最高行政机关,应该是中央人民政府"。政务院只是"中央人民政府的一个下属机构、组成部分,本身不构成中央政府"。另一部分同学认为,《共同纲领》中的国家最高行政机关就是中央人民政府下属的政务院,由于中央人民政府委员会不但具有立法权,还有行政权,甚至司法权,是立法兼行政甚至兼司法的机构,因此,很难说它是行政机关。"中央人民政府委员会虽名为政府,本身却不负责多少具体政务,它是属会议性的决策机构,它的地位仅次于政协全体会议。经常性的行使着领导管理国家的职权,具有国家元首的性质,故也不能认为是与国务院性质相同。"相形之下,"五四宪法"关于最高国家行政机关的表述就很清晰,其第47条规定:"中华人民共和国国务院,即中央人民政府,是最高国家权力机关的执行机关,是最高国家行政机关。"最高行政机关就是国务院,中央人民政府的明确化"实现了新中国由中央人民政府下辖政务院的二级政府体制向国务院即中央人民政府的一级政府体制的转变",这是"五四宪法"在政体上的又一大变化。

2. 1949年政务院与1954年国务院之比较。首先,在产生途径方面,政务院由全国人大闭会期间的常设机关中央人民政府产生,而不是由全国人大直接产生(或代行其职权的政协产生),并对中央人民政府委员会及其主席负责并报告工作,政务院与中央人民政府委员会之间是领导与被领导的关系。而国务院建立后,国务院总理无须再向国家主席负责,虽然他接受国家主席的提名和任命,但在法律上并无义务向主席负责并报告工作,而是向产生它的最高权力机关全国人大负责并报告工作(在其闭会期间向全国人大常委会负责并报告工作);同时,国务院与全国人大及其常委会之间是监督与被监督(而不是领导与被领导)的关系。

其次,在内部结构方面,政务院和国务院的构成板块有所调整,《中央人民政府组织法》第18条规定,"政务院设政治法律委员会、财政经济委员会、文化教育委员会、人民监察委员会"和30个委、部、会、院、署、行;国务院则取消了4个委员会,减少了层次,其机构设置包括主办专门业务的20个直属机构，35个职能机构，8个办公室，1个秘书厅，共计64个工作部门，其中经济部门增设到35个。①

再次，在内部的关系上，《中央人民政府组织法》第15条第4项规定：政务院"联系、统一并指导"各委、部、会、院、署、行及所属其他机关的相互关系，内部组织和一般工作。其"没有明确领导关系，只是一个模糊的指导关系，实行的是委员会的集体领导制"。②"五四宪法"第49条则规定国务院"统一领导各部和各委员会的工作"，非常明确地表明国务院与各部委之间是上级与下级、领导与被领导的关系，突出地体现了国务院作为最高国家行政机关的地位。

最后，在职权方面，政务院只是在一定程度上承担了部分行政权，可能更具有执行性而缺乏行政决策性，且其职权不够明朗，所以政务院不能称为完全意义上的最高行政机关。如政务院既没有军事权，也没有军政权，它"不包括军事，即所属机构中不含国防部，因为新中国成立之初，战争仍在继续，军事领导权属于人民革命军事委员会"。③"五四宪法"第49条明确规定了国务院的17项职权，在政务院的基础上其权力有所扩大，它管理一切国家政务（包括军事），如1954年9月第一届全国人大第一次会议决议设立国防部，国防权至少在名义上归属于国务院。④

从《共同纲领》到"五四宪法"，我国最高行政机关无论是对象还是职能都发生了一定的变化，"在建国初期，政务院只是一种过渡的形式"，总的来看，"国务院的前身是政务院，而不是中央人民政府"。

（四）关于司法机关的比较⑤

两个时期的司法机关是指审判机关（法院）和检察机关（检察署或检察院），有同学总结了二者的不同点。

其一，产生的途径不同。在《共同纲领》时期，审判机关和检察机关由中央人民政府组织，《共同纲领》第17条规定要"建立人民司法制度"，但缺乏对司法机关的明确规定，具体内容在《中央人民政府组织法》中，其第5条规定中央人民政府委员会"组织最高人民法院及最高人民检察署，以为国家的最高审判机关及检察机关"，第7条规定中央人民政府委员会对其组成人员有任免权，第30条规定："最高人民法院及最高人民检察署的

---

① 参见聂俊华：《新中国之政务院与国务院的异同》，载中国共产党新闻网：http://dangshi.people.com.cn/GB/85040/9774663.html，最后访问日期：2019年9月22日。

② 参见许崇德：《中华人民共和国宪法史》（上卷），福建人民出版社2005年版，第67页。

③ 参见聂俊华：《新中国之政务院与国务院的异同》，载中国共产党新闻网：http://dangshi.people.com.cn/GB/85040/9774663.html，最后访问日期：2019年9月22日。

④ 人民革命军事委员会在"五四宪法"的国家机构中被取消了，只存在于党的机构中。

⑤ "司法机关"的提法不够准确，《共同纲领》与"五四宪法"中并没有"司法机关"的概念，《共同纲领》中提到"司法制度"（第17条："废除国民党反动政府一切压迫人民的法律、法令和司法制度，制定保护人民的法律、法令，建立人民司法制度。"），"五四宪法"第二章"国家机构"第六节规定的是"人民法院和人民检察院"。

组织条例,由中央人民政府委员会制定之。"可见,当时的最高人民法院、最高人民检察署是中央人民政府的组成部分,从属于中央人民政府,"受中央人民政府领导",从这个意义上讲,《共同纲领》时期的政体具有"政法合一"的特点。①

而"五四宪法"明确规定,审判机关和检察机关由全国人大产生,对全国人大及其常委会负责。其第二章国家机构中的第六节专门规定了人民法院与人民检察院,第73条规定:"中华人民共和国最高人民法院、地方各级人民法院和专门人民法院行使审判权。"第79条规定:"最高人民法院是最高审判机关。"第80条规定:"最高人民法院对全国人民代表大会负责并报告工作;在全国人民代表大会闭会期间,对全国人民代表大会常务委员会负责并报告工作。地方各级人民法院对本级人民代表大会负责并报告工作。"第81条规定:"中华人民共和国最高人民检察院对于国务院所属各部门、地方各级国家机关、国家机关工作人员和公民是否遵守法律,行使检察权……"。此时的最高法院和最高检察院是国家最高法律机关,它们不再由中央人民政府委员会组织产生,而是由全国人大选举产生,对人大负责,受人大监督,向人大报告工作,在全国人大闭会期间对全国人大常委会负责并报告工作。

其二,地位不同。在《共同纲领》时期,审判机关和检察机关在一定程度上位于行政权之下,国家政体有"政法合一"的特点。"五四宪法"中两院与国务院平行,法律机关与行政机关并无从属关系,两院可以独立行使宪法所赋予的审判权和检察权,宪法明确赋予其一定的独立性,第78条规定:"人民法院独立进行审判,只服从法律。"第83条规定:"地方各级人民检察院独立行使职权,不受地方国家机关的干涉。"这从宪法意义上确立了审判独立和检察独立的原则。②

还有同学指出,两个时期的检察机关具有共同性:1949年的《中央人民政府组织法》中规定设立最高人民检察署,其第28条规定"最高人民检察署对政府机关、公务人员和全国国民之严格遵守法律,负最高的检察责任"。最高人民检察署起到了监督各个国家机关和公务人员的作用,以杜绝权力的滥用产生的违法行为。这一点同"五四宪法"中的精神和规定无二,"五四宪法"第81条也规定"中华人民共和国最高人民检察院对于国务

---

① 关于中央人民政府委员会对两院是否有"领导权",笔者认为,在《共同纲领》和《中央人民政府组织法》中,都没有中央人民政府或中央人民政府委员会"领导"审判机关和检察机关的规定。因此,一些同学仅仅根据中央人民政府委员会有权"组织"审判机关及检察机关,对审判机关和检察机关的组成人员有"任免权",就推断中央人民政府委员会对二者有"领导权",恐怕是站不住脚的。因为后来的"五四宪法"及"八二宪法"也规定人大有权"组织"审判机关及检察机关,对两院的组成人员也有"任免权",但并不能因此推断人大对二者就有领导权。即使"五四宪法"有两院对人大及其常委会"负责并报告工作"的规定,也只能推出其"从属性"(而非领导性)。

② 同学们没有发现的是,"五四宪法"增加了法院、检察院对人大及其常委会"负责并报告工作"的规定(第80条、第84条),而《中央人民政府组织法》中没有这一规定(只规定"政务院"对中央人民政府委员会及其主席负责并报告工作)。

院所属各部门、地方各级国家机关、国家机关工作人员和公民是否遵守法律，行使检察权……”。可见，当时的检察署和检察院都行使了国家最广泛的检察权，对各国家机关具有极强的威慑力。①

有个别同学专门对1954年的《人民检察院组织法》第8条第1款进行了初步研究，提出最高人民检察院是否有权检察地方人大的问题。该款规定：“最高人民检察院发现国务院所属各部门和地方各级国家机关的决议、命令和措施违法的时候，有权提出抗议。”②其中的“地方国家机关”是否包括了地方人大？该同学提出了自己的观点：根据《人民检察院组织法》第8条第3款之规定，“人民检察院对于违法的决议、命令和措施，无权直接撤销、改变或者停止执行”，最高人民检察院的权力仅限于“要求纠正”与“抗议”，而改变、撤销或暂停地方人大所作之决议、决定与命令等权力仍由全国人大行使，这最大限度地保证了地方的积极性；最高人民检察院对地方人大的检察也是为了保证民主集中制的基本原则，“在民主集中制下，地方仍然要由中央统一领导，地方人民代表大会所作决议、命令自然不能与全国人大通过的法律相违背，最高人民检察院作为最高检察机关，应该监督国家法律的执行，因此，最高检察院对地方人大行使检察权是完全合理的”。

（五）关于监察机关的比较

在《共同纲领》的60个条文中，第19条专门规定了监察权：“在县市以上的各级人民政府内，设人民监察机关，以监察各级国家机关和各种公务人员是否履行其职责，并纠举其中之违法失职的机关和人员。人民和人民团体有权向人民监察机关或人民司法机关控告任何国家机关和任何公务人员的违法失职行为。”此即监察机关隶属于政府，是在政府内部设立监察机构，以监督国家机关和工作人员。“五四宪法”中没有特别规定监察部门的设立，但在《国务院组织法》中规定设立了监察部，原政务院下的人民监察委员会的工作移交到监察部。有同学认为，人民监察委员会和监察部都具有较强的权力，其目的都是为了确保对最具有权力扩张性最易滋生腐败的行政权加以严格管控；也有同学担心，没有一个与政府平级甚至地位高于政府的监察机构，是否能很好地起到监察作用，监察权是否会受到政府行政权的干涉。

（六）关于军事机关的比较

关于国家最高军事领导机关的设置，《共同纲领》与“五四宪法”差别很大。《中央人民政府组织法》第5条规定，中央人民政府委员会组织“人民革命军事委员会，以为国家军事的最高统辖机关”。从地位上看，人民革命军事委员会是中央人民政府委员会下设的一个机构，与政务院等机构平行，而不是行政机构的一部分。根据《中央人民政府组织法》第7条规定，处理“战争及和平问题”是中央人民政府委员会的职权，因此，军事委员

① 同学们似乎都没有注意到两个时期的检察机关其检察对象均包括了“国民”或“公民”。

② 其实该内容在“五四宪法”中也存在，其第81条第1款规定：“中华人民共和国最高人民检察院对于国务院所属各部门、地方各级国家机关、国家机关工作人员和公民是否遵守法律，行使检察权。……”

会应该只是执行机关。

"五四宪法"设立的中华人民共和国国防委员会是咨询和统一战线性质的机构,不是全国武装力量的领导机关。① 从国家主席担任国防委员会主席,副主席、委员由国家主席根据全国人大的决定和全国人大常委会的决定任免来看,国防委员会也应是与国务院平行的机构,但在"国家机构"一章中"并没有国防委员会的设置,其性质、地位及职权等内容宪法都没有规定",只是"在国务院增设了国防部"。

《共同纲领》中还有一个重要的机构——军事管制委员会,其第二章第14条分4款规定:"凡人民解放军初解放的地方,应一律实施军事管制,取消国民党反动政权机关,由中央人民政府或前线军政机关委任人员组织军事管制委员会和地方人民政府,领导人民建立革命秩序,镇压反革命活动,并在条件许可时召集各界人民代表会议。""在普选的地方人民代表大会召开以前,由地方各界人民代表会议逐步地代行人民代表大会的职权。""军事管制时间的长短,由中央人民政府依据各地的军事情况决定之。""凡在军事行动已经完全结束、土地改革已经彻底实现、各界人民已有充分组织的地方,即应实行普选,召开地方的人民代表大会。"中华人民共和国成立初期,"中国共产党依靠军队的社会整合作用,实施军事管制,建立了地方政权。在城市政权建构中,建立了过渡性的政权机构——军事管制委员会,它集军事职能和国家管理职能于一体",既打碎城市反动统治阶级旧的国家机器,建立起人民民主专政新的国家机器,又执行经济社会管理职能,推动城市的社会发展。② 当时,人大召开的时间是未知的,各地方可能很不统一,对此只能以军权代替政权,"各地军管会在摧毁国民党反动政权和党团机关之后,迅速着手建立人民自己的政权机关和群众组织。城市解放后,首先建立市人民政府,再建立市以下各级人民政权机关。军管之初,市人民政府即宣告成立。市长由上级机关任命或军管会任命"。"军管会是城市实现新旧政权顺利过渡的一种有效的管理机构。"③

当然,这样的军事化管制是暂时的,《共同纲领》中的军事制度这一部分在"五四宪法"中被删除了。

(七)关于地方机关的比较

两部宪法对地方政权体制的规定有较大的相似性,《共同纲领》第12条规定:"人民行使国家政权的机关为各级人民代表大会和各级人民政府。""各级人民代表大会选举各级人民政府。各级人民代表大会闭会期间,各级人民政府为行使各级政权的机关。"第15条中又规定:"各下级人民政府均由上级人民政府加委并服从上级人民政府。全国各

---

① "五四宪法"并没有明确规定设立国防委员会,只是在第27条规定全国人大的职权时,其规定全国人大有权"根据中华人民共和国主席的提名,决定国防委员会副主席和委员的人选",第28条规定全国人大的罢免权时,规定全国人大有权罢免"国防委员会副主席和委员",第42条规定:"中华人民共和国主席统率全国武装力量,担任国防委员会主席。"

② 参见李世源、孙力:《军事管制与建国初期我国城市政权结构》,载《天中学刊》2010年第1期。

③ 王飞:《新中国成立前后的城市军事管制制度》,载《档案天地》2012年第2期。

地方人民政府均服从中央人民政府。”“加委”一词的意思是指主管机关对所属单位或群众团体推举出来的公职人员办理委任手续，那么，“放在这里，就有上级人民政府委任下一级人民政府的意思了，这是不是跟《共同纲领》第12条的规定冲突了呢？”由于当时地方上没有人大只有政府，因此，实际上“各级人民政府为行使各级政权的机关”，“各下级人民政府均由上级人民政府加委并服从上级人民政府”也就可以理解了，而对本级人大和上一级政府负责并报告工作也只可能落实后者。再看“五四宪法”的规定，它加强了地方人大的权力，强调地方政府对同级人大负责，如第62条规定：“地方各级人民委员会，即地方各级人民政府，是地方各级人民代表大会的执行机关，是地方各级国家行政机关。”但也有同学指出，“五四宪法”中地方人大并没有设置常委会，因此，在人大几天的会议开完后，实际上全部权力还是归政府，即地方上仍然基本保留了“议行合一”的体制。还有同学发现，“五四宪法”第65条第2款规定，“县级以上的人民委员会有权停止下一级人民代表大会的不适当的决议的执行”，可见，地方人大只是对同级政府有很大权力，是该级的最高权力机关，但它仍然受到上一级行政机关的制约，所以，地方人大还不能够完全脱离行政权，其真正应当拥有的权力还没有完全落实。

四、总结

通过比较《共同纲领》和“五四宪法”，同学们普遍认为，“五四宪法”在政体方面有更清晰的阐释，对于全国人大以及各个国家机关的性质职权有较明确的规定，体现了现代国家的特征。而《共同纲领》则具有过渡性，这也符合那个时代的需求——最大程度恢复社会秩序，向社会主义过渡。“相比于《共同纲领》规定的模糊，‘五四宪法’的政体结构更加细致和完善了。”“‘五四宪法’将《共同纲领》中简单的权力分配框架进行了统筹细化。”

“总的来说，从《共同纲领》到‘五四宪法’不失为国家的政体向现代化的一大跨步，在国家的政治史上有很重要的意义。”有同学总结道：比较《共同纲领》和“五四宪法”所规定的国家政体，“变化主要体现在以下四个方面：第一，从‘议行合一’到‘人大至上’；第二，国家元首从中央人民政府委员会和中央人民政府主席变为中华人民共和国主席；第三，最高行政机关由中央人民政府和政务院变为国务院；第四，法律系统的特点由‘政法合一’变为‘审判检察独立’”。

第二部分　学术热点摘编

学术热点1：国家权力配置的一般理论

我国国家权力配置原则的功能主义解释

张　翔*

一、不是"议行合一"，是什么

"国家政权应该怎样组织？国家应该怎样治理？这是一个关系国家前途、人民命运的根本性问题"。中华人民共和国确立人民代表大会制度为根本政治制度，但在政权组织的宪法原则上却一直存在争议。一方面，在现行《宪法》颁行之后，基于宪法事实上进行了权力分工等理由，传统的"议行合一"说受到广泛质疑；另一方面，我国宪法文本也无法容纳照搬自其他国家，甚或只是基于理论想象的三权分立体制。

既然我国不是"议行合一"，也不搞三权分立，那到底应怎样理解我国宪法下国家机构的组织原则？我国《宪法》第3条规定了"民主集中制"原则："民主集中制是中国国家组织形式和活动方式的基本原则"。但是，现有宪法学理对民主集中制原则的阐释，既不足以概括和解释我国宪法中的权力架构，也无法为实践中的机构设置、权力配置等问题提供规范性指引。因此，笔者尝试超越权力分与合的意识形态话语，探寻务实的、技术性和法律性的思考方向，发掘我国宪法中"民主集中制"原则所隐含的国家权力配置的功能主义进路，提炼规范中的功能主义内涵，并探索其可能带来的解决我国国家机构相关问题的方案。

二、权力"分""合"问题的祛魅

近代以来，国家权力的"分立"抑或"混合"的问题一直笼罩在意识形态的迷雾中，导致产生了一种形式主义的思考进路。西方分权学说声称，分权与否是区分自由政体和非自由政体的标准。与之针锋相对的"议行合一"说则认为三权分立是资本主义的，议行合一才是社会主义的，二者是对立的思想体系。然而，各国宪法确立的国家机构组织方式和实际运行状况，却要求我们对这种形式主义、意识形态化的理解祛魅。

（一）"三权分立"的祛魅

1.自由作为分权的正义原则及其反思。分权学说的论证逻辑，是从"分权可以保证

---

* 中国人民大学法学院教授，法学博士。

本文原载《中外法学》2018年第2期。

自由”的信念开始的,即相信只有将国家权力相互分立,才能控制国家,避免其侵害自由。换言之,自由就是分权的正当性来源,自由是目的,分权是手段。自由构成分权的正义原则。

但分权真的可以保卫自由吗?这一点自始就备受争议。在《联邦论》的第一篇中,麦迪逊就指出:“为保障公民权利,政府必须有权有效。”维尔也认为,以消极自由观为基础的分权学说最大的问题在于:“聚焦于防止政府侵蚀个人自由导致了一些弱化政府的措施,以致政府无法行动来为社会经济生活提供必需品,而这是个体恰当发挥才能的关键所在。”偏激地主张自由和彻底分权,其结果是走向自由的反面。

2. 无法避免的权力混合。同时,从经验上看,人类历史上也从来没有过纯粹的分权体制。在美国的“分权制衡”下,“制衡”其实就是一项权力参与另一项权力中。在实践中,各种“准司法”“委托立法”“行政司法”都在修正乃至颠覆传统的三权分立学说。有人甚至认为:“不存在什么三权分立、各司其职”,而只有同一职能被几个机构共担的“混合宪制”。

3. “三权已足”?分权学说的另一个重要教义是将国家权力一分为三:立法、行政和司法。然而,三权分立下的政制实践却突破了这一基本模型。例如,在美国出现了权力的“第四分支”,即各种独立规制机构。这些机构的职权混合了立法、行政与司法,尽管存在合宪性争议,但“第四权力”却再也不可能取消了,甚至有学者开始探讨创设其他新的分支。这些新分支的实践和理论发展,不说颠覆,至少也是在修正三权分立模式。总之,三权分立已经被在相当程度上祛魅了,不应再对其作理想化、教条化的理解。

(二)“议行合一”的否定

邓小平早在1980年所作《党和国家领导制度的改革》的讲话中,便强调分权和民主性,指出“权力不宜过分集中”。权力要分工成为1982年《宪法》起草的指导思想。彭真在《关于中华人民共和国宪法修改草案的报告》中,归纳了国家机构规范的三个应“遵循的方向”,第3项就是“使各个国家机关更好地分工合作、相互配合”。他还特别指出宪法对“国家机构的这种合理分工,既可以避免权力过分集中,又可以使国家的各项工作有效地进行”。此后,在全国人大统一领导下进行权力分工,便一直是官方的权威解读。因此,再坚持“议行合一”说,在规范和事实两个层面都没有基础。

三、民主集中制原则的留白

那么,权利的“分”与“合”之间到底有怎样的玄机?具体到我国宪法下的国家权力配置究竟应该遵循怎样的原则?这里,首先必须考察《宪法》第3条规定的民主集中制。

(一)民主集中制的坚持与困境

民主集中制始终是我国国家机构的组织原则,这一点一直为我国宪法学界所坚持。问题在于,宪法学上对民主集中制的内涵界定是相当模糊,甚至空洞的,不足以承担作为“最优化命令”的原则功能。笔者认为,可以从宪法文本变迁和制宪史材料中找到进一步诠释民主集中制的因素,以使其统合宪法中的国家组织规范,并为未来的权力配置争议的解决提供规范性指引。

(二)从“一律”到“原则”:重新诠释民主集中制的可能性

首先值得注意的是,1982 年《宪法》对民主集中制原则的规定方式发生了从“一律”到“原则”的变化。《共同纲领》和 1954 年、1975 年、1978 年的三部宪法规定的是各国家机关“一律实行民主集中制”,而 1982 年《宪法》将其修改为“中华人民共和国的国家机构实行民主集中制的原则”。

这一重大变化意味着:民主集中制从一个没有例外的、整齐划一的绝对原则,变成了一个存在多种可能性的、具有开放性的相对原则。在这个原则下,“各国家机关按照本身的不同情况,在贯彻执行时又可以有方式上的不同和区别。这样做更符合我国国家机构的实际情况,既有利于发展社会主义民主,又有利于提高国家机构的工作效能”。这意味着,不同的国家机关可以有不同的组织方式和工作方式,而这种差异实际上来自其各自功能上的差异。在这种认识基础上,需要进一步建构民主集中制的规范内涵,以使其足以承担作为国家机构组织原则的功能。

(三)“正确性”作为民主集中制原则的实质标准

继续考察制宪史材料可以发现,“权力的效能”是 1982 年《宪法》起草时关于国家机构组织和权力配置的重要考量因素。彭真对 1982 年《宪法》草案的国家机构部分的说明也能充分佐证这一点。彭真的说明从“民主集中制”原则开始:“根据这一原则和我国三十多年来政权建设的经验,草案对国家机构作了许多重要的新规定”,接下来分七个方面对新规定作了说明。然后,彭真概括了“作出这些规定所遵循的方向和所体现的要求”,分别为:“第一,使全体人民能够更好地行使国家权力。”“第二,使国家机关能够更有效地领导和组织社会主义建设事业。”“第三,使各个国家机关更好地分工合作、相互配合。”

三句话中都用到了“更好地”“更有效地”的表达,都是在表达“国家权力行使要有效能”这样一个核心思想。保证国家权力行使的效能,内在包含了对国家权力行使的“正确性”要求。申言之,国家的各种决策要在国家目标指引下进行,尽可能的科学、高效。在 1982 年《宪法》的起草过程中,民主集中制原则也被赋予了此种“正确性”的内涵。针对邓小平《党和国家领导制度的改革》的讲话引发的关于民主集中制的不同理解,彭真作了专门澄清,“民主集中制在一定意义上也可以说是多谋善断。多谋,就是要听取各种意见,就是集思广益;善断,就是在民主的基础上正确的集中”。“多谋善断”“集思广益”指向的是权力行使的“正确”。这说明,在宪法起草的关键人物看来,国家机构的组织与权力运作的规则设计,在民主集中制的总原则下,要以灵活而开放的方式来保证权力行使的正确性,不再形式化地纠结于权力的合或分,而是更务实地思考国家功能的有效实现。此种“正确性”标准,为思考和分析我国宪法民主集中制原则下的权力配置,提供了新的思路。这一思路也一直为我国的政治家坚持和发展。习近平同志指出,对一国国家制度进行评价主要在于"民主性"和"有效性"两个方面,而"国家决策能否实现科学化"是重要指标。他还对民主集中制作了这样的论述:"我们要坚持和完善民主集中制的制度和原则,促进各类国家机关提高能力和效力。""有效性""科学性""能力和效力"都指向民主集中制原则的"正确性"内涵。这一点与党的十九大报告中的表述"科学配置党政部门及内设机构权力、明确职责"也是一脉相承的。《中国共产党章程》关于"坚持民主集中制"的内容中也继续要求"必须实行正确的集中"。此种权力配置原则的思路,实际上是一种"功能主义"的思路。这为我们重新阐释《宪法》第3条的民主集中制原则,提供了重要的思想基础。

四、国家权力配置的功能主义及其规范内涵

(一)国家决策的正确性作为功能主义的目标

国家权力配置的功能主义进路,重视国家权力行使的正确性以及国家的权能和效率。与形式主义的分权理论不同,功能主义的进路在关注人民自由保障的同时,同样重视国家机关的创设和权力(功能)的配置。在此种进路下,国家权力的分工并非只是消极的,也不仅是为了限制、缓和乃至弱化国家权力。相反,国家权力的分工同样也是积极的,是"建立统治"和"形成权力"的过程,要为政治共同体创造稳定有效的秩序,使国家权力得到恰当安排,让国家得以建构起来并能作出合理决策,进而实现共同体之目的。

(二)功能主义原理的正反两面

功能主义的权力配置观的要点在于"功能—机关"的明确勾连。按照黑塞的概括,特定的功能要由以特定方式组织起来的机构承担。"为了让各项任务得到符合其特质的良好的落实,不同机构的结构、组成和人员就应该是功能适当的。"从相反的角度讲,"当功能和机关的组织结构实际上相互关联,那么就意味着一个功能承担和分配上的禁令:禁止机关的结构与其承担的基础功能不匹配"。此种"不适配的禁止"是功能适当原则的精髓。

功能主义的权力配置观,指向的是国家决策的正确性和理性化,体现的正是"国家治理能力现代化"的要求。功能主义的权力配置观仍然支持权力的必要分工和平衡,但不再简单机械地拘泥于权力相互掣肘、削弱,而是取向于国家功能的最优化实现。这种进路的最终着眼点,在于国家共同体的存续,在于国家权力行使的高效能和理性化。

(三)1982年《宪法》中的功能主义考量

1982年《宪法》中蕴含的功能主义的权力配置观,主要是围绕国家机关的"功能—机关"维度,即组织结构与其职权归属的关系展开的。这集中体现在1982年《宪法》中关于以下四项制度的演进变化中:全国人大常委会职权与组织的强化;国家主席的恢复设置及其外交职能的确立;总理负责制与国务院会议制度的发展;最高权力机关"兜底职权"的变化。

基于1982年《宪法》中的这些规范变迁,在"功能—机关"维度中,笔者认为可以进一步归纳概括出两个层面的规范教义。(1)以机关结构决定职权归属。这意味着,当某国家职能要分配时，要分析哪个机关在组织、结构、程序、人员上具有优势，以将这一国家任务与权限分配给功能最适合的机关（最有可能作出正确决定的机关）。（2）因应职权需要调整组织结构。这意味着，如果宪法将某个国家职能分配给某个机关，那么这个机关就应在组织、结构、程序、人员上不断演进，以符合履行此项职能的功能要求，使自己成为完成此项职权的功能最适合的机关。

综上所述，基于1982年《宪法》第3条规定的民主集中制原则以及其他国家机构规范，不难梳理出这样的逻辑脉络："民主集中制—正确性—功能适当"。由此，我国宪法上的民主集中制原则可以摆脱空洞、模糊、缺乏规范性的理论形象，其规范内涵得以明晰和充实。在规范内涵得到有效填充后，它作为国家机构组织原则的规范地位才能被最终确立。

五、功能主义原理的应用

上述对民主集中制原则的功能主义解释，不仅是对我国宪法规范及其实施的描述，更是规范性陈述。换言之，对于我国政治法律生活中的与权限划分、机构组织、人员配备、程序安排有关的一切事项，都应当在"功能适当"这一民主集中制的实质内涵下加以分析，并作出合宪性的规范判断。接下来，以审判独立的制度安排为例，来展示如何运用1982年《宪法》所确立的功能主义的国家组织和运作的原则与规则对之后众多制度的建构进行规范性评价。

《宪法》第126条规定："人民法院依照法律规定独立行使审判权，不受行政机关、社会团体和个人的干涉。"这一规定并没有排除人大及其常委会对法院的监督。人大如何监督法院，在实践中多有探索。其中的制度建构和废止，也应符合功能适当的标准。这里以个案监督和对担任人大常委会成员的律师的从业限制为例加以说明。

个案监督。20世纪80年代，地方人大开始探索对法院具体案件审理的监督，积累了不少案例，并形成了若干规范性文件。但在《各级人民代表大会常务委员会监督法》的起草过程中，是否纳入个案监督却成为困扰。在多个草案有所规定的情况下，最终出台的《各级人民代表大会常务委员会监督法》却排除了个案监督，原因在于很多人认为这是人大在"代行审判权"。人大的组织方式、人员构成和专业能力，都决定了其无能力行使个案审判权，勉强进行个案监督必然导致不正确的案件判断。《各级人民代表大会常务委员会监督法》放弃规定个案监督，符合"以机关结构决定职权归属"的功能主义原理。

对担任人大常委会成员的律师的从业限制。在《律师法》的起草过程中，出现了如下问题：如果律师担任人大常委会成员，在执业上是否应受以限制？这涉及作为人大常委会成员的律师在其职业身份与检察院和法院存在利益对立或者关联的情况下，如何保证其正确参与行使人大常委会的监督权。经过慎重考虑后，《律师法》最终规定："律师担任各级人民代表大会常务委员会组成人员的，任职期间不得从事诉讼代理或者辩护业务。"这样就"在人大常委会与人民法院之间构筑起组织绝缘体，杜绝人大常委会组成人员不当干预司法的可能性”。这是从功能主义出发,在人员安排方面“因应职权需要调整组织结构”,保证人大常委会监督权的正确行使。

六、代结语:中国国家机构释义学的展开

功能主义的国家权力配置观以国家的效能和治理能力为目标,强调将权力配置给在组织、结构、程序、人员上最具优势、最有可能作出正确决定的机关,同时,要求承担某项国家权力的机关在组织、结构、程序、人员上相应调整以适应职能。这一原理与我国宪法规定的民主集中制原则对于国家权力行使的“正确性”要求完全契合,也符合我国的实践经验。在“议行合一”淡出理论话语后,我们缺乏关于国家机构组织原则的规范性理论,宪法规定的民主集中制原则的规范内涵也亟待补充和发展。用“功能适当性”来充实民主集中制原则的内涵,补强其精确性和规范性,有助于对未来的国家组织建设形成规范指引。

在此种规范阐释、理论建构和实践应用的基础上,可以期待形成中国宪法下国家机构释义学的精密体系。在我国宪法学过去若干年的发展中,国家机构研究相对薄弱,已经不能适应国家治理现代化的需求。“我们就是在不折不扣贯彻着以宪法为核心的依宪治国、依宪执政,我们依据的是中华人民共和国宪法。”以一种法释义学的视角,从国家机构组织的原则规范开始,对宪法与组织法进行规范性描述,建构法学的概念与学说体系,并提供对实践中国家机构相关问题的解决方案,是中国宪法学在新时代必须完成的专业任务。本文以功能主义的进路解释民主集中制,是此种国家机构释义学工作的初步尝试,也是尝试回应国家治理体系和治理能力现代化的时代命题。

国家权力横向配置的结构

林 彦*

一、问题的提出:《宪法》第3条解释径路的局限性

《宪法》第3条、民主集中制以及“机关+职权”早已成为解释我国国家权力横向配置的一种“通说”。但是,“通说”尚无法对横向分权的机理作出系统性的解释,从而成为真正意义上的总论。本文试图超越《宪法》第3条的“通说”径路,通过抽取宪法规范中的一些共同要素,并结合立法和权力配置个案,重新组装足以表征我国国家权力横向配置规律与特征的共同规范结构,以期深化和丰富对人民代表大会制度的理解。如此,我们至少可在归纳出极精炼的权力配置原则前,总结出一套功能等价的我国横向分权规范

* 上海交通大学凯原法学院教授,法学博士。

本文原载《法学家》2018年第5期。

体系、权力配置的规律和特征。笔者认为，四元结构、组织差序格局、人大组织优位、议行融合体制以及有限监督原则在某种程度上代表了我国横向分权的共同基因。

二、初始权力单元的设置

(一)分权的基本格局：五元结构

在国家权力的横向配置方面，现行《宪法》选择了坚持 1954 年《宪法》所创设的人民代表大会制度。在此基础上，国家权力究竟应当划分为几个以及哪些分支成为关键。具体而言，就是几乎所有主权国家都需要承担的立法、行政、司法这三种基本功能和职责究竟应当如何进一步细分的问题。这便是结构性分权的核心问题。它可以被视为宪法对国家权力在横向上的初次分配。

事实上，我国宪法从一开始就没有完全坚持"议行合一"的理念，转而构建了一个由人大和"一府两院"共同组成的四元结构。综观现行《宪法》的制定过程，四元结构的确立是反复争论、博弈和妥协的结果。

《宪法》经过第五次修改，四元结构已经转变成五元结构。在这一结构里，人大行使立法权，政府行使行政权，监察委员会行使监察权、法院和检察院则共同行使司法权。四元结构下的五个机关构成我国原生性机关，其所承载的四种权力也相应成为一种原生性权力。在此基础上，可以根据具体的情况派生出其他派生性机关(如分享外交权的国家主席、承担部分立法职能的全国人大专门委员会等)和派生性权力(如法院的调解权、政府的行政复议权等)，但这些机关和权力依然脱离不了四元结构的统辖范围。

为此，宪法创设了 5 个"最高"机关分别统领 5 种不同的国家权力功能分支。全国人民代表大会(以下简称全国人大)是最高国家权力机关，国务院是最高国家行政机关，国家监察委员会是最高国家监察机关，最高人民法院是最高国家审判机关，最高人民检察院是最高国家检察机关。权力单元的确立为人民代表大会制度奠定了稳定的、基础性的结构。这也成为处理不同单元间权力关系的基本前提。

(二)何为"最高"：权力单元的封闭性与开放性

1. "最高"的两层含义

首先，对内具有决策的终局性。就事务管辖权而言，在立法、行政、监察、审判、检察权力体系内部，全国人大、国务院、国家监察委员会、最高人民法院和最高人民检察院决策事项的重要性明显高于其体系内下级机关。

其次，对外则具有职权的排他性。由于体系的封闭性，权力单元间存在相互排斥的组织屏障。通常而言，即使其他权力单元体系的最高机关也不能行使某一最高机关的核心职权。例如，全国人大及其常委会并不能行使行政权、监察权、审判权、检察权；最高人民法院也不能行使行政权监察、检察权。

2. 职权内涵变化对"最高"含义的重构

特别值得一提的是，现行《宪法》在处配置权力单元时忽略了一个重要的问题——对立法、行政、审判、检察四种权力展开更清晰的界定，尽管宪法修改委员会一直致力于实现这一目标。尽管全国人大、全国人大常委会及国务院的职权列举得相对明确,但审判权和检察权的内涵外延还非常模糊。这一纰漏是否系有意留白的结果不得而知,但它对如何准确理解"最高"以及不同机关的职权关系带来更多的不确定性。

尽管《宪法》已采取列举的方式界定全国人大的职权,但这并不意味着其职权是完全清晰的。"应当由最高国家权力机关行使的其他职权"意味着全国人大职权的扩充应当符合《宪法》有关国家机关职权分配的基本原则,不再充当法力无边的"如来佛"角色。与此相关的是最高立法权的确定。《宪法》对全国人大及其常委会的立法管辖权作了一定的安排。《立法法》的制定和修订使重要事务的立法管辖权陆续回归最高国家权力机关。

审判权是否包括审查立法权的合法性、合宪性则是另一个众说纷纭的问题。人民法院"依照法律规定独立行使审判权"中的"法律"外延究竟有多大?它是否包括宪法?如果包括宪法,是否意味着审判权的行使可以超越狭义法律(全国人大及其常委会制定的法律)的约束,甚至可以对法律本身的合宪性进行审查?法官是否有权宣布违反上位法的地方性法规无效?法院是否仅具有在规则冲突中选择适用上位法的权力?法院在面临规则冲突时,是否仅能将问题经由《立法法》设定的程序提交国务院和全国人大常委会?在无法可依情况下,法院能否直接依据裁判而不违反"依照法律独立行使审判权"的原则?上述问题并非皆已有答案。在探索答案的过程中,审判权的边界无疑会继续被厘清。

对界定最高审判权产生重要影响的另一个因素是司法解释权。现行《宪法》既未对司法解释权作任何评价(如将其明确纳入审判权),也未对其存废去留作特别规定。但是,司法解释的实践却一直延续至今。它到底是审判权的一部分,还是属于立法权?对其如何定性直接关系对全国人大常委会监督方式的合宪性评判。

现行《宪法》对人民检察院的定位,特别是最高人民检察院的定位有些特别。一方面,人民检察院被定位为"国家的法律监督机关",其行使的核心权力则是有别于立法权、行政权、审判权的"检察权";另一方面,最高人民检察院并未被定位为"最高国家法律监督机关",而是"最高国家检察机关"。由此可见,对"法律监督"含义的理解应当将人民检察院在人民代表大会制度中的地位考虑在内。

三、组织差序格局:原型及修正

在人民代表大会制度下,根据合作关系及分享权力的可能性及程度形成了一个以人大为中心、机关间关系紧密度向外逐渐减弱的差序格局,人大常委会、人民政府、监察委员会、人民法院和人民检察院由内向外依次排序。

在与人大的关系上,宪法对政府和两院的定位存在明显的差异。首先,政府不仅是行政机关,而且是人大的执行机关。"两院"尽管也负有执行和实施法律的职责,却未被定位为人大的执行机关。其次,宪法不仅要求政府向人大负责,而且要求其报告工作;而一委两院仅被要求向人大负责,并不要求报告工作。再次,政府还能分享人大的一些职权,而两院的职权与人大鲜有交集,司法解释权是一个例外。最后,宪法对一委两院的独立行使职权都予以特别强调和保护，尽管其从未明确两院可以独立于人大的监督；然而，政府却未被赋予这样的独立性。总之，与“两院”相比，政府与人大的关系更紧密。这实际上形成了另一个层次的组织差序格局。但是，上述差序格局也并非一成不变的，其也被后续立法朝不同方向进行改造。有的改造甚至导致常委会特殊地位或特权的丧失。

四、人大组织优位及其对权力配置的影响

（一）人大组织优位

权力授受关系的存在决定了行政机关、监察机关、审判机关与检察机关都必须由人民代表大会派生，且这种权力来源具有唯一性。这是宪法层次的组织法原则，应得到严格的遵循。这一原则包含两个层次的内容。其一，行政机关、监察机关、审判机关与检察机关的组织由法律创设。这已被《宪法》和《立法法》所明确。因此，任何缺乏组织法基础的行政机关、监察机关、审判机关与检察机关的组织形态都不具有合法性。其二，任何行政机关、监察机关、审判机关与检察机关都必须被纳入各级人民代表大会体系之中，任何游离于这个体系的“行政机关”“监察机关”“审判机关”“检察机关”都难以成为真正的行政机关、监察机关、审判机关与检察机关。

组织优位的存在使人大与“一府一委两院”的关系在两个领域体现出单向性的特征。首先，“一府一委两院”的组成人员由人大任免，而不是相反。其次，人大针对“一府一委两院”的监督具有单向性。

（二）组织优位对权力配置的影响

现行《宪法》实施至今，如何看待人大的组织优位，尤其是如何处理人大组织优位与“一府一委两院”的职权（功能）独立之间的关系，始终成为权力配置具体个案中的一个关键问题。这在平衡人大的监督权与“一府一委两院”的独立行使职权关系时显得尤为突出。

其实，组织优位与职权独立都是宪法所确认的原则。两者所针对的问题是不同的，前者的主要任务是明确“一府一委两院”的权力来源和权力合法性问题，而后者则主要处理人大与“一府一委两院”之间的职权运行关系。这两个功能不同的原则本不应产生冲突。

五、双重角色下的“议行融合”体制及其对权力配置的影响

《宪法》对人大赋予了双重身份——既是权力机关，又是立法机关。同时，《宪法》对这两种身份进行了功能上的区分。前者主要是通过权力授受关系建立人大与“一府一委两院”的组织关系；后者则重在处理人大与“一府一委两院”的立法职权边界。在《宪法》文本中，“一府一委两院”被明确要求向“权力机关”，而非“立法机关”负责。

在全国人大的职权中，人事任免权、国民经济发展计划及其执行情况批准权、预算及其执行情况批准权更多的来源于作为权力机关的组织优位，其目的在于落实民主问责。由于人民可以对各级人大问责，后者必然要对其所产生的“一府一委两院”问责，问责的最终目的则是确保“一府一委两院”的职权行使符合人民（通过人大代表所表达）的意愿。因此,全国人大审议、批准国民经济发展计划及其执行情况并不构成对国务院行使的行政权的不当干预。在此情况下,全国人大的角色是"最高国家权力机关",国务院则是"最高国家权力机关的执行机关",而非"最高国家行政机关"。

但是,当全国人大及其常委会行使立法权时,各自职权体系的相对封闭性使其与"一府一委两院"处于相对平等的地位。在这种情况下,机关之间关系的协调和处理则要遵循法治原则。一旦监督权深入行政权、监察权、审判权、检察权的核心区域,其必须接受法治原则的约束,否则分权的目的根本无法实现。

作为最高国家权力机关的执行机关,意味着国务院在相关事务上并不具有排他性的最终决策权,或者其所拥有的决策权可以被最高国家权力机关所取代且这种取代并不构成对国务院的不当干预。在这种情况下,国务院所行使的并非纯粹的行政权。从这一意义上说,我国存在一种"议行融合"体制。

六、制约的边界:有限监督原则

在我国,监督权总体上不能突破机关间组织法上的屏障从而触及监督对象的核心功能。这是我国制约机制的一个鲜明特点,与"三权分立"机制存在巨大差异。在"三权分立"制度下,制约机制的功能极致是产生否决监督对象决策权力的效果。例如,美国总统有权否决国会立法,联邦最高法院可以宣布国会立法违宪无效。但是,我国的权力制约机制基本不具有否决功能。申言之,我国的制约机制并不致力于取代原决策机关所行使的核心功能并颠覆性地改变这种决策权,其不能代行监督对象的核心职权。

议行合一与我国国家权力配置的原则

杜强强*

我国宪法学理论曾长期认为我国国家权力的配置采取议行合一原则,但这个理论自20世纪90年代后逐渐受到质疑和批评。马克思指出,巴黎公社"是一个实干的而不是议会制的机构,它既是行政机关,也是立法机关"。从这句话看,议行合一应该是指公社既立法,又行政,但从实践看,巴黎公社的行政和立法并没有在体制上合而为一。以议行合一来描述巴黎公社在权力配置上的特质,的确有些名实不符,但议行合一的确彰显了巴黎公社以及社会主义国家宪法在权力配置上的某种特质:它对人民代表机关最高权威的强调和对分权原则的否定。

* 首都师范大学政法学院教授,法学博士。

本文原载《法学家》2019年第1期。

一、议行合一原则的实践：并非议行一体

（一）巴黎公社和苏维埃的权力配置

巴黎公社由巴黎各区选出的市政委员组成，这是一个具有立法权的机构；公社同时设立了10个委员会负责执行，每个委员会由5～8名公社委员组成。人们之所以将巴黎公社的体制称为议行合一，是因为公社的委员一身二任，既参与立法，又负责执行。不过，从法律上看，巴黎公社在立法和行政权行使的组织形式上依然有所区别：立法权由公社委员会来行使，这是一个由全体68名委员组成的大会，而行政权则由各个小委员会来行使。后来，巴黎公社又改革了各种行政委员会的构成，每个委员会都由1名公社委员领导，而非公社委员也可以参加委员会的工作。行政与立法机关的组织形式不同，人员构成也开始不同，就更不是字面意义上的议行合一了。

俄国十月革命后建立的苏维埃政权秉承了巴黎公社的原则，但它也不是将立法与行政合而为一。列宁在1917年10月的《布尔什维克能保持国家政权吗?》一文指出，苏维埃的一个特点就是“它能够……把立法的职能和执法的职能在选出的人民代表身上结合起来”。按照1918年苏俄宪法的规定，最高国家权力机关是全俄苏维埃代表大会及其常设委员会——中央执行委员会，它们行使立法权，“中央执行委员会组织人民委员会以总的管理共和国事务，组织各部（各人民委员部）以领导管理各个部门”。中央执行委员会的委员在各人民委员会的部中工作，或者执行中央执行委员会的各项特别委托。这种权力配置模式体现了列宁“立法的职能和执法的职能在选出的人民代表身上结合起来”的思想，但从法律上说，中央执行委员会与人民委员会及其各部也是不同的机构，依然存在立法和行政的基本分工。

（二）议行合一在我国国家权力配置上的最初体现

1949年9月27日通过的《中央人民政府组织法》设立了中央人民政府，它由中央人民政府委员会、政务院、人民革命军事委员会、最高人民法院和最高人民检察署等机关构成。这是一个“大政府”式的机构，但“中央人民政府”内依然存在权力的明确分工。在人员构成上，中央人民政府体现了列宁所说的“立法的职能和执法的职能在选出的人民代表身上结合起来”的思想，也即中央人民政府委员会的委员都兼任其他国家机关的职务。关于此种权力配置模式的特点，董必武说，“我们的制度是议行合一的，是一切权力集中于人民代表大会的政府”。董必武这句话的意思并不是说在中央人民政府内立法职能和行政职能由同一个机关来承担，这句话的重点是在后半句，它强调的是权力机关的最高地位。

（三）从“五四宪法”到“八二宪法”：议行合一原则的继续

“五四宪法”颁布后，人民代表大会制度正式运行，我国中央国家机关不再取集立法、行政、军事、审判、检察为一体的“大政府”的概念，但这并不意味着改变了《中央人民政府组织法》所确立的议行合一原则。在“五四宪法”和“八二宪法”之下，全国人大为最高国家权力机关，其他国家机关都由全国人大产生，全国人大有权选举并罢免其他国家机

关的领导人选。无论是制宪者,还是修宪者,都很强调我国宪法体制的这个特色。刘少奇在《关于中华人民共和国宪法草案的报告》中指出:我国的全国人民代表大会完全统一地行使最高的国家权力。彭真在《关于中华人民共和国宪法修改草案的报告》中也指出:我们国家可以且必须由人民代表大会统一地行使国家权力。这和董必武所说的"我们的制度是……一切权力集中于人民代表大会的政府"没有什么实质性的差别:他们都确认了国家权力机关在国家权力体系中的最高地位。

二、议行合一与分权原则

议行合一并不反对国家权力之间的适当分工。议行合一是对分权原则的否定。有分工、不分权,这就是议行合一原则的内涵。

(一)巴黎公社体制的特质

无论是巴黎公社,还是苏俄宪法下的苏维埃模式,它们在权力配置上有一个共同的特点,这就是列宁所总结的"立法的职能和行政的职能在选出的人民代表身上结合起来"。这种结合的确是巴黎公社体制的一个重要特点,不过,它依然不是巴黎公社体制的区别性特征。因为在议会内阁制下,同一个人身上也同时结合着立法职能与行政职能:他作为国会议员,在国会中议决法律;他又作为内阁成员,在政府里执行国会所通过的法律。巴黎公社体制的特质,并不在于立法与行政职能在议员身上的结合,而在于它对代议机关优越地位的强调以及对分权原则的否定。议行合一的批评者认为,"国家机关之间的分工和分权实际上是一回事","分工必然表现为分权"。这种批评未能抓住分权原则的要领,错误地以为议行合一是要否定权力之间的分工。

(二)分权原则的要义

分权原则的重点,并不在于国家的各种权力该怎么划分,而在于划分之后的各项权力之间的关系。例如,在议会内阁制和总统制这两种经典的分权模式下,立法与行政均处于势均力敌的"制衡"状态,没有一方能绝对超越另一方。

议行合一原则下的权力配置则与此大有不同。在巴黎公社体制下,行使立法权的公社是最高权力机关,行政部门则处于从属地位。行政部门由公社组织任命,随时可以被撤换,它不过是公社的一个执行机构,既不能否决公社的立法政策,也不能以解散公社的方式与之对抗。我国《宪法》虽然划分了不同的国家机关,存在权力之间的分工;但因为《宪法》同时确立了权力机关的最高地位,所以不存在权力之间的制衡。正如许崇德教授所指出的:"在我们国家,全国人民代表大会是最高国家权力机关,它体现全国人民的意志,代表全国人民统一地行使国家主权。它高居于其他中央机关之上,既不和他们平列,更不受它们制约;相反,其他中央机关都由它组织产生,都要执行它制定的法律和作出的决议,而且在执行法律和决议的过程中都要向它负责,受它监督。"议行合一正是描述这种权力配置模式的一个学理概念。

三、议行合一原则背后的政治理论

马克思等经典作家并不反对议会制度。经典作家所反对的,只是那种议会被行政架空、议会沦为行政附庸的议会制。在经典作家看来,“摆脱议会制的出路,当然不在于取消代表机构和选举制,而在于把代表机构由清谈馆变为‘实干的’机构”。巴黎公社正是这样一个“实干的”机构,这正是马克思认为能作为无产阶级政权的形式。巴黎公社体制的特点就在于,作为代议机关的公社又成为最高的权力机关,而且是实权机关,公社不再附属于行政部门;相反,行政部门却由公社组织设立,对公社负责,且随时可以由公社撤换。

当然,巴黎公社体制下的公社相对于行政部门的优越地位并不意味着公社已经成为最高的主权者,因为巴黎公社的委员“随时可以被罢免”。马克思在《法兰西内战》(初稿)中指出,“普选权在此以前一直被滥用,或者被当做议会批准神圣国家政权的工具,或者被当做统治阶级手中的玩物,只是让人民每隔几年行使一次,来选举议会制下阶级统治的工具”。取代的方法就是设立罢免制度。就像马克思在《法兰西内战》中所阐述的,“每一个代表都可以随时被罢免,并受到选民给予他的限权委托书(正式指令)的约束”。

代议机关相对行政部门的优越地位,人民对代议机关成员的罢免,这些都显示出议行合一原则背后蕴含的人民主权原理:公社代表人民统一行使主权,而主权不容分割,人民则保有对公社的监督权。许崇德教授总结了人民主权原则与分权原则、议行合一的关系:“分权原则中的立法、行政、司法三部门彼此分离独立而又互相牵制平衡,以致在整个国家中找不到主权权威……资本主义国家标榜人民主权,同时也标榜立法机关——议会代表人民,而议会却又不能完全地行使国家主权,这样就使它在人民主权原则和分权原则之间产生了无法解决的矛盾。至于议行合一原则的实施,就不会产生这样的矛盾。在议行合一原则下,最高人民代表机关即最高国家权力机关,全面地、全权地代表全国人民行使国家权力,既不和其他国家机关‘三权鼎立’,也不受其他国家机关牵制,因而使议行合一原则的实际运用能够和人民主权原则相一致。”

四、民主集中制抑或议行合一原则

(一)议行合一与民主集中制:作为分权原则的对立物

按照《宪法》的规定,民主集中制原则的内容主要包括三个方面:一是各级人大和人民之间的关系,也即全国人大是在民主的基础上由全国人民选出的代表组成,所以是民主的,而它又代表人民集中决定国家的重大问题,这又是集中;二是人大和其他国家机关的关系,也即其他中央国家机关都由全国人大组织产生,所以具有民主的基础,而它们又集中地处理各自权限内的事项,这又是集中的一面;三是中央和地方的关系,也即中央国家机关在处理问题时,一般都要征询、听取地方国家机关的意见。另外,民主集中制也应是各国家机构内部的组织原则,也即“在实行合议制的机关,通常采取少数服从多数的表决方式通过决议;在实行首长制的机关,往往也设有某些会议的形式,首长在作出决定时,要考虑多数人的意见”。

由此看来,修宪者的确将代议机关与其他机关的关系放在民主集中制的概念下,宪法学理论将这种关系建构为民主集中制也有它的优势和长处。不过,与议行合一相比,它似乎并不是一个更优的理论建构。这主要是因为,议行合一原则只涉及代议机关与其他机关之间的关系,也即国家权力在"横向"上的分配问题;而"民主集中制"原则就复杂得多,代议机关与其他机关之间的"横向"关系只是民主集中制的一个方面。更重要的是,传统宪法学之所以提出议行合一,就是为了将其与西方国家宪法上的分权原则对比。而分权原则有其确定的内涵,即它只涉及国家权力在"横向"上的分配及其制约关系,不涉及代议机关与选民的关系,也不牵涉某种机构内部的权限分配,更不及于国家权力在"纵向"上的分配。既然分权原则只涉及国家权力在"横向"上的配置及其关系,但从对比的针对性上说,议行合一就要比民主集中制更能显示我国宪法在权力配置上的特点。

(二)议行合一作为理论建构的优势

从理论建构的角度看,议行合一也比民主集中制的建构更适当。因为从事物的本质上说,国家权力的横向配置与纵向配置无论如何都会有所不同,而选民与代议机关的关系无论如何也都与代议机关的内部关系大相径庭。将这么多不同性质和特点的关系都一律概括为"民主集中制",则宪法学说将丧失精细具体描述宪法现象的基本功能。虽然议行合一存在名实不符或者易于误解的缺陷,但因为它致力于对国家权力横向配置的描述,而不及于国家权力的其他方面,因此,就更称得上一个更精细而有描述力的理论建构。

五、结论

对议行合一的理解不能望文生义。它并不反对国家权力之间的适当分工,它主张的只是权力机关的"全权性"及其在整个国家权力体系中的优越地位,其背后隐含着人民主权不可分割的宪法原理,并因此与分权原则相互对立。这些正是我国国家权力配置体系的特质之所在。在我国国家权力配置体系中,全国人大处于最高国家权力机关的优越地位,代表人民统一行使国家权力,其他国家机关都由全国人大产生,受其监督,对其负责。这个体制自 1949 年以来并没有发生实质性的改变。如果说 1949 年我国实行的是议行合一的原则,就不能说"八二宪法"明确否定了议行合一。这是本文的基本结论。

"最高国家权力机关"的权力边界

黄明涛*

一、问题的提出:全国人大的权力是否有宪法界限

全国人大是"最高国家权力机关";《宪法》第 62 条具体列举了全国人大享有的职

---

* 武汉大学法学院副教授,法学博士。

本文原载于《中国法学》2019 年第 1 期。

权，涵盖了诸多方面，该条第16项更进行了兜底式的概括授权，规定其可以行使“应当由最高国家权力机关行使的其他职权”。这使全国人大不被列举式授权所限，而可以在更多事项中以更多种方式行使权力。笔者认为，“最高国家权力机关”应当是一个从特定的政治哲学和立宪主义原理之中推导出来的、提供规范标准的概念，而全国人大则是被一部具体的规范宪法所授权的宪定机构，后者本身不能自动生发出任何权力。如果“全国人大”与“最高国家权力机关”纯粹是同一个概念的不同表达，这相当于没有提供任何法定标准或权力边界，从最低限度的形式法治或立宪主义原理来看，这是不可接受的。

不仅如此，“全国人大是否享有无限的权力”这一诘问被我国当前宪法监督制度的核心特色所加重。“最高国家权力机关”在概念上应当区别于全国人大，厘清前者的性质，并由此推导出其应有权力的类型、范围、目的以及行使方式等，是值得认真对待的工作。下文将首先探讨“最高国家权力机关”中的“最高”一词的含义，表明其只意味着“相对优越”而非“绝对无限”；进而，本文将分别从权力监督原则的视角和机构行动能力的视角来分析“最高国家权力机关”所应当享有的权力类型以及必然附随的权力界限。

二、所谓“最高”：规范含义的限定与澄清

“最高国家权力机关”这个概念因冠有“最高”这个前缀词，所以暗示了某种首要性、优越性或至上性，这就进一步引发了一种从“最高”到“无限”的观念溢出效应。笔者认为，至少有两个方面的结构性原理决定了“最高国家权力机关”的“最高”在实质意义上只能是“相对优越”而非“绝对无限”。

（一）从国家权力机关的初始授权逻辑看最高国家权力机关的“相对优越性”

全国人大不是排他性地接受人民授权的国家机关。根据《宪法》第2条，我国“一切权力属于人民”，“人民行使国家权力的机关是全国人民代表大会和地方各级人民代表大会”。这两款文字的字面含义是很清楚的，人民作为主权者，既向全国人大授权，也向地方各级人大授权，不存在先向全国人大作一次性完整授权、再由后者将权力转授予地方人大的逻辑。被定义为“最高国家权力机关”的全国人大既不是主权者，也没有垄断来自人民的初始授权。

根据《选举法》的规定，全国人大由间接选举产生。从机构建置的角度看，最高国家权力机关的产生依赖于自下而上的各层级权力机关的选举行为，这意味着国家权力机关序列的建构，是由基层逐渐上升至中央的——“最高”的国家权力机关实则“最后”被创建。

（二）从民主集中制的“变形呈现”看最高国家权力机关的宪法地位

1982年《宪法》明确规定了“民主集中制”原则，这是与国家机构相关的宪法原则，不能不与国家权力机关产生关联。本文需要探讨最高国家权力机关的权力属性、范围以及由此具备的宪法地位，以便回答“最高”是否为法律上之“无限”这一问题。那么，我们就需要阐明，在不同国家机关之相互关系的意义上，民主集中制原则是否给出了明确的规范要求。

第一,从国家机构的组织、产生上看不同机构之间的关系,民主集中制一直很稳定地被理解为两个具体方面,其实质也反映在了《宪法》第3条第2款、第3款中,即人民代表机关都由选举产生,对人民负责,受人民监督;国家行政机关、监察机关、审判机关、检察机关等都由人民代表机关产生,对它负责,受它监督。可以看出,"人民代表机关"是组织建置上的线索——这是在整体上对"人民代表大会制度"的把握,而非将"最高国家权力机关"这个单一机关作为组织建置的原点。

第二,从不同国家机构之间的权力配比或权力关系来看,民主集中制原则在内涵上显得不太确定。无论从《宪法》第三章有关各国家机构的具体条文的规范要求来看,还是从各国家机构的客观功能的视角作反思,都使我们不能将《宪法》第3条第1款的"民主集中制"演绎为要求国家公权力被某一个机关"集中行使",认识到这一点,也就必然为判断何为"应当由最高国家权力机关行使的其他职权"设定了某种底线标准。

三、从权力监督原则看最高国家权力机关的权力界限

《宪法》第62条前15项以及第63条、第64条等个别条款罗列了全国人大享有的具体职权,包括若干典型的起到监督效果的权力。因此,可以认为,"应当由最高国家权力机关行使的其他职权"应当可包括一些起到监督作用的具体权力,从而与其特定地位以及《宪法》"总纲"部分的原则性规定形成呼应。那么,如何确定最高国家权力机关行使监督权的界限?为了更严谨地作分析,此处以人民代表大会与审判机关的关系为例作一定的展开。

第一,作为获人民授权以建构公权力体系的各级国家权力机关,必须将特定的专门权力完整、完全地授予相应的国家机关。《宪法》第128条规定,人民法院是国家审判机关;《宪法》第131条进一步确认了人民法院独立行使审判权。从权力分工的角度讲,审判权作为国家权力的一种类型已被宪法、法律所确认,当各级国家权力机关依法产生同级审判机关的时候,审判权就被完全地授予了后者,而不再由前者所保有。实际上,就审判权等明确、具体的公权力类型而言,国家权力机关充当了人民与相应的公权力机关之间的制度化的授权管道,这一管道当然不能把相关权力据为己有。

第二,既然审判权已作完整、完全的授予,则国家权力机关对审判机关进行监督的方式和效果必须不剥夺、不架空后者的独立审判权,不能损及这一权力的核心部分。最直观的一点就是,不能以监督的名义代替审判机关就具体的法律争议作出影响相关当事人权利义务的决定。我国的宪法体制与权力分工安排不会允许最高国家权力机关僭越行使审判职能或干扰到审判权的独立行使。随着《各级人民代表大会常务委员会监督法》的制定与实施,人大监督的体制机制建设取得了重大进展,"行使监督权既不能失职,也不能越权"的总原则在制度层面得到了进一步巩固。

第三,与上述要求相得益彰的是,国家权力机关对监督权的行使应当符合"监督"的本义,应当与自身的人员构成、能力与工作方式相匹配,从而避免进行不专业的、低效率的、非建设性的监督。国家权力机关作为人民的代表机关,应该代表人民去知悉和评价审判机关的整体工作情况。关于代议机关适合做什么,是有客观规律可循的。

四、从“行动能力”的视角看最高国家权力机关的“适当职能”

一个特定的、具体的国家机关在事实上适合履行何种职能,从而有资格要求获授予某种相应的“法定权力”,是一个必须基于对该机构之行动能力的客观评估的判断。有时,这种判断会与宪法、法律的“文本表述”不尽一致,因为制宪者或立法者完全有可能基于各种原因而授予某个机关一种与其并不匹配的权力。从形式上,我们不能否认这种授权的“合法律性”,但实际情况可能是,该项职权或者长期不被行使,或者因应现实需要而以某种改造过的方式被行使,或者逐渐转而由其他“更适合的机关”行使,从而“偏离”了法律文本对职权配置的最初设计。

(一)非常设机关

在当代中国,最高国家权力机关是“非常设机关”。1982 年《宪法》修改的重点和亮点之一是强化全国人大常委会的职能。越是增强全国人大常委会的行动能力,就越能够展现全国人大的权威,也越能够“加强人民代表大会制度”。这里隐含的逻辑是,全国人大理所当然的是“非常设”的,其机构性、日常性、行动性的一面,由全国人大常委会来承载和体现。就全国人大与其常委会之间的权力配置与界分而言,如今宪法实践对宪法文本的偏离已有目共睹,这引发了一些争论和反思。

笔者认为,“非常设机关”这样一种规范定位所引发的机构行动能力方面的后果是非常深刻而全面的:(1)非常设机关意味着,该“宪法主体”不得演变为“常设机关”,否则,就会出现“两院制”,其作为一种制度选项已在 1982 年被否决了;(2)非常设机关仅为“特定时空之代表聚集”,其缺乏恒常的自主意识,因而缺乏行动能力;(3)非常设机关的定位固化了“非专职主义”的代表制度与代表观,阻碍了人大代表履职能力的积累、传承与提升,因而也阻碍了全国人大的整体行动能力的提升。

(二)政治象征

在当代中国,最高国家权力机关通过它的运作,可使有关国家机关、政策或特定事项获得在宪法秩序内最高程度的正当性支持。相对全国人大具有的崇高宪法地位,其短暂的会期更显珍贵,这无疑凸显了具有更多“政治象征价值”的最高国家权力机关在现行宪法体制下的功能,即为相关的公权力机关、全局性的政策、特定的事项或决定供给“政治正当性”,而非主动、积极、具体深入地设计、谋划、反复磋商相关政策。

笔者认为,应当由最高国家机关行使的权力,符合如下特征:(1)所涉职能或议题具有全局重要性;(2)在相关法律程序中所处理的事项的主体内容、政策或决定已接近成熟,基本无须更多实质性的审议,但相对而言更需要程序上的正式完结和确认;(3)所涉职能或议题在性质上、技术上需要与其他机关或主体的权力、程序、行为相配合,或者尤其需要经由后者启动而行使,无须主动行使。

五、结语

从规范层面对全国人大的权力边界予以把握后,不等于回答了其权力行使从规范到实践的过程中可能面对的其他制约或限制,如基本权利。基本权利可以作为全国人大权力行使当中的某种实际"界限",这与本文着重处理的问题——《宪法》第62条第16项的空白授权中包含了何种权力边界——是彼此支撑,也有所区别的。

综上所述,本文所得出的结论只是初步的,主要有:第一,最高国家权力机关只具有公权力机关序列中的相对优越地位,并不具有主张无限权力的宪法依据;第二,充当公权力监督者的最高国家权力机关必须以尊重被监督者之核心职权的方式行使该监督权;第三,必须基于对全国人大在当前的"行动能力"的客观认识来判断应当交由其行使的宪法未列举权力的具体类型。

学术热点 2：合宪性审查的原理与机制

论法律的合宪性审查机制

莫纪宏*

一、合宪性审查工作必须建立在科学界定审查对象的基础上

党的十九大报告明确指出："加强宪法实施和监督，推进合宪性审查工作，维护宪法权威。"为了贯彻落实党的十九大报告关于"推进合宪性审查工作"的精神，2018 年 3 月 11 日第十三届全国人大第一次会议审议通过的《宪法修正案》设立了"宪法和法律委员会"。为了进一步明确全国人大宪法和法律委员会的法律职责，充分发挥其在推进合宪性审查中的重要作用，第十三届全国人大常委会第三次会议于 2018 年 6 月 22 日通过了《全国人大常委会关于全国人民代表大会宪法和法律委员会职责问题的决定》，该决定第 2 项明确规定："宪法和法律委员会在继续承担统一审议法律草案等工作的基础上，增加推动宪法实施、开展宪法解释、推进合宪性审查、加强宪法监督、配合宪法宣传等工作职责。"

由于合宪性审查工作刚刚起步，当下合宪性审查工作的重点应当首先立足于理清楚到底哪些对象可以被纳入合宪性审查的范围，法理和制度上的理由是什么等。如果不能对最基础性的问题给出科学和明确的答案，合宪性审查工作就很难得到扎实和有效的推进。

从法理和制度上科学地界定合宪性审查的对象，现行《宪法》第 5 条规定的法制统一性原则是最重要的参考依据。现行《宪法》第 5 条第 3 款规定："一切法律、行政法规和地方性法规都不得同宪法相抵触。"第 4 款又规定："一切违反宪法和法律的行为，必须予以追究。"从上规定不难看出，合宪性审查的对象至少应分为两类：一是法律规范类，包括"法律"、"行政法规"和"地方性法规"；二是行为类，现行《宪法》第 5 条第 4 款和第 5 款涉及两种可能违反宪法的行为，第 4 款规定："一切国家机关和武装力量、各政党和各社会团体、各企业事业组织都必须遵守宪法和法律。"第 5 款又规定："任何组织或者个人都不得有超越宪法和法律的特权。"其中，"法律"、"行政法规"和"地方性法规"应当是合宪

---

* 中国社会科学院国际法研究所研究员，法学博士。

本文原载《法学评论》2018 年第 6 期。

性审查的主要对象。相对“法律”来说,“行政法规”和“地方性法规”作为合宪性审查对象目前是有明确的法律程序和机制来加以合宪性审查的,2015 年修订的《立法法》第 99 条第 1 款规定:“国务院、中央军事委员会、最高人民法院、最高人民检察院和各省、自治区、直辖市的人民代表大会常务委员会认为行政法规、地方性法规、自治条例和单行条例同宪法或者法律相抵触的,可以向全国人民代表大会常务委员会书面提出进行审查的要求,由常务委员会工作机构分送有关的专门委员会进行审查、提出意见。”第 2 款又规定:“前款规定以外的其他国家机关和社会团体、企业事业组织以及公民认为行政法规、地方性法规、自治条例和单行条例同宪法或者法律相抵触的,可以向全国人民代表大会常务委员会书面提出进行审查的建议,由常务委员会工作机构进行研究,必要时,送有关的专门委员会进行审查、提出意见。”根据《立法法》的上述规定,行政法规、地方性法规、自治条例和单行条例被视为合宪性审查的明确对象,可以通过《立法法》第 99 条规定的程序启动对行政法规、地方性法规、自治条例和单行条例的合宪性审查工作。可以说,《立法法》的上述规定是实施现行《宪法》第 5 条第 3 款的具体措施,使现行《宪法》第 5 条第 3 款规定的“行政法规和地方性法规都不得同宪法相抵触”有了具体程序和机制的保障。然而,《宪法》第 5 条第 3 款规定的“法律”不得同宪法相抵触根据什么程序和机制来审查,综观宪法和相关法律法规的规定,都是语焉不详。而对“法律”进行合宪性审查可以说是国外法治国家合宪性审查制度最核心的内容。合宪性审查制度归根到底是为了保证法律的合宪性。1949 年《德意志联邦共和国基本法》第 20 条第 3 款明确规定:“立法权受宪法制约。”这就是说,合宪性审查的主要制度目标就是约束法律,保证作为人民代表组成的议会制定的法律要与人民制定的宪法之间保持高度一致,从而体现人民主权原则。

对全国人大及其常委会制定的“法律”究竟是否存在明确的制度意义上的合宪性审查程序和机制呢?法学界和法律实务界对此都有不同的看法,需要在加强对合宪性审查进行深入理论研究的过程中逐步加以解决。

二、法律与宪法同源不能成为否定对法律进行合宪性审查的制度根据

尽管我国现行《宪法》第 5 条第 3 款明确规定法律不得与宪法相抵触这一法制统一性原则,但在具体的立法实践中却因为法律与宪法在立法程序与机制上的“融合性”而导致对法律进行合宪性审查的法理困境。2015 年《立法法》第 87 条规定:“宪法具有最高的法律效力,一切法律、行政法规、地方性法规、自治条例和单行条例、规章都不得同宪法相抵触。”根据上述规定,宪法与法律是具有不同法律效力的法律形式,存在上位法与下位法之间的逻辑关系,因此,法律不得同宪法相抵触是宪法具有最高的法律效力的应有之义。但如果从立法主体之间的关系来看,如何启动对法律的合宪性审查程序和机制则存在很大的制度悖论。

首先,全国人大是宪法上规定的修改宪法和制定基本法律的同一主体。现行《宪法》第 64 条第 1 款规定:“宪法的修改,由全国人民代表大会常务委员会或者五分之一以上的全国人民代表大会代表提议,并由全国人民代表大会以全体代表的三分之二以上的多数通过。"第 2 款规定:"法律和其他议案由全国人民代表大会以全体代表的过半数通过。"虽然说宪法修改的程序相对法律的制定程序要求更严格,但是,对于全国人大来说,自身通过立法程序制定的基本法律很难与自身通过的宪法修正案相违背,个别基本法律在立法程序中甚至获得了全票通过,而 1982 年《宪法》及其五个修正案的通过并没有哪次获得全票通过,因此,在合宪性审查程序上,根本无法启动对全国人大制定的基本法律的合宪性审查程序。

其次,由全国人大来审查全国人大常委会制定的基本法律以外的其他法律是否与宪法相抵触在制度上也不可行。虽然 2015 年修订的《立法法》第 97 条第 1 项明确规定:"全国人民代表大会有权改变或者撤销它的常务委员会制定的不适当的法律,有权撤销全国人民代表大会常务委员会批准的违背宪法和本法第七十五条第二款规定的自治条例和单行条例。"但全国人大每年通常只召开一次全体会议,而且是由全国人大常委会召集会议,从法理上来看,由全国人大常委会召集全国人大开会来审查全国人大常委会制定的基本法律以外的其他法律是否与宪法相抵触,这也是不可能发生的。因此,《立法法》第 97 条第 1 项所规定的全国人大对全国人大常委会制定的基本法律以外的其他法律或者是全国人大常委会批准的自治条例和单行条例在合宪性审查程序和机制上是行不通的,有设置"无效条款"或者"无法实施条款"的嫌疑。

最后,由全国人大常委会来审查全国人大制定的基本法律的合宪性存在"越权审查"的嫌疑,即便全国人大常委会积极行使审查权,也无法作出任何结论,因为按照《宪法》和《立法法》的规定,只有全国人大有权撤销全国人大常委会制定的法律,而不能反其道而行之。更关键的是,根据我国现行《宪法》第 67 条第 3 项的规定,全国人大常委会"在全国人民代表大会闭会期间,对全国人民代表大会制定的法律进行部分补充和修改,但是不得同该法律的基本原则相抵触",因此,全国人大常委会作为全国人大的常设机构,实际上左右着全国人大的立法权。加上现行《宪法》第 67 条第 1 项、第 4 项明确规定,全国人大常委会有权解释宪法和法律,因此,全国人大制定的基本法律以及全国人大常委会制定的基本法律以外的其他法律和全国人大常委会对全国人大制定的基本法律的修改,在法理和法律上如何解释、是否与宪法相抵触,合宪性审查的主动权在全国人大常委会,而非全国人大。

既然全国人大及其常委会制定的基本法律和基本法律以外的其他法律的合宪性审查程序和机制在制度上根本就无法启动,是否意味着"法律"就可以被排除在合宪性审查范围之外呢?这个问题确实是困扰法学界的重大理论问题。早年,宪法学界曾有专家非常尖锐地指出了这个问题,并形象地称为"妈妈要犯错误,儿女又能如何"。[①] 郝铁川教

---

① 已故著名宪法学家张光博教授在宪法学年会上提出的重要观点,受到了各方非议,但鲜有有说服力的文章来反驳这一观点。

授甚至还提出了"良性违宪"的概念,试图制造这样的概念来规避法律的违宪问题。特别值得关注的是,1982年的起草者在设计这个制度时的考量也可以证明法律的合宪性问题在逻辑上可以存在,但在制度上对法律是否合宪依照法定程序和机制来进行审查是不可行的。根据1982年《宪法》亲身参与者许崇德教授的回忆,在1982年《宪法》起草过程中,当时对"监督宪法实施"的机构设计有两种方案:第一种方案是设计一个与全国人大常委会平行的宪法委员会,专门负责违宪问题;第二种方案是设计一个地位低于全国人大常委会的宪法委员会,协助全国人大及其常委会监督宪法实施。最后这两种方案都没有获得通过,仍然采用了1954年《宪法》的基本做法,即在现行《宪法》第62条和第67条规定由全国人大及其常委会负责监督宪法实施。当时的一个主要理由是由彭真同志提出的,即"宪法的规定,通过具体立法的完善来落实,由全国人大常委会监督宪法的实施"。彭真同志的上述观点后来在解释现行宪法的具体内涵时影响很大,形成了全国人大及其常委会制定的法律是宪法的具体化的学术思想。迄今为止,我国宪法学者主流的学术观点仍然坚持"法律是宪法的具体化"的学术判断。这一观点导致了法律根本不可能出现违宪问题。宪法只有通过法律才能具体化,才能在实际中得到实施,因此,从逻辑上来看,宪法与法律是捆绑在一起的,谁也离不开谁,对法律进行合宪性审查与我国现行宪法所确立的人民代表大会制度的基本特征不相适应。这种学术观点也影响到《立法法》关于合宪性审查机制的制度安排上。尽管2015年修订的《立法法》第99条明确规定了可以对行政法规、地方性法规、自治条例和单行条例进行违宪或违法审查,但是,《立法法》第72条第2款却规定:"设区的市的人民代表大会及其常务委员会根据本市的具体情况和实际需要,在不同宪法、法律、行政法规和本省、自治区的地方性法规相抵触的前提下,可以对城乡建设与管理、环境保护、历史文化保护等方面的事项制定地方性法规,法律对设区的市制定地方性法规的事项另有规定的,从其规定。设区的市的地方性法规须报省、自治区的人民代表大会常务委员会批准后施行。省、自治区的人民代表大会常务委员会对报请批准的地方性法规,应当对其合法性进行审查,同宪法、法律、行政法规和本省、自治区的地方性法规不抵触的,应当在四个月内予以批准。"很显然,《立法法》的上述规定也只是把对设区的市人大及其常委会制定的地方性法规的审查称为"应当对其合法性进行审查",把"同宪法相抵触"的情形放入"合法性审查"的范围,这说明《立法法》也未能有效区分对行政法规、地方性法规、自治条例和单行条例的合法性审查与合宪性审查之间的性质差别,把合法性审查等同于合宪性审查,甚至把合宪性审查概括进合法性审查的范围了。造成上述立法设计瑕疵的原因很大程度上与1982年《宪法》没有真正解决宪法与法律之间的价值区分相关,除了从逻辑上把宪法作为根本法加以对待,进而把宪法作为法律的"上位法",并确立宪法具有最高法律效力之外,在制度设计上并没有有效区分宪法与法律的关系,而是把宪法与法律捆绑在一起,作为其他法律形式的正当性依据。这种立法困境毋庸置疑会影响全国人大宪法和法律委员会今后所开展的合宪性审查工作。即便无法对法律进行有效的合宪性审查,在对行政法规、地方性法规、自治条例和单行条例进行审查时,到底是进行符合宪法的审查,还是只能进行符合法律的审查,至少目前在法理上没有强有力的理论支撑。违宪审查如何跨越"法律是宪法的具体化"这个巨大的制度门槛。这个遗留的法理问题对全国人大宪法和法律委员会开展实质性的合宪性审查工作也是一个巨大挑战,必须认真对待,切忌等闲视之。

三、对法律进行合宪性审查的方式

从目前我国现行《宪法》所确立的宪法与法律之间的逻辑关系来看,将全国人大及其常委会制定的基本法律和基本法律以外的其他法律明确地纳入合宪性审查对象的范围,并建立严格的合宪性程序和机制加以审查,很显然在制度设计上是困难重重的,但这并不意味着合宪性审查的理念就无法有效地被引入全国人大及其常委会的立法工作,并借以改进全国人大及其常委会的立法工作质量。

由于在全国人大及其常委会之外不再存在与之平行的国家机关,故对全国人大及其常委会制定的法律合宪性的立法监督只能由全国人大及其常委会自身的内部立法监督机制来完成。首先,全国人大对自身制定的基本法律的合宪性在法律程序上无法设立有效的审查机制,全国人大对全国人大常委会制定的法律合宪性的审查也无法设定可行的审查机制,由此,对于全国人大及其常委会制定的法律的合宪性审查程序和机制只能依靠全国人大及其常委会自身的内部立法监督机制来实现。根据2018年《宪法修正案》设立的全国人大宪法和法律委员会,在法律的合宪性审查方面恰恰可以做很多工作。此外,全国人大常委会依据现行《宪法》规定享有宪法解释和法律解释的职权,可以在解释《宪法》和法律的过程中来审查法律同《宪法》是否相一致或不相抵触的问题,所以,对法律的合宪性审查工作是可以进行的,但不能通过正式的法律程序和机制进行,只能通过内部立法监督机制来完成。其次,无论是全国人大宪法和法律委员会开展合宪性审查工作,还是全国人大常委会进行立法监督,对法律的合宪性审查首先要解决的就是法律与宪法在形式上的一致性。要通过对法律的合宪性审查明确立法的数量,并正式对外公布。要解决长期没有定论的"法律"的标准问题,什么样的规范性文件可以算在"法律"范围内,这是宪法对法律的基本要求,否则,立法要遵循宪法的基本原则这一基本的合宪性要求就无法实现。再次,要通过对法律的合宪性审查明确全国人大发布的决议,全国人大常委会发布的决定和决议以及全国人大常委会批准的自治条例和单行条例的法律效力问题,同时,也要明确这些规范性文件在执法和司法过程中的适用范围以及与法律的适用之间的效力关系。复次,要通过对法律的合宪性审查,进一步明确宪法中的一些基本原则和具体规定的内涵,在法律与宪法之间建立宪法解释和法律解释的连接制度,进一步理顺法律与宪法之间的形式关系。最后,要对法律中与宪法明显不一致的地方作出必要的处理,要么通过宪法解释和法律解释的方式来保证法律与宪法内容关系的一致性,要么对法律与宪法不一致和相冲突的事项提出修改宪法和法律的建议。

四、"宣告不一致"应是法律合宪性审查的最主要的结论

从一般违法性理论来看,合宪性审查的结论通常应当包括合宪与违宪两种结果或者是合宪与不合宪这样互为空集的逻辑结论。特别是在民事违法与刑事违法理论中,要么构成违法或犯罪,要么没有违法或犯罪,不可能出现似是而非的情形。这与法律规范具有明确的规范指引功能是分不开的。但在合宪性审查理论中,合宪性审查的结论并不是非此即彼,在合宪与不合宪之间存在多种过渡形式。例如,1988 年以后设立的韩国宪法法院在违宪审查的过程中就产生了 17 种变形判决,最典型的应当是构成纯粹违宪,也有部分违宪的情形,甚至还有不作违宪宣告的情形。其主要的法理依据来自宪法的政治法和价值法特性。

在我国现行《宪法》所规定的人民代表大会制度下,由于在制度上并不存在法律地位与全国人大及其常委会平行的国家机关作为立法监督机构,所以,对全国人大及其常委会制定的法律的合宪性审查工作只能通过全国人大及其常委会自身的监督机制来完成,而这样的监督机制不可能得出受审查的法律存在违宪问题并应当依法予以纠正的结论。因为这里涉及一个基本的价值判断,即全国人大及其常委会作为国家最高权力机关和享有国家立法权的最高国家立法机关不可能故意"违宪",当然也不可能出现"良性违宪"的问题,因为"良性违宪"背后隐含着明知违宪也要违宪的主观故意。尤其是在全国人大及其常委会制定新法律时高度关注宪法依据,在《立法法》第 1 条明确规定"根据宪法,制定本法"的情形下,再对这样的法律作出"违宪"的判断在政治逻辑上完全行不通。所以,在我国现行立法体制下,要对法律作出违宪判断是不可能的。但确实存在新法律或旧法律在结构、体系、规范内容等方面可能与宪法表述不一致的地方,这种"不一致"有时是很容易地发现的。例如,2015 年修订的《立法法》第 103 条第 1 款规定,中央军事委员会"根据宪法和法律,制定军事法规"。如果对该条款的合宪性进行审查就会发现,现行宪法条文中并没有出现"军事法规"的字样,从逻辑上来看,又如何得出《立法法》所规定的"根据宪法"制定军事法规的结论呢?能否简单地宣布《立法法》关于中央军事委员会有权制定军事法规的行为因为缺少宪法依据"违宪"或"不合宪"呢?在我国现行立法体制下,得出立法法关于授权中央军事委员会制定军事法规的规定"违宪"或"不合宪"的结论在事实上是不可能的,无论是全国人大,还是全国人大常委会都不会作如此损害自身法律权威的违宪宣告,全国人大宪法和法律委员会更无权作出这种宣告。但上述《立法法》的相关规定确实存在着逻辑瑕疵,需要通过法律的合宪性审查活动予以揭示。这种"揭示"只能表明,《立法法》关于中央军事委员会享有军事法规立法权的规定与现行《宪法》的规定"不一致"。至于这种"不一致"怎么处理,根据目前我国的立法体制,可以通过四种途径解决:一是对宪法中关于中央军事委员会的规定作出解释,以合理地解释中央军事委员会制定军事法规的权力,消除《立法法》与《宪法》规定的"不一致";二是对《立法法》的相关规定进行解释,可以把"根据宪法"制定军事法规解释为在制定军事法规时必须要遵守宪法的相关规定,而不是把"根据宪法"简单地理解为宪法必须明确赋权中央军事委员会制定军事法规;三是对现行《宪法》中关于中央军事委员会的职权作出修改,明确规定中央军事委员会享有制定军事法规的立法职权;四是修改《立法法》的相关规定，删除中央军事委员会“根据宪法”制定军事法规的规定，只保留“根据法律”制定军事法规，这样从逻辑上就可以保证《立法法》关于中央军事委员会根据宪法制定军事法规的规定与现行《宪法》的基本原则相一致。

总之，法律是合宪性审查的对象是确凿无疑的，但基于法律制定主体与法律合宪性审查主体的“同一性”以及法律在实施宪法中的重要作用，对法律的合宪性审查机制必然要严格区分对行政法规、地方性法规、自治条例和单行条例的合宪性审查机制，必须要区分情形分别构造，才能真正在实际生活中有效地推进合宪性审查工作，通过合宪性审查机制的建设保证宪法实施、强化宪法监督、维护宪法权威。

论法规备案审查与合宪性审查的关系

胡锦光*

法规备案审查是依托我国人民代表大会制度和单一制国家结构形式形成的一项特殊制度，也可以说是我国人民代表大会制度和单一制国家结构形式的一个重要组成部分。依据《立法法》等规定，法规、规章等必须提请全国人大常委会备案审查。全国人大常委会法制工作委员会(以下简称全国人大法工委)于2004年专门设立了“法规备案审查室”具体实施此项工作。2018年，中共中央关于《深化党和国家机构改革的方案》提出，将全国人大法律委员会更名为全国人大宪法和法律委员会。2018年6月，全国人大常委会作出的《关于全国人民代表大会宪法和法律委员会职责问题的决定》规定，宪法和法律委员会在继续承担统一审议法律草案等工作的基础上，增加推动宪法实施、开展宪法解释、推进合宪性审查、加强宪法监督、配合宪法宣传等工作职责。据此，全国人大宪法和法律委员会进行合宪性审查，全国人大法工委进行法规备案审查。那么，法规备案审查与合宪性审查的关系以及未来的格局即是值得研究的课题。

一、法规备案审查及其功能

法规备案审查的制度依据主要是《宪法》、《立法法》、《民族区域自治法》、《行政法规制定程序条例》、《规章制定程序条例》、《行政法规、地方性法规、自治条例和单行条例、经济特区法规备案审查工作程序》(以下简称《法规备案审查工作程序》)、司法解释备案审查工作程序等。根据《宪法》和其他法律文件的规定，行政法规、地方性法规、自治条例和单行条例、规章、司法解释在制定、批准或者通过以后，必须在法定期限内提请上级相关的国家机关备案，接受备案的国家机关有权对其进行审查。

* 中国人民大学法学院教授，法学博士。

本文原载《华东政法大学学报》2018年第4期。

1. 法规备案审查的范围。依据上述法律文件的规定,国务院的行政法规,省级及设区的市的人大及其常委会制定的地方性法规,自治州和自治县人大制定的自治条例和单行条例,全国人大及其常委会授权制定的法规、部门规章和地方政府规章,最高人民法院和最高人民检察院通过的司法解释必须提请备案并接受审查。

2. 接受法规备案审查的国家机关。依据上述法律文件的规定,全国人大常委会对行政法规、地方性法规、自治州和自治县人大制定的自治条例和单行条例、"两高"的司法解释进行备案审查;国务院对地方性法规、部门规章、地方政府规章进行备案审查;地方人大常委会对地方政府规章以及地方人大及其常委会的决议、决定和地方人民政府的决定、命令进行备案审查。

可见,接受备案并有权进行审查的国家机关包括全国人大常委会、国务院和省级人大常委会。由此,我国形成了三套法规备案审查机制。法规备案审查的总体功能是为了维护社会主义法制的统一性。其具体功能主要有以下两项。

1. 备案。备案的本意是向主管机关报告事由存案以备查考。在实践中,有的法律文件规定,必须经过备案才能获得某种资格或者实施某种行为,其含义与批准基本相同。法律文件制定以后必须向相关上级国家机关提请备案的基本原因是,我国是一个单一制国家,但各地的情况又有所差异,因此,处理中央与地方关系的基本原则是,在保证中央统一领导的前提下,发挥地方的主动性、积极性。在立法权的分配上,我国立法权主体呈现"一元之下的多极和多级"的体制。在此背景下,为了了解、掌握不同性质的国家机关及各地制定法律文件的状况,有权制定法律文件的国家机关在制定后提请备案是最佳的途径。

法规备案审查的制度基础是我国的人民代表大会制度和单一制国家结构形式。依据人民代表大会制度,人民代表大会是国家权力机关,其他国家机关均由其产生,受其监督,对其负责并报告工作;全国人民代表大会是国家的最高权力机关,全国人大常委会是全国人大的常设机关,所有国家机关均在其之下,受其监督。在此制度下,其他国家机关将制定的法律文件向国家权力机关备案,所有国家机关将制定的法律文件向全国人大常委会备案,是它们之间相互关系的要求。同时,我国是一个单一制国家,地方的一切权力均由中央通过法律授予,立法权也是如此,作为被授权者向授权者报告立法工作,是授权与被授权关系的基本要求。

2. 审查。接受法规备案的国家机关对提请备案的法律文件进行审查以保证社会主义法制的统一性,在一国之内形成以宪法为核心的统一的规则体系,是国家治理现代化和成熟国家治理的标志。依据审查的基准和目的,可以分为合宪性审查、合法性审查和适当性审查。第一,合宪性审查,即依据宪法对法律文件是否符合进行的审查。在这一意义上的审查,作为审查机关必须具有宪法解释权。在目前存在的三套审查机制中,只有全国人大常委会对宪法具有解释权。换言之,只有全国人大常委会才能对提请备案的法律文件的合宪性进行审查。第二,合法性审查,即依据法律对法律文件是否合法进行审查。作为这一意义上的审查机关,必须具有法律解释权。在目前存在的三套审查机制中,全国人大常委会和国务院拥有法律解释权,有权对提请备案的法律文件的合法性进行审查。换言之,地方人大常委会不得依据法律而只能依据地方性法规对提请备案的法律文件进行审查。第三,适当性审查,即审查机关对提请备案的法律文件所规定的内容是否适当、合理进行审查。目前存在的三套审查机制均可以进行这一意义上的审查。

通过上述三种意义上的审查,保证所有的法律文件合宪、合法、合理适当,最终达到实现社会主义法制统一性的目的。

二、我国合宪性审查体制及启动机制

(一)我国合宪性审查体制

根据我国特定的国情,现行《宪法》确立了由作为最高国家权力机关的全国人大及其常委会行使合宪性审查权的体制。在这一体制下,全国人大及其常委会有权审查所有法律文件的合宪性,全国人大有权改变或者撤销它的常务委员会制定的不适当的法律,有权撤销全国人大常委会批准的违背《宪法》和《立法法》第75条第2款规定的自治条例和单行条例。

考虑到全国人大及其常委会的工作强度,《宪法》、《全国人民代表大会组织法》及《立法法》规定,全国人大专门委员会协助全国人大及其常委会进行合宪性审查。根据《立法法》的规定,在"五大主体"提出合宪性审查要求时,由全国人大常务委员会工作机构分送有关的专门委员会进行审查、提出意见;在其他国家机关和社会主体提出审查建议时,由全国人大常务委员会工作机构进行研究,必要时,送有关的专门委员会进行审查、提出意见。

根据《立法法》的规定,全国人大常委会在对法律文件进行合宪性审查的同时,可以进行合法性审查。此即合宪性审查和合法性审查的主体是同一的,审查程序也是基本相同的。

(二)我国启动合宪性审查的机制

依据《宪法》《民族区域自治法》《立法法》等规定,启动全国人大及其常委会进行合宪性审查的机制主要有以下四个途径。

1. 提请批准。《宪法》、《立法法》及《民族区域自治法》规定,民族自治地方的人民代表大会有权依照当地民族的政治、经济和文化的特点,制定自治条例和单行条例。自治区的自治条例和单行条例,报全国人民代表大会常务委员会批准后生效。全国人大常委会在批准过程中,必然要对其合宪性进行预防性审查,《立法法》第97条的规定也印证了这一点。

2. 备案审查。《立法法》第99条第3款规定,全国人大有关的专门委员会和全国人大常务委员会工作机构可以对报送备案的规范性文件进行主动审查。全国人大常委会对提请备案的法律文件,认为其可能存在合宪性问题,可以在不存在任何争议的情况下抽象地进行合宪性审查。

3. 经要求审查。《立法法》第99条第1款规定,国务院,中央军事委员会,最高人民法院,最高人民检察院和各省、自治区、直辖市的人民代表大会常务委员会认为行政法规、地方性法规、自治条例和单行条例同宪法或者法律相抵触的,可以向全国人民代表大会常务委员会书面提出进行审查的要求,由常务委员会工作机构分送有关的专门委员会进行审查、提出意见。

4.经建议审查。《立法法》第99条第2款规定,前款规定以外的其他国家机关和社会团体、企业事业组织以及公民认为行政法规、地方性法规、自治条例和单行条例同宪法或者法律相抵触的,可以向全国人民代表大会常务委员会书面提出进行审查的建议,由常务委员会工作机构进行研究,必要时,送有关的专门委员会进行审查、提出意见。

由此可见,法规备案审查并不能等同于合宪性审查。法规备案审查是我国启动合宪性审查的一种途径,并不是唯一的途径;法规备案审查的内容并不限于合宪性审查,还包括合法性及适当性审查。

三、法规备案审查与合宪性审查的衔接关系

2017年12月,第十二届全国人大常委会第三十一次会议听取和审议了关于第十二届全国人大以来暨2017年备案审查工作情况的报告,这是全国人大常委会首次听取相关工作报告。但该报告混淆了以下两个基本问题。

(一)将法规备案审查作出扩大解释。如前所述,《宪法》、《立法法》、《行政法规、地方性法规、自治条例和单行条例、经济特区法规备案审查工作程序》(以下简称《法规备案审查工作程序》)、《司法解释备案审查工作程序》等均明确规定,法规备案审查仅为行政法规、地方性法规、自治条例和单行条例、授权法规、规章及司法解释在制定以后的30天内提请相关国家机关备案,接受备案的国家机关对提请备案的法律文件进行的审查。而同时,根据《立法法》《法规备案审查工作程序》《司法解释备案审查工作程序》,“五大主体”、其他国家机关及社会主体可以向全国人大常委会提出合宪性审查的“要求”或者“建议”,而“要求”或者“建议”并不属于法规备案审查。该报告却将社会主体提出的合宪性审查“建议”也归入法规备案审查范畴内,实际上是将法规备案审查等同于合宪性审查,笔者认为这是不妥当的。

(二)未区分合宪性审查与合法性审查。报告首次公布了5起典型审查案件,这5起审查案件具有以下特点:第一,均为合法性审查,并未涉及合宪性审查;第二,均由全国人大法工委进行审查,并不是由全国人大专门委员会进行审查;第三,均由社会主体提出审查建议而进行审查。

1.区分合宪性审查与合法性审查的必要性

“合宪”与“合法”、“违宪”与“违法”是相对应的两对概念、范畴和制度。违宪与合宪中的“宪”是指宪法,判断违宪与合宪的基准是一个国家具有最高效力的宪法。违法与合法中的“法”是指法律,判断违法与合法的基准是一个国家的法律。违法与合法中的“法”并不包括宪法。在更宽泛的意义上说,宪法也是法,违反宪法也是一种违法;法律是宪法的具体化,法律只有符合宪法才具有效力,才能予以适用,违反法律也是一种违宪,即间接违宪。在宪法上,甚至可以说,在法学上,讨论间接违宪即违法并不具有实质性的意义和价值,也会使这一讨论陷于空泛中而不能解决任何实际问题。违宪与违法,在法学上、宪法学上、法规范意义上,都是一个非常特定化的概念、范畴和制度。两者的界限在于,在需要对某个行为作出法规范上的判断时,采用法律适用优先原则。此即如果存在法律时,先适用法律进行判断,在没有法律或者适用法律仍然不能作出判断时,才需要适用宪法作出判断。

同时,违宪与违法在制裁形式上也存在极大的差异。违反宪法的制裁取决于违宪的主体和违宪的形态。违宪的主体通常仅限于公权力的行使机关和个人,因此,违宪的制裁仅针对作为公权力行使者的国家机关及其工作人员。在实践中,公权力行使的形态主要有两种,即直接依据宪法制定法律规范和直接依据宪法作出的具体行为。宪法制裁主要有三种情况:(1)合宪性审查机关对违反宪法的法律文件,通常的制裁形式是撤销、废除、改变、确认无效、不予批准和拒绝适用;(2)合宪性审查机关对违反宪法的具体行为,通常的制裁形式是撤销、确认无效;(3)针对实施违宪行为的国家机关工作人员,通常由具有弹劾权或者罢免权的国家机关,通过特定的法律程序予以弹劾或者罢免。而违反法律的制裁是根据违法的主体和违法的形态确定的,包括民事制裁、行政制裁和刑事制裁,它们与宪法制裁的形式存在极大差异。

依据公权力的公定力原理,立法机关在制定法律、行政法规、自治条例和单行条例、地方性法规、规章及授权法规后,虽然这些法律文件存在合宪与违宪两种可能性,但为了实现公共利益和维护这些法律文件的权威性,在合宪性审查机关作出撤销该法律文件决定之前,该法律文件被推定为合宪。那么,既然该法律是合宪的,当然具有法律效力,所有的社会成员均必须遵从。而在法律、行政法规、自治条例和单行条例、地方性法规、规章及授权法规中,法律的效力高于其他法律文件。行政法规、自治条例和单行条例、地方性法规、规章及授权法规首先必须符合法律。

因此,在需要依据法规范对某项行为作出判断时,应当遵循"法律适用优先""穷尽法律适用"原则,即对某项行为先进行合法性审查成为合宪性审查的一项重要的"过滤"机制。换言之,在有法律规定的情况下,必须优先适用法律进行审查判断,而没有必要适用宪法进行审查判断;在穷尽法律适用后仍然无法作出判断的情况下,才有必要适用宪法,作出宪法上的判断。

2.合宪性审查与合法性审查在主体上的分离

2018年全国人大通过的《宪法修正案》将全国人大法律委员会更名为"宪法和法律委员会"。更名是为了加强宪法实施和监督,推进合宪性审查工作,其主要职责是推进合宪性审查、加强宪法监督。依据有关文件,未来合宪性审查与合法性审查的格局应当如下。

(1)全国人大法工委负责接受自治区人大制定的自治条例和单行条例的批准请求、法规备案;国务院、地方人大常委会、中央军委法制局、中共中央办公厅接受相关法律文件的备案。接受备案后,各机关根据合法性审查优先原则,先进行合法性审查、适当性审查;如果认为已经超出合法性范畴,而可能存在合宪性嫌疑时,由接受备案的主体提请全国人大宪法和法律委员会进行合宪性审查。

(2)全国人大法工委接受"五大主体"提出审查要求,其他国家机关和社会主体提出审查建议。接受后,先进行形式审查,判断其是否属于法律文件的合宪性和合法性争议。如果属于合宪性和合法性争议,本着法律适用优先原则、穷尽法律救济原则,先进行合法性审查;如果认为已经超出合法性范畴,而可能存在合宪性嫌疑时,由全国人大法工委提请全国人大宪法和法律委员会进行合宪性审查。

(3)全国人大宪法和法律委员会负责合宪性审查工作。全国人大宪法和法律委员会作为全国人大的专门委员会,依照《宪法》《全国人大组织法》《立法法》的规定,协助全国人大和全国人大常委会行使职权,其中包括监督宪法实施、宪法解释、合宪性审查工作。由全国人大宪法和法律委员会进行合宪性审查,具有以下优点。

第一,可以明确区分合宪性审查与合法性审查。按照目前的做法,全国人大法工委既进行合宪性审查,又进行合法性审查,其所进行的审查属于合宪性审查,还是合法性审查,难以区分,易使社会成员产生我国国家机关的违宪行为数量巨大的错觉。

第二,解决法律的合宪性审查难题。《立法法》规定,全国人大有权撤销全国人大常委会制定的不适当的法律、批准的自治条例和单行条例,而实际上,全国人大常委会制定的法律数量最多;从违反宪法的可能性上说,法律最具风险性。因此,由全国人大法工委下设的法规备案审查室进行审查,容易落入自我审查的怪圈,而由全国人大宪法和法律委员会对全国人大常委会的法律、对自治条例和单行条例的批准进行合宪性审查,则可以跳出这一怪圈,使其具有实效性。

第三,能够有效统一审查体系和审查标准。在目前五套法规备案审查体系并存的情况下,仅存在衔接联动机制是完全不够的。在"五大主体"各自审查过程中,如果遇到这些法律文件中存在是否合宪的疑义时,应当移送全国人大宪法和法律委员会,由其统一进行合宪性审查,以保证宪法秩序的统一性。

合宪性审查的宪法政策论思考

林来梵*

党的十九大报告提出了一个令人瞩目的论断,即"加强宪法实施和监督,推进合宪性

* 清华大学法学院教授,法学博士。

本文原载《法律科学》2018 年第 2 期。

审查工作,维护宪法权威”。这是执政党有关全面依法治国重大论述中的又一个点睛之笔,对指导和推动我国宪法实践的发展具有重要意义。究竟应该如何推进合宪性审查工作呢？本文拟从宪法政策论的角度作出一些思考。笔者认为,当今中国要推进合宪性审查工作,需要做好三方面制度上的改革与整备。以下缕述之。

一、以合宪性审查吸纳合法性审查

要推进合宪性审查工作,首先需要改变观念,并确立以合宪性审查吸纳合法性审查的立法监督体系。

目前,我国并非不存在合宪性审查制度,但这个制度被包含在一般性的合法性审查制度体系中。根据《宪法》第67条、《立法法》第99条等的规定,全国人大常委会在立法审查中,有权撤销同宪法或者法律相抵触的行政法规、地方性法规。质言之,全国人大常委会的合法性审查包含了合宪性审查。并且,在二者一体化的混沌机制中,合法性审查机制居于主要地位,合宪性审查只是它的一个不突出的组成部分;尤有进者,在实际的操作中,审查主体也倾向于采取高度谦抑的消极主义立场,往往只愿意进行一般性的合法性审查,而将合宪性审查视为畏途,能回避合宪性审查就尽可能回避。在现行体制下,合法性审查制度具有吸纳甚至抵消合宪性审查的功能。

目前,中国的合宪性审查机制在与合法性审查机制一体化的建构中成为附属性的一种机制,一般性合法性审查的前置主义恰好便于发挥阻滞、抵消或者替代合宪性审查的功能。为此,不改变相关的观念,确立起以合宪性审查机制为主、以合宪性审查吸纳和引领合法性审查的机制,是不可能有效推进合宪性审查工作的。

就法理逻辑而论,宪法不仅要求公共权力行为应具有合宪性,还要求公共权力的行为必须符合法律,乃至一切下位法均必须符合上位法,由此,形成一个统一的、内在自洽的法秩序。

维护包括普通法律在内的法秩序统一的要求,在宪法规范上亦有明确的反映,体现于现行《宪法》第5条第2款、第3款、第4款、第5款。由宪法和法律并立所形成的国家法秩序整体的统一与和谐,是宪法本身所期待的应受到维护的目标,而合宪性审查机制的主要功能在于极力维护这一秩序。宪法本身的这种规范内容显示了,即使是普通的法律冲突,即仅仅是普通的下位法违反了普通的上位法,而不存在违反宪法之虞,这也已然涉及宪法性的问题,而非只属于普通的法律问题。

总之,无论是从法理逻辑,还是从《宪法》第5条的规范要求而论,我们均可以得出这样的结论,即并非合法性审查包含了合宪性审查,而是相反,即合宪性审查应当包括合法性审查。申言之,合宪性审查应当吸纳和引领合法性审查,而合法性审查只可作为合宪性审查的一个延伸性的附属部分。

以合宪性审查吸纳和引领合法性审查,本身也具有重要意义。即使通过合法性审查也能够在一定程度上解决法律法规内部存在的冲突问题,但其结果未必有利于维护社会主义法秩序的内部统一。这是因为,作为合法性审查依据的法律法规已然规模巨大,且庞杂多样,倘若据以作为规范依据全面开展合法性审查,必然导致审查标准的高度分散化和不统一。而只有以宪法作为最终的统一依据,并以统一的审查机关去进行合宪性审查,才真正有利于确立一个内在统一的标准体系,从而有效实现合宪性审查机制的重要目标,即维护国家法秩序的内在统一。

二、关于设立宪法委员会的问题

在此方面,依次存在如下三个宪法政策论上的问题:第一,为推进合宪性审查工作,是否有必要完善现行的合宪性审查制度,尤其是是否有必要设立一个专门的宪法委员会;第二,若有必要设立宪法委员会,那么,应该设立一个什么样的宪法委员会;第三,若确定有必要设立某种宪法委员会,那么是否有必要通过宪法的修改,尤其是修改《宪法》第70条,为该种宪法委员会赋予宪法机关的地位。

对于以上三个问题,笔者均予以肯定回答。

(一)设立宪法委员会的必要性

对于现行体制长期所存在的问题,大致可用以下四句话加以简明地概括为:审查机关低规格、审查工作低实效、审查制度无动力、审查决定无权威。如果没有借助执政党特定时期政策上的强力推动,期待现行审查制度凭借自身的意愿与内部的动力推进合宪性审查工作,是颇富理想主义色彩的遐想;即使有可能一时出现近期新闻报道中的那种盛况,亦难以保证可形成稳定的常态机制。

此外,当前承担最多审查任务的法规备案审查室只是属于国家立法机关的工作机关,具有辅助机关的性质,其本身不适宜作为审查机关。从国家法学理论上说,根据宪法规定而设立的国家机关是宪法机关,根据法律规定设立的国家机关则是非宪法机关,可称法律机关,宪法机关的地位高于非宪法机关。以这种性质的法规备案审查室实际承担合宪性审查工作,必然同时深陷于两个悖论:一是立法辅助机关何以审查立法机关立法的合宪性;二是非宪法机关何以审查宪法机关行为的合宪性。

要尽可能彻底地、有效地克服上述那些体制上的弱点,解开上述那些法理上的悖论,即有必要完善宪法监督制度,加强备案审查制度建设,其中的关键则在于设立一个高规格、有权威的审查机关——宪法委员会。

(二)关于设立何种宪法委员会

就尽可能存在的类型而言,可设立的宪法委员会有如下5种方案:

1. 设立在全国人大常委会之下、作为与法制工作委员会平行的另一个工作机关性质的宪法委员会;

2. 设立在全国人大及其常委会之下、作为全国人大专门委员会性质的宪法委员会;

3. 设立直属全国人大、与全国人大常委会平行的宪法委员会;

4. 借鉴中央军事委员会或国家监察委员会的模式,设立由中共中央和全国人大双重领导的、与全国人大常委会平行的宪法委员会;

5. 设立与全国人大平行的宪法委员会。

以上五种,其规格次第上升,其中第五种地位最高,是法国现行宪法体制下所采用的模式,1982 年修宪时期曾在高层考虑之列,但这种模式不适合我国政体。然而,其他四种基本上均能在不同程度上契合人民代表大会制度,至少不会发生根本性的扞格。然而,具体设立哪一种宪法委员会,仍需加以探讨,以便作最优化选择。

第一种设立在全国人大常委会之下、作为与法制工作委员会平行的另一个工作机关性质的宪法委员会,对现行体制即已有所突破。但其同样属于工作机关,具有立法机关辅助机关的性质,为此,从严格意义上说也是不适合从事合宪性审查工作的。其专门从事合宪性审查工作或承担该工作的主要部分,同样也会同时陷入两个悖论:一是立法辅助机关何以审查立法机关立法的合宪性;二是非宪法机关何以审查宪法机关行为的合宪性。

第二种宪法委员会,即在全国人大之下设立专门委员会性质的宪法委员会,可以克服上述第一个悖论。但是否可以克服第二个悖论,则视其是否通过修改《宪法》第 70 条并在其中加以列举而定。然而,这种宪法委员会的规格还是较低,要审查像国务院的行政法规、省级的地方性行政法规、“两高”的司法解释这样的规范性法律文件,仍有一定困难,更遑论审查全国人大及其常委会所制定的法律。

鉴于此,不妨考虑设立上述第三种或第四种的宪法委员会,从事合宪性审查工作。借此,现有的全国人大常委会主要行使立法权等宪定职权,而宪法委员会则主要行使合宪性审查权,则有望切实推进合宪性审查工作。由此,也有效地解决了人们过去在观念上所存在的一个令人尴尬的难题,即全国人大委员会自己是否可以审查自己所制定的法律。

(三)设立宪法委员会是否需要修宪

如果要设立前述第一种宪法委员会,不需要修改宪法;而如果要设立前述第三种或第四种的宪法委员会,则需要修改宪法。有争议的是,如果要设立前述第二种宪法委员会,是否需要修改宪法。这涉及对现行《宪法》第 70 条的理解以及对此种宪法委员会之地位的认识。

现行《宪法》第 70 条规定,全国人大下设民族委员会、法律委员会、财政经济委员会、教育科学文化卫生委员会、外事委员会、华侨委员会“和其他需要设立的专门委员会”。据此,理论上可以不通过修改《宪法》第 70 条也可以增设其他任何委员会。中共中央在 1993 年修宪时《关于修改宪法部分内容的补充建议》中的有关答复,亦指明了这一点。

然而,如果考虑到此后宪法实践的具体情况,这一点结论可以再作斟酌。毕竟,就职权上而论,宪法委员会是一个非常重要的机关,如果设在《宪法》第 70 条所规定的专门委员会的序列中,它将可能成为全国人大最重要的一个专门委员会。职是之故,设立作为全国人大专门委员会的宪法委员会,最好应通过修改《宪法》第 70 条而将其明确列入宪法之中,使其获得应有的宪法地位,借此,不仅可以有效解决前述“非宪法机关何以审查宪法机关的行为的合宪性”的悖论,而且在实践中也有利于其发挥应有的权威。

三、确立行之有效的工作机制

推进合宪性审查工作的另一个关键则是,为之确立行之有效的工作机制,包括一套合理的程序机制。

现行的法规备案审查体制长期缺乏制度上的动力机制。《立法法》第99条为其建立了一个受动审查机制。其中,该条第1款在规范层面建立了五大特定国家机关有权向审查机关提出特定立法审查要求的机制,其第2款更进一步引入了其他国家机关、社会组织和普通公民有权向审查机关提出特定立法审查建议的机制,后者甚至是一种无其他主体适格条件限制且无前置性过滤机制的提请机制,本身也具有权利救济的功能,如果运用得当,便极具驱动力。

令人失望的是,《立法法》实施17年以来,几乎从未出现过特定国家机关向全国人大常委会提出立法审查要求的个案;在一段时间里,公民向全国人大常委会提出立法审查建议的件数也一向低于人们的期待与想象。这种结果的出现是有缘由的。

首先,《立法法》第99条第1款所规定的五大机关,多拥有一定的立法权限,加之如上所述,在现行体制下,国家机构内部毕竟存在一种非对抗性合作的运行规则,导致它们根本不愿冒着潜在的政治风险去行使这一权力。从宪法政策论的角度来看,这五大机关作为提出审查要求机关,本身就存在先天性主体不适格的情形。

其次,《立法法》第99条第2款将"提出审查的建议"的权利赋予"其他国家机关、社会团体、企事业组织以及公民",其中的企事业组织和普通公民,尤其是后者,可望为该机制的运行引进源头活水;并且,因该类主体的积极参与,可能促成审查机制反哺性地发展出基本权利救济与社会矛盾解决的重要功能。然而,长期以来,由于该制度既没有及时确立个案受理答复等反馈机制,也没有确立审查程序与结果的公开机制,出于理性选择,民众也逐渐放弃了这一渠道,大大削弱了其原本应有动力机制。

可以推断,单纯依靠现行的审查体制,已很难使合宪性审查获得足够的制度支撑和生机勃勃的内在动力。党的十八届四中全会明确提出"健全宪法实施和监督制度,完善全国人大及其常委会宪法监督制度,健全宪法解释程序机制"之后,由于得到党的相关政策的强力推动,近年收到的审查建议案件数量陡然飙升,但情况仍不乐观。就宪法政策论而言,尽管借助执政党政策的强大推动力是重要的,但建立并完善常态化的动力机制也非常必要。而要激活现有的合宪性审查机制,有必要建立个案受理登记和审查结果的反馈制度,以回应公民和组织的权利诉求,同时也可兼收合宪性审查制度的警示之效。

仅建立个案受理登记和审查结果的反馈制度,的确也可能催化个案提请数量的极度膨胀,即出现某种"滥诉"现象,由此突破审查机关的审查能力,反而阻滞了审查程序的正常运作。但作为应对之策,对所有审查建议个案的提起均刻意采取了不予回应的办法,甚至不惜采用审查程序的秘密主义,则明显有悖于由最高国家权力机关作为宪法监督主体的审查体制所应秉持的现代民主主义原则。

要克服这个悖论,关键是在受理案件的环节建立前置性的案件筛选机制,避免所受理的案件在数量上泛滥。通过这个机制,受理案件不仅在数量上可控制在可接受的合理范围,同时在质量上也可保障其具有足够的重要性和代表性。尤其是在个案受理登记和审查结果的反馈制度已基本建立的当下,建立前置性的案件筛选机制已刻不容缓。此外,作为一种理性的制度选择,还可以整合现有制度的各种资源,形成司法机关将个案移送合宪性审查机关的"合宪性审查问题优先移送"制度。

合宪性审查制度是国家治理现代化的一个关键性制度,具有纠正法律法规内部瑕疵、维护法律体系自我统一、纾解社会矛盾源头、形成良法善治机制等重要功能,在国际上被誉为"立宪法治国大厦的拱顶石"。目前,在我国,大规模快速立法时代已经过去,社会主义法律体系已然完成,但法律体系内部还存在许多问题。为此,完善合宪性审查制度,推进合宪性审查工作,就显得尤为重要。此外,它也是提高国家治理能力、促进国家治理现代化的一项重要工程,随着中国进入新时代,合宪性审查制度将可能发挥更多样、稳健、有效的功能,打破长期以来宪法监督的闷局,从而推动我国宪法从"镇国之法"次第演变为"治国之大典",在国家治理现代化中发挥越来越重要的作用。

合宪性、合法性、适当性审查的区别与联系

王　锴*

我国针对规范性文件的审查一直存在三种模式,即合宪性审查、合法性审查和适当性审查。长期以来,三者的界限并不清晰,甚至有用合法性审查和适当性审查来代替合宪性审查的问题,如果不加以区分,势必将影响合宪性审查功能的发挥。同时,厘清三者的关系也有助于构建中国特色的规范性文件审查体系。

一、我国有关合宪性、合法性、适当性审查的规定及其存在的问题

(一)合宪性审查

目前,我国立法中明确规定的合宪性审查有以下三种制度:事先批准制度、事后撤销制度、备案审查制度。

(二)合法性审查

合法性审查又称"合乎上位法"的审查,这里的"上位法"并不包括作为一国法律体系最高法的宪法。之所以要区分合宪性审查与合法性审查就在于,两者是不能相互取代的。笔者将其总结为"合法不一定合宪,违法也不一定违宪"。

---

* 北京航空航天大学法学院教授,法学博士。

本文原载《中国法学》2019年第1期。

目前,我国立法中的合法性审查制度有以下五种:事先批准制度、事后撤销制度、备案审查制度、行政诉讼中的附带性审查、行政复议中的附带性审查。

(三)适当性审查

适当性审查又称“合理性审查”或者“合目的性审查”,是指审查规范性文件的内容是否合乎理性。此即一个立法除了合乎上位法(法律上正确)外,还应当具备其他的正确性标准。比如,经济性、促进公共福祉、便民性、透明性、可接受性、效率性、平等对待、公平性、可预见性、可靠性、可操作性、可持续性、灵活性和创新性等。

目前,我国立法中的适当性审查主要见于事后改变或撤销制度。与合宪性、合法性审查中的事后撤销制度相比,适当性审查既有事后撤销,也有事后改变。区分“改变”与“撤销”的原因在于,我国的适当性审查存在两种模式。一种是领导机关对被领导机关制定的规范性文件的审查。比如,本级人大对本级人大常委会、上级政府对下级政府、本级政府对本级政府的工作部门,此时领导机关如果认为被领导机关制定的规范性文件不适当,不仅可以撤销而且可以直接进行修改。另一种是指导机关对被指导机关制定的规范性文件的审查。比如,本级人大常委会对本级政府、上一级人大常委会对下一级人大及其常委会,此时,指导机关对不适当的文件只能撤销而不能修改。

(四)存在的问题

1.合宪性审查与合法性审查的混同

由于我国立法中常将合宪性审查与合法性审查并列,导致两者容易发生混淆。以至于有学者提出,合宪性审查被埋没在合法性审查中。

2.合法性审查与适当性审查的混同

从我国目前的规定来看,合法性审查与适当性审查的关系让人感到困惑。比如,从《立法法》第97条来看,改变或撤销都是针对“不适当”的立法,而《立法法》第96条列举的改变或撤销的情形中既有不适当的,也有超越权限和违背法定程序的,似乎“不适当”是可以包含违法的。

二、合宪性审查与合法性审查的区别

(一)合法性审查的内容

合法性审查主要是审查下位法是否抵触上位法,“抵触”本质上是上下位阶的规范冲突。

1.规范冲突的表现

根据学者的研究,规范冲突包括三种类型:逻辑冲突、实践冲突、评价冲突。

2.评价冲突的判定

从实践来看,“明目张胆”地与上位法进行逻辑冲突或者与实践冲突的下位法是少见的,“抵触”更多的表现为评价冲突,即下位法的规定并不符合上位法的立法目的。(1)如果上位法对某一构成要件没有规定法律后果,而下位法规定了后果,要看上位法“不规定”的目的是什么。如果上位法的目的是禁止该后果,那么下位法不能规定;如果上位法并没有禁止的目的,则要看下位法规定的后果对上位法目的的实现是促进还是阻碍。(2)如果上位法对某一构成要件规定了后果,下位法也对该要件规定了后果,但规定得与上位法不一致,要看两者的立法目的是否相同。①如果不同,不构成抵触;②如果相同,还要看上位法的目的是划定最低标准,还是最高标准。一般来说,在环境保护、社会福利、补偿赔偿等总体上对公民有利的领域,上位法往往是最低标准,下位法的标准可以比上位法更高;反之,在行政处罚、行政强制措施、行政许可条件的设定等总体上对公民不利的领域,上位法往往是最高标准,此时,下位法不能比上位法对公民更不利。(3)如果上位法对某一构成要件规定了后果,而下位法对该要件没有规定后果,此时仍然要看下位法不规定对上位法目的的实现是促进,还是阻碍。

(二)合宪性审查的内容

在合法性审查中,只有两个规范在调整内容上相同或者相关时,才有冲突的可能和审查的必要。但是,宪法作为次级规则,是对法本身提出的要求,即使法调整的行为跟宪法无关,也可能违宪。因此,合宪性审查的关键不在于立法的内容是否与宪法相同或者相关,而在于立法本身是否违反了宪法所设定的"什么是有效的立法"的标准。这些标准包括程序上的标准和实体上的标准。

就我国而言,合宪性审查的内容应当包括以下两点。(1)形式合宪性审查。第一,是否超越立法权限。具体包括宪法中规定的基本法律和非基本法律的立法权限、国务院的职权立法权限、中央与地方之间的立法权限。第二,是否违反立法程序,主要包括宪法中规定的法律修改程序、人大开会程序。(2)实质合宪性审查。第一,立法是否侵犯了公民的基本权利;第二,立法是否有助于《宪法》"序言"和"总纲"中的国家目标、国家任务的实现,是否有助于保护国家象征。此外,我国合宪性审查的对象不限于立法,还包括非立法性质的其他规范性文件,如国务院的决定、命令或者省级人大及其常委会的决议。只要"红头文件"发挥与立法相同的作用(调整外部关系、影响公民的权利义务),就可以比照立法对其进行合宪性审查。

三、合宪性审查与适当性审查的区别

适当性审查不仅与合法性审查并列,也与合宪性审查并列。这其中的原因在于,无论是合宪性审查,还是合法性审查,都是依据法上的标准来审查的,而适当性审查的标准来自法外或者立法者自我设定的标准。但问题在于,法外的标准越来越多被吸收到法内。比如,立法要科学合理、要具有针对性和可执行性,这本身就是《立法法》所要求的,尤其是在比例原则宪法化后,即使是立法者自我设定的目的,在选择手段的时候也存在正当化的问题。

(一)立法裁量空间的构造

合宪性审查、合法性审查与适当性审查的界限在于是否超越上位法框架。所以,立法裁量空间以上位法作为"大框架"、以不适当与适当的分界线作为"小框架",大框架用于判断合法/违法或者合宪/违宪,小框架用于判断不适当/适当(见图1)。

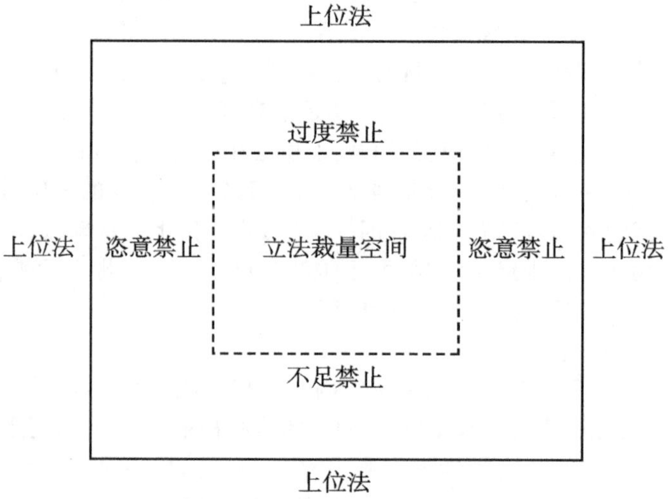

图1　立法裁量空间的构造

笔者认为,过度禁止(Übermaßverbot)、不足禁止(Untermaßverbot)、恣意禁止(Willkürverbot)构成立法裁量权行使的上下左右界限。

1. 过度禁止作为不适当/适当的上限

过度禁止就是比例原则,主要用于判断侵益性立法的合理性。过度禁止主要审查立法干预基本权利的手段与所要实现的干预目的(保护公共利益或者保护其他人的基本权利)之间的关系,包括目的的正当性,手段的妥当性和必要性以及手段与目的的均衡性(狭义比例原则)三部分:

(1)目的的正当性

对于目的正当性的审查主要是审查目的的合宪性。因为不存在抽象的正当性,正当性取决于被干预的基本权利,也就是说,取决于宪法上有关限制该基本权利的规定。①目的正当性审查最常见于特殊法律保留的基本权利。②对于无法律保留的基本权利,只有基于保护宪法法益的理由才能限制之,此时,对目的正当性的审查也是审查该立法目的是否直接来自宪法。③对于单纯法律保留的基本权利,原则上,任何公共利益都是正当的限制理由。此时,目的正当性的审查就从目的的合宪性转为目的是否属于公共利益的审查。

(2)手段的妥当性和必要性

手段是否有助于目的的实现以及在相同有效的手段中是否存在更温和的替代选择都属于事实判断,取决于审查主体对立法事实的审查。德国学者通常将立法事实分为事实论断(Tatsachenfeststellungen)和预测决定(Prognoseentscheidungen)两种:前者是针对过去和现在的事实,比如,男女在体质上存在什么不同;后者是针对未来的事实,比如,刑罚能否发挥阻吓作用。①对于事实论断，首先审查的是立法的结果，而非立法的程序。此外，事实论断的审查标准是正确性和全面性，并且，全面性甚至超过了正确性。②对预测决定的审查是有限的，除非它是明显可被证明是错误的。这是因为，一方面，预测决定本身就是不确定的，即使审查也无法消除这种不确定性；另一方面，预测决定是针对未来的事实的，这种未来的事实本身具有发展的可能性。所以，即使目前看来错误的预测，也有可能未来被证实。

(3)手段与目的的均衡性(狭义比例原则)

均衡性实际上是在手段所要干预的基本权利的价值与目的所要促成的公共利益或另一个基本权利的价值之间进行评价，牺牲一个重要的价值去实现另一个较不重要的价值和牺牲一个重要的价值去实现另一个同等重要的价值都是不均衡或者不合比例的。这种价值层面上的评价根本不同于事实层面的计算，甚至是无法计算的。

均衡性中价值评价的标准，一方面，取决于宪法所规定的价值秩序；另一方面，也取决于个案中基本权利具体受侵害的程度。因为对一个较高位阶的权利的较轻损害是无法与对较低位阶的权利的较重损害相提并论的。这种价值评价的抽象标准和具体标准的结合正好说明了基本权利的原则属性，即抽象标准只代表了一种原初优先，而具体标准才是一种确定的优先。

2. 不足禁止作为不适当/适当的下限

不足禁止主要用于判断授益性立法的合理性。随着社会法治国的出现，国家对基本权利的给付和保护义务随之产生，从而禁止干预的过度变成了禁止给付和保护的不足。首先，国家保护的目的在宪法上是否具有正当性，即必须是一个值得保护的宪法法益。其次，立法者已经采取的保护措施能否实现目的。再次，不同于过度禁止中的必要性是要找出更温和的干预措施，不足禁止中的必要性是要找出更有效的保护措施。最后，由于对某一方的保护措施往往会限制另一方的基本权利，此时，就要在被保护的基本权利与被限制的基本权利之间进行价值权衡，只有被保护的基本权利重于被限制的基本权利时，这种保护措施才是值得采取的。

3. 恣意禁止作为不适当/适当的边限

恣意禁止主要用于立法是否违反平等原则的判断，而平等原则往往需要在两个相似的立法规定之间进行比较而得出，所以说恣意禁止是从侧面对立法裁量权进行限制。在德国法上，关于平等原则的判断，经过了一个从恣意禁止的旧公式向比例原则的新公式进行转变的过程。新公式与旧公式的区别在于，过去是关注不同能否足以作为正当化不同对待的理由，而现在则关注不同与不同对待之间是否存在一个适当的比例关系。

综上所述，无论是过度禁止，还是不足禁止、恣意禁止最终都走向了比例原则的判断，由此可以说，违反比例原则就构成了不适当。

(二)立法裁量的审查强度问题

在一些国家，针对立法裁量的审查还存在所谓的审查强度问题，即不同的立法领域对立法裁量审查的宽严程度是不同的。目前,这种审查强度在美国表现为合理审查基准、中度审查基准和严格审查基准,在德国表现为明显性审查基准、可支持性审查基准和强烈内容审查基准。

审查强度的设计能否被我国的适当性审查制度所借鉴,需要区分不同的情形。我国大多数适当性审查的主体都是被审查机关的领导机关,两者行使同一类型的权力,不存在权力分立的顾虑,所以,对于那些由领导机关进行的适当性审查,设置不同的审查强度是不必要的。但是,对于指导机关进行的适当性审查,审查主体与被审查机关要么行使的并非同一类型的权力,要么两者是指导关系而要尊重下级机关的自主性,此时,有必要借鉴美国和德国的制度针对不同领域的文件设置不同的审查强度。

四、合宪性、合法性、适当性审查的联系

合宪性、合法性、适当性审查虽然存在不同,但也相互关联,从而实现对规范性文件合宪性、合法性、适当性的全方位监督,如图2所示:

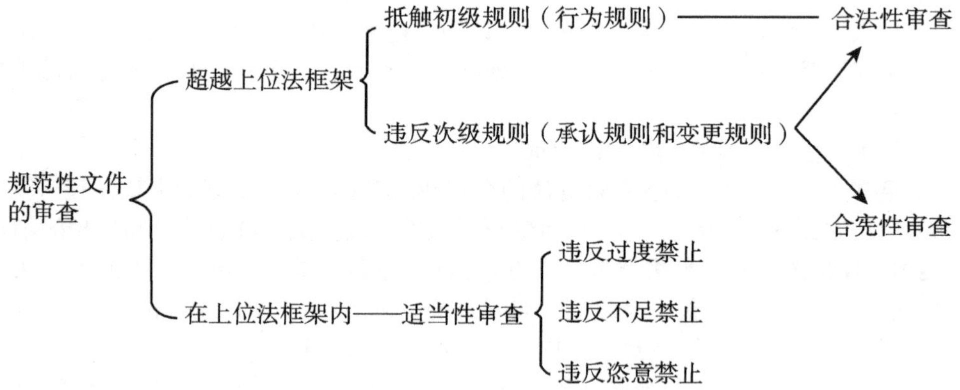

图2 对规范性文件合宪性、合法性、适当性的全方位监督

这种关联性体现如下。(1)合宪性审查与合法性审查的联系。虽然合宪性审查是审查初级规则是否违反宪法中的次级规则,合法性审查是审查下级初级规则是否抵触上级初级规则,但是,我国的立法权限、程序和形式不仅在宪法中出现,在其他立法中也有次级规则的存在,包括《立法法》、《行政法规制定程序条例》和《规章制定程序条例》。(2)合宪性审查与适当性审查的联系。由于比例原则的宪法化导致了适当性审查被合宪性审查所吸收,且我国某些规范性文件只有适当性审查,主要是全国人大常委会的法律和决定,此时,通过适当性审查可以"变相"实现对其的合宪性审查。

合宪性审查、合法性审查、适当性审查的联系还体现在审查次序上。首先,根据由表及里、由浅入深的原则,合宪性审查、合法性审查应当优先于适当性审查进行。其次,在合法性审查与合宪性审查之间,应当按照"穷尽法律救济"和"回避宪法判断"的原理,优先进行合法性审查。最后,即使规范性文件已经通过了合法性审查和合宪性审查的检验,仍然可能在适当性审查阶段被改变或撤销。此时,适当性审查可以起到对合法性审查和合宪性审查进行“补遗”的作用,由此,构建起一个“先合法性审查、再合宪性审查、最后适当性审查”的阶层性审查次序。

学术热点3:监察法的宪法视野

论监察法的立法目的与基本原则

姜明安*

《监察法》第一章“总则”确立了该法的立法目的、指导思想、执法机关及其职能以及该法的基本原则。本文特对《监察法》的立法目的与基本原则予以解读。

一、《监察法》的立法目的

《监察法》第1条规定:“为了深化国家监察体制改革,加强对所有行使公权力的公职人员的监督,实现国家监察全面覆盖,深入开展反腐败工作,推进国家治理体系和治理能力现代化。”《监察法》对立法目的共用了上面五句话表述。这五句话包含三层意思,层层递进,构成一个具有整体性且逻辑关系严密的目标体系。

《监察法》立法目的表述的第一句是“深化国家监察体制改革”。制定《监察法》,既是国家监察体制改革的结果,也是进一步深化国家监察体制改革的要求和保障。《关于〈中华人民共和国监察法(草案)〉的说明》(以下简称《说明》)讲到制定《监察法》有5项重要意义,其中第1项意义是“贯彻落实党中央关于深化国家监察体制改革决策部署”。《说明》指出:“深化国家监察体制改革是组织创新、制度创新,必须打破体制机制障碍,建立崭新的国家监察机构。制定监察法是深化国家监察体制改革的内在要求和重要环节。党中央对国家监察立法工作高度重视……监察法是反腐败国家立法,是一部对国家监察工作起统领性和基础性作用的法律。制定监察法,贯彻落实党中央关于深化国家监察体制改革决策部署,使党的主张通过法定程序成为国家意志,对于创新和完善国家监察制度,实现立法与改革相衔接,以法治思维和法治方式开展反腐败工作,意义重大、影响深远。”这段说明是对“深化国家监察体制改革”立法目的的最好阐释。

《监察法》立法目的表述的第二句和第三句是“加强对所有行使公权力的公职人员的监督,实现国家监察全面覆盖”。在国家监察体制改革前,我国的监察只限于行政监察,监察范围存在过窄的问题,国家监察体制改革的初衷之一是要解决这个问题,故《监察法》第1条将“加强对所有行使公权力的公职人员的监督,实现国家监察全面覆盖”明

---

* 北京大学法学院教授,法学博士。

本文原载《行政法学研究》2018年第4期。

定为本法立法目的范畴。

《监察法》立法目的表述的第四句和第五句是“深入开展反腐败工作，推进国家治理体系和治理能力现代化”。《监察法》的实质就是反腐败立法，因此，《监察法》的立法目的必然是深入开展和全面推进反腐败工作。反腐败与推进国家治理体系和治理能力现代化有密不可分的关系，反腐败既是推进国家治理体系和治理能力现代化的必需手段和途径；同时，反腐败本身也是国家治理的重要内容。所以，《监察法》第 1 条在规定立法目的时，既规定“深入开展反腐败工作”，又规定“推进国家治理体系和治理能力现代化”，并将二者紧密地联系在一起。

关于《监察法》的立法目的，笔者在全国人大常委会公布《监察法（草案）》向全社会公开征求意见时曾经提出，《监察法》立法力争实现两大目的：一是构建集中统一、权威高效的反腐败体制、机制，为加大反腐败力度，提高反腐败效率和质量提供法律支撑；二是规范反腐败机构及其工作人员履行监察职责和行使监察权力的行为，防止其滥用职权，为保障人权、保护被监察人员的合法权益提供法律保障。笔者认为，这可以作为对《监察法》立法目的另一个角度的阐释。《监察法》第 1 条的条文虽未作此表述，但审视《监察法》，这两个目的在《监察法》的各章节和具体规定中都有明显体现。下面分别对《监察法》具体规范和制度中所反映的这两个方面的目的予以阐释。

就“构建集中统一、权威高效的反腐败体制、机制，加大反腐败力度，提高反腐败效率和质量”的目的而言，《监察法》主要设计和规定了下述五个方面的规范和制度。

其一，中国共产党对国家监察工作进行全面和直接的领导，保障国家监察工作始终坚持正确的政治方向。依据《监察法》，追究公职人员职务犯罪的反贪、反渎和预防职务犯罪机构均已转隶监察机关，与党的纪检机关合署办公。这将加强党对反腐败工作的领导，提高监察机关和监察制度的权威性。

其二，各级监察委员会由人大产生，向人大及其常委会负责，接受其监督；县级以上地方各级监察委员会同时对上一级监察委员会负责和接受其监督。《监察法》所设计的监察委员会的法律地位将高于原行政监察机关。

其三，监察机关依法独立行使监察权，不受行政机关、社会团体和个人的干涉。《监察法》对监察机关独立行使职权的保障力度同于人民法院。

其四，监察机关对公职人员实行监察全覆盖，监察对象范围较原《行政监察法》规定的监察对象的范围大为扩张。

其五，监察机关可行使查封、扣押、冻结、搜查、留置等 15 项监察权限和手段，法定权限与手段大为增加。

以上五个方面的规范和制度，对实现《监察法》立法“构建集中统一和权威高效的反腐体制、机制”的目的，其力度无疑是既大且实的。

在“规范反腐败机构及其工作人员行使职权行为，防止其滥用职权，保护被监察人员人权和其他合法权益”的立法目的方面，《监察法》同样也做出了很大努力，规定了六个方面的制度。

其一,对监察机关和监察人员行使职权行为实行全方位监督,特别是人大监督方面,各级监察机关不仅要依法作专项工作报告,接受执法检查,而且在人大及其常委会举行会议时,还要接受和回答人大代表和人大常委会组成人员的询问或质询。

其二,监察机关履行职责、行使职权必须严格遵循程序。《监察法》专设的程序制约包括两个方面:一是外部制约,即监察机关与审判机关、检察机关、执法部门(特别是检察机关)在行使职权方面的制约;二是内部制约,即要求监察机关在内部设立相互分工、既相互协调又相互制约的工作部门,要求问题线索处理、调查、审理各部门之间建立相互协调、相互制约的工作机制。

其三,在监察机关内部设立专门的监督机构对监察人员执行职务和遵守法律情况进行监督。

其四,监察人员采取讯问、询问、留置、搜查、调取、查封、扣押、勘验检查等调查措施时,均应出示证件,出具书面通知,由二人以上进行,形成笔录或者报告、意见等书面材料,并由相关人员签字盖章。

其五,留置措施有严格的批准、备案程序,留置时长以及被留置人员相关权利保障也有详细规定。

其六,严禁以威胁、引诱、欺骗及其他违法方式收集证据;严禁侮辱、打骂、虐待、体罚或者变相体罚被调查人;进行讯问、查封、扣押等应全过程录音录像等。

以上六项制度,在实现《监察法》立法"规范监察行为,防止滥用职权,保护人权"的立法目的方面,是非常有力和有效的。当然,《监察法》在有些制度、有些事项的规定上也还存在一定的欠缺,存在改进的空间。例如,《监察法》第44条规定监察机关对被留置人进行讯问应合理安排时间和时长。但"合理时间""合理时长"都需要作进一步明确。又如,《监察法》第28条规定监察机关决定采取技术调查措施,应履行严格的批准手续。但所谓"严格的批准手续"是应经本级监察机关负责人批准,还是应经上一级监察机关批准,或者是应经人民检察院或者人民法院批准?再如,《监察法》第47条规定检察机关依法作出不起诉的决定,监察机关认为不起诉的决定有错误的,可以向上一级人民检察院提请复议。那么,受理复议的上级检察机关是否可作出最终决定?另外,《监察法》授权监察机关采取的某些较严重的涉及被监察人人身权、财产权的调查措施,但没有明确规定作出这些决定的主体和程序。这就给调查措施滥用、侵犯相对人合法权益留下空间。

总的来说,《监察法》设定的绝大多数制度和确定的绝大多数规范都相当明确、具体,有利于《监察法》两大立法目的的实现,但也确有个别规范留下了过大的裁量空间。国家监察委员会应抓紧制定实施细则,对《监察法》弹性较大的条款作出细化规定,保证立法目的能正确地实现。

二、《监察法》的基本原则

《监察法》"总则"第4~6条规定了《监察法》的基本原则。笔者将之归纳为下述九项。

（一）依法独立行使监察权原则

“依法独立行使监察权”原则有三层含义。一是不受行政机关、社会团体和个人的干涉。这里的“个人”，包括监察系统内部的人员。二是“依法”，监察机关独立行使监察权应当依法行使，必须符合实体法与程序法规范，不能滥用裁量权。三是不错位（应独立行使“监察权”而不代替其他国家机关行使其他国家权力）、不越位（不超越法定权限采取非法定手段、措施）和不缺位（要依法积极主动独立行使监察权而不能不作为）。

（二）与审判机关、检察机关、执法部门互相配合、互相制约原则

“监察机关办理职务违法和职务犯罪案件与审判机关、检察机关、执法部门互相配合，互相制约”这一原则有三层含义：一是这一原则适用的范围限于“办理职务违法和职务犯罪案件”而不及于一般违纪案件；二是互相配合、互相制约的主体包括审判机关、检察机关和执法部门，而不限于人民法院、人民检察院等司法机关（这里的“执法部门”多指公安机关，但又不限于公安机关）；三是互相配合、互相制约必须二者兼顾，其最终目的是推进反腐败和廉政建设，把权力（包括监督对象的权力和监督者本身的权力）关进制度的笼子里。

（三）有关机关和单位依法协助原则

这一原则规范的“有关机关和单位”应该不包括审判机关和检察机关。但公安机关等执法部门应同时属于“互相配合、互相制约原则”和“依法协助原则”的规范主体。除执法部门外，“有关机关和单位”还包括企事业组织、社会团体、基层群众自治组织等。监察机关在行使职权、履行职责的过程中，凡是要取得其协助的机关和单位都属于这项原则规范的主体，都具有依法提供协助的法定义务。

（四）依宪依法监察原则

这项原则在法条上的表述是“国家监察工作坚持严格遵照宪法和法律”。无论是制定监察法规、规章，发布监察决定、命令或者实施监察行为（监督、调查、处置），都必须依循和遵守宪法，不能违反宪法，与宪法相抵触。宪法往往需要通过法律、法规具体化。监察机关及其工作人员的一切行为，也必须遵守法律、执行法律，切实做到依法执法、依法监察。

（五）以事实为根据，以法律为准绳原则

这项原则也是人民法院行使审判权、进行审判活动，人民检察院行使检察权、进行检察活动的基本原则。各级监察委员会行使监察权，进行监察活动，涉及对监察对象违法、违纪事实的认定，涉及对他（她）们的违法、违纪行为适用法律和作出处理决定，同样应该遵循这一基本原则。

（六）在适用法律上一律平等，保障当事人的合法权益原则

适用法律平等原则是宪法平等原则对监察活动与监察行为的必然要求。适用法律平等原则的重要保障则是正当法律程序。要求监察机关及其工作人员依法办案，不偏

私;合理考虑相关因素,不专断;平等对待监察对象,不歧视。

(七)权责对等,从严监督原则

权责对等、从严监督原则包含两层含义:一是权责对等,二是从严监督。所谓“权责对等”,就是有权必有责,行使权力必须承担责任,监察机关进行监督、处置或问责一定要坚持“权责对等”,对不同的监察对象,根据其岗位、职责、权力采取相应的监督措施。所谓“从严监督”,是从严治党、从严治吏的治党治国方略和政策在监察、监督领域的体现和要求。不过,“从严监督”并不意味着对公职人员只应讲义务而不讲权利,而是要与切实保护公职人员的合法权益紧密结合起来。

(八)惩戒与教育相结合,宽严相济原则

《监察法》规定,要“对公职人员开展廉政教育,对其依法履职、秉公用权、廉洁从政从业以及道德操守情况进行监督检查”。在监督检查过程中,发现公职人员在依法履职、秉公用权、廉洁从政从业以及道德操守方面存在问题,有违纪违法情事,要对之进行惩戒,但同时也要对之进行教育。

这一原则中的“宽严相济”是指对公职人员的惩戒,要全面考虑违纪违法公职人员行为的性质、目的、动机、手段、对社会的危害等诸多情节。一味严惩,既不符合现代法治的要求,也不利于教育违纪违法者,达到反腐败的治本之效。

(九)标本兼治、综合治理原则

《监察法》规定:“国家监察工作坚持标本兼治、综合治理,强化监督问责,严厉惩治腐败,深化改革、健全法治,有效制约和监督权力;加强法治道德教育,弘扬中华优秀传统文化,构建不敢腐、不敢腐、不想腐的长效机制。”这一原则主要包括三项内容:一是加强监督问责,严厉惩治腐败,强化“不敢腐”的震慑;二是深化改革、健全法治,有效制约和监督权力,扎牢“不能腐”的笼子;三是加强法治道德教育,弘扬中华优秀传统文化,增强“不想腐”的自觉。“不敢腐”主要解决治标的问题;“不能腐”和“不想腐”主要解决治本的问题。

关于反腐败“标本兼治、综合治理”的原则,笔者认为治本有特别重要的意义。尽管在反腐败斗争形势严峻的当下,高压治标不可或缺,要特别注重法治反腐和制度反腐。

而反腐对策最重要者有四。其一,惩治反腐。通过严厉惩罚,使为官者“不敢腐”。其二,教化反腐。通过理想信念教育,使为官者“不想腐”。其三,激励反腐通过能上能下和提高地位待遇,使为官者“不思腐”。其四,法治反腐(制度反腐)。通过建立完善的法制,使为官者“不易腐”“不能腐”。

要解决腐败问题,这些对策一个也不能少,但法治反腐、制度反腐最具有治本的功效。

关于法治反腐、制度反腐的基本路径和主要措施,第一个基本路径是要对现实情况进行调查,梳理腐败的主要形式和类别。我们在制定制度前,要先搞清楚目前到底有多少种类型的腐败,再探讨应对和解决每一种类型腐败的办法。第二个基本路径是要找寻、发现形成和产生各种腐败的原因,然后才能对症下药。第三个基本路径是要研究、探讨古今中外治理腐败的各种药方。第四个基本路径是要进行制度设计。根据现实中国国情对反腐进行顶层设计、宏观设计和具体的制度设计。

反腐必须标本兼治,目前我们应当主要采取的措施如下。

其一,坚持全面从严治党,建立和完善对各级党组织与工作部门行使公权力的监督、制约机制。公权力是国家机关行使的权力,但中国共产党是国家的执政党,执政党直接行使部分国家公权力。目前,党的纪律监督和监察监督可以形成重要的制约,但还不够,如果没有民主法治的保障,则难以完全避免腐败的产生。即使是纪委、监察委员会,也需要监督——对监督者的监督。

其二,推进政务公开,建立人大会议、党委会议、政府会议(包括全体会议、常务会议、办公会议等)的公开制度。首先,应公开人大会议,特别是公开人大质询、监督官员,让官员和人大代表均受到人民监督。其次,政府、党委的会议也应适度公开,允许媒体适度报道和公民旁听。

其三,建立和完善官员家庭财产申报、核查和公开制度。具体制度可以分三步走。第一步,先核查已经申报的官员的申报是否真实,如发现其中有瞒报、假报的,可以先公布他们的情况。第二步,公开可以先从省部级高官做起。省部级以上的官员人不太多,阻力小,也可以起到示范效应。另外,对于一般官员,可先只公布拟提拔晋升的。第三步,通过正式立法规范官员财产的申报、核查和公开制度。

其四,启动人大的质询监督制度。《宪法》、《地方各级人民代表大会和地方各级人民政府组织法》、《全国人民代表大会和地方各级人民代表大会代表法》和《监察法》都规定了质询制度,但各级人大很少启动该程序。推进和鼓励人大代表质询问责,就会对腐败、失职官员形成有力的监督。

其五,加强和规范媒体和网络对腐败现象、腐败官员、腐败行为的监督。既要保护新闻监督的自由,又要保护被监督者的合法权益。

总之,我们必须认真研究中国国情,精心设计各种反腐制度,并在制度运作过程中不断改进完善,使之真正发挥治本作用,同时兼及治标,力争达到标本兼治的最佳效果。

从国家机关间关系看监察机关的宪法定位

秦前红*

第十三届全国人大第一次会议通过的《宪法修正案》,就国家监察委员会和地方各级

* 武汉大学法学院教授,法学博士。

本文原题《我国监察机关的宪法定位——以国家机关相互间的关系为中心》,载《中外法学》2018年第3期。

监察委员会的产生、性质、地位、人员组成、任期任届、领导体制等内容进行了规定。此次通过的《宪法修正案》有11个条款与监察机关和监察权相关,一方面,彰显了国家监察体制改革事关重大,唯有通过宪法修改才能为改革提供充分的正当性基础;另一方面,表明此次宪法修改,对此前宪法体制的影响同样重大。这表现为将监察权形塑为一种新的权力类型,使监察委员会成为一个新的权力单元和系统。笔者认为,国家监察体制改革作为事关全局的重大政治体制改革,机构与职能的整合乃是改革的主要方法论。在此过程中,新机构的设立及旧机构的撤销,实质上皆是国家监督权重新配置的外在表现形式,而监察机关和监察权即为权力重新配置的结果。如何认识该新设立的国家机关和新出现的国家权力,便成为一个无法回避的理论和实践问题。

国家监察体制改革开展至今已一年有余,理论上其实存在不少关于监察机关定位和监察权性质的讨论:与此前的行政监察机关和行政监察权有别的是,国家监察机关因改革而具有的宪法机关的地位,国家监察权亦由此成为一项宪定权力。如此,有关监察机关定位和监察权性质的讨论,在相当程度上成为宪法学问题。

宪法的首要功能和内容即在于构造并限制国家权力,现代立宪国家通常基于一定的原则来构造国家权力和组织国家机构。在我国,该原则表现为人民代表大会制度的政体及民主集中制的国家机构组织原则。国家监察体制改革以及由此而来的宪法修改,丰富和发展了人民代表大会制度和民主集中制原则。监察机关在宪法所预设的"轨道"上行使监察权,并在权力行使过程中与其他国家机关产生关联。就此层面而言,若欲在宪法层面认识监察机关的定位及监察权的性质,很大程度上需从监察机关与其他国家机关的关系着手讨论。

一、监察机关与权力机关的关系

(一)民主集中制:产生、负责及监督

我国现行《宪法》第3条规定了民主集中制原则,并将其作为一项国家机构的组织原则,该原则成为国家机关产生及相互间关系运行的遵循和基础。此项原则的核心内容有三点:一是在人民与权力机关的关系上,遵循由人民选举产生并监督权力机关的原则;二是在权力机关与其他国家机关的关系上,遵循由权力机关产生并监督其他国家机关的原则;三是在中央和地方国家机构职权划分上,遵循在中央统一领导下发挥地方主动性和积极性的原则。民主集中制原则的具体内容并非一成不变的,自"五四宪法"规定国家机关"一律实行民主集中制"以来,该原则在宪法上的含义其实是自始变化和发展的,特别是"八二宪法"对该原则的内容予以具体化。在国家监察体制改革的背景下,监察机关被纳入宪法规定的国家机构体系中。为此,宪法上的民主集中制原则亦需随之修改完善,以为监察机关的产生以及监察机关与其他国家机关间关系的运行提供宪法依据。

监察机关与权力机关在宪法上的关系至少有三层。其一,权力机关的宪法地位高于监察机关。国家监察体制改革过程中所进行的机构与职能整合以及由此而生的监察机关与监察权,是在"人民代表大会统一行使国家权力"的前提下进行和展开的,最高国家

权力机关基于现实需要创设出了监察权,并根据分工负责、功能适当等原则将之配置给监察机关。其二,监察机关由权力机关产生。其三,监察机关对权力机关负责,权力机关监督监察机关。

(二)权力机关如何根据《监督法》监督监察机关

新成立的监察机关"位高权重",对其的监督须足以防止"过犹不及"。根据《宪法》的规定,权力机关对监察机关的监督,在很大程度上需由各级人大常委会来实施。而各级人大常委会实施监督的法律依据主要是《各级人民代表大会常务委员会监督法》(以下简称《监督法》),如此,各级人大常委会如何根据《监督法》监督监察机关便成值得探讨的问题:一是《监察法》规定的各级人大常委会对监察机关的监督方式,是否可适应《监督法》规定的监督程序?二是《监察法》未规定,但在《监督法》中有规定的监督方式,各级人大常委会是否可将其运用于对监察机关的监督?笔者以为,无论是基于各级人大常委会作为权力机关的宪法地位,还是为了防止监察权的滥用,都有必要明确《监督法》规定的监督程序和监督方式得适用于监察机关,各级人大常委会可运用《监督法》规定的监督方式对监察机关实施监督。理由有两点:一是由于当前的《监察法》同时"扮演"监察机关组织法、监察活动程序法等"角色",以致该部法律难以就所有问题进行详细规定。而《监督法》作为一部就各级人大常委会监督工作进行的专门立法,其中,对监督的方式、程序和内容皆有相当具体的规定。二是《监察法》虽未明确规定规范性文件备案审查、特定问题调查等监督方式得适用于监察机关,但这无疑是各级人大常委会作为权力机关的应有之义,同样也能通过监督进而防止监察机关滥用权力。当然,欲使《监督法》规定的监督程序和监督方式得有效运用于权力机关对监察机关的监督,尚需对《监督法》进行相应的修改。

(三)监察机关如何监督具有人大代表身份的公职人员

在国家监察体制改革过程中,曾有关于监察机关可否监督人大代表问题的讨论:笔者认为,监察机关可否监督人大代表的问题,颇为复杂,不可一概而论。鉴于我国人大代表构成等因素,该问题的可能解答如下。

其一,考虑到我国兼职代表制的现实,不加区分地认为具有人大代表身份的公职人员皆可免于监察是不切实际的,具有人大代表身份的公职人员,应被纳入监督范围。

其二,监察机关在监督具有人大代表身份的公职人员时,亦须注重《宪法》和法律对人大代表的特殊保障。

其三,对于不具有公职人员身份的人大代表,即便其利用人大代表的身份从事违法活动,亦不宜由监察机关负责监督,而应将此委以人大及其常委会通过内部纪律惩戒的形式追究责任,或是根据《代表法》的规定对相关的人大代表予以罢免或暂时停止执行代表职务等。当然,若构成职务犯罪之外的刑事犯罪的不可免予刑事追诉。

二、监察机关与司法机关的关系

(一)"互相配合,互相制约"的宪法原则

如何理解监察机关与司法机关之间的关系,同样关涉对监察机关定位和监察权性质的认识。现行《宪法》第127条第2款为此关系的处理确定了“互相配合,互相制约”的原则,即监察机关办理职务违法和职务犯罪案件时,应与审判机关、检察机关互相配合、互相制约。《监察法》第4条第2款重申了该原则,并将其视为监察工作的基本原则之一。因此,有关监察机关与司法机关之间关系的探讨,亦应当围绕此项原则展开。具体来说,此原则有以下三层含义:一是监察机关与司法机关互相配合;二是监察机关与司法机关互相制约;三是正确处理配合与制约的关系。鉴于现有权力配置与运行的实践,监察权的实际位阶已然高于审判权和检察权,为避免监察权的滥用进而保障公民基本权利,应更强调监察机关与司法机关之间的制约。实践中所呈现的对“互相配合”的过分偏重,以致“互相制约”被不合理漠视,极易致使检察机关的审查起诉和审判机关的独立裁判沦为形式,出现所谓的“监察中心主义”现象,可能导致“冤假错案”出现,有碍公民基本权利的保障。

(二)检察机关审查起诉的实质化

在不同的阶段,监察机关与司法机关互相制约的关系各有特点。监察机关与检察机关互相制约关系的实现,在很大程度上需借由检察机关审查起诉的实质化。但是,考察《监察法》的立法过程可以发现,在立法之初,立法者或许并未注重审查起诉的实质化,比如《监察法(草案)》征求意见稿第45条的规定,检察机关在依法作出不起诉决定之前,尚需征求监察机关的意见。如此规定无疑有碍于检察机关在履行审查起诉职责时进行独立判断。不过,在《监察法(草案)》二审稿以及全国人大最终审议通过的《监察法》中,删除了这一规定。

在国家监察体制改革过程中,检察机关查处贪污贿赂、失职渎职的职能整合至监察机关。若将职务犯罪案件的审查起诉职能整合至监察机关,或是检察机关审查起诉职能趋于形式化,便会致使监察机关内部出现同样的“同体监督”问题。需要说明的是,检察机关审查起诉的实质化并非新问题,在公安机关与检察机关互相制约的关系中,同样需要实现审查起诉的实质化。因为权力不合理的配置和分工,极易使对效率的重视“湮灭”了对权力滥用的担心。

(三)审判中心主义的重申与监察中心主义的防范

在相当长一段时期内,侦查中心主义是我国刑事司法公正的主要掣肘之一。正是缘于此,中共十八届四中全会审议通过的《中共中央关于全面推进依法治国若干重大问题的决定》才明确提出“推进以审判为中心的诉讼制度改革”。侦查中心主义出现的缘由众多,其中颇为关键的原因便是公安机关在现实权力格局中的地位远高于审判机关和检察机关,以致后者难以对前者形成实质性的制约和监督。国家监察体制改革的既有实践,虽然反腐败合力得以形成,但监察权亦随之增大。加之监察机关与执政党的纪律检查机关合署办公,地方各级监察机关负责人由执政党同级纪律检查机关负责人担任,由此,监察机关在现实中的地位要远高于审判机关和检察机关。如此,审判机关和检察机关是否能对监察机关形成实质制约,进而避免监察中心主义的出现便是存疑的。

虽然在国家监察体制改革过程中，原本行使职务犯罪侦查权的主体已由检察机关转隶至监察机关，但这并不妨碍审判中心主义原理和制度的继续适用。在处理审判机关、检察机关与监察机关之间的关系时，仍然需要重申审判中心主义。有关以审判为中心的诉讼制度改革的理念和具体措施，同样可以适用于监察机关。此外，《监察法》对上述问题同样是有所注重的，如该法第 33 条规定监察机关收集的证据应与刑事审判中证据的要求和标准一致，并重申了非法证据排除规则在监察案件中的运用。

三、监察机关与行政机关的关系

(一)不受行政机关的干涉

民主政治的监察官应当是独立的。置于行政机关内部的行政监察机关，独立监察职能的发挥无疑是“大打折扣”的。鉴于此，国家监察体制改革才基于监察权独立行使的改革理念，将监察权从行政权中“剥离”出来。我国现行《宪法》第 127 条第 1 款及《监察法》第 4 条第 1 款规定：“监察委员会依照法律规定独立行使监察权，不受行政机关、社会团体和个人的干涉。”监察机关职权行使不受行政机关干涉，乃是宪法上监察机关与行政机关互相关系的主要面向之一。再者，所谓“独立行使监察权”及“不受行政机关干涉”其实是需要借由具体的制度设计来实现的，诸如经费独立、人事独立、办案独立等也是监察权独立行使的重要内容。

正是基于以上思路，有论者认为，当前的预算管理体制不利于监察机关独立行使职权。因为根据我国《预算法》，预算草案由行政机关编制，这造成监察机关在财政体制上依附于行政机关，不利于监察机关独立开展反腐败的监督、调查和处置工作。通过预算制度的相应调整实现监察机关预算的单独编制，值得研究。

不过，监察机关的预算“受制”于行政机关，看似碍于监察机关独立行使职权，但其实也是行政机关制约监察机关的重要方式。行政机关虽可通过编制预算草案等方式对监察机关施以必要的制衡，但此类方式的运用不得妨碍监察权的依法独立行使。

(二)与执法部门互相配合，互相制约

监察机关与行政机关在宪法上的关系，除表现为监察权行使不受行政机关干涉外，还包括“互相配合，互相制约”，即根据现行《宪法》第 127 条第 2 款和《监察法》第 4 条第 2 款的规定，监察机关在办理职务违法和职务犯罪案件时，应当与执法部门互相配合，互相制约。不过，尚需说明的是，此处的“执法部门”指向为何，可能还涉及对上述《宪法》和法律条文的解释和理解。较权威的解释认为，此处所言之执法部门是指公安机关、国家安全机关、审计机关以及质检部门、安全监管部门等行政执法部门。由《宪法》和《监察法》的上述规定可知，监察机关与行政机关中的执法部门也有“互相配合，互相制约”的关系。其中，“互相配合”如《监察法》第 24 条第 3 款规定的“监察机关进行搜查时，可以根据工作需要提请公安机关配合”；而“互相制约”主要是指配合需要依法进行。

(三)行政监察职能的不完全整合

在国家监察体制改革过程中，行政监察职能整合至新设立的监察机关。为此，《宪法修正案》第46条和第51条删去了国务院领导和管理行政监察工作以及县级以上地方各级人民政府管理本行政区域内行政监察工作的规定。此外,《监察法》第69条亦规定,原本的《行政监察法》亦在《监察法》公布施行的同时被废止。在此需要注意的是,根据《行政监察法》的规定,行政监察职能具有全面性和综合性的特点,即行政监察包括执法监察、效能监察和廉政监察等具体内涵。如此,便需回答:上述执法监察、效能监察和廉政监察是否皆由行政监察机关整合至新设立的监察机关?若皆已整合,是否与监察机关之"反腐败工作机构"的定位不相符合?若并未全部整合,那剩余的监察职能究竟有几何以及是否仍然有必要存在?若仍然存在或仍有必要存在,则应由何主体来行使?

笔者以为,由行政监察机关整合至监察机关的职能主要是廉政监察职能,因为无论是国家监察体制改革的实践或是《监察法》的规定,皆是将监察机关形塑为专司反腐败职能的机关,或谓之为专门的反腐败工作机构。当然,执法监察和效能监察在功能意义上仍有存在之必要,但至于此二职能由何主体行使,可在功能主义层面保留执法监察和效能监察职能的同时,将此二职能交由政府办公机构、政府法制部门等相应的行政机关来行使。

四、上级监察机关与下级监察机关的关系

(一)宪法上国家机关的领导体制

监察机关内部的纵向关系,即国家监察委员会与地方各级监察委员会、上级监察委员会与下级监察委员会之间的关系,亦是我国《宪法》的重要内容。在我国现行《宪法》规定的国家机构中,纵向间的关系主要有两种表现形式:一是领导与被领导的关系;二是监督与被监督的关系。根据《宪法》第125条第2款的规定,监察机关内部也是领导与被领导的关系。

国家机关内部究竟以何种原则来调整其纵向关系,其实是由诸多因素共同决定的:国家结构形式、国家机关所行使权力的特性、国家机关预期的功能。此外,此种纵向关系的调整原则亦是处于不断变化和发展过程中的。比如,我国"七五宪法"确立的检察机关领导体制是监督与被监督的关系,但在1979年《人民检察院组织法》便把检察机关上下级关系由原来的监督关系改为领导关系。

(二)上下级监察机关间领导与被领导的关系

根据《宪法》和《监察法》的规定,上下级监察机关间的领导体制是领导与被领导的关系。《关于在北京市、山西省、浙江省开展国家监察体制改革试点工作的决定》规定:"监察委员会对本级人民代表大会及其常务委员会和上一级监察委员会负责,并接受监督。"监察机关缘何采用领导与被领导的领导体制,在很大程度上是由国家监察体制改革的目标所决定的,即改革的根本目的就是加强党对反腐败工作的统一领导。而惩治腐败工作又必须始终坚持在党中央的统一领导下推进。如此,自然要求加强国家监察委员会对地方各级监察委员会的领导以及上级监察委员会对下级监察委员会的领导。同时,监察委员会并非司法机关,监察权的运行状态基本上是行政性的而非司法性的,故在组织

体系上更强调上下级监察机关之间的服从性，也就是领导与被领导的关系。此外，由于监察机关与执政党纪律检查机关合署办公，纪律检查机关领导体制的改变同样会作用于监察机关的领导体制。

相较于行政机关和检察机关内部的纵向关系，监察机关内容虽同样为领导与被领导的关系，但在监察机关内部，此种领导的程度其实要远强于行政机关和检察机关内部。一是因为在人民代表大会制度下，上述三机关皆是一种双重从属负责的体制，既要在横向层面向同级权力机关负责，还要在纵向层面向上级机关负责，但监察机关纵向层面的从属性其实要强于横向层面的从属性；二是由于执政党纪律检查体制改革要求强化上级纪委对下级纪委的领导，因而与纪律检查机关合署办公的监察机关在领导体制中的上下级间领导关系上将获得强化。

五、余论

为了以法律的形式固化国家监察体制改革的成果，并为各级监察机关的成立提供宪法依据，此次宪法修改为国家监察体制作了颇多设计，对监察机关作为国家机构在人民代表大会制度中的地位以及监察机关与其他国家机关间的关系进行了规定，特别是在《宪法》第三章“国家机构”中增设“监察委员会”一节。在人民代表大会制度的根本政治制度和民主集中制的国家机构组织原则下，人民代表大会统一行使国家权力，各国家机关之间分工负责，实现决策权、执行权、监督权既合理分工又相互协调。在《宪法》对国家监察体制所进行的宪法设计当中，监察机关同样与其他国家机关之间有“分工负责，互相配合，互相制约”的关系。此般国家机关间宪法关系的设计，一是基于专业化分工的考量，从而配置给不同国家机关以相应的职权；二是欲借由互相之间的制衡，以期达致防止权力滥用之目的。我国现行《宪法》和《监察法》在规范层面为监察机关与其他国家机关予以权力分工和划定权力行使界限的同时，亦需防范在实践层面监察机关的职权行使对其他国家机关形成实质上的强制性影响。唯有如此，宪法上对监察机关定位和监察权性质的设计不至于沦为“具文”。

再者，本文虽然基于《宪法》和《监察法》的相关规定，以国家机关相互之间的关系为中心，讨论了我国宪法上的监察机关和监察权。但此般讨论其实并未能客观全面地揭示监察机关和监察权的“全貌”。国家机构体系中的监察机关与执政党纪律检查机关合署办公，虽然可以促使执纪与执法得以有效衔接，但其实对监察机关的定位和监察权的性质也产生了很大程度的影响。对监察机关定位和监察权性质的考察，亦需注重权力运行的实际轨迹，特别是针对纪检监察合署办公的体制。

第三部分　外国宪法(学)发展

2018 年德国宪法学发展概要

王泽荣*

引言

德国宪法学在 2018 年有哪些发展？这是本文所要回答的问题。这一问题虽然在语法上简单直白，在意义上却颇有晦暗不明之处。因此，在对其进行细节回答之前，不妨先对问题中的各要素略作澄清。

将"宪法学"径指为关于宪法的学问或专事宪法的学者群体，尽管不存在太大的问题，却仍需说明两点。其一，虽然自保罗·拉班德(Paul Laband)与奥托·迈耶(Otto Mayer)始，公法分化为国家法/宪法与行政法，①但公法作为二者之上位概念却延承下来。同样，公法学也没有被分出的宪法学与行政法学取消，而是作为二者之统一学科继续存在。②又由于作为根本法或最高法的宪法上位于行政法，因此，公法(Öffentliches Recht)这一用语，即便不直指或专涉宪法，却往往也要涉及宪法。③ 于此，有关"公法(学)"本身(之地位或方法)的讨论，似可归之于宪法学。至于公法的其他分支，如行政法或国际法，则不被视为宪法的内容，自不待言。其二，针对德国宪法教义学的生命结构，本哈德·施林克(Bernhard Schlink)不无悲观地定义为"联邦宪法法院实证主

---

* 柏林洪堡大学宪法学博士候选人。

① Vgl. *Dieter Grimm*, Das Öffentliche Recht. Vor der Frage nach seiner Identität, Tübingen 2012 (FJP 1), S. 26.

② 例如，公法学的两种重要刊物，《公法年刊》(Jahrbuch des öffentlichen Rechts)与《公法档案》(Archiv des öffentlichen Rechts)，均以公法为名，甚至如"德意志国家法教师协会"(Vereinigung der Deutschen Staatsrechtslehrer e. V.)，虽名为国家法学会，实则是公法学会。名实之间，可见公法学的存在。

③ 例如，摩尔·兹贝克(Mohr Siebeck)出版社自 2012 年起推出的公法学基础(Fundamenta Juris Publici)系列，至 2018 年已出版至第七册，其中有四册明白无疑是宪法学的课题，分别是，霍斯特·德莱尔(Horst Dreier)，《世俗化与神圣——论现代宪法国家的自我认知》(Säkularisierung und Sakralität. Zum Selbstverständnis des modernen Verfassungsstaates)，2013 年；马丁·莫洛克(Martin Morlok)，《宪法社会学》(Soziologie der Verfassung)，2014 年；克里斯托夫·舍恩贝格尔(Christoph Schönberger)，《"德国道路"》(Der „German Approach")，2015 年；米歇尔·施托莱斯(Michael Stolleis)，《宪法历代(史)》[Verfassungs(ge)schichten]，2017 年。

义"(Bundesverfassungsgerichtspositivismus),①马蒂亚斯 · 耶施泰特(Matthias Jestaedt)描述为宪法司法与国家法学的共生(Symbiose),②尤利安 · 克吕佩尔(Julian Krüper)则概括为宪法、宪法司法与宪法学组成的三角形(Dreieck)。③三位作者虽然表述和结论不同,却都认识到宪法教义学呈现的双星缠绕形态,即宪法司法与宪法学理的互相拱依。然而,宪法学不等同于宪法教义学,毋宁说,在宪法教义学之外,宪法学还具有宪法史、宪法比较、宪法方法论、宪法理论、一般国家学、宪法社会学等其他学理维度。

"德国"二字确定了本文比较法或外国法的研究视角。"德国"一词,首先指称政治地理意义上的德意志联邦共和国,就本文主题而言,足够明确。一方面,不应忽视德语世界,尤其是德国与奥地利两国学者所共享的讨论环境与知识传统④以及随着欧洲一体化进程而逐渐深入的法学欧洲化,因此,在对德国宪法学进行学术史观察时,似乎无须专门择除"非德国"的主题或作者。但另一方面,考虑到多层级体系(Mehrebenen system)的特殊性,若聚焦于"德国"一级,则不必再关心欧洲宪法或州宪法的发展。不过,这里对"德国"的专注,不意味着要排斥德国宪法学自有的比较维度。

"2018 年"确定了学术史的研究方法。但就学术史而言,一年的时间无论如何都显得过于精短,原因在于,无论是专著或论文的创作与出版,抑或学术会议论文的出版结集,还是宪法法院对某一案件作出裁判,都很少能在一年内发生完全。因此,本文只能以外在表达为准,寻找 2018 年内作出的宪法裁判与 2018 年内发表或出版的学术文献,以

---

① *Bernhard Schlink*, Die Entthronung der Staatsrechtswissenschaft durch die Verfassungsgerichtsbarkeit, Der Staat 1989, SS. 161 – 172; *ders.*, Abschied von der Dogmatik. Verfassungsrechtsprechung und Verfassungsrechtswissenschaft im Wandel, JZ 2007, SS. 157 – 162.

② Matthias Jestaedt, Phänomen Bundesverfassungsgericht. Was das Gericht zu dem macht, was es ist, in: ders. / Oliver Lepsius/Christoph Möllers/Christoph Schönberger, Das entgrenzte Gericht. Eine kritische Bilanz nach sechzig Jahren Bundesverfassungsgericht, Berlin 2011, S. 124 ff.

③ *Julian Krüper*, Auf der Suche nach neuer Identität. Die Verfassung der Berliner Republik verlässt den Schonraum der Nachkriegszeit, in: Thomas Duve/Stefan Ruppert (Hrsg.), Rechtswissenschaft in der Berliner Republik, 2018, S. 242.

④ 对公法来说尤其如此,例如,"德意志国家法教师协会"(Vereinigung der Deutschen Staatsrechtslehrer e. V.)自创立之际,便没有限制于"德意志帝国"境内,而是面向几乎所有德语大学的公法教授开放。该协会创立于 1922 年,当时国家法与公法学者海因里希 · 特里佩尔(Heinrich Triepel)拟定并向德国、奥地利、瑞士德语区以及布拉格总计 67 位公法学教授发出信函,邀请收信人于柏林集合并共同创办公法协会,于当年 10 月 13 日与 14 日,共有 24 名学者出席。Siehe *Michael Stolleis*, Geschichte des öffentlichen Rechts in Deutschland, Bd. 3 (1914 – 1945), München 1999, S. 186 ff. 该协会于 1922 年 10 月 13 日通过的《章程》,也体现了这一点。其中,第 2 条第 3 款规定,"第 1 款下的德意志大学,是指德意志帝国境内与奥地利境内的大学以及布拉格德意志大学"。第 2 条第 4 款更进一步,允许任教于德意志帝国境外其他德意志大学的国家法与行政法教师申请加入协会。Siehe § 2 Satzung, VVDStRL 1 (1924), 145 (145).《章程》的这种半开放性传统也延续至今。Siehe § § 3 und 4 der Satzung vom 21. Oktober 1949 (zuletzt geändert am 29. Oktober 2010), VVDStRL 78 (2019), 551 (551 f.). 此外,每年大会的举办地,也没有特限于联邦德国境内。

及2018年内举行的学术会议。此外,结合题目中的"发展"二字,可以确知学术史的工作,不在于事无巨细的资料堆叠,而在于对发展脉络的提炼与梳理。对于宪法裁判来说,一经作出即为权威的宪法解释。但学理需经较长的时间,才能在赞同与批驳的反复中,形成时间与空间上的聚焦与辐射,甚至沉淀为教义通说。在一年的横截面上,学术史的方法很难形成或体现出实质的材料逻辑,尤其当宪法亦身处碎片化的情境时。①概言之,学术史面临的困难,首先在于对材料的取舍,在"2018年"的限定下,更复如是。如此,只能退而求其次,对2018年内发行的宪法裁判或宪法学说进行综述。在此情形下,若试图以细分主题的方式对2018年的德国宪法学进行复盘,无疑只能获得碎片化的印象。碎片化虽然无法避免,但过度的碎片化,无疑会使综述失去意义。鉴于此,本文将务实地选用宪法学中最硬核的两种资料,即宪法裁判与专业年会,作为复述的重点;并考虑到2018年在宪法史上的重要意义,以其作为补全。

下文将分三部分梳理德国宪法学2018年的发展。第一部分以宪法司法为对象,在总体介绍联邦宪法法院的年度工作之后,按照四种程序类别重述联邦宪法法院于本年度作出的重要裁判;第二部分主要从国家法教师协会在2018年的会议出发,呈现宪法学者共同探讨的年度议题;第三部分则关注宪法史对魏玛宪法百年的礼敬。

一、2018年的联邦宪法法院

就人员组成而言,联邦宪法法院,确言之其第一庭,于2018年共有两位大法官任期届满。7月16日,大法官米夏埃尔·艾希贝格尔(Michael Eichberger)卸任,其继任者亨尼希·拉特克(Hennig Radtke)经基民盟/基社盟(Deutschlands Christlich—Demokratische Union,CDU/CSU)提名,由联邦参议院(Bundesrat)选定。新任的拉特克大法官,1962年生人,曾作为刑法教席教授执教于萨尔大学、马尔堡大学与汉诺威大学,在被选为宪法法院大法官之前,亦曾任萨尔州高等法院刑事法官、策勒州高等法院刑事法官以及联邦最高法院(BGH)刑庭法官。11月30日,费迪南德·基希霍夫(Ferdinand Kirchhof)大法官任满,斯特凡·哈巴特(Stephan Harbarth)经基民盟/基社盟(CDU/CSU)提名被联邦议院(Bundestag)选为继任者,同时,承袭前者被联邦参议院(Bundesrat)选叙为副院长及第一庭首席。②哈巴

① Vgl. *Gunther Teubner*, Verfassungsfragmente. Gesellschaftlicher Konstitutionalismus in der Globalisierung, Frankfurt am Main 2012. 此外,2017年国家法教师协会的大会,亦以碎片化为主题,参见张千帆:《2017年德国宪法学发展概要》,载韩大元主编:《中国宪法学年刊》(2017年·第十三卷),法律出版社2018年版,第162页以下。

② 根据《联邦宪法法院法》(BVerfGG)第6条第1款之规定,若由联邦议院选举联邦宪法法院大法官,需在达到投票数的2/3且至少达到联邦议院成员票数的多数。第9条第1款规定:"联邦议院与联邦参议院交替选举联邦宪法法院的院长与副院长。副院长应从院长所不归属的那一庭中选出。"而选出院长或副院长,又须达到选举机关的多数。基希霍夫大法官的任期在2018年7月时实际上已经到期,但由于其继任者必须达到联邦议院投票数的2/3才能受选,同时事关副院长职务交接,还须联邦参议院投票表决。在第19届联邦议院中,执政联盟的票数刚过半数,远不足2/3,因此,继任大法官的选举就尤为艰难。哈巴特能够由议员被选为大法官,与此也并非全无关系。*Heribert Prantl*, Politische Entpolitisierung, in: Süddeutsche Zeitung vom 25. November 2018, https://www.sueddeutsche.de/politik/verfassungsgericht-politische-entpolitisierung-1.4225879, Abfrage: 26. April 2019.

特大法官在履职前,作为政治家曾担任基民盟(CDU)党联邦委员会委员与联邦议院议员,作为法律人曾担任谢尔曼&思特灵律所合伙人,并自2018年起成为海德堡法学院名誉教授。值得注意的是,哈巴特因其议员身份,尤其因其保守的政治立场——例如,其在担任议员时对"婚姻适用于所有人"(Ehe für alle)投出反对票,也因其律师身份,在大法官铨选程序中颇受嫌责。[①]

根据《联邦宪法法院2018年度数据报告》,[②]自1951年9月7日至2018年12月31日,联邦宪法法院共计收到程序申请238,048件,已结案234,812件(S.1)。2018年度,1月1日时共有3508件往年未决的案件,其中第一庭1417件,第二庭2091件;至12月31日有3236件积压至来年,其中第一庭1450件,第二庭1786件(S.1,17)。

2018年,第一庭收到程序申请3018件,第二庭收到2941件,总计5959件,与过去3年基本持平(S.4,14)。具体到各类程序,计有(S.6 ff.):选举审查程序38件,机关争议5件,抽象规范审查3件,具体规范审查22件,暂时命令213件,宪法诉愿5678件。

2018年,联邦宪法法院共结案6231件,其中第一庭2985件,第二庭3246件(S.17)。全年并无以两庭全会(Plenum)方式作出的裁判(S.18)。由合议庭(Senat)与3人小组(Kammer)结案总计5633件,其中,选举审查程序6件,联邦机关间宪法争议2件,抽象规范审查3件,具体规范审查由合议庭审结6件由3人小组审结3件,暂时命令174件,宪法诉愿由合议庭结案12件,由小组结案5427件(S.8 f.)。通过其他方式,即合并审理、撤回申请、移送另一庭的方式共结案598件,其中,选举审查程序6件,抽象规范审查2件,具体规范审查3件,暂时命令38件,宪法诉愿549件(S.10 f.)。

2018年,宪法诉愿被支持的概率仅为1.67%(S.21)。在由小组办理并结案的宪法诉愿与暂时命令中(S.18):在第一庭中,仅有48件被支持,有2667件被拒绝受理,被拒绝受理的案件中,仅有142件包含论证,有399件仅在裁判要旨中附有论证,有2126件(80%)未附有任何论证;在第二庭中,仅有38件被支持,有2844件被拒绝受理,被拒绝受理的案件中,仅有57件包含论证,有553件仅在裁判要旨中附有论证,有2234件(79%)未附有任何论证。

联邦宪法法院对其所作的重要裁判,主要有两种公开途径:出版结集与电子公布。自1951年以来,联邦宪法法院委托摩尔・兹贝克(Mohr Siebeck)出版社印发《联邦宪法法院判例集》(BVerfGE)系列,将合议庭作出的重要裁判结集成册。每年成册数目不等,往往为两册或三册,时至2018年年底已有147册。此外,鉴于3人小组作为裁判主体起

① 德国媒体普遍表达为"虽受到高度赞扬,却并非全无争议"。*Heike Anger*, Der neue Verfassungsrichter Stephan Harbarth ist hochgelobt, aber nicht unumstritten, in: Handelsblatt vom 22. November 2018, https://www.handelsblatt.com/politik/deutschland/bundesverfassungsgericht-der-neue-verfassungsrichter-stephan-harbarth-ist-hochgelobt-aber-nicht-unumstritten/23663248.html, Abfrage: 26. April 2019.

② Bundesverfassungsgericht Jahresstatistik 2018, https://www.bundesverfassungsgericht.de/SharedDocs/Downloads/DE/Statistik/statistik_2018.pdf?__blob=publicationFile&v=2, Abfrage: 26. April 2019.

到的不容忽视的作用,因此,在 2004 年至 2014 年,联邦宪法法院曾以联邦宪法法院法官协会的名义委托米勒(C. F. Müller)出版社将由 3 人小组作出的重要裁判结集为 20 册《联邦宪法法院之小组裁判集》(BVerfGK),以作为《联邦宪法法院判例集》的补充。传统途径的裁判结集,必然要晚于裁判实际作成的时间,当年所收录的文书,甚至可能是两年前作出的。因此,若从 2018 年出版的《联邦宪法法院判例集》出发来检阅 2018 年的司法活动,无疑是刻舟求剑。

除传统的结集方式外,自 1998 年起,联邦宪法法院在其网页上建立文书公开系统,实时公开所作的重要判决与裁定。《联邦宪法法院判例集》各册的文书目录,也被联邦宪法法院整理并公布于电子主页上,其中,1998 年之后的所有裁判,均附有文档链接。①具体到 2018 年,宪法法院通过电子途径共将 261 件裁判文书公之于众。此外,宪法法院每年还会将当年的重要程序按照各位大法官的业务范围编制为综述表格。照此表格,②宪法法院在 2018 年内所处理的重要案件共有 36 件,到年底时结案的有 29 件,第一庭 17 件,第二庭 12 件。排除合并审理的情形后可获得 27 件裁判文书,其中,机关争议 1 件,抽象规范审查 2 件,具体规范审查 7 件,宪法诉愿(除被合并审理的案件程序之外)17 件。就文书篇幅而言,最短的仅为 4 页,最长的为 124 页。下文将详述的“重要案件”,基本上均出于此。

(一)机关争议:“默克尔,红牌”还是“德国新选择党,红牌”?

2018 年,宪法法院(第二庭)审理的两件机关争议,均由右翼党派“德国新选择党”③(Alternative for Germany,AfD)提出申请,又均可回溯到德国总理默克尔 2015 年的难民政策以及由此引发的政治危机。④ 其中,第一件机关争议⑤中涉及的两种激烈言辞,即“默克尔,红牌”还是“德国新选择党,红牌”,标志着德国在遭遇难民危机后,政治上形成

---

① Siehe BVerfG, https://www.bundesverfassungsgericht.de/DE/Entscheidungen/Entscheidungen/Amtliche%20Sammlung%20BVerfGE.html, Abfrage: 02. Mai 2019.

② BVerfG, Übersicht für das Jahr 2018, https://www.bundesverfassungsgericht.de/DE/Verfahren/Jahresvorausschau/vs_2018/vorausschau_2018.html, Abfrage: 02. Mai 2019.

③ AfD 成立于 2013 年,以民粹主义为意识形态,对诸多社会与政治议题(尤其是欧元、穆斯林、难民、移民等)明显带有极端右翼倾向,同时在民主制度上,该党倾向于以民粹理念消解《基本法》下的议会政府体系。其在《党章》中的政治主张,如引入瑞士式全民公决制度,要求政府成员不再担任议员,限制政治运作中党派的作用,减少联邦议院的组成人员,反对职业政客与政治说客文化,或希冀联邦总统由全民选举,等等,或多或少都在否定《基本法》基于历史教训写就的基本制度设计。2013 年时,该党首次参与联邦大选,但因其票数未达 5% 的门槛,未能进入联邦议院。2017 年时,该党一举获得 12.6% 的投票,仅次于基民盟/基社盟(CDU/CSU)与社民党(Sozialdemokratische Partei Deutschlands, SPD),成为议会第三大党,并在两个大党达成执政联盟后,成为第一大反对党。在欧洲选举与各州选举中,该党也显露出颇为强劲的势头。

④ 关于难民危机,参见[德]埃尔曼(Maria Ehemann)、田伟:《2015 年德国宪法学发展》,载韩大元主编:《中国宪法年刊》(2015 年・第十一卷),法律出版社 2016 年版,第 155 ~ 160 页。

⑤ BVerfG, Urteil des Zweiten Senats vom 27. Februar 2018 – 2 BvE 1/16, Rn. 1 – 81; vereinfachte Redaktion des Urteils, JZ 2018, 403 – 409.

的白热化对抗状态。通过剖析与对比两件机关争议程序,应当可以观察到宪法对政治争议的冷却与淬炼。

在第一件机关争议程序中,宪法法院延续着其于2014年12月16日所作判决的基本立场,同时就诸多问题进一步提出实践准则。2014年,"德国国家民主党"(Die Nationaldemokratische Partei Deutschl ands,NPD)对时任联邦家庭、老年、妇女与青少年部部长的玛努埃拉・施韦西希(Manuela Schwesig)女士提出机关争议申请,起因在于,施韦西希在接受《图林根州报》采访时,就图林根州当下的州议会选举发出呼吁:"不要让国家民主党进入州议会,这是我们的头等大事";国家民主党在申请中诉称,施韦西希的表态有违其负有的国家中立义务,因而损害了《基本法》第21条第1款第1句赋予政党的权利;联邦宪法法院判称,(1)就国家机关所负有的中立义务而言,联邦总统所适用的(更为宽松的)准则(BVerfGE 136,323)不能直接移用在联邦政府及其成员身上;(2)当政府成员加入政治舆论的争论时,不得动用因公职而享有的措施与能力,否则将违反国家中立的要求。①

2018年的第一件机关争议由AfD对联邦教育与研究部提出。在案件事实方面,双方并无争议。2015年11月,AfD因不满默克尔的难民政策,预于2015年11月7日召开示威集会,并打算将"默克尔,红牌!难民收容有边有界!"作为集会口号。②但在集会3日前,即2015年11月4日,时任联邦教育与研究部部长约翰娜・万卡(Johanna Wanka)在该部主页上,以带有联邦国徽与该部官方名称的形式刊出一封简短(仅有3句话)公告,批评AfD领导人助长社会极端化,并夹杂"德国新选择党,红牌"的表述作为回击。③该争议在宪法上的核心问题在于:万卡的这一回应,是否损害了AfD作为政党平等参与政治竞争的权利与集会权利(《基本法》第21条第1款第1句),换而从万卡的政府成员身份出发,其行为是否违背国家的中立要求(Neutralitätsgebot)?就此问题,双方的分歧主要在于以下两点。其一,《基本法》第21条第1款第1句赋予政党的该项权利,是否仅限于选举时期?AfD认为,政党对政治意志形成的参与并不限于联邦议院选举期间,而联邦教育与研究部则认为,该权利保护仅限于选举及选举准备期。④如依被申请方所言,则AfD组织此次集会与选举并不相关,因而不适用国家中立原则,仅得依据《基本法》第8条受集会自由保护,在程序上也不适用机关争议;对此,AfD提出相反意见,即政党的此种权利并不限于选举,因而其组织的示威集会,包括参与示威集会的人士,应均受到第21

① BVerfG,Urteil des Zweiten Senats vom 16. Dezember 2014 – 2 BvE 2/14,Rn. 1 – 79;中文译介参见曾韬:《2014年德国宪法学发展概述》,载韩大元主编:《中国宪法学年刊》(2014年・第10卷),法律出版社2015年版,第172页以下。

② „Rote Karte für Merkel! -Asyl braucht Grenzen!",siehe BVerfG,Urteil des Zweiten Senats vom 27. Februar 2018 – 2 BvE 1/16,Rn. 2.

③ Ebd.,Rn. 3 ff.

④ Stellungnahme von AfD,ebd.,Rn. 7,18;Stellungnahme von BfBF,ebd.,Rn. 16.

条的保护。[①]其二,联邦政府成员在其所属执政联盟或当届政府面临批评时进行回应的行为,是否属于政府权限的行使方式,以及是否应受到相应限制?被申请方认为,联邦政府的执政(Staatsleitung)任务中,包含着信息与公共工作的权限,自然也包括对政治攻击的自我防卫,即"反攻的权利"(Recht auf Gegenschlag),且只要防卫的方式与内容没有逾越攻击的方式与内容,就不违背中立的要求。[②] AfD 则认为,万卡的报复措施实则在污名化 AfD 及其支持者、观望者,甚至虽不支持 AfD 但试图与之沟通的人士;再者,政府成员回击对政府的批评,不应超过其法定权限范围。因此,万卡的报复表态,显然不符合客观性要求(Sachlichkeitsgebot)。[③]

判决中,第二庭在确认争议主体的适格性(Parteifähigkeit)与法保护的必要性[④](Rechtsschutzbedürfnis)之后,就本案的宪法问题作出 5 点论证。[⑤]

1.《基本法》第 21 条第 1 款第 1 句赋予政党的机会平等(Chancengleichheit)权利,包含以集会方式参与人民政治意志形成的权利。《基本法》所确立的自由之民主(Freiheitliche Demokratie),要求"国家权力来自人民"且"由人民以选举或公民投票的方式,通过分立之立法、行政与司法机关行使"(第 20 条第 2 款)。而民主正当性功能(Demokratische Legitimation)的实现,不仅要求投票不受强迫,更要求选民可以在自由开放的舆论中独立形成政治判断。[⑥]在此意义上,现代议会民主制下的政党对于政治意志的形成起着决定性作用。要言之,政党乃是从社会政治领域产生的自由组成的群体,它为机构化的国家输入政治活力,自身却不属于国家范畴,可以说,它承担着国家与社会之间的中介功能(Vermittlungsfunktion);因此,《基本法》第 21 条肯认政党作为人民政治意志形成过程中的必要机制,从而将其抬升至宪法序列。[⑦]为实现政治意志的开放形成,则需保障政党平等参与政治竞争的权利,其中的平等,乃是形式理解下的机会平等。[⑧]此外,宪

---

① Stellungnahme von BfBF, ebd., Rn. 14 ff.; dagegen die Ansicht von AfD, ebd., Rn. 18 ff.

② Stellungnahme von BfBF, ebd., Rn. 14 f., 23.

③ Stellungnahme von AfD, ebd., Rn. 19 ff.

④ Ebd., Rn. 30 ff., 33 ff. 本案中,之所以要对保护必要性进行论证,首先是因为 AfD 当时曾针对联邦教育与研究部的这一公告申请暂时命令,并于 2015 年 11 月 7 日获得法院的判决(BVerfGE 140, 225)支持。宪法法院认为,暂时命令附带期限,在期限届满之后,被申请人依然有可能重复或者重新作出类似的行为(Rn. 34)。此外,宪法法院认为,即便本案涉及的集会活动已经举行完毕,或者万卡女士在本案言辞审理之后已经卸任部长职务,均不能排除保护必要性(Rn. 35 f.)。

⑤ 判决中的许多论证,并非宪法法院就本案情节的新造,除论证第 4 点与第 5 点中的部分意见外,皆是因循宪法法院在过去司法裁判中形成的教义观点。本文在对相关裁判进行简约重述时,为符合论证的完整性,不特意区分教义观点的沿袭与创新。

⑥ BVerfG, Urteil des Zweiten Senats vom 27. Februar 2018 – 2 BvE 1/16, Rn. 40.

⑦ Ebd., Rn. 41.

⑧ Ebd., Rn. 42.

法法院认为,《基本法》第 21 条第 1 款赋予政党的行为自由,当然包括集会或示威的方式。①

2. 政党的机会平等,直接意味着国家机关需在各党派的政治竞争中保持中立。国家对选举事务的政治影响,若加惠或加负于某一政党,将不能符合《基本法》第 21 条的规范旨趣;换言之,国家机关若在选举中偏拥一方,不仅有违国家对各政党的中立地位,更会损害人民通过选举与公民投票所形成之政治意志的完整性(Integrität)。②但政治意志的形成过程并不限于选举程序,而是持续进行的;相应地,政治竞争虽然在选举中体现得更激烈,却也存在于选举之外并反作用于选民的选举决策;因此,国家的中立义务就不能只适用于选举及选举准备,而应适用于政治竞争的整体。③这意味着,国家机关在面对政治集会的预告与举行时,如果无视其负有的中立义务,以偏向一方的方式作出反应,将有悖于《基本法》第 21 条的规范内涵。④

3. 联邦政府在行使其信息与公共工作权限时,亦不能豁免国家的中立义务。联邦政府作为行政权力的最高机关,与其他宪法机关一同肩负着执政的任务,进而享有信息与公共工作方面的权限,该权限不依赖于特定的立法授权而自有完整性。为保持民主共同体中基本共识的生命力,也为使公民有能力独自负责地参与政治意志的形成与政治问题的克服,该权限在宪法上不仅是被容许的,更是必要的。具体而言,联邦政府有权就其政策中采用的措施(Maßnahme)或为具体问题所作的未来规划进行介绍与说明,同时在其政治活动外,联邦政府也有权针对关乎民众生活的问题或重要事件提供符合事实的客观信息。⑤联邦政府在行使这一权限时,因其享有的政府权威与国家权能,不免对政治意志的形成造成影响,因而仍应受国家中立原则的制约。易言之,联邦政府不可利用国家措施加惠或加负某一政党,即其公共工作权限的行使,不能用来支持执政党派或打击反对党派。⑥

4. 在此基础上,联邦政府虽有权针对批评或攻击其政策的言论进行反驳,但为此目的而对政府行为作出说明或者针对所受批评提出置辩时,需满足客观性的要求。⑦前述联邦政府在信息与公共工作方面的权限,包含在受到批评时进行置辩的权利。联邦政府在遭受非客观的或诽谤性的攻讦时,应对其中有误的事实声明加以澄清,并对非客观的谴责作出反攻。对政府行为的批评与置辩是政治竞争的核心组成部分。而面对政党的责难与批评,联邦政府同样有权以适当的方式,对无根据的攻讦作出反攻。当此之时,联邦

① BVerfG, Urteil des Zweiten Senats vom 27. Februar 2018 – 2 BvE 1/16, Rn. 43.

② Ebd., Rn. 45.

③ Ebd., Rn. 46.

④ Ebd., Rn. 47.

⑤ Ebd., Rn. 50 ff.

⑥ Ebd., Rn. 53 ff.

⑦ Ebd., Rn. 55 ff.

政府一方面受到中立原则的约束,另一方面还要满足客观性的要求,所谓"反攻的权利"并不存在。

5. 联邦政府的组成人员在行使职权时,无异于联邦政府本身与整体,同样应谨守国家中立的义务。[①]国家中立并不禁止政府成员在公职之外参与政治竞争,否则便会造成对执政党派的歧视。此处涉及的是双重身份(Doppelrolle)问题,即联邦部长往往由政党成员兼任。从公民角度出发,这种身份联系似乎意味着仅可以期待有限的中立。然而,从规范角度出发,即便无法对"联邦部长"、"政党成员"和"以私人身份参与政治者"这三种身份活动作出严格区分,但只要落入"联邦部长"的职能范围内,就应当适用国家中立的要求。一如前述,联邦部长基于公职所享有的政府权威与国家权能,不得用于政治竞争。[②]

于此,宪法法院将万卡在部门主页上刊登反攻告示的行为认定为政府行为,并确认该行为掺入政治竞争而未能符合国家中立的要求,因而损害了申请人作为政党的机会平等之权利。[③]如上可知,AfD 在第一件机关争议中几乎完全获得宪法法院的支持。该判决在国家组织法上的重要意义在于,宪法法院从国家的中立原则与客观性原则中,继续发掘出联邦政府表达权能(Äußerungsbefugnisse)的准确界限:不存在反攻的权利。在政治愈发极态化的趋势下,官方对政治竞争的干涉俨然已成为一项疑难问题。此时,宪法法院对国家之中立义务与客观性要求的理正与阐发,正好为政治竞争与宪法实践提供了不会被误解的准则。[④]也正因此,该判决在宪法上毫无保留地得到赞同。或许从一种苛刻而又挑剔的眼光看来,宪法上的羊脂白玉,依然可能是有瑕疵的。例如,在该判决的准则下,联邦政府及其成员,或者州、城市以及市镇层面的政治活动者,在与类似 AfD 的政治党派发生争执时,将不得不慎重选择表达方式和途径,难免会感到束手束脚。[⑤]然而,实现此种政治目的的最好途径,无异于以实质政治(Sachpolitik)的方式消除民粹主义或极端主义者的动机与理由,而非利用政府权威排除来自右翼的政治竞争。确切地说,宪法法院并没有为联邦政府套上"笼头",只是对相关准则,即针对政治对手的何种表述是容许的而何种是不容许的,作出进一步的区分与澄清。

在 2017 年大选后,AfD 进入联邦议院,随即以议院党团的名义,再次提出一件机关争议申请。[⑥]尽管第二件机关争议不在"重要案件"之列,此处却不妨稍作叙述,以便从两

---

① BVerfG, Urteil des Zweiten Senats vom 27. Februar 2018 – 2 BvE 1/16, Rn. 55 ff.

② Ebd., Rn. 64 ff.

③ Ebd., Rn. 67 ff.

④ *Michael Sachs*, Staatsorganisationsrecht: Grenzen der Äußerungsbefugnisse der Bundesregierung, JuS 2018, 404(406).

⑤ *Stefan Muckel*, Äußerung einer Bundesministerin über eine politische Partei: „Zeigt der AfD die rote Karte", JA 2018, 394(396).

⑥ BVerfG, Beschluss des Zweiten Senats vom. 11. Dezember 2018 – 2 BvE 1/18, Rn. 1 – 29.

件程序的直观对比中,认识到宪法法院在政治竞争中的司法中立角色。AfD党团在申请中,(1)指责联邦政府在2015年开放边境放任难民涌入的行为损害了联邦议院的协力与参与权利(Mitwirkungs-und Beteiligungsrechte);(2)并认为联邦政府有关难民的决策,需以(实践中未曾颁布的但AfD在申请中认为应当制定的)"移民责任法律"(Migrationsverantwortungsgesetz)为授权依据,方为合法;(3)要求将不符合条件的难民遣返;(4)要求由国库报销申请费用。联邦宪法法院在判决中认为,该申请并不满足适法性(Zulässigkeit)。只有当申请人主张,被申请人的措施或不作为,对法律授予申请人本身或所属机关的权利和义务造成损害时,申请方为适法。机关争议程序是一种两造对立的争议程序,旨在维护各宪法机关或其具有宪法意义的组成部分之间权限的显著分立,而不是为了考验某一机关之行为的合宪性。简言之,机关争议程序不能被用作客观控告之诉(Objektive Beanstandungsklage)。[①]宪法法院在判决中认定,本案中不存在具体的权利侵害。AfD党团之申请的目的,不在于实行其本身或联邦议院已有的某种协力与参与权,而是为了撤销特定的政府行为,其对所谓"移民责任法律"的设想(而非实际在联邦议院中提出立法动议),也只是为了通过联邦宪法法院审查被申请人的行为。[②]据此,联邦宪法法院认为,AfD党团所申请的并非机关争议程序的对象,因此对其予以驳回。

对照两案,大约可印证两点结论。第一,宪法司法绝非无涉政治,相反,宪法司法必须面对(狭义)政治的问题,无法避免(狭义)政治生活造成影响,故而本身就具有(广义)政治的属性。例如,在第一件机关争议案件中,宪法法院必须对政治竞争中的具体争议作出裁决,而在第二件机关争议中,宪法诉讼明显被用作政治竞争的途径。第二,宪法司法作为宪法的机构性实施机制,应与(狭义)政治区分开来。如在两件机构争议中,明显可见宪法司法始终秉持着司法之独立与中立。在第一件机关争议中,宪法法院几乎完全支持了AfD的意见,但在第二件程序中,却直接判定AfD的申请不适用机关争议程序。判决结果截然相反,确实证明宪法司法的工作机制虽然与政治相关,却绝不是服务于政治的。

宪法在实定法体系中具有最高的法律效力,因而也最激烈地反映着法与政治的紧张关系。在宪法语境中,法与政治的二分会导致一种逻辑上的两难。若宪法等位于政治现实,便会丧失其规范意旨;但若宪法不进入政治生活,便会丧失其实践生命。也正因此,"国家法与政治"才成为国家法学的经典命题。[③]《基本法》之下,宪法学不再试图涤除国

---

① BVerfG, Beschluss des Zweiten Senats vom. 11. Dezember 2018 – 2 BvE 1/18, Rn. 18.

② Ebd., Rn. 22 ff.

③ 典型如 *Heinrich Triepel*, Staatsrecht und Politik: Rede beim Antritte des Rektorats der Friedrich Wilhelms-Universität zu Berlin am 15. Oktober 1926, Berlin/Leipzig 1927; *Michael Stolleis*, Staatsrechtslehre und Politik, Heidelberg 1996; *Dieter Grimm*, Die Verfassung und die Politik. Einsprüche in Störfällen, München 2001。该书的引言"政治与法",早于2003年被杨登杰译为中文,并收录于郑永流主编:《法哲学与法社会学论丛·第6辑》,中国政法大学出版社2003年版。

家法/宪法的政治相关性,也不再激烈地争论宪法与宪法司法的本质问题:政治抑或法律?[①]相应地,公共议题尤其是政治议题在宪法学中引发共振,抑或政治争议试图进入宪法诉讼,再或者宪法裁判体现为政治性的立法行动,也就顺理成章。但宪法学同样不能直接抹除政治与法的区分,因此,仍需对这一经典问题作出回答。对此,宪法学大师博肯福德(Ernst-Wolfgang Böckenförde)借鉴尼克拉斯·卢曼(Niklas Luhmann)对"司法在政治体系中的功能"[②]之论述,在保持宪法/国家法(学)之非政治性的前提下,同时将其重新纳入政治的范畴:国家法学必须是非政治性的(在现时政治与党派政治的意义上),如此,方能实现其政治(在完全政治的意义上)的功能。[③]简言之,卢曼与博肯福德在此提出的二阶政治概念,试图通过塑造司法/法学非政治性的政治功能,来消弭政治与法之间的概念对立,或至少从形式意义上建立调和的可能。

当前中国宪法学的方法之争,始终在有意识地模仿德国魏玛时期国家法学的方法对立,因此,也自然而然地呈现为规范宪法与政治宪法的不可调和。规范宪法学与政治宪法学,两派其实共享着法与政治的不可调和观念:政治宪法学在"发现"宪法的政治性后,断然否定了宪法"司法"的可能性;而规范宪法为保存宪法的规范维度,则或多或少试图否认宪法的政治相关性。反观德国魏玛时期的国家法学,虽然从学术史的角度出发看似群星璀璨,但在宪法实现方面,却不可不谓之失败。虽然这种失败不能全然归咎于宪法学,但宪法学反过来,却至少需对失败的历史有所认知和反省。这也正是宪法史与比较法,天然应具备的反思能力与批判意识。

(二)抽象规范审查:信息行为与人口普查

2018年,联邦宪法法院总计处理五件抽象规范审查程序,除下文将要详述的两件重要程序外,还有两件因撤回申请而程序终止,另一件则由宪法法院重新作出暂时命令。[④]

第一件抽象规范审查程序由下萨克森州政府提出,诉请宪法法院宣告《食品与饲料法典》第40条第1a款违宪并无效。2012年时,立法者在(自2005年起生效的)《食品与

---

① 例如,国家法作为政治相关的法(politikbezogenes Recht),dazu siehe *Ernst-Wolfgang Böckenförde*, Die Eigenart des Staatsrechts und der Staatsrechtswissenschaft, in: ders., Staat, Verfassung, Demokratie. Studien zur Verfassungstheorie und zum Verfassungsrecht, Frankfurt am Main 1991, S. 15 f., 25 f。值得注意的是,博肯福德在该文中对国家法与宪法作出区分,认为宪法在其文件外观下具有特别的法性质与存在保障,且在此种形式定义下,宪法一方面窄于国家法,另一方面却也可能超出国家法的范围,使某些规范如公务员法与节假日法获得宪法规范的性质。Ebd., S. 12. 但这种从法源出发的区分,并不能引申为学科上的分化,因而本文不考虑国家法与宪法之间的语义转换与含义区别,从而认识到国家法与宪法所具有的政治相关性。

② *Niklas Luhmann*, Funktionen der Rechtsprechung im politischen System, in: ders., Politische Planung. Aufsätze zur Soziologie von Politik und Verwaltung, Wiesbaden 1971, S. 46 - 52.

③ *Böckenförde*(Fn. 45), S. 19.

④ Einstellung zweier Verfahren, BVerfG, Beschluss des Zweiten Senats vom 13. November 2018 - 2 BvF 1/11, Rn. 1 - 1; erneuerte Wiederholung einer einstweiligen Anordnung, BVerfG, Beschluss des Zweiten Senats vom 14. Mai 2018 - 2 BvF 1/15, Rn. 1 - 3.

饲料法典》中补入第40条第1a款。该条的规范大意在于,当与食品或饲料的加工、销售或运输有关的企业,被视为有足够嫌疑超出相关法律规定允许的限制含量、最高成分与最高额度,或者违背保护消费者不受健康侵害或不受欺骗之法律规范时,行政机关应以指明食品或饲料名称或企业名称的方式向公众作出通报。宪法法院第一庭裁定,下萨克森州之申请适法(zulässig)且成立(begründet)。在裁定中,宪法法院最终宣告《食品及饲料法典》的第40条第1a款因其所规定的行政通报未附有时间限制,与《基本法》第12条第1款相抵触,并限定立法者最晚于2019年4月30日在该条中加入时间限制规定以作补正,在此之前,则以裁定中所设的12个月为限。①第一庭在成立性部分的论证,可以简单叙述为以下三点。

1. 在宪法诉讼程序上,即便某部法律可能与欧盟法相抵触,联邦宪法法院依然可以按照《基本法》检阅该法。例如,在本案中,《食品与饲料法典》第40条第1款,同时是欧盟法规的转化与实施,但这并不能排除联邦宪法法院依据《基本法》的规范准则作出审查。②

2. 国家的信息行为,就其目的或者间接性事实(mittelbar-faktisch)效力而言,可能会侵犯宪法上的职业自由(《基本法》第12条第1款)。根据《基本法》第19条第3款,第12条所保障的职业自由与职业实践,同样可适用于法人,只要法人在进行经营活动时按照其本质与方式与自然人并无二致。若官方通报行直接指向具体企业的市场条件,也即当官方通报的本意在于影响消费决策并使被通报企业之市场与竞争处境恶化时,将会造成对法人职业自由的侵害。③

3. 若企业违反了食品或饲料法上的规范,即便其违法并不必然导致健康损害,但其基于职业自由而受到保障的利益,依然可能让位于公众的信息利益。只不过,在因特网上进行特定信息通报时,通常应有一定的时间限制。而《食品与饲料法典》第40条第1a款并未限制信息通报的期限,不符合狭义的比例原则,故而是违宪的。④

总体来看,宪法法院的此项裁定,释明了国家信息行为应遵循的基本权利准则。尤其针对基本权利所受的侵害(Eingriff)方式,宪法法院以目的指向(Zweckgerichtetheit)为判准,直述为间接性的事实侵害,这也与学界所称的目的性(Finalität)侵害相吻合。⑤这也正说明,适用基本权利往往需要在经典侵害之外另作观察,而不能一味漫无目的地将某

---

① BVerfG, Beschluss des Ersten Senats vom 21. März 2018 – 1 BvF 1/13, Rn. 1 – 65; vereinfachte Redaktion, JZ 2018, 994 – 999.

② Ebd., Rn. 19 ff.

③ Ebd., Rn. 21 ff.

④ Ebd., Rn. 30 ff.

⑤ *Stefan Muckel*, Information der Öffentlichkeit über Verstöße im Lebensmittel-und Futtermittelrecht teilweise verfassungswidrig, JA 2018, 638(640).

种“现代的侵害概念”设为认知条件。①

第二件程序的审查对象,是与2011年德国人口普查直接相关的两部法律与一部法规:2009年7月8日颁布的《2011年档案式人口普查法》与2007年12月8日颁布的《2011年档案式人口普查准备法》以及《2011年人口普查抽验条例》。针对这两部法律与该条例中的若干规范,柏林市政府与汉堡市政府,分别向联邦宪法法院提出申请,请求宪法法院宣告其违宪并无效。宪法法院第二庭将两份申请合并审理,并于2018年9月19日作出判决。② 一如法律名称所示,2011年人口普查适用的并非传统问卷调查的方法,而是总体采用档案式(registergestützt)人口普查的新方法,但在人口少于1万的地区仍然适用抽样调查。③2001年至2003年进行的人口普查试验,也验证了新方法的可行性。宪法法院在长达124页的判决中,对受审查规范的合宪性进行了细致深入的排查与论证,最终得出这些规范并不违宪的结论。文书长篇累牍的原因首先在于,宪法法院需逐条逐项对程序所涉的各个规范进行检阅,其中很大一部分又需往复于人口普查新方法在科学上的可靠性与相应立法决定的合理性。判决的篇幅,与程序所涉事项在宪法上的难解程度或者在公共舆论中受讨论的激烈程度,并不必然成正相关。恰恰相反,除程序所涉的人口普查本身外,该规范审查程序无论在宪法上或者在公共舆论中,均没能激起较大的关注。因此,对于宪法法院在判决成立性(Begründetheit)部分所作的细致论证,下文仅就其确立的判准(Maßstab)简作说明。

1.《基本法》第73条第1款第11项规定,为联邦目的的统计(die Statistik für Bundeszwecke)属于联邦的立法权限。国家通过评估现有的档案信息并辅以问卷调查的方式所进行的人口普查,符合宪法上的统计概念,同时也具有联邦目的。④

2. 在《基本法》中,各州居民人口对于州在联邦参议院中的投票权数目,对于联邦与州之间的财政平衡以及州重新区划(Neugliederung)的条件,具有特别的意义。于此,立法者必须确保人口统计足够贴近现实。就统计程序的规制而言,立法者享有塑造与决定的形成空间,除必须满足“有效”预估的要求外,在立法程序上不再受到其他约束。⑤

3. 根据联邦国家原则(《基本法》第20条第1款)、市镇自治保障(第28条第2款)以及法治国要求(第20条第3款和第28条第1款第1句),立法者原则上应当平等对待下位高权主体。对联邦来说,这体现为对各州的同等对待;对联邦与州来说,则体现为对各市镇的同等对待。这意味着,当州或者市镇的法律地位受到联邦侵犯时,原则上应获得法保护的可能。⑥

① *Michael Sachs*, Grundrechte: Staatliches Informationshandeln und Berufsfreiheit, JuS 2018, 827(829).

② BVerfG, Urteil des Zweiten Senats vom 19. September 2018 – 2 BvF 1/15, 2 BvF 2/15, Rn. 1 – 357.

③ Ebd., Rn. 1 – 76.

④ Ebd., Rn. 143 ff.

⑤ Ebd., Rn. 151 ff.

⑥ Ebd., Rn. 190 ff.

4. 统计的本质在于,通过对信息的统计学处理将其应用于无法事先确定的不同任务,这也使人口普查成为存储、传播与使用私人信息之禁令的一种例外。①

(三)具体规范审查程序:劳动关系、税务立法、公务员

"重要案件表"中有关具体规范审查程序的裁判共有七件。其中,两件裁判涉及劳动法规范。在第一起案件中,联邦劳动法院(Bundesarbeitsgericht)的规范审查请议,被宪法法院裁定为不适法,在此不表。②在另一件裁判中,宪法法院第一庭合并审理了不伦瑞克劳动法院的具体规范审查请议与某劳动诉讼当事人针对各审级裁判的宪法诉愿,并于2018年6月6日作出裁定。③劳动法院在请议中要求宣告《半职工作和定期雇佣法》第14条第2款第2句违宪并无效。该款第1句规定,"在不存在实质理由的情形下,允许按历(kalendermäßig)对劳动合同设定至多两年的期限;在两年总期之内,固定期限劳动合同至多只得延长三次"。第2句规定:"如果与同一雇主之前已经存在过固定期限或无固定期限劳动关系,则不允许根据第1句设定期限。"针对第2句,联邦劳动法院最初的解释为,只有当劳动合同双方第一次成立劳动关系时,才允许不以实质理由为依据对劳动关系设立期限。因此,第一次劳动关系之后,再行设定期限的,便因违反第14条第1款第2句而无效。之后,联邦劳动法院改换立场,认为只要前一段劳动关系不能追溯到3年之内,便不适用第2句的期限设定禁止。④宪法诉愿所涉及的专业诉讼,关键也在于对联邦劳动法的此种解释。诉愿人作为受雇佣者,在此前诉讼中请求劳动法院按照第14条第1款第2句的明确文义,判定雇主无实质理由却再次为劳动关系设立期限的行为无效,最终未能得到劳动法院的支持。⑤在裁定中,第一庭对法官请议作出否定答复,并宣告宪法诉愿适法且成立。第一庭认为,法律限制定期雇佣形式并将无固定期限雇佣形式设定为通常形式,其目的在于,依据《基本法》第12条第1款保护在劳动领域中处于结构性劣势的受雇佣者,并实现锚定于第20条第1款与第28条第1款的社会国要求。换言之,第14条第1款第1句虽落入职业自由的保护领域,但鉴于其目的在于防止以连续设立期限(Kettenbefristung)的方式滥用受雇佣者的劣势地位,因此可被证明是正当的,另言之是符合宪法的。同时,第一庭就立法与法官续造的关系明确指出,法官造法不得无视立法者清楚可查的意志而自行作出另外规定,并据此宣告联邦劳动法院对该条的解释不符合宪法要求。⑥

有三件具体规范审查裁判涉及税法规范。与税有关,意味着与公民的生活基础息息相关。但由于涉税规范的专业性,本文仅就案件梗概略作通述。在第一起案件中,宪法

---

① BVerfG, Urteil des Zweiten Senats vom 19. September 2018 – 2 BvF 1/15, 2 BvF 2/15, Rn. 218 ff.

② BVerfG, Beschluss des Ersten Senats vom 21. März 2018 – 1 BvL 1/14, Rn. 1 – 14.

③ BVerfG, Beschluss des Ersten Senats vom 6. Juni 2018 – 1 BvL 7/14, 1 BvR 1375/14, Rn. 1 – 90.

④ Ebd., Rn. 3 ff.

⑤ Ebd., Rn. 18.

⑥ Ebd., Rn. 27 ff.

法院第一庭合并审理了联邦财政法院(Bundefinanzhof)所提的三份请议以及两份针对(联邦)财政法院裁判与财政机关行政行为的宪法诉愿,于2018年4月18日作出判决,认定《资产评估法》中关于在“老”联邦州内对不动产税(Grundsteuer)进行统一征税评估(Einheitsbewertung)的规定,(至少自进入2002年起)违反一般平等原则,但同时却不宣告违宪的法律规范无效,而是要求立法者最晚于2019年12月31日重新作出规定,并允许被判定违宪的规范,在新规定作出前或者颁布后5年内,也即最晚于2024年12月31日之前,继续适用。[①]判决的论证,可以简叙为如下三点。首先,《基本法》第3条第1款在税法中的适用,也即税务平等,其核心在于负担平等;而负担的平等,要求征税评估的统一计算基础能够反映现实的经济利益关系。[②]其次,虽然《资产评估法》第21条第1款规定每6年确定一次统一征税值(Einheitswert),然而,在1964年后却没有启动过新的主确定程序(Hauptfeststellung),因此,当年确定的统一征税值,随着时间流逝越来越不能符合土地实际的市场价值,故而也不能保证税务平等。[③]最后,回到1989年的《统一协定》(Einigungsvertrag),“新”联邦州适用的,甚至是1935年时确定的统一征税值,这更反映出土地税征收的不平等。[④]就第三点而言,本案也可以算作两德统一进程持续30年的延长音。在第二件审查中,宪法法院第二庭合并审理(联邦)财政法院提出3份规范审查请议,于2018年12月11日作出裁定,认为2004年对《啤酒税法》与《个人所得税法》所作的修改,鉴于调查委员会在立法程序中的功能越位,因而在形式意义上违宪。[⑤]最后一件审查裁定,实际作成于2019年1月15日。针对联邦财政法院的规范审查请议,第二庭裁定,在1998年对《企业所得税法》的修改中,由于调查委员会的建议不仅逾越了立法程序的框架,更超出其召集要求(Anrufungsbegehren)的范围,因而违宪并无效。[⑥]后两件裁判依据同一条组织法规则,即调查委员会不具有独立的立法动议权,其就立法事项所作的建议,在形式与内容上皆需以联邦议院事先给出的框架为限。

剩余两件具体规范审查裁判,均由(联邦)行政法院提出,具言之,均以公务员法为审查对象。第一件由联邦行政法院于2016年6月23日提出,要求宣告(颁布于2014年4月28日的)《勃兰登堡州高等教育法》第67条第2款第3句第1半句与《基本法》第33条第5款相抵触而无效。[⑦]该半句的语义为:“若其由终身职务关系(Amtsverhältnis auf

---

① BVerfG, Urteil des Ersten Senats vom 10. April 2018 - 1 BvL 11/14, 1 BvR 889/12, 1 BvR 639/11, 1 BvL 1/15, 1 BvL 12/14, Rn. 1 - 181.

② Ebd., Rn. 96 ff.

③ Ebd., Rn. 103 ff.

④ Ebd., Rn. 154.

⑤ BVerfG, Beschluss des Zweiten Senats vom. 11. Dezember 2018 - 2 BvL 4/11, 2 BvL 4/13, 2 BvL 5/11, Rn. 1 - 111.

⑥ BVerfG, Beschluss des Zweiten Senats vom. 15. Januar 2019 - 2 BvL 1/09, Rn. 1 - 85.

⑦ BVerfG, Beschluss des Zweiten Senats vom. 24. April 2018 - 2 BvL 10/16, Rn. 1 - 87.

Lebenszeit)而被任命为高校总务长(Kanzlerin bzw. Kanzler)的,则此项聘任将使其转为有期职务关系(Amtsverhältnis auf Zeit)。"回到专业诉讼程序,原告在1988年时已被任命为终身公务员,在担任总务长前,已是财政部的处级官员。2005年左右,原告被选为勃兰登堡工业大学总务长,并于3月收到该大学校长的聘任。在此基础上,勃兰登堡州科学研究与文化部以6年职务关系为期将原告任命为该大学的总务长。2005年6月,财政部告知原告,其因获任有期职务而被解除终身职务关系。2010年时,原告要求不设期限地重新受聘为总务长,校长亦作出聘任。然而,科学研究与文化部不接受该延聘方式,要求校长就总务长职位重新召开选任程序,且提示总务长的聘任应设有期限。经此程序,原告再次被聘任为总务长且经该部门任命,依旧置身于有期职务关系。在专业诉讼程序中,原告的起诉(Klage)与上诉(Berufung)请求,均被行政法院与高等行政法院驳回。原告上告(Revision)至联邦行政法院,该院继而向联邦宪法法院提出规范审查请议。①第二庭于2018年4月26日作出裁定,确认该请议适法并增列该法当前版本之第93条第2款与2004年版本之第68条第4款为审查对象,②宣告受审查的规范与《基本法》第33条第5款相抵触而无效。第二庭在成立性部分的论证,可以略述为以下3点。

1.《基本法》第33条第5款规定:"对有关公务之法,应斟酌职业文官制度(Berufsbeamtentum)的传统原则加以规定并继续发展。"《公务员法》中的终身原则(Lebenszeitprinzip)便是职业文官制度的传统原则之一。该原则不仅保护公务员终身的基本身份(Grundstatus),更保护公务员所受任的身份性职务。③以终身关系保障身份性职务的不可剥夺性,继而使公务员在行使职务时,为服从法与法律的目的保有必要的独立性,因此,具有特殊的意义。④

2.终身制并非全无例外。特定的公务员关系(Beamtenverhältnis),不在《基本法》第33条第5款的核心保护领域外,因而可看作对终身制原则的突破。因设立有期公务员关系而对终身制原则造成的侵犯,只有根据所涉事务领域以及所履行职能之特殊性,才可被证明是正当的。而某种特定的有期职务关系,是否可被证明是正当的,针对这一问题并不存在一种一般化的答复,需在个案中具体观察和评价。⑤

3.《勃兰登堡州高等教育法》规定的高校总务长一职,就其职能范围而言,并无被设定职务期限的必要。即便立法者希望通过此种方式架构起高校校长的强势地位,但这种

---

① BVerfG,Beschluss des Zweiten Senats vom 24. April 2018 – 2 BvL 10/16,Rn. 7 ff.

② Ebd.,Rn. 18 ff.,29 ff.

③ 德国《宪法》对职务(Amt)概念并无直接规定。在德国《公务员法》中,亦不存在统一的概念规定。职务通常具有两种含义,分别是身份性(statusrechtlich)职务与功能性(funktional)职务,功能性职务又可分为抽象功能(abstrakt-funktional)职务与具体功能(konkret-funktional)职务。从字面可知,身份与功能并不相互排斥。所谓身份性职务的法律意义,主要与公务员的薪酬组别相关。

④ BVerfG,Beschluss des Zweiten Senats vom 24. April 2018 – 2 BvL 10/16,Rn. 33 ff.

⑤ Ebd.,Rn. 37 ff.

预期亦不能成为突破终身制原则的实质理由。①

在第二起案件中,联邦宪法法院第二庭确认了卡尔斯鲁厄行政法院的请议,于 2018 年 10 月 16 日裁定《巴登—符腾堡州公务员薪资法》第 23 条第 1 款违反《基本法》第 35 条第 5 款并第 3 条第 1 款,因而无效。②《薪资法》该条的规范大意在于,降低特定几类公务员与法官的薪资。第二庭同样从《基本法》第 35 条第 5 款出发,认定该条规范不符合供养原则(Alimentationsprinzip)以及衍生的薪资平等原则,并指出立法虽享有一定的规制空间,但在制定本条规范时显然逾越了固有界限。③

(四)宪法诉愿:公务员、足球、社团

在"重要案件表"中,除与上述案件合并审理的宪法诉愿外,仍有 17 件裁判文书经宪法诉愿程序作出。其中,6 件由 3 人小组作出的裁判中,5 件均以"不予受理"(Nichtannahme)结案。仅在剩余的 1 件小组裁判中,两位诉愿人针对社会诉讼的判决提出宪法诉愿,获得第一庭第一组的支持。④

在第二庭所作的 4 件裁判中,有 2 件涉及公职人员的身份地位。此处略陈其结论,以便承接前述两种裁定,作为对《公务员法》部分的补充。第二庭在作出于 2018 年 3 月 22 日的裁定中,宣告《行政法院法》(自 2015 年 10 月 24 日起纳入的)第 17 条第 3 项与第 18 条——允许将终身制公务员任命为有期制法官,符合《基本法》第 101 条第 1 款第 2 句的要求,但同时要求对《行政法院法》第 18 条作出合宪性解释,也即符合《基本法》第 97 条第 2 款的解释,依此解释,若某位公务员被任命为有期制法官,其任期结束后,不得再次被任命为有期制法官。⑤在 2018 年 6 月 12 日作出的判决中,第二庭合并审理 4 份宪法诉愿,在判决中认定:(1)虽然公务员同样受到《基本法》第 9 条第 3 款的保护;(2)但针对公务员的罢工禁止(Streikverbot),乃是职业文官制度的传统原则,故而应被视为《基本法》第 33 条第 5 款的应有之义;(3)且此项解释亦符合《欧洲保护人权公约》第 11 条与欧洲人权法院的先例解释。⑥

余有 7 件裁判,均由宪法法院第一庭作出。此处选取尤能体现一般法理的 2 件裁判,加以叙述与说明,以飨读者。在第一件裁判中,诉愿人因被某足球协会处以联邦范围

---

① BVerfG, Beschluss des Zweiten Senats vom 24. April 2018 – 2 BvL 10/16, Rn. 66 ff.

② BVerfG, Beschluss des Zweiten Senats vom 16. Oktober 2018 – 2 BvL 2/17, Rn. 1 – 40.

③ Ebd., Rn. 12 ff.

④ BVerfG, Beschluss der 1. Kammer des Ersten Senats vom 27. Juni 2018 – 1 BvR 100/15, 1 BvR 249/15, Rn. 1 – 26.

⑤ BVerfG, Beschluss des Zweiten Senats vom 22. März 2018 – 2 BvR 780/16, Rn. 1 – 37.

⑥ BVerfG, Urteil des Zweiten Senats vom 12. Juni 2018 – 2 BvR 1738/12, 2 BvR 646/15, 2 BvR 1068/14, 2 BvR 1395/13, Rn. 1 – 191; vereinfachte Redaktion, JZ 2019, 35 – 48.

的场禁(Bundesweites Stadionverbot)而提出宪法诉愿。[①]2006年时,16岁的诉愿人作为拜仁慕尼黑队球迷,在客场观看了一场拜仁慕尼黑对阵杜伊斯堡的比赛。比赛结束后,包括诉愿人在内的拜仁球迷与杜伊斯堡球迷发生肢体冲突,造成人员伤害和财产损失。最终,包括诉愿人在内,共有50人被当地警方收押。诉愿人因破坏社会秩序(《刑法典》第125条)受到刑事调查。经当地警方提议,杜伊斯堡迈德里希竞赛俱乐部以德国足球联盟(Deutscher Fußball-Bund)、甲级联赛联合会(Ligaverband)以及足球甲级联赛(Fußball Bundesliga)所有俱乐部的名义,根据足球联盟的房主权(Hausrecht)与当时的"场禁条例",对诉愿人处以联邦范围的场禁至2008年6月。场禁作出时,该俱乐部并未使诉愿人获得听证机会。之后,拜仁慕尼黑足球俱乐部开除诉愿人的会员籍,并终止其年卡。[②]诉愿人为此诉诸司法程序,请求判定该禁令违法,却未能获得支持;进而提起宪法诉愿,诉称该场禁侵犯其根据《基本法》第2条第1款并第20条第3款享有的公平程序权利(Recht auf faires Verfahren),以及根据《基本法》第2条第1款并第1条第1款享有的一般人格权。[③]宪法法院裁定该诉愿适法但不成立。在成立性的部分,宪法法院的论证可以简述为以下三点。

1. 此项诉愿涉及的核心宪法问题,在于基本权利的间接第三人效力。根据历来的司法实践,基本权利在民事争议中仅发挥间接第三人效力。这意味着,原则上私人之间彼此不负有基本权利的相关义务。基本权利应由专业法院(Fachgerichte)通过民法一般条款与不确定法律概念获得适用。基本权利作为宪法价值决定,其效力在民事法律关系上展开为辐射效果。间接第三人效力的射程,则取决于个案的具体情境。重要的是,需均衡各基本权利人的自由范围,以使其基本权利中蕴含的价值决定实现。[④]

2. 被诉请审查的民事裁判,依据《民法典》第862条与第1004条,从球场经营人的所有权与占有中推导出禁止球迷进场的房主权。在宪法上,需检阅的是《基本法》第14条第1款的财产权保障以及第3条第1款中规定的不受任意不平等对待之保护。[⑤]《基本法》第3条第1款并非客观的宪法原则,亦无所谓依之需将私人间法律关系塑造为合乎平等的状态。原则上,私人得按照自我判断作出决定,与何人以何种条件订立合同,或者

---

① BVerfG, Beschluss des Ersten Senats vom 11. April 2018 – 1 BvR 3080/09, Rn. 1 – 58; vereinfachte Redaktion, JZ 2018, 930 – 935.

② Ebd., Rn. 1 ff.

③ Ebd., Rn. 16 ff.

④ Ebd., Rn. 31 ff.

⑤ 诉愿人欲以《基本法》第2条第1款为宪法依据。依据该条规定的一般行为自由,若在面对国家时,当然可作为防御权对抗不正当尤其是不合比例的场禁。这也是法治国非对称性(Asymmetrie)的应有之义。针对私人关系的特殊情形,第2条第1款亦可能发挥效力,如在若某一情形尤其会造成当事人负担时或私人关系中存在结构性不对势时。此外,第2条第1款在个案中还可用作集合基本权利(Auffanggrundrecht)。本案中并不存在使该条获得间接第三人效力的情形(Ebd., Rn. 37 f.)。诉愿人主张的一般人格权,亦不适用(Rn. 43)。

以何种方式使用其财产。这属于个人自由的范畴。但在特殊情形下,《基本法》第3条第1款的平等要求应适用于私人之间法律关系。当某人依照房主权被禁止参加某一活动时,若此活动不特定地向大众开放或者禁止参加活动会对被禁止人的社会生活造成明显影响时,《基本法》第3条第1款才发挥间接第三人效力。总结而言,活动组织者不允许在没有实质理由的前提下,将特定人排除于此类活动外。①

3. 如何处理民法物权权能与平等对待要求之间的紧张关系,首先是民事法庭的事务。在此,专业法院享有宽泛的裁量余地。只有当其对基本权利的解释存在明显错误时,联邦宪法法院才得介入。在被审查的裁判中,民事法庭确实根据平等对待要求,认为需有且有实质理由,因而并无苛责之处。处以场禁需有实质理由,这体现为程序法上的要求。细言之,相对人应获有听证的权利,并有权在程序前要求获知禁止决定的成立理由(Begründung)。②

在第二件裁判中,宪法法院合并审理三份有关社团禁止(Vereinsverbot)的宪法诉愿,并于2018年7月13日作出裁定。③裁定的三份诉愿,分别由三种被禁止之社团的代表机关或成员提出。被禁止的三种社团分别为:国际人道主义救助组织(Internationale Humanitäre Hilfsorganisation e. V., IHH)、国家政治中被监禁者及其亲属救助组织(Hilfsorganisation für nationale politische Gefangene und deren Angehörige e. V., HNG)和地狱天使摩托车俱乐部莱茵河畔法兰克福分部(Hells Angels, MC Charter Westend Frankfurt am Main)。2010年,联邦内政部查明,IHH组织将收到的捐款用于支持恐怖组织,认定该组织对抗民族谅解理念,因此下令将其禁止并解散;之后,该组织向联邦行政法院提起诉讼,被判决驳回。2010年,联邦内政部认定HNG为极右组织,查明该组织对抗宪法秩序,且就其宗旨与活动而言触犯刑法,因而下令将其禁止并解散;之后,该组织向行政法院提起诉讼,但行政法院在判决中确认该禁止令合法。2011年,黑森州内政与体育部认定,地狱天使之法兰克福分部就其宗旨与活动而言触犯刑法,下令将其禁止并解散;在后续诉讼程序中,黑森州行政法院与联邦行政法院均确认该禁止令合法。④三位诉愿人均诉称相应的禁止令或裁判侵犯了其根据《基本法》第9条第1款享有的结社自由。第一庭在裁定中,依次确认三份宪法诉愿适法,但认为三者皆不成立,因此驳回诉愿人的相关请求。第一庭在成立性部分所确立的判准,可精简为三点,叙之如下。

1.《基本法》第9条第1款保护社团的成立与存续。但具体的社团性活动,应当依其内容与性质根据相对应的基本权利或与基本权利等同之保障(grundrechtsgleiche

---

① BVerfG, Beschluss des Ersten Senats vom 11. April 2018 - 1 BvR 3080/09, Rn. 1 - 58; vereinfachte Redaktion, JZ 2018, 930 - 935, Rn. 35 ff.

② Ebd., Rn. 44 ff.

③ BVerfG, Beschluss des Ersten Senats vom 13. Juli 2018 - 1 BvR 1474/12, 1 BvR 57/14, 1 BvR 670/13, Rn. 1 - 167; vereinfachte Redaktion in: JZ 2019, 144 - 155.

④ Ebd., Rn. 11 ff.

Gewährleistungen)受到保护。第 9 条第 2 款规定:"若社团就其宗旨或活动而言触犯刑法,或者若其对抗宪法秩序或民族谅解理念,则被禁止。" 该款作为多元但自设防护之宪法民主制度的应有之义,为第 1 款保护的结社自由设立了限制。①

2. 对结社自由的任何侵犯措施,尤其是对社团的禁止,应符合派生于法治国理念的比例原则。这意味着,若某社团符合第 9 条第 2 款规定的禁止要件,则必须被禁止;但若更温和的措施亦能保护第 9 条第 2 款中的法益时,则应优先适用更温和的措施。②

3. 第 9 条第 2 款规定的禁止权限,应当作严格解释。其一,若社团的显然宗旨或者其活动在于通过促进犯罪并以此自我标榜的方式,教唆、促使或帮助成员或第三人犯罪,则满足第 9 条第 2 款的第 1 种禁止要件,即"就其目的或活动而言触犯刑法"。其二,若社团对外以好战且侵略性的方式表达出对宪法本质性原则的敌对姿态,则表明其"对抗宪法秩序",也即满足第 9 条第 2 款的第 2 种禁止要件。其三,若社团对于暴力或严重违反国际法的行为——例如,国际关系中或一国内不同群体之间的恐怖主义,抱以积极宣传或支持的态度,则表明其满足第 9 条第 2 款的第 3 种禁止要件,即"对抗民族谅解理念"。若社团明知且至少同意,以相应方式资助或支持第三方认真且持续损害民族谅解理念的严重行为,亦同。然而,不得因社团在冲突区域进行人道主义援助时,对恐怖主义有间接影响,而径直禁止之。③

二、国家法教师协会 2018 年年会

就公法学而言,最重要的学术会议,毋庸置疑是国家法教师协会的年度会议。但此外,尚有几种常例化的学术会议,不能不加以关注和介绍。囿于本文篇幅与作者精力,第二部分将以国家法教师协会在 2018 年年度的会议为介绍对象。不过,在此之前,不妨先对其他学术会议中与宪法学有关的议题与报告,进行简单的提示。

德国法学家大会(Deutscher Juristentag)每两年召开一次会议,第 72 届大会于 2018 年 9 月 26 日至 28 日于莱比锡举行。其"公法——劳动与社会法"会场,仍以近两年重新获得政治热度的移民为题:"移民及其后果——法如何调控社会、劳动市场与社会秩序中的移民迁入与整合?"此议题的公法鉴定(Gutachten D),由哈勒—维滕贝格大学公法教授温弗里德·克卢特(Winfried Kluth)撰写并报告。④

法哲学与社会哲学国际协会德国单元(Internationale Vereinigung für Rechts-und Sozialphilosophie e. V. -Deutsche Sektion)同样每两年举办一次会议。该协会的许多重要

① BVerfG, Beschluss des Ersten Senats vom 13. Juli 2018 – 1 BvR 1474/12, 1 BvR 57/14, 1 BvR 670/13, Rn. 1 – 167; vereinfachte Redaktion in: JZ 2019, 144 – 155, Rn. 97 f.

② Ebd., Rn. 99 ff.

③ Ebd., Rn. 104 ff., 125.

④ *Winfried Kluth*, Migration und ihre Folgen-Wie kann das Recht Zuwanderung und Integration in Gesellschaft, Arbeitsmarkt und Sozialordnung steuern?, Gutachten D zum 72. Deutschen Juristentag, Verlag C. H. Beck, München, 2018.

成员,如哈索·霍夫曼(Hasso Hofmann)、马丁·莫洛克(Martin Morlok)、罗伯特·阿列克西(Robert Alexy)、霍斯特·德莱尔(Horst Dreier)等,同时亦是宪法学者。法哲学与社会哲学国际协会的议题,时常具有国家法/宪法的关系面,如2014年举办于帕绍的会议,以"主权、超国家性与世界宪法"为题;2006年举办于图宾根的会议,以"文化同一性作为法的基础与界限"为题。2018年9月27日至29日举办于弗莱堡的会议,则以凯尔森的纯粹法理学为讨论对象,其中,29日的子议题"一元论、归责以及公法与私法的区分",由我国台湾地区青年公法学者黄舒芃研究员主持。①

值得一提的还有"国家与教会主题埃森谈话"(Essener Gespräch zum Thema Staat und Kirche)。该谈话乃是国家教会法(宗教宪法)的年度专业会议,但自1966年第一次"谈话"起,便广邀神学、哲学、政治学、社会学、历史学等其他学科的学者以及教会人士与政治家共同参与。随着"诸神的回归"(Wiederkehr der Götter),②"埃森谈话"也越来越获得公共讨论的属性与跨学科的影响力。第53届"谈话" 于2018年3月12日与13日举办,主题为"宗教团体的法律地位"。该主题所涉及的直接问题在于,能否将穆斯林团体作为宪法上的宗教社团(Religionsgemeinschaft)对待,且在何种条件下可以赋予其公法人的资格。慕尼黑大学公法教授克里斯蒂安·瓦尔特(Christian Walter)从宪法国家的两难(Dilemma)出发,深入论证了宗教多样性对宪法秩序的挑战;明斯特大学公法与政治学教授法比安·维特雷克(Fabian Wittreck)则对德国宪法中宗教团体的资格条件作出细致阐明;图宾根大学伊斯兰神学中心的青年教授阿卜杜勒马利克·希帕乌依(Abdelmalek Hibaoui),在其报告中分析了伊斯兰教的自我理解,以及伊斯兰团体获授宗教社团之法律地位应当满足的组织性要求。③

(一)国家法教师协会2018年年会

2018年10月3日至6日,德意志国家法教师协会于波恩举行第78届会议。这也是波恩大学在1953年与1978年后,第三次主办国家法教师协会的大会。本次大会共有346名成员、21名嘉宾以及53名陪同人员参加。

10月3日上午,该会议以分组讨论的形式拉开帷幕。在"行政"组,自2014年起担任黑森州文化部部长的拉尔夫·亚历山大·洛尔茨(Ralph Alexander Lorz)与波鸿大学行政法教授约尔格·恩努沙特(Jörg Ennuschat),对"作为整合领域的学校——移民后果与行政"一题作出分析;在"公法基础"组,联邦宪法法院前大法官(1999～2011年)、波恩大

① 法哲学与社会哲学国际协会会议通常以《法与社会哲学档案》副刊的方式结集,但往往不能当年或次年就出版成册。2018年的会议,由弗莱堡大学法学院"国家学与法哲学研究所"承办,具体议程参见该研究所网站首页:http://www.jura.uni-freiburg.de/de/institute/rphil/ivr-tagung-2018/programm-1,Abfrage:20. Mai 2019。

② *Friedrich Wilhelm Graf*,Wiederkehr der Götter:Religion in der modernen Kultur,München 2004. 作为神学家的格拉夫以"诸神回归"来形容现代社会的宗教复兴。

③ 关于2018年第53届埃森谈话的官方报道,参见其首页报道:https://essenergespraeche.jimdo.com/fachtagung/tagungsberichte/53-essener-gespräch/,Abfrage:20. Mai 2019。

学法学院教授乌多・迪・法比奥(Udo Di Fabio)以"法中的国家"为题作出报告,汉堡大学荣休教授卡尔-海因茨・拉多伊尔(Karl-Heinz Ladeur)与柏林洪堡大学公法教授克里斯托夫・默勒斯(Christoph Möllers)进行了评议;"欧洲宪法"组则将英国脱欧与欧洲法的未来作为核心关注。

在10月3日下午举行的成员大会上,协会悼念了过去一年逝世的几位国家法学者,其中包括第一位女性国家法教师伊尔莎・施塔夫(Ilse Staff)、著名宪法学与法理学家拉尔夫・德莱尔(Ralf Dreier)、行政法学者汉斯-维尔纳・劳宾格(Hans-Werner Laubinger)以及瑞士的国际法与宪法学者小迪特里希・申德勒(Dietrich Schindler junior)。

10月4日与5日乃是大会的主要议程,即主题报告与讨论阶段。2018年的大会分为两个部分,每部分包含两个议题,每个议题在进入讨论前,各由两位学者作出报告。在主题报告后的各节讨论中,协会的两位理事乌特・扎克佐夫斯基(Ute Sacksofsky)与克里斯蒂安・瓦尔德霍夫(Christian Waldhoff),分别担任主持工作。

第一部分"平等与多样性"的两个议题分别为"面对多样性的平等作为哲学与法学的讨论对象"与"多层级体系中的法适用平等"。第二部分"技术与医学变迁下法的处理"中的两个议题,"电子政府——行政与行政法中的范式转换?"与"国家在生殖医学领域的监管任务",则完全不具有递进的关系。其中,第一个议题关涉宪法学的基本,自然应详加回顾。第二个议题尽管续谈"平等",但重在演绎"多层级体系"下平等的实施问题,在此不论。第三个议题虽有宪法上的论证,但从基本面来看,显然属于行政法学的题目,这里不再关注。就第四个议题而言,两位报告人均试图证明(德国)国家在生殖医学方面的监管权限。明斯特大学欧洲行政法教授格诺特・叙多(Gernot Sydow)发挥其欧洲法的专长,采以比较法与法政治的方法,对各国监管的理由与方式进行了对比呈现。①比勒费尔德大学公法、国际法与法哲学教授安格莉卡・西尔(Angelika Siehr)则复归宪法哲学上的共识,试图通过解释《基本法》第1条第1款的规范内容,来回应生殖医学对规范世界的挑战。②鉴于此,对于第四个议题,下文仅评述第二份报告,对第一份报告与讨论不再作阐述。

(二)面向多样性的平等

2018年大会的第一个议题,即"面向多样性的平等作为哲学与法学的讨论对象",由吉森大学公法教授斯特芬・奥格斯贝格(Steffen Augsberg)与美因茨大学法哲学与公法教授芙里德里克・瓦普勒(Friederike Wapler),依次在大会上作出报告。报告之后,除主

① *Gernot Sydow*, Regulierungsauftrag für den Staat im Bereich der Fortpflanzungsmedizin?, VVDStRL 78 (2019), 361 - 392.

② *Angelika Siehr*, Regulierungsauftrag für den Staat im Bereich der Fortpflanzungsmedizin?, VVDStRL 78 (2019), 393 - 440.

持人与两位报告人外,共有22位学者参与讨论。

1. 奥格斯贝格的报告

作为第一报告人,奥格斯贝格首先从概念的(描述性与规范性)语义出发,引出平等与多样性之间既互补又紧张的关系。在其看来,多样性(Vielfalt)通常与某种对社会或法造成改变的外源事实相关联,具体而言,多样性常被视为移民的结果,等同于多文化性。令人惊异的是,在当今世俗化的时代,无论指向个体的同一性(Identität)还是涉及集体的文化,有关多样性的讨论均归向"宗教"二字。在规范意义上,多样性意味着"宗教、文化与语言的多样性",即差异性(Diversität)。①平等概念却正好相反。平等描述的并非实际状态,而是理想。一方面,平等以不可继续追问的人为前提;另一方面,从原意上看,平等离不开某种事实性的比较以及某种对共同体的确认。借鉴阿伦特(Hannah Arendt)对平等的论述,奥格斯贝格作出判断:平等并非被预先确定的,而是被放弃的;并非绝对的,而是相对的;并非人类共同体的出发点,而是目的地。由于二者在描述与规范上的意涵交错,奥格斯贝格断定,对二者之间的关系不能进行单层理解,而需进行矩阵式的研究。②

通过概念史的分析路径,奥格斯贝格以政治哲学的平等理念为出发点,揭示出平等与正义的相连关系。(1)平等的规范含义,不在于平均分配,而仅在于"对所有人的同等关照"。质言之,平等乃是一种关系概念,并不等同于同一性或者单纯的相似性,其规范维度恰恰以既存的不同(Ungleichheit)为前提。此外,在纷繁的哲学派别中,平等理念表现出明显的意义差别。其具体功能取决于,它被视为形式的还是实质的,比例的还是绝对的,结果相关的还是机会相关的。(2)埃里希·考夫曼(Erich Kaufmann)在1926年大会上的报告,为平等概念注入超法律的属性。③同样,联邦宪法法院亦将《基本法》第3条第1款理解为超实证法原则的实证表达。平等原则的审查结构,如联邦宪法法院在其裁判中发展出来的教义学公式——"恣意禁止",同样体现为事实面向与规范面向的相互作用。相对于事实与效力的通常二分,平等原则表现为一种选择与过滤功能:它并非一种以平等为内容的一般权利,而是必须结合相关的法律关系才能展开。其中,共同性与区别并非被发现的,而是被构造的。同等对待并非认知的过程,而是对事实进行判断的过程。(3)当今对多样性的讨论,与自20世纪中叶起愈演愈烈的解放运动及同一性保障(Identitätssicherung),紧密交织在一起。就同一性这一概念,既不能强制作刚性的统一理解,又不必以单一方式进行解读。④

---

① *Steffen Augsberg*, Gleichheit angesichts von Vielfalt, VVDStRL 78(2019),7(9 ff.).

② Ebd.,7(12 ff.).

③ *Erich Kaufmann*, Die Gleichheit vor dem Gesetz im Sinne des Art. 109 der Reichsverfassung, VVDStRL 3(1927),2－24.

④ *Augsberg*, VVDStRL 78(2019),7(16 ff.).

奥格斯贝格继而对题目下的各种冲突景观作出详细解读。(1)有关多样性与同一性的辩论,具有政治上的形成性,这也不可避免地导致过度推崇、反射性拒斥与反省缺失。一方认为不应将不同文化混同,这无异于将多样性视为理想状态,如此,不免对平等的内涵造成挑战;另一方则仅注视到多样性的危害性,却显得不能容忍任何社会的多元状态。(2)教义学对平等作出论证时,无法脱离事实的或自然的区别。在性别研究中,此类差别往往却被认为具有社会构造性。若某种角色区别并非天生,而是源于社会构造,且同时这种异质性又被赋予积极意义,那么值得追问的是,是否有必要消除这些——拼接于差别又创造多样性的——不平等对待。(3)多样性通常表现为层级结构,对多样性的讨论往往也是有关权力的讨论。因此,不能无差别地应对差别(Differenzindifferenz),而需差别地应对差别(Differenzdifferenz),也即,需反映出相应特征的构造性。(4)另一种相似的风险,则在于特定多样性状况的隐而不见。例如,有关平等的讨论对经济不平等很少加以关注,甚至将很多社会不平等直接排除在考察之外。(5)在数码空间中,渐渐生长出一种新的同一性,并随之产生一种在(近似垄断者的)私主体决定下的新型归属关系。(6)此外,还有两种与数字化相关的危机情形。其一,奇点化(Singularisierung)的进程将多样的多样化(Vielfaltsvervielfältigung)推向极致,形成"奇点社会",其中,个人取代团体居于中心,差别成为规范,与众不同成为标准。其二,"大数据"在认知层面造成知识的不对称,原因在于,基于大数据技术而获得的分析,往往由特定的私主体掌握。这也意味着,在面对某些细微歧视时,无论个体还是国家甚至都无法理解歧视所依据的区分参数。①

接下来,奥格斯贝格通过解析人工智能现象,试图追问不能追问的人的概念,并动摇以人为基础的法主体概念。通过援引法哲学家克里斯托夫·门克(Christoph Menke)的论述,奥格斯贝格作出判断:并非现代的法以自主主体的存在为前提,而是先有法的现代形式,才有自主的主体。②此外,奥格斯贝格试图通过解读平等与多样性,对民主理论提出重新构建的要求。他认为,公法不应关注"多样性养成",而应尝试在功能可操作的意义上对当前的多样性进行固定化,且更应关注背后的规范性并由此推动基本权利教义学的发展。这意味着,需对通常的统一的且指向同一性的正当性模型,即人民意志,重新作出思考;而民主理论中以差别为指向的"后同一性"新范式,有助于使平等与多样性的展开变得更合理。③

2. 瓦普勒的报告

在引入报告的问题后——"就人们在多样性社会如何平等相处的问题,法能有何助益?",瓦普勒首先解除了题目中平等与多样性的对应关系:平等/相同(Gleichheit)并非

① Ebd. ,7(28 ff.).

② Ebd. ,7(40 ff.).

③ Ebd. ,7(45 ff.).

同一,其反义词不是多样性,而是不平等/不同(Ungleichheit),也即差别(Differenz);多样性概念的反面则是一致性(Gleichförmigkeit)或者同质性(Homogenität)。平等是一种排列并认识多样性的工具。①

瓦普勒继而回归自由理论,对平等的意涵作出详细解读。(1)"抽象个人"作为自由政治哲学的出发点。不涉及具体内容的话,平等意味着身份平等或人人平等。自由的基本理念,即所有人"平等且自由",并不考虑事实性的区别。存在于这一理念背后的,并非一种有内容的人的图像(Menschenbild),而是一种规范性的确立。原初平等的预设,将人与人之间的关系构造为非层级式的,其中可推出互相尊重的要求以及对平等之自由与平等之权利的肯认。(2)不可避免的社会多样性与利益冲突。社会多样性并非新生事物。对平等之自由的设定意味着,个人有权利突破既有的社会结构,各自追求不同的生活方式。这也是社会多样性的来源。如此,特殊性与差别使个人享有自由成为可能,却又与普世的平等要求形成紧张关系。这一基本冲突,不能被消除,只能被处理和应对。(3)法律面前人人平等。基本的身份平等提出要求:一般法律应同等地适用于政治共同体的所有成员。形式的法律平等,并不使事实或法律的非同等对待自始无效,而是要求为非同等对待说明正当性理由。平等权利是一种批判的工具。若某人被不平等地对待或不公正地看待,便可以期待政治共同体为此提出实质理由。自由的平等承诺,使对固有社会结构与规范样式的质疑与挑战成为可能。②

"相同情形相同处理不同情形不同处理",既是正义理论的经典原则,又是平等原则的教义学内涵。为此,瓦普勒认为,应当对哲学的方法与法学的方法作出区分。哲学的工作,在于验证法与法学的概念、规范与论据,并追问背后的伦理正当性。以此方式,哲学在法的内部视角外,补入一种外部的正当证明与批评。而此处着重提出哲学与法学的方法不同,是因为平等的教义准则——相同情形相同处理,并未预设具体内容。相同情形相同处理,第一步需在描述性层面查明,什么是相同的、什么是不同的,第二步还需对查明的共同性与区别,进行规范上的评价。也正因此,平等作为一种正义原则,被拉德布鲁赫描述为"形式"要求,被凯尔森定性为"空式"(Leere Formel)。(1)对相同或不同的判断。通过比较相应的对象或事实,以特定标志为准,才能形成对相同或不同的判断。在设置对照组别时,无异于以特定的目的对事实上的多样性进行分类。生活关系越深入社会与政治秩序,越会被视为"自然的"或"不可变更的"。隐藏于背后的,可能是历史性的特权,也可能是不可追问的规范理念,或者是某种认知"盲区"。(2)法对相同或不同关系的意义。作为不断更新的规则与制度性布置,法在相关平等的类别形成与固化中,扮演着重要角色。平等权利使人有能力抗拒限制自由的外界认定(Fremdzuschreibung),但其保障的对象,并非自有价值内涵的平等本身,而是相互尊重与平等之自由。一方面,

---

① *Friederike Wapler*, Gleichheit angesichts von Vielfalt, VVDStRL 78(2019), 53(54 ff.).

② Ebd., 53(57 ff.).

解释与适用平等原则,要求以反思与批评的角度检视既定的正当性说明方式。这意味着,法学需对法所传达的样式进行追问,并以法事实性的认识重新校准之。法的适用不能忽视法的事实效应。另一方面,宪法中的平等原则,并不局限于对形式非同等对待的抵抗;相反,其旨在积极实现形式平等。平等原则并不禁止,为平等享有自由的目的(实质自由)对个人或社会团体进行不同对待。①

接下来,瓦普勒对平等之自由的实现进行了探讨与说明。(1)社会国原则与政治的形成空间。《基本法》通过社会国原则将社会正义理念确立为宪法的基本原则之一,但未提出任何有关财富分配的实践准则。于此,有关哪种资源对社会秩序具有重要性,某种资源应否成为社会分配的客体以及如何分配的问题,就落入政治的形成空间。而政治形成力的宪法框架,则体现为如下三种:所有人的地位同等且权利平等、所有人对生活享有自主决定权利而不依赖于家长式的他治以及民主的自由即参与公共意志形成与决策程序的平等权利。(2)趋势:有关平等共享的理念。将自由、平等与民主参与联系起来进行思考,出现于当前有关平等共享(Gleichberechtigte Teilhabe)的讨论中。与机会平等的概念相类似,共享的理念,与其说指向财富的平均供给,不如说指向于使人们能够以与他人相等的方式自由选择生活方式并实现之。所谓包容社会(Inklusive Gesellschaft),是满足成员之平等共享的社会。其中的包容,是指个人无论其个性如何,均被认为具有同等价值。这一理念背后,是一种对自由之平等承诺的现代改良版本:无论特性、天赋与利益的事实区别,均被视为自由者与平等者。(3)瓦普勒进而以残障学生对教育资源的平等共享为例,对该理念作出具体化的规范展开。②

在结论之前,瓦普勒回到题目的问题,即"面向多样性的平等"如何能产生共同生活的粘合与约束,也即如何实现社会的"整合"(Integration)。在前文中,瓦普勒已经对整合与包容两种概念之间的细微差别作出澄清:整合指向于均质社会(Homogene Gesellschaft),但具有偏异特质的人与团体,亦能被纳入既有结构中;包容则要求社会制度的建立,第一步需不将人排除在外,第二步再尝试达到"整合"状态。在整合的社会状态中,其成员大体上且总体上有归属感,同时有能力、有意愿和睦共处且以民主方式协商共同事务。因此,整合必然与所有居民相关,并呈现持续性进程。瓦普勒继而以学校中的整合任务为例,根据《基本法》第7条第1款,对多样性与平等的关系作出深入演绎。《基本法》第7条第1款规定的学校整合任务,可被视为自由与民主共同体继续存续的重要条件。学校中整合的第一位目标在于,使儿童与青少年知悉社会中存有多样的可选择为未来的生活方式,并使其有能力在与他人发生争议时保持自我意见,且有能力容忍其他的生活方式、宗教与世界观,更有能力以和平方式解决遭遇的冲突。③

① *Friederike Wapler*, Gleichheit angesichts von Vielfalt, VVDStRL 78(2019), 53(61 ff.).

② Ebd., 53(68 ff.).

③ *Friederike Wapler*, Gleichheit angesichts von Vielfalt, VVDStRL 78(2019), 53(71, 78 ff.).

3. 讨论与评议

两份报告在方法倾向与叙述风格上如此不同,令人恍然有回到1926年的错觉。当时,国家法教师协会大会的第一道议题,即"《魏玛宪法》第109条规定下的法律面前之平等",由埃里希·考夫曼(Erich Kaufmann)作第一报告。考夫曼在报告中借机对主流实证主义国家法学的形式方法极尽贬斥与攻伐,算是正式开启了魏玛时期国家法学的方法与方向之争。①2018年的两位报告者也有意识地回溯到1926年的报告:奥格斯贝格在观点中对考夫曼颇有尊崇,而瓦普勒则以当年的凯尔森对实证主义与形式方法的辩护②为依归,认为应当区分法学方法与哲学方法。与1926年考夫曼所激发的方法颠覆不同,奥格斯贝格在方法倾向与叙述风格上的偏离,受到多位宪法学者的反感与质疑。乌韦·福尔克曼(Uwe Volkmann)委婉指出,在两位报告人中,奥格斯贝格更需检视其论证与宪法的相关性。③马蒂亚斯·马尔曼(Matthias Mahlmann)主要针对奥格斯贝格的两种论点,一是"平等是被放弃的",二是"自主之主体并非自主之法/权利的根基",提出一系列反问,如平等是由谁基于何种理由而被放弃,等等。④其置辩之强烈,几乎形同质问。约瑟夫·伊森泽(Josef Isensee)则通过援引中世纪哲学的一句格言——"人的个体是无法言传的"(Individuum est ineffabile),为主体概念作出辩护。⑤汉斯·米夏埃尔·海尼希(Hans Michael Heinig)针对奥格斯贝格的民主模型,提出疑问:在这种新模型下,如何能够形成政治的统一?⑥

(三)宪法与生殖医学

对于第四个议题——"国家在生殖医学领域的监管任务",西尔作为第二位报告人,从生殖医学的迅速发展中,不仅认识到生育自由(Fortpflanzungsfreiheit)实现的更多可能,更认识到立法监管的必要性。⑦具体而言,随着生殖医学的进步,要求颁布"生殖医学法"的呼声越来越高,且依据《基本法》第74条第26项,联邦对此确有立法权限。⑧

继而,西尔批评1990年颁布的《胚胎保护法》滞后于医学发展与社会变迁,且作为单纯的刑法不足以应对现实的复杂性。该法作出的某些限制甚至会对母亲或婴儿造成健康风险,不符合国际上的标准。在该法中,多父母情形下(Mehrelternschaft)如何确定父母与子女身份的问题,以及子女对其出身的知悉权利(Recht des Kindes auf Kenntnis

---

① *Kaufmann*(Fn. 104),2(insbesondere 2f.,13 ff.,20,22).

② *Hans Kelsen*,Diskussionsbeitrag,VVDStRL 3(1927),52 - 55.

③ *Uwe Volkmann*,Diskussionsbeitrag,VVDStRL 78(2019),94(95).

④ *Matthias Mahlmann*,Diskussionsbeitrag,VVDStRL 78(2019),95(96).

⑤ *Josef Isensee*,Diskussionsbeitrag,VVDStRL 78(2019),98(98 f.).

⑥ *Hans Michael Heinig*,Diskussionsbeitrag,VVDStRL 78(2019),104(104).

⑦ Angelika Siehr,Regulierungsauftrag für den Staat im Bereich der Fortpflanzungsmedizin?,VVDStRL 78(2019),393 - 440.

⑧ Ebd.,393(397).

seiner Abstammung),亦未能被充分规制。在该体系下,允许精子捐赠,但禁止卵子捐赠,这意味着有生育障碍的男性可以获得帮助,而有生育障碍的女性却不可以。这一规范内容落入《基本法》第3条第2款第1句与第3款第1句的范围,实则有不平等对待的嫌疑。立法不行动的原因在于规制对象的高度复杂性与规制的严格框架。其一,科学的发展对立法形成冲击,并造成这一领域的特别动态性。其二,立法监管需关注社会变化,如家庭形式的复数化发展。其三,立法若试图对生殖医学领域进行监管,就必须回答一个高度争议的生物伦理问题,即生命从何时开始起算。这一问题如此棘手,因而立法者宁愿不作为,也不敢打开"潘多拉魔盒"。体外胚胎在生物伦理上的定位,与人的尊严条款的解释密不可分。生殖医学领域的立法跟进,主要也在于如何回应多元价值主义与如何解释《基本法》第1条第1款。①

接下来,西尔试图在社会多元主义、国家中立与宪法基本共识上,寻找生物医学的一般位置。针对多元价值主义的挑战,不同学科试图以不同的方式作出回应。(1)我们所指称的宪法基本共识,亦可被理解为在高度多元且道德分离的社会中,以国家共同生活之基础规范为形式的重叠共识(Overlapping Consensus)。(2)法伦理的最低限度(Rechtsethisches Minimum)显化于基本权利中,并使立法者对生命、健康等负有保护义务。但另一方面,立法者对此拥有很大的形成空间。如此,法伦理的最低限度仅具有倡导属性,无法产生对生殖医学进行监管的拘束规定。(3)宪法是一种包含程序性规则的框架秩序,依之,立法获得随时对临时措施(Modus Vivendi)重新进行校准的可能。在多元民主秩序中,不存在先定的公共利益,亦不存在某种对全体有拘束力的善恶观。针对实质的分歧,或者针对法律之理性要求与政治程序之固有规律之间的紧张关系,最好的解决机制始终是民主的多数原则。②

宪法是政治程序的法律界限。(1)这一界限在基本权利方面尤为凸显。一般而言,基本权利要求立法者在限制某种自由时,需符合宪法对该自由所设的限制,并作出正当性说明。然而在有关生殖医学监管的争议中,由于人的尊严"不可权衡"(abwägungsfest),因此,基本权利完全处在阴影下。(2)中立原则也是一种宪法上的界限。所谓中立原则,是指根据《基本法》第4条第1款、第3条第3款与第33条第3款,以及《魏玛宪法》第136条第1款、第4款与第137条第1款并《基本法》第140条,国家不得认证(Nichtidentifikation)特定的宗教信仰。然而,法律无须保证结果的中立(Ergebnisneutralität),只需保证论理的中立(Begründungsneutralität)即可。此即法律不得针对特定的宗教信仰而对自由施

---

① Angelika Siehr, Regulierungsauftrag für den Staat im Bereich der Fortpflanzungsmedizin?, VVDStRL 78 (2019),393(398 ff.).

② Ebd. ,393(404 ff.).

加限制。①

相关争论的中心问题在于,如何解释人的尊严这一宪法规范。若将有关体外胚胎之地位的伦理讨论直接置换为《基本法》第1条第1款的解释问题,不免沦落到进退维谷的困境。其原因在于,若将特定的伦理要求凝结为《基本法》第1条第1款的规范内涵,无异于背离该规范从个人或集体自主中衍生确立的自由属性(Freiheitlichkeit)。(1)《基本法》第1条第1款具有宪法基础决定(Grundentscheidung)的性质,即国家秩序需以人的尊严为基础和根据。于此,人的尊严可被视为宪法基础共识或罗尔斯所谓"重叠共识"。这意味着,在这一点上不容许存有多元舆论的纷争。然而,该规范所尊依的核心观念,仅在于保护自主的主体。尊严理念发展脉络中的其余观点,虽不被归入宪法的规范内涵,却依然可流入立法程序。(2)中立原则的要求,即国家不得认证特定的宗教信仰,亦不可作为压缩立法者活动余地(Spielraum)或限制公民自由的正当说明。(3)与其他宪法规范相比,人的尊严显得更"朴素",因此,就具体问题——如此处关于胚胎的法律地位,也只能提出更少的答案。这同时也意味着,立法者在塑造临时措施时,允许且必须获有更宽阔的活动余地。②

在结论陈词前,西尔针对具体问题,即胚胎具有怎样的法律地位,作出翔实的分析。人的尊严在其积极方面,保护着个人的自主或者主体地位。《基本法》第1条第1款涉及"人的尊严"。至于人的生命从何时开始,该规范并无涉及。确无疑问的是出生后的法律地位:出生后即享有法律能力与基本权利能力。就有关胚胎之伦理地位的讨论,西尔将重要的论点总结为四种,并取其首字母,合为英文的"跳跃"(SKIP)一词。四种伦理论点分别为:物种论点(Speziesargument)、连续体或连续性论点(Kontinuum-oder Kontinuitätsargument)、潜在性论点(Potentialitätsargument)与同一性论点(Identitätsargument)。③

若欲定义胚胎的法律地位,则必须以《基本法》第1条第1款为出发点。体外胚胎可被视为潜在性的具现,胚胎又可出生为人,但两者之间的实质差距,并不能通过价值判断的方式加以消除。培养基中的多细胞组织,并非自主的主体,因此,不能受到《基本法》第1条第1款的保护。既然体外胚胎不是主体,那么所谓的客体公式,亦不适用——体外胚胎不能被当作客体,因而也无所谓被侵犯尊严与否。但体外胚胎在有益的条件下,却可以成长为自主主体,亦即平等者中间的平等者,因而需以尊重与关照的方式对待之。鉴于胚胎成长为主体的潜在性,《基本法》第1条第1款应发挥出内容上的前效(Vorwirkung)。所谓前效,是因为胚胎尚未形成个体,而基本权利作为个人权利,以作为

① Angelika Siehr, Regulierungsauftrag für den Staat im Bereich der Fortpflanzungsmedizin?, VVDStRL 78 (2019), 393(411 ff.).

② Ebd., 393(414 ff.).

③ Ebd., 393(422 ff.).

权利者的个人为前提。因此,与适用于出生的人时相对比,尊严在适用于体外胚胎时,将引申出不同的概念内涵,并构造出一种真正的法义务:尊重与关照要求(Respekt-und Achtungsgebot)。由《基本法》第1条第1款引申出的尊重与关照要求,囊括着体外胚胎的潜在生命利益,但不包含从第2条第1款第1句中导出的对生命与身体的国家保护义务。对体外胚胎的尊重与关照要求,应当由立法者负责具体化。与自主原则相似,该要求亦属于不可衡量的原则。类比客体公式,对体外胚胎的尊重与关照,同样需从损害要件切入,亦即将明显损害该要求的情形,如"某种促进优生的法律"或者"以嵌合或杂交方式操作人类遗传物质的",判定为对人的尊严的违背。①

在结论中,西尔再次强调,制定广泛调整生殖医学领域的专门法律,迫在眉睫。立法者需在宪法的框架内,将对体外胚胎的尊重与关照具体化,并使之与第三人的基本权利相均衡。另外,就宪法要求与政治进程之间的关系,西尔指出,由于《基本法》第1条第1款仅给出极少不可衡量的规范内容,因此,政治的责任首先仍在立法者本身。②

西尔的报告,脉络清晰且层递有序,并有理性思考与制度关怀,且其中提供的论理与说明,在比较法与跨学科意义上具有高度的传递性。西尔虽然将讨论路径限制于宪法,却同时给出一种颇有纵深的宪法思考范畴:一方面由宪法框架出发讨论对立法的要求,另一方面又以宪法共识的概念,将有关生殖医学的伦理讨论接入宪法学的考察视角。西尔在报告中得出的答案,即"应以尊重与关照的方式对待体外胎儿",一方面,针对有关生殖医学的伦理与法学争议,在宪法上作出极有说服力的回答;另一方面,又实实在在为《基本法》第1条第1款注入了新的教义内涵。可以说,西尔虽然将结论限缩为德国宪法的回答,然而其解决的却是全人类共同遭遇的问题。

三、宪法史

2018年在宪法史上具有十分重大的纪念意义,2019年更是如此。原因在于,德国共和与魏玛制宪,正发生于1918~1919年。适逢魏玛百年之际,宪法学亦有诸多献礼。最值得关注的,是两部专著与两部文集。

比勒费尔德大学公法、国家学与宪法史教授克里斯托夫·古西(Christoph Gusy),于2018年付梓专著《魏玛宪法一百年——坏时代的好宪法》,并作为编者之一,在《魏玛共和国与维也纳共和国一百年——多元主义理论的先驱》的书名下,将八篇宪法史文章集合为《法与政治》杂志的第三号副刊。③古西教授在宪法史方面的兴趣,专一于魏玛时期。

---

① Angelika Siehr, Regulierungsauftrag für den Staat im Bereich der Fortpflanzungsmedizin?, VVDStRL 78 (2019), 393(427 ff.).

② Ebd., 393(434 f.).

③ *Christoph Gusy*, 100 Jahre Weimarer Verfassung. Eine gute Verfassung in schlechter Zeit, Tübingen 2018; *ders./Robert Chr. van Ooyen/Hendrik Wassermann (Hrsg.)*, 100 Jahre Weimarer und Wiener Republik-Avantgarde der Pluralismustheorie (Recht und Politik Beiheft 3), Berlin 2018.

自1991年迄今,有关魏玛的宪法史研究,其已出版独著4部、编著3部,①更发表有期刊论文或文集文章20篇。古西在1997年所著的《魏玛帝国宪法》,采用三段式体例——革命与制宪、宪法下民主政体与国家功能、宪法发展与宪法解释。其中,古西虽然试图通过三分叙述,对魏玛宪法的产生、内容与适用进行完整描述,但为求谦抑,既不愿意过度引出文本之外的魏玛故事,又不愿意直白代入当代性的评价视角,因而,该书与其说是宪法史研究,不如说是对历史宪法的文本学研究。《魏玛宪法一百年》一书,一来有古西二十余年浸淫深造的积淀,二来出于百年纪念的当代视角,虽然亦以魏玛宪法为出发点和研究对象,却不再过分拘束。《魏玛宪法一百年》一书分为10章,第一章为"总体陈述",第十章为"最后评价",中间则由(第二章)"宪法的发生史"与(第三章)"国家学的方法论之争",转入(第四章、第五章、第六章)"魏玛民主的设计、内容与流变",继而展开为(第七章、第八章、第九章)"宪法的命运线索"。总体而言,如该书的副标题所示,古西将魏玛宪法定义为好的宪法,将其命运归咎于魏玛的坏时代。

《魏玛共和国与维也纳共和国一百年》一刊中,收列有8篇近几年发表的有关魏玛宪法的期刊论文。其中,古西的两篇论文,分别以"被排挤的革命"和"处在苛求与挑战之间的魏玛宪法"为题。②在余下6篇中,1篇以法律史的方式回顾奥地利第一共和国的成立,③5篇则以当时的宪法学者为题。有关魏玛宪法之父胡果·普罗伊斯(Hugo Preuß)两篇文章,分别由联邦司法部部长萨比娜·洛伊特霍伊塞尔–施那伦贝格尔(Sabine

---

① 除2018年出版的两种书目外,其余5种分别是1991年的《魏玛——无抵抗力的共和国?》(Weimar-Die wehrlose Republik?),1993年的《魏玛共和国下的政党国家学说》(Die Lehre vom Parteienstaat in der Weimarer Republik),1997年的《魏玛帝国宪法》(Die Weimarer Reichsverfassung),2000年主编的《魏玛共和国下的民主思考》(Demokratisches Denken in der Weimarer Republik)以及2003年主编的《魏玛的漫长阴影——1945年后作为论点的"魏玛"》(Weimars lange Schatten-„Weimar" als Argument nach 1945)。魏玛之国体,乃是共和国而非君主制,这是确凿无疑的历史常识。德语中的"Reich"一词,译为帝国,似也不存在问题。然而,魏玛宪法的官方名称实为《德意志帝国宪法》(Die Verfassung des Deutschen Reiches),往往亦简称为"魏玛帝国宪法"(Weimarer Reichsverfassung,WRV)。共和国的帝国宪法,何以有如此咄咄怪事?"Reich"的原意乃是国土,并不必然指代"Kaiserreich",君主制的概念下,亦有"Königreich"一说。魏玛时期,"Reich"(帝国)一词被用来描述德国整体或指称中央国家机关。如魏玛宪法第1条第1款,"帝国乃是共和国"。第2条第1句:"帝国领土由各州领土组成。"原因大约有两点。一是"Reich"一词自有对正统与尊荣的宣示,经神圣罗马帝国而成为德意志的自称。二是魏玛改制于第二帝国,对前制颇有依赖,如魏玛时期的帝国总统(Reichspräsident)实质上被设计为"代理皇帝"(Ersatzkaiser),立法与行政,亦称为帝国议院(Reichstag),帝国总理(Reichskanzler)与帝国部长(Reichsminister)。因此,这里对魏玛与魏玛宪法,不避称帝国二字。黄卉在其主编的《德国魏玛时期国家法政文献选编》一书前言中,亦有此述。她主张将"Reich"依旧译为帝国,取大国之义,参见黄卉主编的:《德国魏玛时期国家法政文献选编》,清华大学出版社2016年版,前言第12页。

② *Christoph Gusy*, Die verdrängte Revolution, ders./Ooyen/Wassermann, 100Jahre Weimarer und Wiener Republik. SS.9–32; *ders.*, Die Weimarer Verfassung zwischen Überforderung und Herausforderung, ebd., SS.57–83.

③ *Christoph Schmetterer*, Die Entstehung der Ersten Republik Österreich 1918–1920 aus rechtshistorischer Sicht, ebd., SS.95–114.

Leutheusser-Schnarrenberger)女士与联邦宪法法院院长、弗莱堡大学安德雷亚斯·福斯库勒(Andreas Voßkuhle)教授写就。洛伊特霍伊塞尔－施那伦贝格尔在短文中对普罗伊斯的人民国家概念作出探源与赞扬;福斯库勒则由普罗伊斯在魏玛制宪时的角色及其国家与政治理念出发,引入第二次世界大战后的多元主义理论,并将普罗伊斯誉为多元主义宪法理论的策划者(Vordenker)。① 作为编者之一的罗伯特·克尔·范·奥延(Robert Chr. van Ooyen),亦有两篇文字被收入集中。在一篇文章中,奥延以汉斯·凯尔森(Hans Kelsen)为研究对象,以“没有国家的国家学”这一著名评断为仿,另加一条“没有人民的民主理论”,总体将其规范国家理论认定为多元民主的宪法理论。②在另一篇文章中,奥延则从魏玛国家法学的方法之争,理出民主派的群像。③该集的最后一文中,柏林自由大学政治学教授德特勒夫·莱纳特(Detlef Lehnert)痛惜于当时的维也纳宪法学者莱奥·维特迈尔(Leo Wittmayer)被陈埋于故纸堆,因此,通过梳理其学术大旨,试图将其发展为多元主义的经典理论家。④

乌多·迪·法比奥(Udo Di Fabio),在2018年亦出版了一部专著:《魏玛宪法:开启与败落——一种宪法史的分析》。⑤与古西的《魏玛帝国宪法》与《魏玛宪法一百年》不同,迪·法比奥的《魏玛宪法》虽以宪法为题,但似乎未特意区分魏玛宪法与魏玛共和国,因此,若将其书看作魏玛政治史,亦无不可。迪·法比奥的《魏玛宪法》,同样分为十章。头尾两章分别引入宪法史分析的对象和途径,得出宪法史的结论。中间八章,第二章旨在交代宪法生成中的革命与连续,第三章转而呈现魏玛初期在思想与文化上的复杂裂态,第四章兼以历史叙事与宪法分析简短阐述帝国总统,第五章将经济危机作为民主的挑战,第六章则通过议会、政党、公共意志介绍魏玛的民主生活,第七章以短章评述魏玛时期的帝国军队,第八章和第九章则对魏玛末期的政治滑坡与倾覆作出详细解读。迪·法比奥的《魏玛宪法》,总体而言,仍是在以悲情方式讲述魏玛民主的失落故事。

宪法学对魏玛百年最重要的献礼,乃是由维尔茨堡大学法哲学、宪法与行政法教授霍斯特·德莱尔(Horst Dreier)与柏林洪堡大学公法与财税法教授克里斯蒂安·瓦尔德霍夫(Christian Waldhoff)共同主编的《民主的冒险——魏玛帝国宪法剖析》一书。⑥ 该书

---

① *Sabine Leutheusser-Schnarrenberger*, Hugo Preuß-Das deutsche Volk und die Politik, ebd., SS. 33 – 38; *Andreas Voßkuhle*, Hugo Preuß als Vordenker einer Verfassungstheorie des Pluralismus, ebd., SS. 39 – 56.

② *Robert Chr. van Ooyen*, Staatslehre ohne „Staat“-Demokratietheorie ohne „Volk“, ebd., SS. 115 – 130.

③ *Robert Chr. van Ooyen*, „Weimar“-Ein Paradigmenwechsel, ebd., SS. 84 – 94.

④ *Detlef Lehnert*/Leo Wittmayer: Ein Wiener Parteien-und Pluralismustheoretiker in den „Weimarer“ politischen Verfassungsdebatten, ebd., SS. 131 – 143.

⑤ Udo Di Fabio, Die Weimarer Verfassung. Aufbruch und Scheitern. Eine verfassungshistorische Analyse, München 2018.

⑥ *Horst Dreier/Christian Waldhoff (Hrsg.)*, Das Wagnis der Demokratie. Eine Anatomie der Weimarer Reichsverfassung, München 2018.

的版权页上,配有联邦内政、建筑及家园部和联邦司法及消费者保护部的官方标识,并附含“根据德国联邦议院之决定”由二部门“支持”的字样。因此,该书亦有官方庆典的性质。在内容上,《民主的冒险》收入13位作者的12篇论文,并在文章后,将包括魏玛宪法文本在内的8种重要文件作成档案汇编。13位作者并不全是法学家,其中有3位历史学家、2位政治学家和1位神学家。按照编者的说明,这是为了实现一种“一般可理解的”对魏玛宪法的剖析。

文集的前3篇,可视为对魏玛宪法的一般介绍,唯角度不同。首篇——《作为历史时刻的魏玛帝国宪法》,由两位历史学家奥利弗·哈尔特(Oliver F. R. Haardt)与克里斯托夫·克拉克(Christoph M. Clark)合写。两位作者以历史学的一般视角,简单勾勒了革命与制宪的具体经过,并从第一次世界大战末期德国的创伤心理出发,将魏玛宪法鉴别为对当时创伤的答案,进而按照史实对魏玛宪法政治的退化详加描述;在评价部分,两位作者强调,不可以将魏玛宪法视为失败设计,同理,魏玛自有其历史价值,不应单纯被贬抑为纳粹前史。①埃瓦尔德· 维德林(Ewald Wiederin)亦在回顾革命与制宪后,重点梳理魏玛帝国宪法的核心内容,并以其在国际上的广泛继受与移植为证据,说明魏玛宪法的优越之处与历史地位,其中,维德林更认识到中华民国制宪对魏玛制宪的借鉴。②著名的神学家弗里德里希·威廉·格拉夫(Friedrich Wilhelm Graf),则以“德国知识界讨论中的魏玛宪法”为题,梳理出魏玛知识界对宪法的分裂立场以及魏玛宪法在知识角力中逐渐陨落的过程。③

中间的7篇,以宪法的制度内容为主旨。奥格斯堡大学政治学与政治理论教授马库斯·兰奎埃(Marcus Llanque),以国家的象征符号为关注对象,针对魏玛宪法中有关帝国颜色(Reichsfarben)与国旗的规定,就制宪会议中的相应讨论与宪法颁布后的继续争论以及政治宣传的变造使用,作出深入阐明;另外,兰奎埃亦对帝国鹰的形制沿革进行了清晰考证。④联邦宪法法院前大法官(2002~2014年)、比勒费尔德公法教授格特鲁德·吕贝-沃尔夫(Gertrude Lübbe-Wolff)女士,将魏玛宪法中的民主设计极尽解构为8个方面——民主化的选举权、部分议会化的政府体系、政党与团体、直接民主的要素、帝国总统作为对议会的制衡、“授权法案”的潜在可能、联邦制、对民主秩序之条件的司法保障,并一一加以还原与说明。⑤奥斯纳布吕克大学公法、公法史与行政学教授帕斯卡莱·坎基

① *Oliver F. R. Haardt*, *Christoph M. Clark*, Die Weimarer Reichsverfassung als Moment in der Geschichte, in: Dreier/Waldhoff(Hrsg.), Das Wagnis der Demokratie, SS. 9-44.

② *Ewald Wiederin*, Die Weimarer Reichsverfassung im internationalen Kontext, ebd., SS. 45-64, über chinesische Rezeption der WRV durch Carsun Chang(张君劢), SS. 58, 60.

③ *Friedrich Wilhelm Graf*, Die Weimarer Reichsverfassung im deutschen Intellektuellendiskurs, ebd., SS. 65-85.

④ *Marcus Llanque*, Die Weimarer Reichsverfassung und ihre Staatssymbole, ebd., SS. 87-110.

⑤ *Gertrude Lübbe-Wolff*, Das Demokratiekonzept der Weimarer Reichsverfassung, ebd., SS. 111-149.

克(Pascale Cancik)女士,则以选举法平权为题,详解魏玛宪法对妇女之平等权利——包括选举权利与一般平权规范——的肯认,并谈及平权规范所引发的争论与适用问题,最后结合自由与平等的关系,将为平等权利的斗争重视为民主共和国的条件。①本书主编之一,霍斯特·德莱尔(Horst Dreier)教授则试图针对某种看法——魏玛时期基本权利仅是不具有约束力的宣示句(Programmsätze),澄清基本权利在魏玛时期的实际地位。德莱尔认识到魏玛宪法中(即便不是所有,至少是许多)基本权利规范的直接效力与可适用性,并针对魏玛国家宪法大家理查德·托马(Richard Thoma)所谓基本权利"落空"的评断提出质疑与反驳,继而以基本权利在司法中的适用与对立法者的拘束为证据,确信将魏玛评定为"基本权利共和国"并无不当,即便基本权利在魏玛共和国下的地位与在《基本法》中不能相提并论。此外,德莱尔指出,魏玛制宪者对基本权利的期待,不仅在于保障私人自由,更在于落实人民国家理念,而魏玛的缺陷及失陷正在于此。②法兰克福马普欧洲法律史所前所长(1992~2009年)、德意志公法史宗师夏埃尔·施托莱斯(Michael Stolleis),则以"魏玛宪法中的社会纲领"为关注,将魏玛宪法的社会化诉求归结为工业化社会的巨大变迁与平复战后创伤的社会立法需求,并通过回溯魏玛制宪时各党派提出的社会政策与社会化纲领,拼出魏玛宪法中社会纲领的全景全图,最后亦认识到魏玛宪法在社会政治上的成果以及《基本法》对魏玛之社会国精神的继承。③著名政治学家彼得·格拉夫·基尔曼斯埃格(Peter Graf Kielmansegg),以魏玛时期的帝国总统为考察对象。基尔曼斯埃格首先通过制度比较认识到,魏玛宪法中双元对峙的人民代表,即比例选举的帝国议院与直接选举的帝国总统,既是德国君主立宪传统的延续,亦是魏玛制宪的原生设计;继而以"总统—议会—政府"的三角关系为背景,逐一在两位帝国总统——弗里德里希·艾伯特(Friedrich Ebert)与保罗·冯·兴登堡(Paul von Hindenburg)——治下,还原帝国总统之权力与地位在持续危机中逐步膨化的过程以及帝国议院因越来越不能组成多数而放任自流的态度;作者最后回归对宪法本身的评价,认为魏玛宪法中所蕴含的制度不确定性(或发展可能性),并未预写魏玛的失败结局。④历史学家莫妮卡·温福特(Monika Wienfort)女士,着眼于魏玛宪法对旧帝国精英的规定,从共和国之国体(第1条第1款)出发,按条分陈对贵族身份特权的降黜(第109条第3款)、对贵族财产权利的渐进废除(第155条第2款第2句)以及对公务员系统的保留(第128~131条)。⑤

本书的最后两篇,是对魏玛共和国与魏玛宪法的总结陈词。一篇由联邦宪法法院前大法官(1987~1999年)、柏林高等研究院前院长(2001~2007年)、柏林洪堡大学公法荣

---

① *Pascale Canik*, Der Kampf um Gleichberechtigung als Voraussetzung der demokratischen Republik, ebd., SS. 151-174.

② *Horst Dreier*, Grundrechtsrepublik Weimar, ebd., SS. 175-194.

③ *Michael Stolleis*, Die soziale Programmatik der Weimarer Reichsverfassung, ebd., SS. 195-218.

④ *Peter Graf Kielmansegg*, Der Reichspräsident-ein republikanischer Monarch?, ebd., SS. 219-240.

⑤ *Monika Wienfort*, Alte Eliten in der neuen Republik, ebd., SS. 241-262.

休教授迪特尔·格林(Dieter Grimm)为“魏玛的终结与沉没”而作。格林一方面以史实为据,将魏玛的终结追溯至1930年3月27日米勒二次内阁(Kabinett Müller II)的倒台,详述魏玛末期政局变换中民主失语、宪法毁弃的过程;另一方面,针对一种老生常谈的历史归责——魏玛宪法应当为共和败落与纳粹专制负责,格林抽丝剥茧层递提出反驳。(1)魏玛宪法颁布后,并未被尊为政治争议解决的共识基础,而是始终被当作政治斗争的对象对待。(2)宪法不只是文本而已,其命运取决于效力实现。细言之,魏玛宪法被设想为经典的民主宪法,但自从布吕宁一次内阁(Kabinett Brüning I)之后,政府的组织全赖于帝国总统。魏玛共和国晚期,民主不行,宪法亦不能发挥效力。(3)若将民主之失归咎于魏玛宪法的比例选举制度,亦属莫须有的指责。根据对当时选举的研究,其他的选举制度可能更早催生希特勒当政。(4)宪法仅载述政治的条件,而不能决定政治的全部细节,因而导致希特勒当权的各种政治决策,绝非宪法实现的必然结果。(5)国家法学对宪法的理解沿袭自帝国时代。主流的实证主义仅以宪法修改中复杂多数的程序要求区分宪法与法律,实际上不以宪法高于立法者,而将宪法归于立法者的支配(Disposition)下。因此,实证主义国家法学针对宪法修改无实质界限的形式化解释,完全不能阻止1933年授权法案的通过。(6)反实证主义的国家法学者,则对宪法与法律作出实质区分,并认为宪法优位于法律且宪法的基本原则不受立法者修改。但反实证主义者亦主张,为拯救宪法基本原则的目的允许突破某些具体规范。至希特勒炮制出1933年授权法案,施米特(Carl Schmitt)甚至发出赞声。[①]最后一篇由本书的另一位主编克里斯蒂安·瓦尔德霍夫(Christian Waldhoff)所作,旨在将魏玛宪法接入《基本法》体系。瓦尔德霍夫首先以格哈德·莱布霍尔茨(Gerhard Leibholz)战后对宪法学的影响为例,对国家法学的人员连续加以呈现,继而理出制宪、宪法司法、国家法学与一般政治讨论四种对魏玛宪法的继受面向,更以《基本法》时代对魏玛宪法的反观与正观,阐发出魏玛宪法的当代性。[②]

---

① *Dieter Grimm*, Weimars Ende und Untergang, ebd., SS. 263 – 287.

② *Christian Waldhoff*, Folgen-Lehren-Rezeption: Zum Nachleben des Verfassungswerks von Weimar, ebd., SS. 289 – 315.

2017~2018年度日本宪法学的研究动态

王 涛 编译*

本文选译了2017年10月至2018年9月,日本宪法学界的代表性著作和相关学术团体的会议信息以及重要的宪法判例。著作的列举将从教科书论文集、宪法总论、人权总论、人权各论、统治机构、外国宪法等方面进行。学术团体的会议信息以公法学会、全国宪法研究会、宪法理论研究会、宪法学会、比较宪法学会等学会的年会为主。重要宪法判例的列举不限于日本最高法院的判决,也包括了日本地方法院所作的判决。

一、论文集・杂志连载等

本年度出版了不少致敬学界泰斗的纪念论文集。如由信山社出版的工藤达郎等编《宪法学的创造性展开(户波江二先生古稀纪念)》(上、下卷)(以下简称户波古稀上下);由成文堂出版的毛利透等编《比较宪法学的现状与展望(初宿正典先生古稀祝贺)》(以下简称初宿古稀);可视为致敬大沢秀介先生退休论文集,由弘文堂出版的山本龙彦等编《违宪审查基准》;可视为致敬田岛泰彦先生退休论文集,由花传社出版的韩永学等编《权力 vs. 市民的自由》;以及日本评论社出版的祝贺西南学院大学法学部创设50周年纪念文集《变革期中法学政治学的前沿》。

此外,还有不少专题性的论文集。日本评论社出版的辻村美代子等编《"国家与法"的主要问题》(以下简称国家与法)、判例时报社出版的临时增刊《针对法曹实务的近代立宪主义》都是将之前的连载汇编成册。宪法理论研究会编辑的《展开的立宪主义》也在敬文堂出版(以下简称宪理研)。为纪念日本国宪法颁行70年,宍户常寿、林知更主编的《总点检日本国宪法的70年》在岩波书店出版(以下简称70年)。成文堂还出版了大林启吾、柴田宪司编著的《宪法判例的解码》(以下简称解码)。面对人工智能时代的到来,山本龙彦主编的《AI与宪法》进行了学术上的回应。

值得注意的是,信山社创刊了《宪法研究》杂志,每年两期,由辻村美代子负责总编

* 上海大学法学院助理教授、日本京都大学法学部访问学者。

本文编译的主要参考文献为毛利透、小山刚等:《学界展望 憲法》,《公法研究》80号,2018年;尾形健、上田健介等:《特集 学界回顧2018:憲法》,《法律时报》90卷13号,2018年;《平成30年度重要判例解说》,ジュリスト临时增刊2019年;《判例回顧と展望》,《法律时报》临时增刊2019年等。

辑。第1期的主题为“国民主权与象征天皇制”,第2期的主题为“世界的宪法变动与民主主义”。此外,一些杂志也策划了不少专门主题。《法学讨论》755号设置了“议会制民主主义”组稿;《法律时报》90卷5号“议会制的现状与改革的方向性”组稿;《法学教室》452号组稿“再确认·宪法的基本”;《法学讨论》761号组稿“宪法9条改正论的现在”;《论究法律人》25号组稿“媒体与宪法”等。

概说书方面有:志田阳子编《为了合格水准教职的宪法》(法律文化社);大岛义则《宪法女孩Ⅱ》以及《宪法女孩重装版》(法律文化社);曾我部真裕、横山真纪《学习宪法》(法律文化社);君塚正臣《给大学生的宪法》(法律文化社);辻村美代子编《最新宪法资料集》(信山社);辻村美代子、山元一编《概说宪法逐条释义》(信山社);永田秀树等《讲义·宪法学》(法律文化社);谷口真由美编《资料中思考宪法》(法律文化社)。判例分析方面,则有:栋居快行等编《判例训练宪法》(信山社);大沢秀介等编《宪法事例演习》(成文堂);木下昌彦主编《精读宪法判例(人权编)》(弘文堂)等。

杂志专题连载则有:赤坂幸一的《统治机构探访》系列继续在法学讨论上连载;法律时报上连载的《话说战后宪法学70年:对话高桥高见宪法学》系列已经完结,开始了《宪法的规整力》系列的连载;判例时报上《宪法诉讼的实践与理论》系列完结,开始新连载《统治构造中司法权应该承担的功能》;法学教室开始了书信体的新连载《探检宪法》;论究法律人开始了新连载《日本国宪法的特征》等。

二、宪法总论

江藤新平《近代立宪主义与他者》(岩波书店)对迄今为止对立宪主义的理解进行了批判,针对个人与公共之间的关系进行了新的解读。樋口阳一《作为抑制力的宪法》(岩波书店)分析了为何《日本国宪法》没有成为日本社会全体共识的原因。村田尚纪《比较眼中的宪法》(北大路书房)则比较了日本宪法和法国宪法。长谷部恭男的《价值比较不能的迷路》(增补新装版)(东京大学出版会)加入了作者近年对于立宪主义思考的新作。中川义郎《行政法理论与宪法》(法律文化社)则着眼于宪法与行政法的关系再定位。年逾90的日本宪法学泰斗池田政章所著《法文化论序说》(上、下)(信山社)则分析了宪法意识之上的法文化理论。学界新秀西贝小名都在国家学会杂志上连载五期完结的《国民主权与人民主权》以法国宪法学者马尔贝格的理论为核心,同时也参考了德国相关的讨论。此外,值得注意的还有:林知更《宪法的概念》(70年);佐佐木弘通《国民担负的立宪主义》(《法律时报》89卷10号);安章浩《近现代德国国家与宪法的相克关系》(《尚美学园大学综合政策论集》24号);高田笃《公法学文本的受容及其文脉》(初宿古稀);毛利透《代际正义与民主主义》(初宿古稀);毛利透《阿列克西与凯尔森有何不同》(户波古稀上);渡边洋《惯行与制裁》(户波古稀上)等。

2017年《关于天皇退位皇室典范特别法》生效。围绕天皇退位与天皇的公务,学界进行了讨论,特别是《宪法研究》首号即以此为主题。其中,栗田佳泰《作为文化问题的天皇制》对天皇制进行了新的解读;片桐直人《宪法与“皇室经济”》着眼于皇室财产问题。《法律时报》89 卷 12 号也设置了天皇制专题组稿,其中,植村胜庆《英国的王位继承规则——与日本的皇位继承规则对比》,主张对日本皇位继承应予重新评价。此外,还有山岸喜久治《象征天皇制与“生前退位”》(《宫城学院女子大学研究论文集》125 号)等。

关于和平主义与安全保障问题。木庭显《宪法第 9 条的逆旅》(美篶书房)以罗马法智识与历史洞见为切入点,对《日本国宪法》第 9 条的意义进行了新解读。矢岛光《日本国宪法 9 条与集团安全保障》(比较宪法学研究 29 号)考察了《日本国宪法》第 9 条战前战后的连续性问题。仲野武志《法治国原理与公法学的课题》(弘文堂)中《武力行使·武器使用的法规制》一文对自卫队的实力行使进行了探讨。此外,还有小林武《冲绳和平生存权的现在》(人权与部落问题 902 号);《特集　阻止安倍改宪的暴走》(《前卫》953 号);青井未帆《实力的统制与和平主义》(70 年);水岛朝穗《思考宪法和平主义》(《神奈川大学评论》90 号)等。

关于紧急事态问题。宪法理论研究会的特别主题即为《紧急事态与立宪主义》,其中有,长谷部恭男《紧急事态序说》;木下智史《阿克曼的紧急宪法论再考》;村田尚纪《法国关于紧急状态的宪法热议》;长利一《紧急权与“外观型立宪主义”》;高桥雅人《针对紧急状态的“行政统制”》等各自分析了外国宪法上的相关动态。此外,还有川又伸彦《紧急事态宪法与宪法裁判》(户波古稀下);山中伦太郎《非常事态布告制度的宪法原理上地位》(初宿古稀)等。

关于宪法修改与宪法保障问题。阪口正二郎等编《三思宪法改正》(日本评论社)不仅对自民党主张应优先考虑修宪项目的自卫队、紧急事态、参议院、教育等问题进行了分析检讨,还涉及了宪法修改程序、表现自由、宪法法院、环境权等问题。山本龙彦《没有主权者的宪法变动》(《论究法律人》25 号)比较了美日两国的宪法修改问题,对于《日本国宪法》强迫接受论也提出了新的观点。作为日本德国宪法学界之间对话成果之一,铃木秀美编《宪法的发展 I》(信山社)中,两国学者就宪法解释、宪法变迁、宪法修改问题各自发表了高见。土井真一《关于宪法修改规定的修改》(初宿古稀)以战前清宫四郎的宪法修改理论为切入,分析了宪法修改界限问题。此外,还有工藤达郎《违反宪法修改程序的宪法修改其效力》(户波古稀下);三宅雄彦《宪法的修改》(70 年)等。

关于日本宪法史方面。着眼于战前的两位重要宪法学者,五味良彬《关于上衫慎吉的“国体”论的一项考察》(《法学志林》115 卷 1、2 号);须贺博志《宫泽俊义“国家神道”像的批判性检讨》(初宿古稀)。铃木敦《魏玛宪法中的婚姻家族条款》(初宿古稀)分析了日本国宪法第 24 条在制定过程中,魏玛宪法第 119 条的影响。此外,还有荒邦启介《明治宪法中的“国务”与“统帅”》(成文堂);斋藤康辉《明治宪法与德意志各邦宪法》(《东洋法学》61 卷 3 号)等。

关于比较宪法方面。栗岛智明《德国宪法学的新潮流》(《法政论究》117 号)分析了全球化、欧盟一体化下、外国宪法研究活跃化下,德国传统宪法释义学所面临的挑战与发展方向。实原隆志《批判国法学与实务相近的纯粹法学言说》(户波古稀上)中分析了依据纯粹法学批判法释义学的耶施泰特(Jestaedt)其理论,讨论了日本如何借鉴德国宪法学与实务的近距离,日本应该如何借鉴。时本义昭《法国近代宪法理论的形成》(成文堂)考察了19世纪法国宪法学的发展与产生,特别重点分析了艾斯曼的理论。春山习《法国第三共和制宪法学》(《早稻田法学》92卷4号)、春山习《狄冀、奥里乌的研究方法》(《早稻田法学会志》68卷1号)则对艾斯曼以后的法国宪法学理论进行分析。在《国家学会杂志》上4次连载完结的小岛慎司《制度与公开 · 均衡》则对奥里乌所主张总统直选背后蕴含的政治多元性进行了分析。门轮祐介《国家理论中的一元性与多元性——马尔贝格第三专著再读》(《一桥法学》15卷3号、16卷1号)在欧盟一体化背景下分析马尔贝格理论的现实意义。此外,还有栗城寿夫继续在《名城法律评论》上连载的《黑勒的宪法规范力》;甲斐素直《奥地利初期宪法史概说》(户波古稀上);樱井智章《拜仁州宪法对基本法的影响》(户波古稀上);野上博义《近代法国宪法学序曲》(《名城法学》67卷2号)等。

关于全球化对宪法的影响问题。村西良太《司法权的国外委让与宪法》(《社会科学研究》69卷1号)以德国公法学的"统治权委让"为切入点,分析了基于投资条约的仲裁庭决议的效力问题。西土彰一郎《关于全球化的备忘录》(户波古稀上)分析了思考全球化"宪法"的必要性。山元一《全球化世界与制宪权》(《法学研究》91卷1号)侧重于"立宪主义的权威主义化"现象,描绘出制宪权作用活跃化与作为阀门的宪法法院之间的冲突。此外,还有大藤纪子《欧盟市民权》(日法法学29号);三宅雄彦《国际宪法与国内宪法的相克》(《法律时报》90卷5号);中西优美子《德国联邦宪法法院与欧洲法院间对话的发展》(户波古稀上);山田哲史《全球化时代公法学还有可能性吗》(初宿古稀)等。

三、人权总论

基本权总论部分,集中体现在参照德国宪法理论载于户波古稀上册的多篇论文中。而长期关注美国宪法的清水润依然在《中央法律杂志》上连载《普通法,宪法,自由》,对美国宪法上权利保护问题进行了长期耕耘。此外,如篠原永明《关于推导出"宪法上权利"的试论》(初宿古稀);小贯幸浩《基本权释义学与统治机构论 · 权力分力论之间,备忘录》(《骏河台法学》31卷1号);木下和郎《英国的人权保障》(《冈山法学》67卷1号);小山刚《宪法上权利的私人间效力》(《法学教室》452号)等。

人权主体问题上。坊间热议的是AI究竟是否具有人格,是否成为宪法上的人权主体。栗田昌裕《AI与人格》(AI)中否认AI的人权享有主体性。国籍问题则是考虑到朝鲜半岛历史的国籍研究,高希丽《大韩民国的"国籍"概念与"国民"》(《六甲台法学》64卷1号)。中村睦男《阿依努民族法制与宪法》分析了北海道原住民的法制问题。此外还有秋叶丈志《国籍法违宪判决与日本司法》(信山社);菅原真《日本"定住外国人"的地方选举权》(《南山法学》41卷3号、4号);栋居快行《优生保护法与宪法学者的自问》(《法律时报》90卷9号);松泽幸太郎《关于宪法与国籍关系的考察》(《早稻田法学》93卷3号)等。

在幸福追求权方面。此处多与隐私权有关。山本龙彦《思考隐私权》(信山社)汇集了山本"构造审查""取得时中心主义"等论点。这种意识还体现在他编著的《有趣的大数据》(朝日新书)中。稻谷龙彦《刑事裁判中的隐私权保护》(弘文堂)也提供了宪法上隐私权保护的另外视野。团上智也《美国独立宣言中"幸福追求权"的意义》(《法政治研究》4 号)分析了从洛克的财产到杰弗逊的幸福追求,这种变化背后的思想背景。此外,上田宏和《"自己决定权"的构造》(成文堂)集中对美国宪法判例进行了分析考察;浅野博宣《个人的尊重》(70 年);押久保伦夫《即使如此"人的尊严"也属绝对》(户波古稀上);毛利透《问卷调查下取得个人信息与隐私权、表现自由》(《判例时报》2334 号);石村修《警察的责务与信息收集活动》(户波古稀下)等。

在平等方面。高桥正明《宪法上平等原则与私人自治》(《帝京法学》31 卷 1 号、2 号)以公共设施中的歧视问题为切入,依据人权私人间效力的美国法议论以及日本下级法院裁判论点,主张公共空间下要禁止这种歧视。冈田俊幸《自由权审查与平等审查》(《日本大学法科大学院法务研究》15 号)分析了德国法上自由权审查与平等权审查的交织问题。此外还有木村草太《平等权与违宪审查基准》(《法学教室》452 号);安西文雄《间接差别与宪法》(明治大学法科大学院论集 20 号);大野友也《平等保护下合理性审查的严格适用》(户波古稀上);西原博史《由遗族年金差别诉讼来看平等权领域的立法裁量定位》(户波古稀上)等。

家族平等以及性少数群体(Lesbian, Gay, Bisexual, Transgender, LGBT)方面。白水隆《同性婚姻与日本国宪法》(初宿古稀)分析了日本国宪法解释下承认同性婚姻的可能性。上田宏和《日本认可同性婚姻的可能性》(《创价法学》47 卷 1 号)持同样观点。此外,还有铃木秀洋《关于性少数者的二部法案之考察》(《自治研究》83 卷 8 号);蔡秀卿《亚洲最初同性婚姻在台湾走向法律保障》(《法学研讨》753 号);有泽知之《同性婚姻与美国宪法》(户波古稀宪法上);卷美矢纪《法之下的平等与家族》(70 年);田代亚纪《夫妇同姓制度与"家族"的宪法学考察》(《早稻田法学》93 卷 3 号)等。

四、人权分论

关于思想自由、信仰自由、政教分离方面。代表性论述如,森口千弘《猥亵规制与思考自由》(《权力 vs. 市民自由》)中检讨了单纯持有猥亵物品的思考自由问题,对于日本禁止儿童色情也作了相应思考。山本和弘《德国的国家宗教中立性其构造》(《早稻田法学杂志》68 卷 2 号)分析德国宗教中立性的内容变迁。山本健人《宗教共同体构成员资格规则的介入》(《中京大学社会科学研究》38 卷 2 号)分析了加拿大宗教团体内部纷争的司法介入问题。其他还有木下智史《关于思想及良心自由的实践与理论上课题》(《判例时报》2355 号);佐佐木弘通《内面精神活动》(70 年);后藤光男《政教分离的基础理论》(成文堂);马场里美《共生与人权》(户波古稀上);井上武史《宗教团体规制的日法比较》(《宗教法》36 号)等。

关于表现自由方面。成原慧《海贼版网站封锁的法问题》(《法学教室》453 号)分析了通信秘密与表现自由、隐私权之间的关联,展望了信息社会中自由与秩序的形成。山田隆司的两篇力作《名誉损害与停止出版》(《创价法学》47 卷 1 号)、《名誉损害与否与"表现自由"》(《创价法学》47 卷 3 号)对名誉损害法理作了新的考察。前田聪《英国名誉损害法中"发表公众关心事务"的抗辩》(《流经法学》17 卷 1 号)、张晶《网络上转载导致名誉损害与转载者的责任》(《冈山大学大学院社会文化科学研究科纪要》45 号)等从比较法上作了考察。此外,还有前田郎《媒体与市民》(彩流社);曾我部真裕《市民的表现自由》(70 年);庄司克宏编《网络的自由与不自由》(法律文化社);中曾久雄《猿仏基准的未来》(《爱媛法学》43 卷 3 号、4 号)等。

信息法方面。针对 NHK 播放费诉讼案件的最高院判决,学者进行了讨论。长谷部恭男《播放契约制度的合宪性》(《法律时报》90 卷 2 号)、宍户常寿等《座谈会　NKH 播放费诉讼大法庭判决》(《法律人》1519 号)对判决进行了分析。西土彰一郎《公共播放的财源》(《论究法律人》25 号)对公共播放承担的功能进行了认可,但是主张应该考虑到消费者意见的反映。杉原周治《民间播放中"支配意见的力量"与集中排除法则》(户波古稀上)对德国的媒体规制进行了介绍。对于基于隐私权要求网络信息删除方面,有曾我部真裕《作为"网上信息流通基盘"的检索服务》(《论究法律人》25 号)对检索服务的性质功能进行了解读。此处涉及的被遗忘权,也有论者予以关注。如羽贺由利子《法国的隐私权与忘却》(《金泽法学》60 卷 2 号)、村田健介《停止隐私权侵害的请求权与"被遗忘权"》(《冈山法学》67 卷 2 号)等。高桥和之《宪法学与著作权法学的谷间》(《论究法律人》)认为宪法学与著作权法学之间存在沟壑,应予以协动研究。石塚壮太郎《艺术自由与著作权的相克》(户波古稀上)也分析了德国法上著作权与艺术自由的冲突问题。山口伊都子《表现自由与著作权》(《论究法律人》25 号)则基于美国法第 1 修正案作了考察。此外,还有海野敦史《通信自由与通信秘密》(尚学社);斋藤爱《媒体的自由》(70 年);玉虫由树《取材源秘匿的现在》(《论究法律人》25 号);木下昌彦《研究不正与营利性言论的法理》(《论究法律人》25 号)等。

憎恨性言论规制方面。《法学讨论》757 号特集即选择了这一主题进行了探讨。《比较宪法学研究》29 号的特集则选择了比较法层面的考察:大日方信春《美国的"憎恨性言论规制"》;奈须祐治《英国憎恨性煽动言论规制的历史与现状》;上村都《德国的"憎恨性言论规制"》;曾我部真裕《法国的憎恨性言论规制》。铃木秀美《网上的憎恨性言论与表现自由》(户波古稀上)同样考察了德国网络法的相关规定。此外,还有山口道昭《朝着憎恨性言论规制条例的制定》(《自治综研》467 号);光信一宏《法国对种族歧视言论的规制》(宪理研);樱庭综《憎恨性言论规制中的"公共平稳"》(《山口法学》66 卷 4 号)等。

集会结社自由方面。学界重点放在集会场所的内涵上,如木下智史《围绕集会场所的事例》(《判例时报》2324 号)、市川正人《关于公共设施中集会自由的考察》(《立命馆法学》373 号)。长冈彻《公园广场与集会自由》(《法与政治》69 卷 1 号)则指出封闭性空间内讨论的重要性。横大道聪《"法人"的"政治活动"自由再考》(《选举研究》34 卷 1

号)分析了公益团体参与政治活动的问题。此外,还有冈田俊幸《集会自由与活动文化》(《日本法学》83卷3号);冈田俊幸《德国基本法中"集会"的概念》(户波古稀上)等。

经济自由方面。大野悠介《试论书籍流通制度与宪法理论》(《庆应法律杂志》39卷)分析了书籍再贩卖价格维持制度的合宪性。平良小百合《财产权的宪法保障》(尚学社)从财产的法律依存性出发,参考德国的讨论,对权利的内容形成问题进行了宪法统制上的考察。针对刺青师医疗资格问题的宪法思考,小山刚《职业与资格》(《判例时报》2360号)、曾我部真裕《医师法17条对医业的垄断规制与宪法》(初宿古稀)使用宪法解释的手法作了分析。此外还有,松本哲治《经济自由》(70年);栋居快行《给费制废止的宪法问题》(《判例时报》2345号);大日方信春《私有财产制的代价》(《法学讨论》753号)等。

社会权方面。尾形健《福祉权保障的现代展开》(日本评论社)对福祉权作了新的解读。石塚壮太郎《健康权的法性质》(《法学研究》91卷1号)依据德国法的讨论,对健康权的性质进行了界定。与此相关,土屋仁美《食品安全分野中消费者生命健康权保障的优先性》(《法政法学》29号、30号)人物在食品安全中应该进行事先规制。山本龙彦《关于"生存权"财政规制机能的备忘录》(《法学研究》91卷1号)从宪法层面分析了财政与生存权的关系。松本奈津希《生存权自由权侧面而生的最低生活保障》(《一桥法学》17卷1号)分析了德国法上人的尊严条款与社会国家原理之间的关联。此外,还有尾形健《生存权》(《法学教室》452号);石川桃子《儿童贫困的宪法论考察》(《政策性研究》6号);仓田原志《德国教会的自我决定权与劳动者的基本权》(初宿古稀);内藤光博《生存权的财产权意义与保障》(《专修法学》130号)等。

受教育权与学术自由方面。斋藤芳浩《我国大学自治制度的经纬》(初宿古稀)再度考察了大学自治在日本的展开。高桥雅人《大学自治与民主主义原理》(户波古稀下)则分析了德国最近的大学改革问题。中山茂树《作为宪法问题的研究伦理》(初宿古稀)对作为学术自由规制的研究伦理进行了分析,指出研究者团体应负有说明责任。楢崎洋一郎《教员在教室内言论自由的司法审查基准》(《成蹊法政》44号)对教师课堂言论的法界限进行了分析。此外,还有荒牧重人《儿童权利条约与教育权利保障》(户波古稀下);赤川理《学术自由·受教育权》(70年);高乘智之《美国教员宪法上权利的预备考察》(《高冈法学》35号);横田守弘《德国联邦宪法法院与就学义务》(初宿古稀)等。

人身自由与反恐对策方面。实原隆志《刑事诉讼法197条1项但书的趣旨》(《福冈大学法学论丛》62卷3号)对最高院GPS搜查判决进行了分析。松田岳士《关于强制处分概念的最近讨论》(《阪大法学》67卷6号)也主张宪法学与刑事诉讼法学之间的对话。阿部纯子《拷问禁止规范的宪法意义》(《大东文化大学法学研究所报》38号)对禁止拷问从宪法层面上进行了分析。尾形健《宪法刑事程序的一个侧面》(初宿古稀)对障碍者在刑事程序中的诉讼能力进行了考察。反恐方面,大沢秀介编《变化的恐怖主义与法》(弘文堂)分析了各国最新的反恐对策。奥村公辅《法国强化反恐对策的诸问题》(《法律时报》90卷9号)则以法国法为例,分析了如何防止紧急事态一般化。糠塚康江《议会对执行机构的控制》(《法律时报》90卷5号)也聚焦于法国紧急事态下议会如何发挥统制功能。此外,还有村山健太郎《刑事程序与宪法》(70年);木村草太《思考死刑违宪论》(《世界》912号);北村泰三《欧盟刑事司法与立宪人权保障的课题》(户波古稀下);井上武史《体育活动的安全与公法的规制》(初宿古稀)等。

五、统治机构总论

基本理论方面。田代滉贵《作为判例理论的民主正当化论》(《法政研究》84卷2号)分析了德国联邦宪法法院关于民主正当性的判例,试图将其体系化整合。北村幸也《德国基本法与裁判与法律》(《法学论丛》181卷1号)从裁判权的民主正当化观点出发分析法律对法官的拘束问题。此外,还有土井真一《法的支配》(70年);松井茂记《理解国民主权》(《法学教室》452号);金子匡良《公法关系中政治信托的价值》(《法学志林》115卷4号);川锅健《民有民治民享的宪法》(《一桥法学》17卷2号);加藤立捷《脱欧与英国宪法》(《日本法学》83卷2号)等。

关于选举方面。大林启吾等编《世界的选举制度》(三省堂)分析了各国最新的选举制度。三枝昌幸《选举公营的起源与展开》(《法律论丛》90卷6号)分析了选举运动规制问题。此外还有仓田玲《强制投票的普通选举》(《立命馆法学》373号);只野雅人《普通选举与选举裁判所》(《一桥法学》17卷2号);毛利透《投票价值较差诉讼的现状与课题》(《判例时报》2354号);山本悦夫《参议院制度与投票价值的平等》等。

六、统治机构各论

国会与立法权方面。安倍政权下自民党的独大模式,在野党的功能如何发挥?法学讨论与法律时报的两个特集《议会制民主主义的危机》《议会制的现状与改革方法性》分别进行了讨论。村西良太在《少数派·反对派·野党会派》(《法律时报》90卷5号)中指出了自由委任的议员对政府进行统制的可能性。宫村教平《关于立法扩张形式的考察》(《阪大法学》67卷6号)梳理了德国公法学中"授权""委任""参照"的概念。前谷大志《议会审议非公开的宪法原理上省察》(《阪大法学》67卷5号、6号)同样以德国为素材,对议会委员会审议的非公开进行了民主制与法治国的审视。此外,还有毛利透《参议院的存在意义》(《法律时报》90卷5号);牟宪魁《"法律保留"的要否》(户波古稀下);赤坂幸一《议场构造的宪法学》(初宿古稀);村西良太《国会与内阁的权限分配》(《法学教室》452号);大西祥世《参议院与议院内阁制》(信山社);赤坂幸一《立法权与国会》(70年)等。

内阁与行政权方面。日本众议院在2017年9月被解散。高田笃《首相的解散权》(法学教室451号)即针对解散权进行了宪法上的分析。矶村晃《政府意思形成过程中议会统制的可能性》(《阪大法学》67卷5号、6号)针对传统上属于执行权核心范围的组织编成权逐渐由议会统制,德国公法学的应对考察。三上佳祐在南山法学上连续发表的《宪法制定国民议会时法国大臣责任制的原像》《大革命初期大臣责任制的一个断面》对法国大革命到议院内阁制的确立过程,进行了详细的资料梳理。此外,兵田爱子在关西法学论集上连载了三期《勒内·卡皮唐的议院内阁制论》,对这位法国第三共和时期的宪法学者思想进行了梳理。此外,还有毛利透《议院内阁制与行政权》(70年);松本哲治《特兰普政权初期的入国禁止措施与美国司法部》(初宿古稀);奥村公辅《内阁官房机能的比较法考察》(初宿古稀)等。

法院与司法权方面。君塚正臣《司法权·宪法诉讼论》(上、下卷)(法律文化社)可谓是作者长年研究所升华予以体系化的充分表现。木下昌彦《最高裁宪法判断的现况》(《论究法律人》23号)通过调查官解说,尝试分析最高法院的宪法判断。成濑托马斯诚《非讼案件与司法权》(《东洋法学》61卷3号)通过分析司法权如何面对非争讼的非诉案,一并从权力分立进行了考察。国民参与司法仍然是热点。柳濑升《裁判员制度的意义与展开可能性》(《日本法学》83卷1号)认为裁判员制度建构在协商民主主义理论上。山崎友也《关于裁判员制度的宪法正当性》(《金泽法学》61卷1号)则将依据诉诸国民主权。此外,还有藤田宙靖《最高裁判例与最高裁法法官》(《法律时报》90卷5号);铃木秀美《德国裁判电视直播与裁判公开》(《法学研究》91卷1号);山田隆司《最高法院调查官制度的再检讨》;宍户常寿《司法权与裁判所》(70年);山元一《"空前"的"司法官僚"》(户波古稀下)等。

违宪审查方面。手塚崇聪《司法权的国际化与宪法解释》(法律文化社)分析了加拿大最高法院在进行宪法解释时如何参照国际法规范。笹田荣司《违宪审查活跃化的复眼检讨》(《判例时报》2369号)提出了使违宪审查机能高效的制度构想。此外,还有畑尻刚《宪法裁判中的"制度"及其"运用"》(户波古稀下);川又伸彦《紧急事态宪法与宪法裁判》(户波古稀下);根森健《德国联邦宪法法院法官选任手续与民主正当性》(户波古稀下);君塚正臣《日本宪法院式机关的宪法可能性》(《横滨法学》26卷3号)。涉谷秀树《司法权与违宪审查权》(《判例时报》2375号、2376号);南野森《违宪审查制》(70年)等。

宪法诉讼方面。针对行政裁量论与宪法权利的关系,堀口悟郎《行政裁量与人权》(《法学研究》91卷1号)对人权与行政裁量的关系进行了分析。渡边康行《行政法与宪法》(《法律时报》90卷8号)则提出了不同的视角。针对日本最高法院的立法事实理论,武田芳树《关于立法事实审查的考察》(户波古稀下)参考了美国法上的讨论。伊藤健《关于目的审查的违宪审查基准》3期连载(《法学论丛》181卷2~5号)同样对美国的司法实践进行了详细梳理。此外,还有赤坂正浩《思考适用违宪论》(户波古稀下);小山刚《第三人行为论与国家的基本权保护义务》(《判例时报》2341号);山本真敬《德国联邦宪法法院"主张可能性统制"的展开》(《早稻田法学》93卷2号)等。

财政方面。石森久广《财政规律的研究》(有信堂)对德国法的借债限制条款进行了历史的梳理。三宅雄彦《租税国家原理与德国财政宪法的构造转换》(《法律时报》90卷2号)主张问题在于市场经济与国家之间的冲突。此外,还有柏崎敏义《明治初期·立宪体制之前的财政法令》(户波古稀下);今本启介《美国州财政破产与倒产能力》(《新泻法学》50卷3号、4号);片桐直人《公债发行与宪法85条》(初宿古稀);上田健介《独立财政机关与宪法》(初宿古稀)等。

地方自治方面。夏泽幸广《离岛与法》(法律文化社)分析了伊豆群岛、小笠原群岛的町村自治问题。横堀秋《福尔斯多夫的公法人理论》(《北大法政杂志》24号)分析了1931年福尔斯多夫的文章。笛木淳《联邦对州的指示权》(《阪大法学》67卷6号)同样考察了德国联邦与州之间的权限分配。此外,还有大石真《围绕二元代表制下统治机构的各问题》(初宿古稀);芦田淳《地域国家的自治立法权》(《自治综研》475号);渡边互《德国条例制定权界限的理论状况》(《名城法学》67卷3号)等。

七、会议信息

日本公法学会2018年度总会于10月13~14日在专修大学召开。会议主题为"公法解释中的'先例'与'原理·原则'"。主要报告人及发言题目如下:《公法学中的"先例"与解释——从宪法学观点出发》(井上典之)、《议会的"先例"》(川﨑政司)、《内阁的"先例"》(横大道聪)、《省厅的"先例"》(佐伯祐二)、《自治体的"先例"》(田中孝男)、《公法解释中诸原理的对抗——从宪法学观点出发》(松本和彦)等。

日本比较宪法学会2018年度总会于10月27日在日本大学召开。会议主题为"家族与宪法"。主要报告人及发言题目如下:《比较宪法学中相互"参照"的意义》(手塚崇聪)、《洛克纳判决再考:普通法的宪法论与革新主义对其批判》(清水润)、《宪法与亲权利制度——以德国法为参考》(篠原永明)、《宪法上关于家族与儿童的问题——美国法的视野》(池谷和子)、《欧州家族法制的动向——以法国为中心》(稻叶实香)、《台湾同性婚姻的合宪性》(松井直之)、《家族与宪法:何以成为宪法问题》(中山茂树)等。

日本宪法学会2018年春季总会于6月9日在姬路大学召开。会议主题为"宪法与国土——关于外国人土地取得的诸问题"。主要报告人及发言题目如下:《限制外国人土地取得的法论点——从公法学的观点出发》(渡边互)、《基于国际关系法视野下土地与安全保障》(斋藤洋)、《外国人取得土地的现状与问题点①》(宫本雅史)、《外国人取得土地的现状与问题点②》(平野秀树)等。秋季总会则于10月20日在日本文化大学召开。会议主题为"明治宪法再考——明治维新150年之际"。主要报告人及发言题目如下:《关于明治宪法的讨论方式》(新庄胜美)、《统帅权的走向——从昭和28年宪法改正案再考明治宪法》(荒邦启介)、《明治宪法与国体》(高乘智之)、《明治宪法下的政教关系》(新田均)、《日本占领期下明治立宪君主制的展开——昭和天皇如何成为"象徵"》(下條芳明)等。

全国宪法研究会2018年春季总会于5月12日在一桥大学召开。会议主题为"日本国宪法的'制度设计'与'实践':以人权论为中心"。主要报告人及发言题目如下:《国籍法制的现状与课题》(高佐智美)、《学问自由与大学自治的原点与现状》(中富公一)、《职业自由与自我统治——布兰戴斯留下的一项法理论》(木下昌彦)、《言论自由与信息法制——放送制度的未来》(西土彰一郎)等。秋季总会则于10月15日在武藏野大学召开。会议主题为"日本国宪法的'制度设计'与'实践':以统治机构论为中心"。主要报告人及发言题目如下:《议会制民主主义——作为medium的议员》(糠塚康江)、《和平主义的规范构造与动态——安全保障的"制度设计"与"实践"》(本秀纪)、《财政・金融与议会》(中里实)、《行政组织的等级制原理与责任》(高桥雅人等)。

比较法学会2018年总会于6月2日~3日在关西大学召开。其中,分论坛之一的主题为"法国各国家机关所作宪法解释的相互作用"。主要报告人及发言题目如下:《政府各机关间的相互作用》(奥村公辅)、《政府与议会之间的相互作用》(德永贵志)、《政治部门与宪法院的相互作用》(新井诚)、《宪法院与最高行政法院诉讼部的相互作用》(河嶋春菜)等。

八、年度代表性判例简述

针对认定非法滞留的外国人强制遣返处分,名古屋高等法院2018・4・11判决、2018・1・19判决考虑外国人的权利问题,撤销了这种处分。最高法院第一小法庭2018・3・15判决涉及儿童权利的保护,特别是如何确定儿童的自由意思。东京地方法院2018・9・27判决认定在推特上发布原告人照片的行为系侵害隐私权。知识产权高等法院2018・4・25判决,驳回了上诉人要求获得推特上作品所衍生的著作权。鹿儿岛地方法院2018・4・27判决驳回了当地居民关于和平生存权的诉求。大阪高等法院2018・10・12判决与神户地方法院2018・10・17判决均驳回了要求获得公共住宅的请求。名古屋高等法院金泽分部2018・7・4判决与大阪地方法院2018・3・30判决均驳回了以侵害健康权等人格权而要求停止核电站建设的诉求。最高法院大法庭2018・12・19判决指出,在2017年10月22日实施的众议院议员总选举中,区域划分的差异并不违宪。大阪高等法院2018・8・30判决指出仅肯定丈夫有权提起否认亲生之诉,并不违反平等原则。最高法院第一小法庭2018・7・19判决指出,基于良心自由在毕业典礼上不起立唱国歌的行为,学校在原告人退休后续聘认定不合格,并未逾越裁量权,不构成滥用。最高法院第一小法庭2018・12・20判决驳回了上诉,确定了公民会馆报不刊登原告关于和平主义的俳句造成了人格利益受到侵害。最高法院大法庭2018・10・17认定法官在推特上的发言构成有辱品行,应予处分。最高法院第一小法庭2018・4・26指出县议会中议长取消议员发言并不属于司法审查的对象。

2018 年度韩国宪法学发展与动向

[韩]金埈荣*

本文主要介绍2018 年韩国宪法研究的焦点问题和宪法学界代表性学术团体的学术活动与著作、国会和宪法法院的主要判例等。各学术团体的学术活动部分包括韩国公法学会、韩国宪法学会、韩国立法学会、第十一届韩国法律家大会,按时间顺序对主题和发表人进行介绍,著作部分主要介绍与宪法学有关的最新出版书籍。国会活动部分主要以韩国立法学会2018 年第六届"韩国立法大奖"中获奖的优秀法律为主。此外,本文还分析了宪法法院的判决与活动,特别是 2018 年宪法法院判例中受到社会各界广泛关注的判例。

一、2018 年韩国宪法界的主要事件

2018 年韩国宪法界的主要事件包括总统文在寅的《宪法修正案》、宪法法院与大法院对"兵役良心犯"的判例、韩朝第三次首脑会谈、"2018 韩中细微颗粒减排合作项目"全面启动、韩国前总统李明博被拘捕、推行每周不得超过 52 小时工作制、"MeToo 运动"在韩引发争议、大数据与人工智能 、第十届世界宪法大会等事件。

(一)《宪法修正案》

2018 年 3 月 26 日,韩国总统文在寅签署修宪案,这是近 30 年来首位韩国国家元首签署修宪案。韩国上一次修宪是在 1987 年。[①] 根据韩国《宪法》,修宪案可以由国会提出,也可以由总统提出。文在寅自 2017 年 5 月就任韩国总统后,就着手推进修宪事宜。2018 年 3 月 12 日,直属韩国总统的政策企划委旗下的国民宪法咨询特别委员会确定了修宪建议草案,文在寅 3 月 26 日签署批准了修宪案并在官报上刊登。修宪案送交国会审议 60 日,需获得国会至少 2/3 赞成票才可通过,此后,修宪案接受公投,获得多数赞成

---

* 韩国圆光大学韩中关系学院教授,韩国宪法学会研究委员,中国人民大学法学博士。

① 大韩民国的第一部《宪法》于 1948 年 7 月 17 日通过。由于韩国在追求民主的发展中历经政治动乱,《宪法》先后修改过 9 次。最后一次修改是在 1987 年 10 月 29 日。韩国现行《宪法》包括序言、130 项条款和 6 个补充规定。《宪法》共分 10 章:"总纲""公民的权利和义务""国会""政府""法院""宪法法院""选举管理""地方自治""经济"和"修宪"。

后便可生效。①

此次修宪的核心内容包括规定法定首都、实行总统 4 年连任制、下调选举投票年龄、地方分权等。根据韩国现行《宪法》,韩国总统任期为 5 年且不得连任,修宪案将任期改为 4 年,可连任 1 届,修改任期可使总统和地方政府首长的任期基本保持同步。近年来,总统不能连任的弊端逐渐显现,最大的问题就是国家政策没有连续性。宪法案附则还规定,施行修宪案时的在职总统任期截至2022 年5 月9 日,不得连任。也就是说,在修宪后总统文在寅并不是该条款的适用者。修宪案将公民投票年龄从 19 周岁下调至 18 周岁,这有利于青少年公开反映其在生活、教育等各个领域的个人意志。修宪案削减和分散总统权限,大幅强化国会和国务总理权限,主要内容包括删除"总统是国家元首"的字句、总统在行驶赦免权时必须接受赦免委员会的审查等。与此同时,韩国现行《宪法》中"奉总统之命"的字句被删除,赋予国务总理统管各行政部门的权利,并要求国务总理提高责任性和自律性。监查院不再是总统直属的宪法机关,而设为独立的机构,其中 3 名监查委员由国会选出,政府向国会提交法律案时必须获得 10 名以上国会议员同意。

但遗憾的是,此次修宪案送交国会审议后并未获得通过,但其意义深远,社会各处紧迫修宪的呼声愈加强烈,韩国宪法学界也将继续修宪之路。

(二)"兵役良心犯"

韩国实行义务征兵制,根据韩国《兵役法》规定,韩国籍男性在 20 ~30 岁应根据相关规定入伍服兵役。在接到现役或社会服务人员入伍通知书后,入伍当天或召集日起 3 天内若无正当理由未报道者将被处以 3 年以下有期徒刑。②

"兵役良心犯",是指在征兵制的国家中,因为宗教信仰或是对和平渴望的意识形态,反对接受国家征召的国民。此外,还有不少"兵役良心犯"是因为宗教信仰的驱使拒绝军事学习,有的人因是同性恋的身份,对于军中性别歧视的文化感到格格不入而拒绝服兵役,甚至也有人纯粹反对将军中文化的恶习带入社会而拒绝服兵役。据统计,韩国从 1948 年至今,已经有将近 1.9 万人因此坐牢。

韩国宪法法院在 2018 年 6 月 28 日作出裁定,处罚因宗教信仰或信念等拒服兵役的"兵役良心犯"的规定不违宪。③ 这是韩国宪法法院第四次对"兵役良心犯"的处罚规定

---

① 韩国《宪法》第 128 条:①宪法的修订由国会在籍议员过半数或总统提议的方式提案;②为延长总统任期或变更连任的宪法修订,对于该宪法修订提案当时的总统不具有效力。第 129 条:对于被提案的宪法修订案,总统将此公告的期间应为 20 日以上。第 130 条:①国会应在宪法修订案被公告之日起 60 日内进行表决,国会通过应取得在籍议员的 2/3 以上赞成;②宪法修订案在通过国会表决后 30 日内应对其进行国民投票,并取得国会议员选举权人过半数投票和投票者过半数赞成;③宪法修订案取得第 2 项规定的赞成后,宪法修订被确定,总统应立即将其公布。

② 参见韩国《兵役法》第 88 条。

③ 韩国《宪法》2018.6.28.2011HUN-BA379。

作出合宪的裁定。[①] 因宗教信仰、良心等理由拒服兵役是否可被认定为“正当理由”成为此次审判的焦点。在9名法官中,4人认为符合宪法,4人认为违反宪法,1人驳回,最终裁定《兵役法》第88条第1款的规定不违宪。宪法法院认为,处罚条例旨在确保兵力资源和谋求公平的兵役负担,立法目的正当,以刑罚强制履行兵役的做法是为实现立法目的的合理手段;并强调,如果国家安全得不到保护,就不能确保人类的尊严和价值。良知自由不能凌驾于保卫国家的职责之上。但同时,宪法法院认为,在未规定以其他形式替代服役的情况下对“兵役良心犯”进行处罚侵犯良心自由,并要求到2019年12月31日前修订《兵役法》第5条,为“兵役良心犯”制定其他服役方式,在此之前,该条例依然有效。但若该条例在规定时限内未得到修改,则从2020年1月1日起失去效力。目前,有3项替代兵役的法案正在国会等待审议,这些法案将使青年男子可以选择在社会福利机构中为残疾人或老年人服务或从事救灾工作以替代在军队服役;同时,审议缩短服役期限也在进行。

在宪法法院作出新的裁定后,韩国大法院(最高法院)在2018年11月1日对一案例作出了无罪的判决。大法院在判决书中认为,因宗教信仰和个人良心而拒服兵役者被视为拥有正当理由。而此前,韩国大法院都判处因宗教信仰和个人良心而拒服兵役者有期徒刑。[②] 宗教信仰,即“良心自由”高于兵役义务这一“宪法法益”,刑事处罚过度限制良心自由,强制年轻男性一律服兵役并处罚不服兵役者的做法违背宽容少数的自由民主主义。然而,如何判断何为“出于良心”是个难题,良心是心灵的声音,如何让主审法官判断被告是否出于真正的良心或宗教信仰而拒服兵役,相关争议未来将不断出现。

(三)韩朝第三次首脑会谈

2018年4月27日,韩国总统文在寅与朝鲜国务委员委员长金正恩在韩朝边境板门店军事分界线韩方一侧的“和平之家”举行会晤,并签署《板门店宣言》。这是韩朝双方的第三次首脑会晤。

此次韩朝首脑会晤的核心议题是朝鲜半岛无核化及构建半岛永久和平。会谈中,金正恩表示将于5月关闭位于北部的丰溪里核试验场,为向国际社会透明公开闭核试验场过程,将邀请韩美专家和媒体访问朝鲜,并表示为不让朝鲜战争的悲剧历史重演而保证不会使用武力。青瓦台方面表示,金正恩决定关闭核试验场并向外界公开这一过程,表明朝鲜提前迈出了无核化核查过程的积极一步。此外,金正恩还在会晤时提出将把平壤标准时统一为首尔标准时,这一措施体现出朝方有意与国际社会协调一致,也有助于消除今后韩朝、朝美间的交流合作障碍。最后,双方领导人签署了《板门店宣言》,宣布双方

---

① 2008年8月、10月,2011年8月,韩国宪法法院均裁定《兵役法》的处罚条款符合韩国《宪法》。

② 韩国大法院认为自2004年以后对良心性兵役拒绝者没有正当理由,一般判决为1年零6个月。但是2018年11月1日,大法院全体协议判决改变了态度。但在审判中检察官应该证明良心性兵役拒绝者是否有正当理由。(大法院2018.11.1宣告2016DO10912大法院全体协议判决)

为实现朝鲜半岛无核化、南北关系全面划时代的改善和发展、缓解南北军事紧张、解除战争危险、继续巩固和平体制而共同努力。

(四)"2018 韩中细微颗粒减排合作项目"全面启动

"2018 韩中细微颗粒减排合作项目"全面启动,共有 12 家韩国企业被选定参加该项目。该项目是 2014 年 7 月韩中领导人会谈达成的共识,两国从 2015 年起推进该项目。包括石化、水泥、挥发性有机物(VOCs)污染防治。通过该项目,韩国防治空气污染技术被应用于山西省、河北省等地的中国火力发电厂等大气污染物质大量排放设施。

(五)韩国前总统李明博被拘捕

韩国第 17 任总统李明博于 2018 年 3 月 22 日深夜被拘捕。检方指控其犯有受贿 111 亿韩元、筹集 DAS 公司秘密资金 348 亿韩元等多项罪名。他是继全斗焕、卢泰愚、朴槿惠之后,韩国第四位被批捕的前总统。首尔中央地方法院考虑到李明博所涉罪名众多、犯罪嫌疑人位高权重、所涉罪名的严重性及案件调查过程中掌握的情况且有毁灭证据之虞,据此认为有理由且有必要对其进行拘捕并签发了拘捕令。当地时间 23 日 0 点 18 分,韩国前总统李明博被押至首尔东部看守所。曾宣誓守护法律伦理的总统们卸任后纷纷被关押入狱,这样的悲剧在韩国反复重演令韩国社会深感苦恼。

(六)推行每周不得超过 52 小时工作制

2016 年韩国劳动者年均工作时间为 2069 小时,比经济合作与发展组织(Organization for Econornic Co-operation and Development,OECD)成员国的平均时间多 305 个小时。个人生活质量低、家庭与工作严重失衡已经成为韩国社会的痼疾。为逐渐改变这种情况,2018 年 2 月 28 日,韩国国会通过了《劳动标准法修正案》,规定每周工作时间为 40 小时(每天平均 8 小时),最多可延长工作时间(包括周末)共 12 小时,每周不得超过 52 小时。

这虽然是为民谋福利的制度,但真正实行起来却也给员工带来了不少问题,最具代表性的就是公司要求员工"到点下班",但实际上给员工分配的工作量并没有减少,在家中仍需要继续处理工作。工资相应减少也受到诟病。该制度实行后,超过 300 人的大企业员工的月薪减幅平均将达 7.9%(41.7 万韩元)、中小企业(30~299 人)为 12.3%(39.1 万韩元),不少员工对此十分不满。还有诸如高精尖产业、制造业等一些特殊的行业,每周只工作 52 个小时并不现实,"一刀切"地强行把工作时间缩短可能会降低韩国产业的竞争力。有意见认为,工作时间的标准不应以周为单位,以月或是年来计算更科学,更符合政策规定。

(七)"MeToo"运动在韩引发争议

发端于美国的"MeToo"运动蔓延到韩国后,从司法领域迅速向社会各领域蔓延,对韩国政界与演艺界产生巨大影响。被视为现任韩国总统文在寅继任者的忠南道知事安熙正因涉嫌多次性侵随行秘书而被开除党籍、辞职告别政治生涯。2015 年韩国性别平等与家庭事务部调查表明,1/10 的女性曾在工作场合遭受到性骚扰,在酒桌文化昌盛繁荣的韩国,于非工作时间组织聚餐已经成为企业文化的一部分,韩国企业的男性职工开始在聚餐活动中排斥女性员工出席,工作中也尽量避免同女同事接触,以避免潜在的性骚扰指控,使职场上形成“性别隔离”的潜规则。发起“MeToo”运动本身是为了改变社会性别不平等,但在韩国的“MeToo”运动很可能因“性别隔离”的潜规则出现使其内部分化。“MeToo”运动是女性保障自身合法权益的社会活动的一部分,然而,在性别严重不平等的韩国,面临的挑战势必更严峻,韩国“MeToo 运动”的前路仍布满荆棘。

(八)大数据与人工智能

随着科学技术的发展,第 4 次工业革命正在来临。物联网(Internet of Things,IoT)技术的发达,实现通过网络和通信网构建的超链接社会,也让技术和产业之间的界线消失。超链接性和人工智能等技术的发展使超级人工智能和传统的制造业相结合,生产过程向着产品之间可以自主交流甚至作出决定的方向发展,生产工艺进步、生产效率大幅提高。云技术正向着软件开发平台领域发展,在以云技术为基础的软件开发平台上,和人工智能技术相结合的物联网技术大展身手,同时引领着第 4 次工业革命。分析基因、记录 DNA 数据从而合成有机物以及新兴起的基因治疗技术,它们都加快了第 4 次工业革命的革新速度。大数据技术通过分析数据,提取有用信息,这些信息与物联网链接,获取线上产品信息,并通过新一代通信技术——5G 技术来实现。

(九)第十届世界宪法大会

2018 年 6 月 18 日至 22 日,在韩国举行了国际宪法学协会 2018 年世界宪法大会(International Association of Constitutional Law,IACL)。IACL 成立于 1981 年,是世界性的宪法学研究团体,每 4 年召开一次大会。本届执委由 29 名学者组成,共有来自 80 多个国家的近 600 多位宪法学者出席了此次国际宪法学界的学术盛会。此次世界宪法大会的主题是“暴力冲突、和平建设与宪法”。

大会分为主题发言与分组研讨两个部分。共设四个主题会议,包括“现代宪法中的和平与战争”、“对新型暴力冲突的宪法回应:恐怖主义、叛乱、紧急状态与和平建设”、“移民进程中的宪法挑战:主权、国境与人权”和“法官论坛”。分组研讨分为 27 个单元,“构建世界宪法的争论”“紧急状态时对宪法的滥用”“紧急状态”“议会对军事行动的控制”“对恐怖主义的宪法回应”“暴力冲突期间的司法审查”“紧急状态时的宪法权利保护”“受控状况下的言论自由:冲突、暴力和日益增长的集权下的言论和新闻自由”“财政危机与宪法回应”“暴力冲突地区的儿童”“妇女与冲突地区及冲突期间的暴力”“人的尊严与免于指控的庇护权”“危机下的宪法修正”“非自由的民主”“自觉反抗、宗教与宪法”“经济危机与移民危机:对社会国家的挑战”“新式民主与对司法部门的挑战”“外国法和国际法对冲突中及冲突后宪法的影响”“后苏维埃宪政与和平建设”“恐怖主义时代的因特网”“危机时期的成员与排斥和大众主义”“宪法建设进程中的外部影响”“跨国犯罪:刑事正义与程序的边界、宪法挑战”“宪法事由”“通过联邦安排容纳冲突:从冲突管理到分离”等。

宪法大会取得了丰硕的成果,体现了当今国际宪法学界对“暴力冲突、和平建设与宪法"这一新型宪法理论和实践问题的全面关注,代表了当今国际宪法学界理论研究的趋势和方向。

二、韩国各宪法学研究团体的主要学术活动

(一)韩国公法学会(www. kpla. or. kr)

韩国公法学会是为了研究如何发展宪法与行政法人员等工作,而组建的最大规模的公法学社团法人和学术团体,成立于1995年,拥有30多个分会,每年按季度举办学术大会,提出国内公法的发展方向和实践方案,并发行学术季刊《公法研究》。

2018年公法学会的学术活动及其主要内容如下。

(1)第220次定期学术大会(2018年新进学者大会):2018年2月23日,在亚洲大学法学院举行了韩国公法学会与亚洲大学法学院共同学术大会,以"现代公法学研究新动向"为大主题。

宪法方面新进学者研究发表论文如下:Lee Chunhui《民主共和国原理的社会经济意义和实现的相关研究》、Kim Jonghyeon《统一后关于防御民主主义的研究——以承认可能性及具体适用方案为中心》、Lee Gyeongseon《宪法条文的制定法律实态和时事点》、Kang Myeongwon《韩国和法国总统的权限——以总统和议会多数派不一致为中心》、Kim Jeongsu《根据宗教政治化现象,多元主义的政教分离模式的必要性研究》、Oh Jiwon《宪法上关于政教分离原则的研究》。

行政法方面新进学者研究发表论文如下:Kim Naru《大数据和个人信息保护法制之间的矛盾和改善方案》、Song Taewon《在网络平台竞争上忧虑和规制方案的考察》、Hwang Jihye《关于民间投资法制的保证责任实现的比较法律研究——以日本民间投资法制为中心》、Woo Gitaek《人权基本法和地方自治团体人权政策的课题》、Jeon Jisu《关于手语言的习惯宪法是否承认的研究》、Seok Hoyeong《关于空中空间利用法制争论点的研究》。

(2)第221次定期学术大会(宪法修改学术大会):2018年4月6日,在韩国宪法法院大讲堂举行了韩国公法学会学术大会,以"国民立场修改宪法"为大主题。大会上发表的论文为张永洙《有关权力结构及司法改革的宪法修改探讨》、金锺铁《有关权力结构及司法改革的宪法修改探讨》、李仁皓《有关基本权的宪法修改探讨》、宋基春《有关基本权的宪法修改探讨》、李琦雨《有关地方自治的宪法修改探讨》、李光润《有关地方自治的宪法修改探讨》、Hong Junhyeong《有关经济条款宪法修改的探讨》、金性洙《有关经济条款的宪法修改探讨》。

(3)第222次定期学术大会:2018年4月28日,在高丽大学法学院举行了韩国公法学会、韩国刑事法学会共同学术大会,以"基本权保障与刑事司法制度"为大主题。发表论文为文圣棹《宪法上关于拘捕令保障身体居住自由的权利》、金奉秀《由法官审判的权利和国民参与审判的制度》、许真诚《辩护权的宪法意义》、Lee Myeongung《Me Too 现象与在公法上的课题》。

(4)第223次定期学术大会:2018年5月18日,在首尔大学近代法学100周年纪念馆举行了韩国公法学会与司法政策研究院共同学术大会,以“公法上损害填补的问题”为大主题。主题演讲为金文显《财产权保障和损失补偿的法理》、朴炳大《公法上关于诉讼权、管辖及诉讼形态的实务争论点和课题》。发表论文为Sin Wonil《大法院对损失补偿的判例动向》、崔桂暎《特别法中关于公法上损害填补的法律争论点》、朴正勋《国家赔偿法改革再论——在司法上从代位责任过度为自己责任》。

(5)第224次定期学术大会:2018年6月8日,在首尔良才洞ELTOWER举行了韩国公法学会宪法研究论坛与大法院宪法研究会共同学术大会,以“司法府的独立性和确保民主性的公法课题”为大主题。首位发言者朴銃炘以“司法府的独立性和确保民主性的公法课题”为大主题做了发言。发表论文为Lee Huijun《通过比较法探讨我国司法府的地位——与行政府的关系为中心(日本宪法及法律制度比较)》、李相茎《通过比较法探讨我国司法府的地位——与行政府的关系为中心(美国、法国等宪法及法律制度的比较)》、Choi Huijun《法院统一的法令解释和国民的法律稳定性》。

(6)第225次定期学术大会:2018年6月22日,在韩国宪法法院大讲堂举行了韩国公法学会与韩国法制研究院共同学术大会,以“合法程序和行政程序法”为大主题。发表论文为Rainer Arnold《德国的合法程序和行政程序法》、Xanier Philippe《法国的合法程序和行政程序法》。

(7)第226次定期学术大会:2018年7月6日,在韩国法制研究院举行了韩国公法学会公益人权论坛、韩国法制研究院、立法理论实务学会与Cyber安保法政策学会共同学术大会,以“实现社会价值的法制对应战略”为大主题。发表论文为Yoon Sujeong《实现社会价值与宪法》、金大仁《实现社会价值与行政法》、崔哲豪《实现社会价值的立法课题》、Kim Seonggyeong《社会相关弱者法制的问题点与立法课题》、尹硕镇《为了社会统合的虚拟安全法律含义——以个人信息保护和协调为中心》、郭管勋《为了实现社会价值的虚拟安全法律课题》。

(8)第227次定期学术大会(韩国国会开院制宪70周年国际学术大会):2018年7月23日,在国会议员会馆举行了韩国公法学会、韩国宪法学会与国会法制室共同学术大会,以“未来社会的议会和宪法”为大主题。首位发言人朴均省发表论文《未来社会的议会和宪法》。其他发表论文为Guy Sorman《从世界化与即时沟通时代转移到国民的权力》、Kang Hyeoncheol《市民的立法参与和立法评估制度方案》、Kim Seonhwa《第四次工业革命发展的立法对应》、Manisha Madhava《包容边缘阶层的印度会议民主化》、Gertyan Bule《云资料超越国家接触》、Kwon Heonyeong《大数据社会和规制立法》。

(9)第228次定期学术大会:2018年9月14日,在韩国宪法法院大讲堂举行了韩国公法学会定期学术大会,以“公法上规范控制问题”为大主题。发表论文为Jung Gwanhyeon《违宪法律审判的最新动向与课题——以提高司法审查的合理性方案为中心》、郑南哲《违宪违法条例的规范和权利限制》、Kim Junhyeon《行政立法的法规性和规范限制》、郑勋《对行政审判制度的重新审视和规范控制的必要性》。

(10)第229次定期学术大会:2018年10月27日,在国会议员会馆举行了韩国公法学会2018年国际学术大会,以"作为宪法文件的联政协约与协治"为大主题。发表论文为Josef Ruthig《德国联政协约的规范性含义》,Wim J. M. Voermans《荷兰联政协商的规范性含义》、Carlos Mieguel Herrera《在法国共同协商政府协治的规范性含义》。

(11)第230次定期学术大会:2018年11月30日,在Vertex Korea Business Center举行了韩国公法学会与监事研究院共同学术大会。发表论文为田勋《通过对法国监查院改革探讨对英国监查院的影响》、李真洙《德国的合法性监查和目的性监查》、Kang Myeongwon《英国的合法性监查和目的性监查》。

(12)第231次定期学术大会:2018年12月14日,在大韩商工会议所举行了韩国公法学会定期学术大会。发表论文为郑柱白《抗告诉讼和宪法诉愿的关系》、Sun Uijong《抗告诉讼和宪法诉愿的关系》、南福铉《机关诉讼和权限争议审判关系》、Lim Hyeon《机关诉讼和权限争议审判关系》、Heo Wanjung《违宪决定的效力和行政处分的效力》、崔胜弼《违宪决定的效力和行政处分的效力》。

(13)欧洲人权法院判例研究公开论坛:2018年3月30日在韩国公法学会办公室举行了第一次论坛,发表论文为吴丞奎《关于个人信息的欧洲人权法院判例和法国宪法法院判例的动向比较》;2018年5月12日在首尔大学法学院举行了第二次论坛,发表论文为Birgit Daiber"The influence of the jurisprudence of the European Court of Human Rights on the jurisprudence of the German Federal Constitutional Court"、朴真完《欧盟法院和欧洲人权法院的关系》、吴丞奎《法国宪法法院和欧洲人权法院的关系》;2018年8月31日在韩国公法学会办公室举行第三次论坛,发表论文为朴真完《欧洲人权法院和难民》;2018年10月19日在韩国公法学会办公室举行了第四次论坛,发表论文为Dr. Jorge Alexander Portocarrero Quispe《美洲人权法院和各国最高法院之间的关系——以秘鲁宪法法院经验为中心》。

(二)韩国宪法学会(www. k-cla. or. kr)

韩国宪法学会是韩国宪法学研究中心的学会,是研究宪法规范、宪法现状、宪法史、宪法裁判等各类宪法相关主题的机构。韩国宪法学会是由宪法教授、法官、检察官、律师等686名会员和10个机关会员组成。定期发行学会杂志并由韩国研究财团登载的《宪法学研究》。2018年韩国宪法学会杂志《宪法学研究》从第23卷第4号到第24卷第3号共出版4次。2018年宪法学会的学术活动及其主要内容如下。

(1)第112次定期学术研讨会:2018年1月6日,在国会议员会馆举行了韩国宪法学会和国会议员金珍杓共同学术大会,发表论文为Park Sangcheol《怎样修定改变我生活的宪法》。

(2)第113次定期学术研讨会:2018年2月1日,在国会图书馆举行了韩国宪法学会与济州特别自治道共同学术大会,以"包含济州特别自治道成果的分权国家体现——地方自治相关第10次宪法修改案意见收集”为大主题。发表论文为Choi Yongjeon《济州特别自治道成果和地方分权国家的实现》、Ko Inseok《包含济州特别自治道成果的宪法修正案》。

(3)第114次定期学术研讨会:2018年2月6日,在国会议员会馆举行了韩国宪法学会和国民主导宪法修改网络共同学术大会,以“如何直接修改民主制的宪法”为大主题。

(4)第115次定期学术研讨会:2018年2月6日,在首尔良才LTower举行了韩国宪法学会、首尔地方律师会与司法政策研究院共同学术大会,以“宪法和司法的未来”为大主题。发表论文为朴真完与Hwang Pilgyu《基本权的忠实保障》、张永洙与Kim Sangjun《我们司法的未来》。

(5)第116次定期学术研讨会:2018年2月8日,在国会议员会馆举行了韩国宪法学会与国会议员金宽永共同学术大会,以“改宪与国民沟通”为大主题。金炯盛、金亨中、Kwon Hyeoknam、Choi Yeongjae、Lee Jaemuk、Cho Gyubeom共6人发表论文。

(6)第117次定期学术研讨会:2018年2月20日,在国会宪政会馆举行了韩国宪法学会、韩国文化旅游研究院与国会议员俞银惠共同学术大会,以“文化领域的宪法修改”为大主题。发表论文为Shin Pilgyun《宪法修改的方向和文化领域修宪意义》、Lee Dongyeon《文化价值、基本权中文化权的重要性》、高文炫《海外宪法事例及文化领域宪法修正案提案》。

(7)第118次定期学术研讨会:2018年2月20日,在国会议员会馆举行了韩国宪法学会、警察厅与国会议员金炅侠共同学术大会,“以拘捕令申请制度为中心”为大主题。

(8)第119次定期学术研讨会:2018年2月23日,在国会图书馆举行了韩国宪法学会与国会议员申容贤共同学术大会,以“与新科技价值相关的修宪”为大主题。

(9)韩国宪法学会宪法修改研究委员会全体会议:2018年2月24日,在首尔瑞草七宝大厦举行了韩国宪法学学术大会,以“宪法修改研究委员会七个领域的修宪纠纷点”为大主题。

(10)第120次定期学术研讨会:2018年2月26日,在世宗自治市厅大讲堂举行了韩国宪法学会与世宗特别自治市共同学术大会,以“通过改宪确立世宗特别自治市行政首都化”为大主题。首位发言人为Kim Anje。其他发表论文为Kwon Yongu《统一时代的首都首尔和行政首都世宗市的关系》、朴真完《制定世宗市行政首都修宪案》。

(11)第121次定期学术研讨会:2018年2月27日,在国会立法调查处大会议室举行了韩国宪法学会、国会与光州广域市共同学术大会,以“宪法序言和民主理念”为大主题。首位发言人为崔章集。其他发表论文为丁泰镐《五一八运动与抵抗权》、金锺铁《六月民主抗争的宪法意义》。

(12)第122次定期学术研讨会:2018年2月28日,在崇实大学法学院举行了韩国宪法学会学术大会,以“宪法上对农业条款的修改方案”为大主题。发表论文为Shim Minseok《瑞士等宪法上农业规定的研究》、Choi Yongjeon《宪法上农业条款比较法研究》、Kwon Sunhyeon《韩国的农业和农民保护的宪法修正案》。

(13)第123次定期学术研讨会:2018年3月2日,在安东市文化艺术中心国际会议场举行了韩国宪法学会学术大会,以"地方文化发展与地方分权的强化"为大主题。首位发言人为曹洪锡发表论文《地方文化的发展与地方分权的强化》。其他发表论文为禹圣基《保护文物与保障财产权和谐的解释》、柳時朝《在实现地方分权上文化国家原理的意义》、Shin Jeonggyu《为地方自治团体地方文化发展确保财政的方案和问题》。

(14)韩国宪法学会宪法修改研究委员会扩大会议:2018年3月3日,在首尔教育大学举行了韩国宪法学会学术大会,以"宪法修改研究委员会七个领域和宪法修改纠纷点"为大主题。

(15)第124次定期学术研讨会:2018年3月8日,在律师会馆举行了韩国宪法学会与首尔地方律师会共同学术大会。发表论文为陈新民《中国台湾地区的替代服务制度和启示》。

(16)第125次定期学术研讨会:2018年3月8日,在首尔教育大学举行了韩国宪法学会学术大会,以"韩国宪法学会宪法修改研究委员会修宪案学术大会"为大主题。发表论文为李琦雨《地方自治宪法修改》、金学成与尹在万《政府形态、选举、政党的宪法修改》、Heo Jongryeol与林智奉《基本权及司法制度的宪法修改案》、闵炳老与韩尚熙《序言、总纲及财政经济的宪法修改》。

(17)第126次定期学术研讨会:2018年3月15日,在忠南研究院举行了韩国宪法学会与忠南研究院共同学术大会,以"可持续发展和地方分权的宪法修改"为大主题,发表论文为Kim Minu《可持续发展的宪法修改》、Kim Bohun《地区均衡发展的宪法修改》、Kim Hyeongnam《对地方分权的宪法修改》。

(18)第127次定期学术研讨会:2018年5月10日,在国会图书馆举行了韩国宪法学会与国会议员金宽永和沈相奵共同学术大会,以"探讨成功的自治分权和均衡发展的地方财政税制度"为大主题。发表论文为Sung Bonggeun《探讨德国地方财政调整制度与韩国模式——以宪法、制度、事例为中心》、吴丞奎《探讨法国地方财政调整制度与韩国模式——以宪法、制度、事例为中心》。

(19)第128次定期学术研讨会:2018年5月12日,在Elysian Gangchon Resort举行了韩国宪法学会与刑事诉讼法学会共同学术大会,以"宪法刑事诉讼法的争论点与课题"为大主题。发表论文为丁哲与Kim Hangyun《宪法拘捕令请求规定和司法控制》、Hwang Mungyu与朱胜姬《地方分权与可取的自治警察模式》。

(20)第129次定期学术研讨会:2018年5月15日,在国会议员会馆举行了韩国宪法学会、韩国消费者法学会与韩国消费者政策教育学会共同学术大会,以"宪法上为保障消费者基本权的探讨"为大主题。发表人为裴柄皓与孟守锡。

(21)第130次定期学术研讨会:2018年5月15日,在国会图书馆举行了韩国宪法学会、国家人权委员会与Amnesty International Korea共同学术大会,以"提供替代服务制度及引进的探讨”为大主题。发表论文为 Stephan Auer《德国替代服务制度》、Tom Lany Smith《关于引进国际社会替代服务制的讨论》、Kim Yeongsik《对良心性兵役抗拒现有判例及最近法院判决的意义及启示》。

(22)第 131 次定期学术研讨会:2018 年 5 月 15 日,在首尔良才洞 LTower 举行了韩国宪法学会、法务部与统一和朝鲜法学会共同学术大会,以“南北首脑会谈的法律课题”为大主题。发表论文为都会根《南北首脑会谈宪法意义的重新审视》、Lee Gyuchang《关于南北关系稳定发展的法律争论点》、Lim Seongtaek《南北首脑会谈后续措施相关法制度课题》。

(23)第 132 次定期学术研讨会:2018 年 5 月 31 日 ~6 月 1 日,在济州大学法学院举行了韩国宪法学会、警察厅、济州特别自治道、济州大学法与政策研究院、济州特别自治道议会运营专门委员室共同学术大会,以“可持续社会的宪法和警察”为大主题。2018 年 5 月 31 日发表论文为李福夏《统一宪法上原理与政府形态》、表明焕《苏联占领下的共产主义受用与解决法理》。2018 年 6 月 1 日,第一小组发表论文为 Kim Huijeong《可持续发展和宪法》、朴真完《未来一代与环保》、宋基春《宪法上环境条款的修改方案》。第二小组发表论文为金元中《济州自治警察制度的现状与问题》、Choi Yongjeon《自治警察制度》、金仁会《警察调查权独立与调整》、Kim Gwangseop《为了济州特别自治岛自治分权的议会运营课题》。

(24)第 133 次国际学术研讨会:2018 年 6 月 19 日在 PRESSCENTER 举行了韩国宪法学会学术大会,以“立宪主义和民主主义的地位与挑战”(Status and Challenge of Constitutionalism and Democracy)为大主题。第一小组:以“亚洲宪治、民主的地位与挑战”为主题,发表论文为莫纪宏《中国宪治与民主的现状与挑战》、Wen-Chen,Chang《中国台湾地区宪政、民主的现状与挑战》、朴仁洙《韩国宪政、民主的现状与挑战》。第二小组:以“欧洲宪制、民主的现状与挑战”为主题,发表论文为 Rainer Anold《德国宪制、民主的现状与挑战》、Javier Gracia Roca《西班牙宪制、民主的现状与挑战》、Marek Zubik《波兰宪制、民主的现状与挑战》、Kim Lane Scheppele《匈牙利宪制、民主的现状与挑战》、Giovanna De Minico《意大利宪制、民主的现状与挑战》。第三小组:以“美洲与非洲宪制、民主的现状与挑战”为大主题,发表论文为 Adriano Pedra《巴西宪制、民主的现状与挑战》、Javier Cuoso Salas《智利宪制、民主的现状与挑战》、César Landa《秘鲁宪制、民主的现状与挑战》。

(25)第 134 次定期学术研讨会:2018 年 7 月 7 日,在首尔法院综合楼举行了韩国宪法学会与言论法学会共同学术大会,以“宪法上表现自由和舆论的形成”为大主题。首位发言人为李仁馥。其他发表论文为李相润《在公共领域表现自由和人格权的冲突——以诽谤诉讼中违法性判断标准为中心》、张哲准《舆论形成自由和国家的作用》。

(26)第 135 次定期学术研讨会:与韩国公法学会共同举办。

(27)第 136 次定期学术研讨会:2018 年 7 月 13 日,在首尔城市大学法学院举行了韩国宪法学会与首尔城市大学法学院法学研究所共同学术大会,以“选举法最新话题”为大主题。发表论文为 David Schultz《政治选区划定》(partian gerrymandering)、朴景信《防止虚拟留言操作》、Kim Hyoyeon《青少年投票权》(Demeny Voting)。

(28)第 137 次定期学术研讨会:2018 年 8 月 17 日,在釜山海云台 Glory Condominium 举行了韩国宪法学会与韩国人权法学会共同学术大会,以“宪法和人权”为大主题。首位发言人为朴仁洙。其他发表论文为朴真完《欧洲人权协议上的难民保护》、Chang Jinsuk《宪法上平等权和直属的审判请求权》、Kim Minu《宪法上生命权的内容与界限》。

(29)第 138 次定期学术研讨会:2018 年 8 月 31 日,在济州岛 Astar Hotel 举行了韩国宪法学会、济州特别自治道与济州特别自治道议会共同学术大会,以“济州特别自治道在宪法上地位确保方案”为大主题。发表论文为权英豪《为了确保济州特别自治道在宪法上地位的课题》、高文炫《宪法修改的必要性和济州岛特别自治道在宪法地位上的确保方案》。

(30)第 139 次定期学术研讨会:2018 年 9 月 1 日,在大法院举行了韩国宪法学会与大法院环境法研究会共同学术大会,以“作为未来一代基本权的环境权与法院的作用”为大主题。发表论文为 Bae Geoni《作为未来一代基本权的环境权》、Hong Seongi《引进环境法院的必要性与界限——以新西兰案例为中心》。

(31)第 140 次定期学术研讨会:2018 年 9 月 14 日,在宪法法院举行了韩国宪法学会与宪法实务研究会共同学术大会,以“有关历史事件的宪法考察”为大主题。发表论文为丁泰镐《对紧急措施行为国家赔偿请求与宪法问题》、洪官杓《向国家损害赔偿请求权与消灭时效》、崔熙洙《补偿金支付同意看作审判和解与审判请求权》。

(32)第 141 次定期学术研讨会:2018 年 10 月 16 日,在律师会馆举行了韩国宪法学会与首尔地方律师会共同学术大会,以“关于良心服役拒绝和代替服役制的学术大会”为大主题。发表论文为郑柱白《拒绝良心兵役相关的宪法法院判例分析与评价》、Shim Minseok《以良心的兵役拒绝引进代替服役制的问题》。

(33)第 142 次定期学术研讨会:2018 年 11 月 9 日,在首尔瑞草 banpoone 举行了韩国宪法学会、法务部与司法政策研究院共同学术大会,以“应对韩半岛和平定居的法制现况与课题”为大主题。发表论文为 Park Byeonguk《德国基本法和平体现原则的法律与判例研究》、蔡炯福《欧洲和平体现法律与判例研究》、Lee Janghui《我们的和平体现法律与判例分析》、Han Myeongseop《包括司法协助在内的法律领域南北交流方案》。

(34)第 143 次定期学术研讨会:2018 年 12 月 17 日,在首尔高等法院举行了韩国宪法学会学术大会,以“为了实现公正审判的宪法原则”为大主题。发表论文为 Park Seongho《为了实现公正审判的宪法原则与宪法刑事审判的体现》、Lee Uyeong《为了公正审判在宪法原则观点上“被疑事实公示罪”探讨及立法改善方案》。

(35)第 144 次定期学术研讨会:2018 年 12 月 18 日,在韩国行政研究院大讲堂举行了韩国宪法学会与韩国行政研究院共同学术大会,以“改宪的宪法争论点与课题”为大主题。发表论文为李琦雨《改宪与地方分权的课题》、Heo Jongryeol《改宪与基本权的课题》、宋基春《改宪与政府形态的课题》、Jung Gwanghyeon《改宪与司法制度的课题》。

(36)第145次定期学术研讨会:2018年12月21日,在宪法法院大讲堂举行了韩国宪法学会与韩国裁判研究院共同学术大会,以“宪法上选举制度的改革”为大主题。发表论文为Ki Hyeonseok《国会议员选举区制改编的宪法必要性》、Kim Hyoyeon《在公职选举法上选举权年龄的宪法问题》、Kim Seonhwa《比例代表议席分配的宪法问题》。

(三)韩国立法学会(www. kolex. or. kr)

韩国立法学会是1988年创立的,研究立法学的相关内容,是为法治主义和民主主义的发展而努力的学术团体,并发行由韩国研究财团登载候补的学术杂志《立法学研究》。特别是从2013年开始到2018年共6届被评选为“大韩民国立法大奖”。

1. 2018年韩国立法学会的学术活动及其主要内容

(1)2018年定期总会和学术研讨会:2018年2月22日,在弘益大学法学院举行了韩国立法学会与弘益大学法学研究所共同学术大会,以“立法程序的修宪论”作为大主题。发表论文为韩尚熙《修宪程序与国民参与》、Lee Gyeongseon《修宪与政府法案提交权》、Cho Gyubeom《地方自治团体的自治立法权》。

(2)2018年春季学术研讨会:2018年5月11日,在西江大学Gabriel馆举行了韩国立法学会、西江大学法学研究所与法制处共同学术大会,以“自治立法的现状与课题”作为大主题。发表论文为裴柄皓《日本自治分权、立法的动向与启示》、韩尚熙《学生的人权条例分析与评价》、李国运《修宪与自治立法》。

(3)2017年夏季学术研讨会:2017年7月11日,在国会议员会馆举行了韩国立法学会学术大会,发表论文为Jeong Jaeryong《对检察搜查权制度改编的立法讨论与替代方案》。

2. 2018年“第六届大韩民国立法大奖”

韩国立法学会与SISAPRESS共同颁发“2018年大韩民国立法大奖”,从2017年7月1日到2018年8月31日公布的共769部法律中评选,由韩国立法学会的18位议政评价委员缜密审查后评选出10部立法,向提出法案和敬业工作的5位国会议员颁发“立法大奖”。“十大优秀立法”分别是《有关男女雇佣平等与工作家庭两方支援的法律修改案》(法律第15109号)、《微尘降低及管理的特别法》(法律第15718号)、《防止不正当竞争和保护营业秘密的法律修改案》(法律第15580号)、《有关生活化学制品及杀生剂安全管理的法律》(法律第15511号)、《防止性暴力及受害者保护等法律修正案》(法律第15451号)、《有关失踪儿童等保护及支援法律修改案》(法律第15608号)、《关于虐待儿童犯罪的处罚的特例法修改案》(法律第15255号)、《对灾难医疗费支援的法律》(法律第15349号)、《有关海洋空间计划及管理的法律》(法律第15607号)、《海外建设促进法修正案》(法律第16148号)。获得“立法大奖”的5位国会议员分别是洪翼构(共同民主党国会议员)《防止不正当竞争和保护营业秘密的法律修改案》(法律第15580号)、林利子(自由韩国党国会议员)《有关生活化学制品及杀生剂安全管理的法律》(法律第15511号)、吴晨焕(正确未来党国会议员)《关于虐待儿童犯罪的处罚的特例法修改案》(法律第15255号)、李介昊(共同民主党国会议员)《有关海洋空间计划及管理的法律》(法律第15607号)、全贤姬(共同民主党国会议员)《海外建设促进法修正案》(法律第16148号)。

(四)第十一届韩国法学家大会

韩国法学家大会是讨论韩国社会主要法律悬案和司法争论点的学术大会。韩国法学家大会是1998年首次举行,法学界、法律界与实务界共同参与。2018年是大韩民国宪法制定70周年,韩国法学家大会也以"制定宪法七十年与法学变化"为大主题举行了学术大会。2018年10月18~19日在首尔喜来登酒店举行了韩国法学院(Korea Society of Law)、大法院、宪法法院、法务部、大韩律师协会和韩国法学教授共同学术大会。开幕式中首位发言人许营以"韩国宪法规范力的现状制宪70年的成果与课题"为主题进行了发言,国际学术研讨会以"国际刑事法院对侵略罪管辖权的激活"为主题,Sergio Ugalde、Claus Kreß与Alex Whiting发表了论文。

共同学术大会共分为三小组:

第一小组:以"宪法七十年和宪法的未来"为大主题,发表论文分别是金学成《政治基本权与政治制度的具体法律解释、适用与实际的历史》、朴井源《宪法与统一法学的过去、现在、未来》、郑柱白《陷入混乱的平等论》、朴真完《自由权性基本权的具体法解适用和实际的历史》、韩炳镐《社会权性基本权的具体法解适用与实际的历史》、Lee Jaehui《宪法修改的原则和宪法的未来》、Kim Dueol《犯罪范围和量刑水平的变化(1970~2017)——对罪刑法定主义的启示》、Lee Gyeongseon《宪法修改和国家法律体系变化》、Kim Changyeop《修改宪法和加强健康权的方向》。

第二小组:以"宪法对公法领域的影响"为大主题,发表论文分别是张哲准《宪法上对言论基本权实质化的方案——以集会自由的限制为中心》、Yeom Gyuho《以国际标准来看韩国表现的自由》、成宰豪《国际法在国内法的效力》、全锺弋《宪法法院适用国际人权条约》、Jeong Yeonghun《宪法裁判30年和劳动权保障》、金福基《通过宪法展开社会保障法与课题》、Kim Hangyun《性保护——刑法发展与宪法的影响》、Kim Jingi《韩国针对宪法问题政府筹措制度的几个焦点》。

第三小组:以"宪法对司法及程序法领域的影响"为大主题,发表论文分别是尹真秀《民法上禁婚规定的宪法评价》、李丙俊《宪法上保护消费者的意义和界限》、Son Heungsu《宪法上保障财产权条款等与房地产引渡、撤除执行的现实》、金容秦《在复生和破产过程中宪法上财产权的保障》、Lee Gyuhong《有关知识产权法的宪法争论点与今后的课题》、郑次镐《专利行政裁判的宪法地位》、石光现《宪法对国际私法的影响》、郑仙珠《审判请求权保障与ADR——以调整与仲裁为中心》。

(五)宪法教科书与相关出版书籍

2018年宪法教科书与相关书籍包括:Kim Seonsu《宪法现场》(maybook05)、宪法法院《宪法法院三十年史》(韩国宪法法院)、李瑀渶、金福基、Shin Yunjin《人权的窗口、宪法的路——人权的宪法审判30年》(景仁文化史)、绿色转换研究所《绿色宪法——谨慎修宪给您的三十封信》(imagine)、Kim Jonghyeon《防御民主》(景仁文化史)、Choi Jinyeol《法是饭》(韩国学术情报)、金学成与Park Yongsuk《世界各国的宪法典》(Books Hill)、李哲镐《宪法与人权》(21世纪社)、吴虎泽《法律构成的宪法》(东方文化社)、Yang Geon《以宪法的名义》(四季节)、Kim Yeongsu《宪法战争》(ALEPH)、张永洙《大韩民国宪法的历史》(高丽大学出版文化院)。

三、韩国宪法法院的主要活动与判例

韩国宪法法院的职责是通过建立特别的宪法裁决程序对有关宪法的问题进行裁决,以保护宪法与保障国民的基本权利。宪法法院拥有裁定对总统、总理和法官等人员的弹劾权、决定解散政党权、审查立法与宪法的一致性、解决国家机关之间、国家机关与地方政府之间或地方政府之间的权限纠纷以及裁定有关宪法的申诉等5个方面的司法权。宪法法院由9名法官组成,法官都由总统指派,但他们中的3人必须是由国会提名的人选,另外3人必须是由最高法院大法官提名的人选,法官的任期为6年,可以连任。

(一)2018年韩国宪法法院的主要活动

2018年是韩国宪法法院设立30周年,1987年的民主化运动主要成果是对韩国《宪法》进行了第9次修改,确立了韩国的“宪法法院”制度。宪法法院的主要功能包括保障国民基本权利、促进民主主义与法治主义的发展、实现宪法的精神与价值。在过去的30年里通过33,000余件的决定成为维护宪法秩序的最高宪法解释机关。2018年9月2日到5日,在首尔夏怡酒店举行了宪法法院30周年纪念国际学术大会,以“宪法的正义与民主”(Constitutional Justice and Democracy)为主题。

(二)2018年韩国宪法法院主要判例

2018年宣布的违宪决定(包含与宪法不一致、限定违宪)事件共有168件,与2017年的42件相比大幅增加,其中违宪法律审判案26件,《宪法法院法》第68条第1项宪法诉愿案67件,其第2项宪法诉愿案75件,违宪决定的宗旨主要在基本权利领域进行。下面整理了2018年宪法裁判所判例中的重要事件。

(1)行政拘留时得到辩护人帮助的权利(韩国宪法法院2018.5.31.2014HUN-MA346,认容)《宪法》第12条第4款本文规定的“拘留”不仅包括在司法程序上的拘留,还包括行政程序中的拘留。因此,难民认定审查不回复决定后,在仁川国际机场“送还待机室”5个月的申请人的接见辩护人申请不予接受是侵犯律师的帮助权利。

(2)《出入境管理法》上对外国人的保护和人身自由(韩国宪法法院2018.2.22.2017HUN-GA29,合宪)如果被强制撤退命令的人不能立即被送还到大韩民国外时,《出入境管理法》中规定的禁止被保护条款不违反过剩原则,侵犯身体自由也不违反适用程序原则。

(3)为执行逮捕令对他人居住搜查(韩国宪法法院 2018.4.26.2015HUN-BA503,与宪法不一致)《宪法》关于居住自由的第16条虽然没有把拘捕令主义的例外明文化,但在某场所有犯罪嫌疑资料等或嫌疑人存在的可能性被辩解,如果在事前不能发拘捕令的紧急情况下,就可以确定为例外。但持逮捕令逮捕嫌疑人的时候,在他人居住等地方可以进行嫌疑人调查的《刑事诉讼法》条款不被包括在以上的紧急性情况中,故违反令状主义。

(4)没有替代服役制的《兵役法》(韩国宪法法院 2018.6.28.2011HUN-BA379 等,与宪法不一致/合宪)①制定兵役种类时并没有规定“违反良心兵役者”的替代服役制度的《兵役法》条款与宪法不一致,以2019年12月31日为时限,一直适用现行法;②如果接到现役入伍或征召通知书人在规定期限内不入伍或不应召,《兵役法》的处罚条款就不违宪。

(5)关于历史事件的国家赔偿请求权的消灭时效(韩国宪法法院 2018.8.30.2014HUN-BA148 等,违宪)《为真实、化解历史整理基本法》第2条第1款第3号、第4号规定的对民间人集体牺牲事件、重大人权侵犯事件适用《民法》第166条第1款、第766条第2款的消灭时效规定是侵害国家赔偿请求权的,故违宪。

四、结语

2018年韩国宪法界的焦点是《宪法》修改、朝鲜半岛的非核化是设计和平统一的基础。2019年也将期待继续探讨《宪法》修改、在解决朝鲜核问题的基础上开启朝鲜半岛的和平期。

现代法国宪法理论的展望*

[日]山元一** 著　王　涛*** 译

在多角度聚焦现代法国宪法理论后，作为本书的总结，本章将通过对最新动向的介绍与检讨，尝试展望现代法国宪法理论。以下，在对近年来法国宪法学中最引人瞩目的动向，即"政治法"(Jus Politicum)项目进行介绍后(第一部分)，暂且回溯时空，就近来关于第三共和时期宪法学——宪法学作为学问确立于此时——的研究成果，略作一瞥(第二部分)，在此基础上鸟瞰性地提示现在宪法学的方向(第三部分)，最后就现代法国宪法理论中主权论与民主主义论的动向作介绍检讨(第四部分)。

一、"政治法"项目的登场

毋庸重述，世界各国均得直面今天的全球化状况。以法国为代表的欧洲各国，随着欧盟统合的进展以及近来错综的事态，也加速了此种状况。于是，法国既有的法学研究模式以及法学教育与法曹培养模式，都开始重新修改。谈及法学教育与法曹养成，如法国代表性精英培养学校，(巴黎政治大学 Science Po)，迅速地针对这种情况作出鲜明反应，诀别法国的传统法学教育，开始采取英语进行法学教育，设立了标榜"培养基于创造精神的人才，用法去解决恒常登场但前所未有的新问题"的"法学院"(école de droit)(The Sciences Po Law School)。这对目前独占了法学研究及法学教育的大学法学部产生了极大挑战，当然，也引发了关于今后法国法学教育应当如何的大讨论。① 为了应对这种

---

* 本文节译自山元一：『現代フランス憲法理論』、信山社、2014。

** 庆应义塾大学法务研究科教授，巴黎政治大学客座教授。

*** 上海大学法学院讲师、日本京都大学法学部访问学者。

① Cf. Christophe Jamin, La cuisine du droit, l'École de Droit de Sciences-Po: une expérimentation française, Lextenso éditions, 2012, Thierry Wickers, Remettre la faculté de droit au service de la profession d'avocat in Gazette du Palais, 16 octobre 2012 n°290, p. 13 et s., Hervé Croze, Confession d'un cumulard: Essai de schizophrénie juridique: À propos de l'article de Thierry Wickers: "Remettre la faculté de droit au service de la profession d'avocat", in Gazette du Palais, Dimanche 28 au mardi 30 octobre 2012, p. 10 et s., Philippe Brun, Les facultés de droits sont au service des usagers de l'enseignement supérieur: À propos d'un compte rendu d'ouvrage en forme réquisitoire, in Gazette du Palais, dimanche du 11 et au 13 Novembre 2012, p. 13 et s., Félix Rome, "Fac" de droit: apocalypse, in Recueil Dalloz, 1er Novembre, 2012, n °38, Michelle Gobert, Lettre ouverte à Monsieur le bâtonnier Wickers, in Les Petites Affiches, 20 mars, n°57, 2013, p. 7 et s.

动向,法国传统法学研究教育大本营,即巴黎第一大学与巴黎第二大学,共同在巴黎之外设置了新加坡校区,意识到了如何应对全球化下法曹培养的课题,设置了使用英语授课的商事法学院 LL. M. 课程(索邦阿萨斯国际法学院)。①

如此,则法国公法学如何对应呢?继承了旧巴黎大学法学部传统,作为法国法学中心而延续至今的巴黎第二大学,以其校内米歇尔·维莱研究所(Institut Michel Villey)所属多位公法担当教授为中心,掀起了一场要直面(政治)的公法学潮流,组成了可称为"法国宪政学"动向的"政治法"项目。作为该项目的具体成果之一,2008 年《政治法》(*Jus Politicum*)杂志创刊,同名网站上线。② 截至 2013 年年末,网站上已公开至第 11 期。③

此项目的基本问题意识:宪法裁判活性化以后,法国宪法学的显著倾向在于,法律学者的关心往往放在对实证法的运用与解释上,由此导致自我限定,其对象局限在(法层面)上的宪法判例等,认为通过对其加以评注,即可充分完成工作使命,但其学问视野中,几乎感觉不到控制(政治)的意义与必要性。此种危机意识导致了前述问题意识。针对此种学问模式,有论者旗帜鲜明地提出了异议,切实地追问"宪法学真是这样的学术吗?"④法国宪法学现在所面临的情况,与 2004 年迎来法科大学院时代后日本宪法学所面临的情况,多少有些共通之处。此种动向,对于日本研究者来说,也属重要的关心对象。此即,(宪法学)学术本来在其性质上包含多种可能性和方向性,但(日本学者的)关注点都集中在人权的裁判救济上,(日本宪法学)关于宪法上权利与宪法诉讼的讨论也趋于白热化。在这种情况下,非常有必要认真地探索日本宪法学的未来形象。"政治法"项目的登场,或许会带来重要启示。

这一项目产生的直接动机,源自对路易斯·法沃赫(Louis Favoreu)研究主题⑤的根本批判,其人则从 20 世纪 80 年代起以研究比较宪法裁判而闻名于世。以法国南部的埃克斯普罗旺斯(埃克斯马赛第三大学)为大本营的法沃赫,身处 20 世纪 70 年代宪法院的

---

① Sorbonne-Assas International Law School. Cf. http://www. sorbonne-assas-ils. org/.

② http://juspoliticum. com/-La-revue-. 关于该项目,塚本俊之已作简单介绍(《「政治法百科事典」立ち上げに寄せて》法律时报 84 卷 5 号 142 页以下)。塚本指出,该项目除了发刊《政治法》,还在网上上线了"政治法百科事典"(*Encyclopédie de droit politique*)(http://www. droitpolitique. com/spip. hph? page = sommaire-edp)。据塚本所言,此网站目的在于"将入手困难不能自由参照的宪法学古典书籍,以及宪法史上重要事件相关资料,电子化公开"。塚本对"政治法"项目研究成果所作部分分析,即塚本俊之:「フランス憲法判例における憲法制定権力論」、『香川法学』32 卷 3·4 号、頁 31 以下。

③ 译者注:2019 年 5 月 3 日访问该网站时,杂志已公开至 21 期。

④ 本项目的日文介绍,参见山元一、只野雅人:『フランス憲政学の動向:法と政治の間』、慶應義塾大学出版会、2013。

⑤ Louis Favoreu, Le droit constitutionnel, droit de la Consititution et constitution du droit, in Revue de Droit Constitutionnel, n°1, 1990, p. 1 et s。关于法沃赫的研究主题,详见山元一:「译者解说」、L·ファヴォルー『憲法裁判所』、敬文堂、1999。作为法沃赫研究主题的重要成果,《宪法裁判年报》(*Annuaire international de justice constitutionnelle*)自 1985 年创刊,至今仍在发行。

宪法裁判活性化时代,毅然主张对通行的认知宪法模式及宪法学方法论进行明确变革,席卷了整个法国宪法学界。通过主张首要在于"宪法学的'法律学化'",①他志在实现宪法学的学术自律性。其观点详述如下:第一,必须重新确认"宪法是法,宪法学者是法律家",就此意义而言,需要排除从政治学观点来理解宪法现象的"政治中心主义";第二,要超越既有公法学中处于支配地位的行政法框架,要对由宪法及国际法来保护基本权进行法意义上的检讨,就此意义而言,需要排除"行政法中心主义";第三,诸如堕胎问题所示,美国联邦最高法院的宪法解释属于深刻的政治问题,"不应该在宪法解释方法上强烈关注美国宪法裁判论的主题",就此意义而言,需要排除"美国中心主义"。基于此种研究框架,受法沃赫指导的年轻研究者们,形成了一批大规模队伍——可称为"埃克斯普罗旺斯学派"。② 根据法沃赫的构想,宪法学应该包括:第一,以统治制度为考察对象的宪法学(droit constitutionnel institutionnel);第二,以作为最高法的宪法与其他部门法之间关系为考察对象的宪法学(droit constitutionnel normatif);第三,以保护权利与自由此等宪法实质目标为考察对象的宪法学(droit constitutionnel substantiel)。在宪法委员会判例累积化过程中,集中精力关注宪法判例分析而排除"政治中心主义"的倾向,并非该学派所特有,可以说在法国宪法学总体上都具有一般性。另外,以宪法作为最高法的境遇而言,各部门法服从于宪法位阶规范产生的规律,则属当然之理。

此种状况中,以宪法裁判制度存在为必然构成要素的"法治国家观念"(état de droit),也不限于宪法学,还出现在诸如媒体中,并确实扎下根来。特别是最近宪法裁判的发展,通过2008年修宪所导入的"合宪性优先问题"制度(Question Prioritaire de Constitutionnalité)③而得以加速,与之前处于支配地位的看法不同,即将宪法视为以政治性参与人为对象而制定涉及统治机构的游戏规定,现在所确立的看法则是,为了救济个人与团体的权利利益,将政治性参与人限于法框架内而援用,宪法系出于此种重要目的而制定的规则。德国著名公法学家本哈德·施林克(Bernhard Schlink)曾将战后德国宪法学的主要倾向,批判为"联邦宪法法院实证主义"(Bundesverfassungsgerichts-Positivisumus)化。④ 对其效仿,使用"宪法院实证主义"(Conseil constitutionnel positivisum)来批判现在法国宪法学的空洞化,当然也可成立。

不过,关于新动向出现之前的法国宪法学,众所周知,"在法国,宪法中社会学倾向——总体而言朝着法科学的志向——非常显著。特别是在第二次世界大战后,可被称

① 参照樋口陽一:『権力·個人·憲法学』、学陽書房、1989、頁152。

② 关于此学派的最新概绍书,Louis Favoreu et alii, *Droit constitutionnel*, 2012, Dalloz。

③ 参照辻村みよ子、糠塚康江:『フランス憲法入門』、三省堂、2011、頁141以下。

④ Bernhard Schlink, Die Entthronung der Staatsrechtswissenschaft durch die Verfassungsgerichtsbarkeit, in Der Staat, Bd. 28 (1984), S. 161 ff.

为宪法学的政治学倾向,此种现象也对此有所体现",①如(樋口阳一)所言,其政治学倾向早就被指出。樋口在谈及"政治学倾向"之际,心中所想到的"政治学"系"以权力现象作为对象的科学",实质上即从事的是"以社会现象为对象的实证科学"。② 以此种认识为前提,樋口与查尔斯·爱斯曼恩(Charles Eisenmann)的想法,即"对传统上将宪法学与政治学对立的考察方法予以批判,宪法学与政治学之间并无太多不同,实际上是宪法学内宪法解释与宪法认识的差异,后者与政治学具有同质性"的观点,持有共通立场。关于此种立场,"战后法国宪法学对此都表示了几乎完全一致的见解"。③ 正是因为这种倾向,1954 年改革将宪法学在大学教席的正式名称改为"宪法与政治制度",广为人知。在此种意义上,即宪法学 = 政治学的领域内,留下了许多业绩的著名学者,可以毫无异议地举出在日本也有众多翻译著作的莫里斯·杜沃格(Maurice Duverger)。④ 因此,当然会有疑问,本书所关注的"政治法"项目,难道不是效仿宪法学"法律学化"倾向登场之前学术中先祖的方法吗?

但是,"政治法"项目所希望展现的知识地平线,并不能简单地还原为意图在宪法学内部对"以社会现象为对象的实证科学"进行复权。从其项目主要承担者对宪法思想史、宪法学说史抱有强烈关心上,可以看出这一点。

二、再访·第三共和制时期宪法学⑤

在迈入 21 世纪后,法国积极地复刊了一批有关第三共和制时期公法学的书籍,⑥并且

---

① 樋口陽一:『近代立憲主義と現代国家』、勁草書房、1973,頁 2(原文中的强调点在此省略,以下同)。对此的古典分析,参照宮沢俊義:「フランス憲法学と政治学」(初出 1966 年)、『公法の原理』、有斐閣、1967、頁 157 以下。

② 樋口陽一:『近代立憲主義と現代国家』、勁草書房、1973,頁 52。

③ 樋口陽一:『近代立憲主義と現代国家』、勁草書房、1973,頁 79。Cf. Charles Eisenmann, Sur l' objet et la méthode des sciences politiques, 1950, repris dans Charles Eisenmann, *Écrits de théorie du droit, droit constitutionnel et d' idées politiques* (Textes réunis par Charles Leben), Éditions Panthéon-Assas, 2002, p. 237 et s.

④ 其在政治学领域颇有盛名的政党研究(Maurice Duverger, *Les partis politiques*, Armand Collin, 1951),日文版为岡野加穂留译:『政党社会学』、潮出版社、1970。此外,其关于半总统制的研究也广为人知,参见山元一「フランスにおける半大統領制とその展開」(『現代フランス憲法理論』第 5 部分)。此外,宪法学者对其作品所译,如深瀬忠一、樋口陽一译:『社会科学の諸方法』(M. Duverger, *Méthodes des sciences sociales*, 3e édition, PUF, 1964)。

⑤ 以下的叙述,其基础则是笔者曾经公开发表的以下研究。参见山元一:「『法』『社会像』『民主主義』——フランス憲法思想史研究への一視角(三)~(五)」、『國家學會雜誌』106 卷 9·10 号(1993)頁 1 以下,107 卷 3·4 号(1994)頁 74 以下,107 卷 9·10 号(1994)頁 147 以下。

⑥ 例如,以下所见。Adhémar Esmein, *Éléments de droit constitutionnel français et comparé*, 6e édition, Recueil Sirey, 1914→Édition Panthéon-Assas, 2001, Léon Duguit, *l' État, le droit objectif et la loi positive*, Albert Fontemoing, 1901→Dalloz, 2003, du même, *L' État, les gouvernants et les agents*, Albert Fontemoing, 1903→Dalloz, 2005 du même, *Manuel de droit constitutionnel*, 4e édition, Édition de Boccard, 1923→Édition Panthéon-Assas, 2007, Maurice Hauriou, *Écrits sociologiques*, Dalloz, 2008(社会学方面的著作集结为一册复刊); du même, *Précis de droit administratif et de droit public*, 12e édition, Sirey, 1933→Dalloz, 2002, du même, *Principes de droit public*, Sirey, 1910→Dalloz, 2010, Raymond Carré de Malberg, *Contribution à la théorie générale de l' État tome* 1 *et* 2, Recueil Sirey, 1920 et 1922→Dalloz, 2003, du même, *Confrontation de la théorie de la formation du droit par degrés*

出版了以该时期重要学者为主题的研讨会成果,①呈现法国公法学说史研究的活力。在这种背景下,本章所要考察的最有意趣的研究成果,则是政治学者纪尧姆·萨科斯特(Guillaume Sacriste)的一系列研究,特别是他在2011年出版的《宪法学者们的共和国——1870年到1914年间法国法学教授与国家正统化》②一书。萨科斯特从知识社会学的观点出发,设定的主题为,在第三共和制前期,学院派宪法学被赋予了何种政治社会使命而得以成立,对现实承担了何种功能,详细地描绘出各位宪法学者在学问上的对立以及政治立场的不同。③从这个角度来观察这一时期,萨科斯特考察的核心点聚焦在,出身法制史学者却从1889年开始担任巴黎大学法学部宪法教席的阿德玛尔·埃斯曼(Adhémar Esmein),④(1)检讨埃斯曼宪法学对从来的"政治"及"法"的把握关系;(2)解明埃斯曼宪法学与之后登场的宪法学,在思想上及学说上的继承对抗关系。顺言之,虽然在"七月革命"后国王菲利普一世统治下的1834年,巴黎大学法学部即开设了宪法教席,但在1852年遭到废止。其后到了1878年,巴黎大学终于在博士课程中恢复了宪法讲

---

avec les idées et les institutions consacrées par le droit positif français relativement à sa formation, Sirey, 1933→Dalloz, 2007, Joseph-Barthélemy et Paul Durez, *Traité de droit constitutionnel*, Nouvelle édition, Dalloz, 1933→Panthéon-Assas, 2004. 这些复刊著作,都附有代表了当今研究水平的学者所作解说文。

① Adhémar Esmein, Stéphane Pinon et Pierre-Henri Prélot (sous la dir.), *Le droit constitutionnel d'Adhémar Esmein*, Montchrestien, 2009. Léon Duguit, Fabrice Melleray (sous la dir.), *Autour de Léon Duguit*, Bruyant, 2011. 关于前者的最新日本宪法学界研究,時本義昭:「第三共和制の成立とアデマール・エスマンの国民主権論」、『初宿正典先生還暦記念論文集:各国憲法の差異と接点』、成文堂、2010、頁51以下。

② GuillaumeSacriste, *La république des constitutionnalistes: Professeurs de droit et légitimation de l'État en France* (1870–1914), Presses de Sciences Po, 2011. 在执笔本章之际,参考了下列文献:du même, Droit, histoire et politique en 1900. Sur quelques implications politiques de la méthode du droit constitutionnel à la fin du XIXème siècle, in *Revue d'Histoire des Sciences Humaines*, n°4, 2001, p. 69 et s., du même, La doctrine constitutionnelle et la loi au tournant du XXe siècle, in *Parlement(s): Revue d'Histoire Politique*, n° 11, 2009, p. 41 et s., du même, Adhémar Esmein en son époque: Un légiste au service de la République, in S. Pinon et P. H. Prélot, *Le droit constitutionnel d'Adhémar Esmein*, Montchrestien, 2009, p. 9 et s., du même, Le droit constitutionnel de la République naissante: Collusions entre sphère politique et doctrine au nom du nouveau régime, in Annie Stora–Lamarre, Jean–Louis Halpérin et Frédéric Audren (dir.), *La République et son droit* (1870–1930), Presses universitaires de Franche–Compté, p. 383 et s., du même, L'ontologie politique de Maurice Hauriou, in *Droit et Société*, n°78, 2011, p. 475 et s.

③ 关于该时期公法学的变化,注目于国家功能变化,主要从学说史内在视角分析的研究,如 Marie-Joëlle Redor, *De l'État légal à l'État de droit: L'évolution des conceptions de la doctrine publiciste française* 1879–1914, Économica = Presses Universitaire d'Aix-Marseille, 1992, du même, L'État dans la doctrine publiciste française du début du siècle, in *Droits*, n°15, 1992, p. 91 et s.。

④ 作为对埃斯曼的代表性研究,参见深瀬忠一:「A. エスマンの憲法学」、『北大法学論集』15巻2号、頁95以下;樋口陽一:『近代立憲主義と現代国家』、勁草書房、1973,頁15以下;高橋和之:『現代憲法理論の源流』、有斐閣、1986、頁79以下。

义,但学部内宪法的开讲则要等到埃斯曼上任。

首先,关于第(1)点,教员人事上缺乏大学自治传统的法国,在握有大学人事权的共和派动议下,1889 年改革在法学部下设了作为法学领域之一的宪法讲义。共和派还在人事上任命了埃斯曼,但这并非基于学问内在理论而由研究者集团自律性判断作出,(萨科斯特)强调这是遵循共和派政治要求的划时代事件。详言之,由此一方面,就“政治”而言,不同于以往目的在于表明知识人与政治家对政治活动态度的政治理论,体现了通过其他路径对宪法作政治中立学术性考察作业的可能性(如埃斯曼般,精通法制史与比较法的学者来负责宪法学实属必要)。以往关于政治制度的授课内容,则是“道德政治学学术”(Académie des sciences morales et politiques)。1872 年,艾米莉·布米(Êmilie Boutmy)设立了私立学校“政治学自由学院”(后来发展为巴黎政治大学),但是其中的教育承担者,与其说是研究者,不如说是深谙政治实务经验者与政治领域造诣颇深的知识人。[①] 由此,另一方面,就与“法”的关系而言,一直都以培养法曹为基本任务的法学部中以民法为顶点的民事法系教授、司法官团、律师等实务法曹,作为主要构成要素,对拿破仑法典进行注释学派分析而安定成立发挥机能的“司法界”,也将备感不安,可谓是促进以往社会构造的流动化。另外,也不能完全地将埃斯曼宪法学简单定位为纯粹学术研究。从反教权主义的共和主义政治信条立场出发,因 1879 年共和派总统当选而终于确立的共和派统治,期待能够提供对其统治运营服务的宪法学说——借助巴黎大学法学部宪法担当教授的权威,[②]期待以积极参与各官厅委员会为使命,作为“政府法律顾问”发挥重要的政治功能。有论者指出,其功能确实充分地实现了(属于该系统者,如费尔迪南·拉诺德(Ferdinand Larnaude)以及亨利·贝泰勒米(Henri Berthélemy)。以埃斯曼为代表,巴黎大学法学部公法学教授的功能,可比拟为旧体制下的宫廷法律顾问。当时的法国议会中,右派即保王党的残余以及 1889 年爆发的反议会主义运动即布朗热(Boulanger)将军运动,左派即极左以及无政府主义者,议会政治受左右派的攻击,长期处于明显不安定状态,对宪法学说的功能期待也是时代的强烈要求。萨科斯特指出,法学中宪法学的自律性,实际上是以牺牲了对政治的他律性为代价而得以实现的。

其次,关于第(2)点,最为重要的是,以埃斯曼宪法学为嚆矢,法国学院派宪法学的言说空间逐渐得以形成和发展。在这种言说空间中,如国家、公意等概念如何形成的问题

---

① 此外,《法国公法政治学杂志》(*Revue du Droit et la Science Politique en France à l' Étranger*)的创刊(1894 年)也是法学教授所主导策划的宪法、政治学研究,可以置于相同文脉中。Cf. G. Sacriste, Adhémar Esmein en son époque: Un légiste au service de la République, in S. Pinon et P. H. Prélot, *Le droit constitutionnel d' Adhémar Esmein*, Montchrestien, 2009, p. 17, Armel Le Divellec, La foundation et les débuts de la Revue du Droit Public et de la Science Politique (1894 - 1914), in *Revue du Droit Public*, 2011, n°2, p. 521 et s.

② 在第三共和制下,巴黎大学法学部学术政治影响力之大。Cf. Marc Milet, La faculté de droit de Paris sous la troisième République: une domination dans partage ? in Jean-Louis Halpérin, (dir.), Paris, *capitale juridique*, Édition Rue d' Ulm, 2011, p. 143 et s.

上,伴随深刻的激烈对立争论。根据萨科斯特的观点,重视历史、比较法方法的埃斯曼宪法学,虽然对基于法典演绎出具体命题的注释学派方法论持有力否定,但其实体则立足于“教义学方法”(méthode dogmatique)。其所展开的议论,即以源自启蒙主义哲学的“近代自由”为基础,演绎“理性”、“自然正义”等基本原理,而适用于实际问题。埃斯曼宪法学的意义在于,针对当时处于不安定运营状态的议会中心主义统治构造,基于国民主权论立场,试图阻止法正统化的直接民主制倾向,主张议会制定法作为议会意思的表明,因此独占作为实证法基础的法源功能,有效地提供了一种宪法解释论,能够拘束强力总统及政府行政权的活动,特别是拘束行政立法作用。虽然这本身就埃斯曼而言也有所指摘,针对首都巴黎所主张的此种宪法学其方向性,数量上占据了优势的法国各地法学论者,虽然以共和制确立的政治秩序为前提,仍多少具有保守性政治倾向,如萨科斯特所描绘,为了动摇议会中心主义政治构造与法构造,在当时提出了多种宪法学说作为对抗。波尔多大学的狄冀(Léon Duguit)、图卢兹大学的奥里乌(Maurice Hauriou)、从格勒诺贝尔大学转任到第戎大学的萨莱伊(Raymond Saleilles)(1895年转任巴黎大学,1898年起担任民法教席),①都属于这一战线。② 这些论者,虽然分别展开了极具个性化的议论,但其共通点都在于:针对成立于紧密关联“司法界”的传统法学教育,应该注入当时发展飞跃的社会学观点;对当时所通行的民法学在学术上的支配地位,在学术上主张应予对抗。详言之,在正统性发生了巨大摇动使国家在客观上要求重新修正其法位置的历史转换期中,他们以公法研究为杠杆,通过各自方式试图将法学与社会学的观点进行统合,以求能够适当对应眼前所展开的社会变动;同时,也在处理应然命题的法学说中构筑具有说服力的宪法学说,在法学教育领域内进行激进改革。③ 此种理论状况获得支配地位,则要到第一次世界大战后。当然,在此时代状况下,抗拒社会学之流,学习德国公法学成果,基于法实证主义立场展开了独特的法国宪法史分析,也积极地建议宪法改革的斯特拉斯堡

---

① 萨莱伊与奥里乌一样,对世纪转换期的一系列反教权主义改革予以一定的批判,从天主教的立场展开其法学说,不过其人虽为民法学者,却在最近的法国,其宪法学著作受到很高的关心。其用英文所写法国宪法论(The development of the present constitution of France,1895)作为 Raymond Saleilles, *Le droit constitutionnel de la Troisième République*, Traduction et avant-propos par Norbert Foulquier et Guillaume Sacriste, Dalloz, 2010 而出版,此外,cf. Mikhaïl Xifaras, La *Veritas iuris* selon Raymond Saleilles: Remarques sur un projet de restauration du juridisme, in *Droits*, n°47, 2008, p. 77 et s。

② 萨科斯特(Sacriste)并未提到奥里乌,而举出狄冀与萨莱伊,以及《法国以及外国公法学政治学杂志》创刊时的编辑担任费尔迪南·拉诺德(Ferdinand Larnaude)。G. Sacriste, *La république des constitutionnalistes: Professeurs de droit et legitimation de l' État en France* (1870-1914), Presses de Sciences Po, 2011, p. 127 et s.

③ 因此,尽管法国宪法学的关心对象是迈向强大国家,但是未如德国般以国家学之名发展,原因在于,如 Christoph Schönberger 所述,与德国不同,国民国家在法国已属自明,无须特别关注国家问题。Cf. Christoph Schönberger, Der“Staat”der Allgemeinen Staatslehre: Anmerkungen zu einer eigenwilligen deutschen Disziplin im Vergleich mit Frankreich, in Olivier Beaud / Erk Volkmar Heyen (Hrsg./dir.), *Eine deutsch-französische Rechtswissenschaft? / Une science juridique franco-allemande?*, Nomos, 1999, S. 123.

大学教授雷蒙·卡尔·德·马尔贝格(Raymond Carré de Malberg),其存在感必须得到重视。① 不过,马尔贝格在方法论上虽然与狄冀、奥里乌有尖锐对立,但与他们共有的课题则是国家在法之上的再定位,这是不容忽视的。②

这些争议论点中最为重要之一,即对代表制的理解方式以及与之互为表里的选举制度改革。几乎所有的地方宪法学者与"政治学自由学院"所属人士都支持导入比例代表制,功能·利益代表制导入论也得以活跃。出于保障议会共和派支配下之安定性,埃斯曼坚决反对这些主张。③ 另外,涉及作为权力机构的国家的根干问题,即在公务员组合之合法化问题上,持否定的巴黎宪法学者与持肯定的地方宪法学者,分别提出了重要的论点,萨科斯特也强调了他们之间的差异。④

从以上萨科斯特的分析可以看出,第三共和时期急速发展并扎根于法学部的学院派宪法学,其主要关心在于,对政治制度的发展从法则的学术性进行考察,如高桥和之所言,"确立了在与社会势力关联中把握政治制度的视座,将政治权力从主权之类的实体性、静态性概念,转换为机能性、动态性概念,以及社会利害的对立如何反映到政治领域内并加以统合,假设此种视点得以开辟,也可窥见其延长线上当今法国宪法学具有的特质与倾向",高桥并以战后法国宪法学最负瞩目的杜沃格宪法学为代表举例,其见解实属妥当。⑤ 若是能对高桥见解再作添附,或如下述。法国自19世纪末始,为何作为法律学分野之一的宪法学是在与政治学结合的方式下形成发展的,论及起因则在于,当时法国政治社会中掌握政治权力以及大学教育行政的共和派,作为安定自身统治的战略,并非将宪法学作为政治经济学的一环,而是将宪法学作为巴黎大学法学部的教席之一。由此,当时的共和派领导层,虽然想要超越"民法学支配的司法界"框架,但也要活用法律学的知识权威,因此,选择了培育政府顾问公法学者的道路,将政治言说以法律学价值中立之外观而提出,通过技术性高深议论之展开,将自身活动在法上予以正当化。历史事实如是。这也对之后法国的学院派宪法学=政治学之发展,具有决定性意义(由此,法国官僚制人才就可以从法学部分离)。由于前述历史事实,基于被刷新的方法论,宪法

---

① 关于马尔贝格国家论的最新研究,如時本義昭:『国民主権と法人理論』、成文堂、2011。法国宪法学古典名著之一,Melberg所著法律论(Loi, expression de la volonté générale, Recueil Sirey, 1931),其日文版出版让人欣喜,時本義昭译:『法律と一般意思』、成文堂、2011。

② 参见山元一:「『法』『社会像』『民主主義』——フランス憲法思想史研究への一視角(四)」、『國家學會雜誌』107卷3·4号、頁294以下。

③ 该时期的法国代表制理论,参见高橋和之:『現代憲法理論の源流』、有斐閣、1986、頁301以下。

④ 第三共和时期,将比例代表制度的导入,视为改革议会的王牌措施,在地方层面上展开积极讨论的重要学者,莫里斯·德朗德尔(Maurice Deslandres)。关于此人的最新研究,Stéphane Pinon, *Maurice Deslandres et le droit constitutionnel: Un itinéraire*, Éditions Universitaires de Dijon, 2012。

⑤ 参见高橋和之:『現代憲法理論の源流』、有斐閣、1986、頁291~292。高橋对杜沃格(Duverger)宪法学的分析,参见同书14页以下。Cf. G. Sacriste, *Larépublique des constitutionnalistes: Professeurs de droit et legitimation de l' État en France* (1870–1914), Presses de Sciences Po, 2011, p. 143.

学作为法律学部门之一扎根于法学部,对其展开考察的实质层面,可谓具有了政治学属性。

第二次世界大战后,杜沃格在比较政治学上的业绩,获得了国际声望。1971 年,政治学教授资格考试从公法学分离,独立①开来,可谓具有划时代意义,政治学与宪法学借此在学界实现了制度上的分离,各自走上自立的道路。此后的法国宪法学,在进入 20 世纪 80 年代后,志向于判例研究的法律学意义宪法学,得以急速地席卷。为了对其进行批判性克服,当下的法国宪法学又有何种知识展望呢?

三、现在法国宪法学理论的状况

如上所述,在第三共和国时期登场的学院派宪法学,充满富饶与紧张的言说空间,对其内幕及此后空洞化应当负责任的,恐怕应该是贝泰勒米(Joseph Barthélemy)②(1919 ~ 1928 年担任下议院议员)。在萨科斯特看来,③贝泰勒米在年轻时候是地方(蒙彼利埃)的宪法学者,跟当时与共和派一体化的巴黎宪法学潮流之间处于对立的立场。正是基于这种立场,关于宪法现象,他主张应予比较性、历史性、实证性的分析,并与要适合当时时代状况而为改革的"社会工程"立场,展开了混合的讨论。他从保守立场对自然法思考予以复权,从这点上来看,他实际上是处于反法实证主义的立场。1914 年,他赴巴黎大学任职,对当时共和派宪法学里程碑作品埃斯曼著《法国及比较宪法纲要》(第 6 版)④承担了补订工作。由此,确立了他作为法国正统宪法学的继承人地位。萨科斯特因此认为,正是贝泰勒米其人,在法国宪法言说中实现了"保守革命"。

贝泰勒米作为宪法学者,其声望稳固,则是《宪法概论》(Traité de droit constitutionnel)[虽与保罗·杜兹(Paul Duez)合著,但杜兹的地位仅限于执笔协助,初版于 1926 年出版,新版于 1931 年出版]⑤一书的出版。但是,如奥利维耶·伯(Olivier Beaud)⑥所斥罪,此书虽然作为法国政治学先驱,同时也扮演了对当时既有宪法学的"掘

---

① cf. Milet Marc, L' autonomisation d' une discipline. La création de l' agrégation de science politique en 1971, in *Revue d' Histoire des Sciences Humaines*, 2001, n°4, p. 95 et s.

② 贝泰勒米的全体像, cf. Frédéric Saulnier *Joseph-Barthélemy* 1874 – 1945: *La crise du constitutionnalisme libéral sous la IIIe République*. L. G. D. J. 2004。

③ G. Sacriste, *La république des constitutionnalistes*: *Professeurs de droit et légitimation de l' État en France* (1870 – 1914), Presses de Sciences Po, 2011, p. 465 et s.. p. 490 et s.. p 533 et s. 参见時本義昭:『国民主権と法人理論』、成文堂、2011、頁 147 以下。

④ A. Esmein, *Éléments de droit constitutionnel français et comparé*, 6e édition, Recueil Sirey, 1914.

⑤ J. Barthélemy etP. Duez, *Traité de droit constitutionnel*, Nouvelle édition, Panthéon-Assas, 2004.

⑥ Olivier Beaud, Joseph-Barthélemy ou la fin de la doctrine constitutionnelle classique, in *Droits*, n°32, 2000, p. 89 et s.

墓人"角色。[①] 奥利维耶·伯认为,在贝泰勒米之前,宪法学非常关注以法·政治学说为对象的研究。与此相反,贝泰勒米在其《宪法概论》初版的序言里写道,宪法学同时也是政治学,强调这样应该是非常"有益的实证性观察学问",[②]"并不仅限于对各项制度的实际机能以及解剖,其生理学与病理学同样也是学术研究的对象"。由此可以看出,他的这种关注点在于,尽可能地忠实地描述政治制度。就此意义而言,"实用主义"中"经验主义"的贝泰勒米,其研究路径,[③]即在此后作为关注权力现象制度分析的政治学,也受美国政治学的影响而得以发展。这种潮流中,杜沃格,乔治·威德尔(Georges Vedel)(1980~1989年)担任宪法院裁判官,乔治·布尔多(Georges Burdeau),[④](1905~1988年)均可位列于此。[⑤] 以他们为中心,1949年法国政治学会(Association Française de Science Politique)创设,1951年法国政治学杂志(revue française de science politique)创刊。他们的共通之处,即在宪法研究方法特征上,重视以那些无法还原为宪法规定的政治体制作为对象进行的分析。[⑥]

但是,由此得以发展的贝泰勒米路径,过于倾向实用主义,即通过历史事实来填补实证法的欠缺,而对在规范次元上对宪法制度以及在宪法学与政治学之间架桥的宪法理论等检讨工作,[⑦]过于轻视。具体而言,他虽然强调宪法习惯的重要性,但并不关心其理论

---

① 对此,奥利维耶·茹安让(Olivier Jouanjan)虽然基本同意伯的评价,但也提到在这部作品之前,由于贝泰勒米对德国宪法学反感而在方法论上的问题性产生了此般学术倾向。Olivier Jouanjan, Faut-il au droit constitutionnel une théorie de l'État ? /Point de vue français, in *Revue Universelle des Droits de l'Homme*, Vol. 15, n°3-6, 2003, pp. 102-103. 后者论文介绍,参见小島慎司:「学界展望」、『國家學會雜誌』121卷3·4号、頁242以下。

② Préface de 1926, in J. Barthélemy et P. Duez, *Traité de droit constitutionnel*, Nouvelle édition, Panthéon-Assas, 2004, p. IX.

③ Olivier Jouanjan, Histoire de la science du droit constitutionnel, in Michel Troper et Dominique Chagnollaud (sous la direction de), *Traité international de droit constitutionnel*, *tome* 1, *Théorie de la Constitution*, Dalloz, 2012, p. 107.

④ Cf. Stéphane Pinon, Le nouveau droit constitutionnel à travers les âges, http://www.droitconstitutionnel.org/congresParis/comC2/PinonTXT.pdf. 关于布尔多的日文研究著作,参见樱井陽一:『ビュルドーの政治学原理』、芦書房、2007。

⑤ 水波郎批评指出,存在以莫里斯·奥里乌为首,安德烈·奥里乌(André Hauriou)(莫里斯·奥里乌之子)、马塞尔·佩罗(Marcel Prélot)、乔治·布尔多(George Burdeau)所继承,受托马斯主义影响的宪法学潮流,而日本学界对此严重轻视。参见水波郎:『トマス主義の憲法学』、九州大学出版会、1987、頁5。

⑥ 高橋和之:『現代憲法理論の源流』、有斐閣、1986、頁90以下。Jacques Chevallier, Droit Constitutionnel et institutions politiques: Les mésaventures d'un couple fusionnel, in *Mélanges Pierre Avril*, Montchrestien, 2001, p. 188.

⑦ 让人想起,此时的卡尔·施密特(Carl Schmitt),在其代表著之一《宪法理论》(*Verfassungslehre*, Duncker & Humblot, 1928, Vorwort, S. X)的序言中,提及了埃斯曼(Esmein),狄冀,奥里乌的大名,提到当时法国宪法理论的发展及其独特性,这种议论的继续也是该书理应志向所在。

定位。其议论方式,在布尔多所作叙述量无人可及的 13 卷巨著《政治学概论》①中也得以继承。布尔多在写于 1956 年的《遗物——宪法观念》②一文中指出,作为规范的宪法已经无法规律统治作用,断定只能对此接受,对作为规范观念的宪法作出了死亡宣告。

米歇尔·托贝(Michel Troper),③对继承发展了前述流派的战后法国宪法学在 20 世纪 80 年代以前的理论状况,进行了批判分析。他认为,如何从理论上把握法国宪法学,整理了以下四点:第一,许多论者以宪法学之名,并未明晰自身的价值判断,而是通过提出关于事实之主张,展开符合自己政治偏好的学说,实质上属于宪法政策论,其判断往往更注重效率性而非正当性;第二,作为对多种制度分析的结果,在对象考察时,倾向于将个别制度的个别特征予以罗列,很多时候仅是摘示出复数的要素而得出部分特征而已(托贝将这种考察态度称为原子论"atomisme");第三,立足于以下考察方式,即与宪法有关的机制以及制度,都是随着时代发展而进化的(曾经议院内阁制中责任内阁制发展,现在违宪立法审查制发展);第四,法国宪法学的认识论路径,可称为"现实主义的存在论"(ontologie réalise),为了将对象分类,并没有经过沿经验参照的范畴化工作,而是基于设想自在地论述议院内阁制的"本质"(nature)。

奥利弗·茹昂瑞(Oliver Jouanjan)指出,在进入 20 世纪 80 年代后,驱动法国在 70 年代初开始的宪法裁判制度活性化的原因,除了第一部分所言,以"法治国家"为关键词致力于宪法学法律化的法沃赫等艾克斯宪法学派的努力,还有研究美国宪法的骨干伊丽莎白·佐勒(Èlisabeth Zoller)的努力。她认为应该将国家从宪法学排除出去,作为裁判规范的宪法,前提在于其最高规范性。④ 1997 年,大学学部前期 2 年课程(DEUG)中关涉宪法的科目,名称从"宪法与政治制度"改为"宪法"。法国宪法学会名称也在 1980 年发生变化("Association Francaise des Constitutionnaliste"变为"Association Francaise de Droit Constitutionnel"),《法国宪法杂志》也在 1990 年创刊,这些变化的背景也表明了这种倾向。

那么,在迈入 21 世纪后,如何把握多样化的法国宪法学理论动向,宪法学的应然方式到底是面向政治学的考察呢,还是面向社会学的考察呢。批判英美流派的自由主义思考局限,重新考察"政治性"的主张,又再度浮现。在这样的问题意识中,对比发现其定位,实属意义深远之课题。

---

① Georges Burdeau, *Traité de science politique*, tome 1 – tome 13, L. G. D. J., 1980 – 1986.

② Georges Burdeau, Une survivance: La notion de constitution, 1956, repris in G. Burdeau, *Écrits de Droit constitutionnel et de Science politique*, (Textes réunis et préfacé par Jean-Marie Denquin), Éditions Panthéon-Assas, 2011, p. 235 et s.

③ Michel Troper, La théorie dans l' enseignement du droit constitutionnel, in M. Troper, *Pour une théorie juridique de l' État*, PUF, 1994, p. 247 et s. 关于托贝,参见山元一:「フランスにおける憲法解釈論の現況—『Troper 法解釈理論』以後の議論状況」、『現代フランス憲法理論』第三部分第 4 章。

④ Élisabeth Zoller, *Droit constitutionnel*, 2e édition, PUF, 1999.

首先,必须确认的是,这种对方法论不一定敏感,而朴素地进行"宪法学=规范定立学、政治学=事实观察学"的二分性思考,在法国宪法学中依然健在。例如,让·吉克(Jean Gicque)和让·艾瑞克·吉凯尔(Jean-Èric Gicquele)所著《宪法与政治制度》,其议论的大前提也是区分"作为规范科学的宪法学"和"作为记述科学的政治学"。①

与此相对,在方法论问题上有意识地展开讨论的宪法学流派,又是如何呢?择取3人分别作为流派代表:(1)如雅克·谢瓦利尔(Jacques Chevallier)(1943~)般,继受了偏向于政治学的宪法流派,试图重新定位社会学宪法学的意义;(2)将社会学的思考与宪法裁判正当化理论相结合,试图重新构造民主主义影像的多米尼克·卢梭(Dominique Rousseau)(1949~);(3)有志于研究政治法的奥利维耶·伯。

(1)谢瓦利尔,虽然也是从公法学研究出发,但后来他也在以行政组织和行政过程为考察对象的行政学领域,活用了观念学的分析方法,并取得诸多业绩。他认为,就晚近法国宪法学而言,不可欠缺的是,从政治方面来考察宪法性机构,例如,他对那种假设宪法院法官游离于政治游戏之外的观念表示担忧。② 在谢瓦利尔看来,若对政治制度缺少法要素分析,则难以将之充分厘清,政治现实无外乎系法构成的现实。谢瓦利尔从奥里乌制度论的视角出发,认为应该将宪法作为制度而把握。按照他的想法,如果不曾关注到能够左右制度的政治力量本身的动态变化以及法产生的社会政治基础,则对宪法的考察是不充分的。如此,谢瓦利尔的言说,实际上复活了狄冀和奥里乌的路径。详言之,虽未将宪法学还原为政治学,如若宪法学已不再仅限于内在观点,则只能由以权力过程为考察对象的政治学成果进行跨学科补充;相反,政治学如果没有考察作为政治客观化要素且在制度构造中承担特别功能的法,其考察亦属不足(谢瓦利尔认为,宪法学与政治学于此的区别,并非认识视野,而是基于关注对象:前者着眼于法,后者着眼于权力。法学上的关心对象,必然包括政治习惯和宪法惯习)。③ 谢瓦利尔认为,欠缺社会学研究的宪法,无法"构筑真正的宪法学"。④ 从他所主张宪法学系宪法解释学与政治学=社会学的

---

① Jean Gicquel et Jean-Éric Gicquel, *Droit constitutionnel et institutions politiques*, 20e édition, Montchrestien, 2005, p. 24. 根据斯利姆·拉格马尼(Slim Laghmani)看来,属于此系统的书如, Charles Debbasch, Jean-Marie Pontier, Jacques Bourdon et Jean-Claude Ricci, *Droit constitutionnel et institutions politiques*, 4e édition, Économica, 2001。SlimLaghmani, Droit constitutionnel et science politique essentiellement à partir du cas français, in M. Troper et D. Chagnollaud, *Traité international de droit constitutionnel*, *tome* 1, *Théorie de la Constitution*, Dalloz, 2012, p. 107, pp. 156-157.

② J. Chevallier, Droit Constitutionnel et institutions politiques : Les mésaventures d' un couple fusionnel, in *Mélanges Pierre Avril*, Montchrestien, 2001. cf. du même, Science du droit et science du politique de l' opposition à la complémentarité, in C. U. R. A. P. P, *Droit et politique*, PUF, 1993.

③ Cf. Jacques Chevallier, Pour une sociologie du droit constitutionnel, in *Mélanges Michel Troper*. Économica. 2006, p. 284.

④ J. Chevallier, Pour une sociologie du droit constitutionnel, in *Mélanges Michel Troper*. Économica. 2006, p. 297.

结合体来看,可视为继承了埃斯曼的观点(这一点与托贝的观点不同,托贝完全否定了法的内部视角,认为法解释者只能从政治要素进行认知)。谢瓦利尔自身有关政治学、社会学的作品,如将全球化状况下的现代国家描绘为“后现代国家”的著作。①

(2)多米尼克·卢梭的关注点,则是在宪法裁判活性化的脉络中,通过复活前述被布尔多宣告死亡的宪法观念,试图提出新的宪法民主主义图像。他与法沃赫共同致力于研究宪法院。他也试图将政治性、社会学的考察嫁接到宪法理论中。他以“持续性民主主义”(démocratie continue)为关键词,提倡为了赋予宪法裁判正当性而应转换民主主义范式。②

多米尼克·卢梭认为,传统上民主主义考察方法的最大问题在于,将之仅与议会制民主主义结合,认为议会意思等同于国民意思。通过选举选出代表者,讨论国政重要问题,基于此种议会制民主主义考察方法,则必然因宪法院的法官并非民选,而攻击其行使违宪审查权违反了民主主义而无法正当化。但是,问题并不在于宪法院行使违宪审查,而是在于看似与其难以调和的民主主义理解方式上,必须要对这种基于选举的政治正当性理论进行再考察。由此而言,多米尼克·卢梭主张,现代社会所必要的民主主义并非“代表民主主义”或“直接民主主义”,而是“持续型民主主义”。他认为,传统的实证主义学者也好,自由主义法学者也好,都没有把握到宪法与民主主义的关系问题。③ 在其新型民主主义观念中,统治者与被统治者之间并无自同性,重要的是基于权利保障机构在两者之间制造距离——确保被代表者对代表者的自律性。因此,宪法视野所把握的人,系从事社会私活动的具体个人,由此种具体个人所构成的社会,才是宪法的对象。

他以“持续性民主主义”的观点考察当今法国时指出,能够履行“代表”机能的,并非仅有国会议员。必须要注意到,由民意调查、媒体声音、宪法院对立法权与行政权的持续性、实效性监视和控制。而且,实施立法的人,也并非只有国会议员。包括宪法院法官在内,具有多样知识和利益的人与组织,时而协同,时而对立,以多种资格参与立法过程中,形成了“公意”。国会议员,并非系唯一代表而为立法。作为主权者的国民,欠缺作为自身的人格性,宪法院则可作为其代表或表象。在此种程序中,宪法院所履行的任务,与其说是通过对立法行使违宪审查权,根据场合对法律作出违宪的“死亡宣告”,倒不如说是对已完成的立法参照宪法文本,通过被动性发言,对良法定立做出贡献。确实,基于此种

---

① Jacques Chevallier, *L' État post-moderne*, 3e édition, 2008, L. G. D. J.

② 关于多米尼克·卢梭的方法,参见山元一:「フランスにおける憲法裁判と民主主義」、『現代フランス憲法理論』第三部分第1章、「現代フランス憲法学における立憲主義と民主主義」、『現代フランス憲法理論』第二部分第1章。最近关于卢梭的展开讨论,参见井上武史:「憲法裁判の正当性と民主主義の観念——フランス憲法理論を手がかりに——」、『憲法改革の理念と展開(下)』、信山社、2012、頁137以下。

③ Dominique Rousseau, Constitutionnalisme et démocratie, in http://www. laviedesidees. fr/IMG/pdf/20080919_drousseau. pdf. 此论说的日文翻译为,徳永貴志:「立憲主義と民主主義」、『慶應法学』27号。对于本论说的批判性考察,cf. Pierre Brunet, La démocratie, entre essence et expérience: Réponse à Dominique Rousseau, in http://www. laviedesidees. fr/IMG/pdf/20081009_brunet-rousseau. pdf。

民主主义观念和宪法院观念,由宪法院实施宪法裁判并未违反民主主义。

从以上关联来看,多米尼克·卢梭与托贝不同,并不认为法解释系基于主观价值判断而单方面作出的"政治性决定行为"。原本来就不存在能够独占解明文本意味者。多米尼克·卢梭认为,在存在无限意义的文本面前,在复杂的意义形成游戏中,说到底是由宪法院对文本的暂时性意义作出决定。在前述过程中,法官的判断被赋予了厚望。

另外,多米尼克·卢梭认为,民主主义的思考转换,也要求对宪法的思考转换。法国传统的考察方式认为,宪法即在于把握以议会和行政为中心的统治机构及其规则。但在当下,随着宪法院的活性化,新型民主主义考察方式的产生,传统的考察方式已然并不妥当。通过宪法院的宪法判例累积,宪法不仅保障了国民的基本权、明晰了社会的根本价值观,而且还打开了应时代要求而生新型权利与自由的空间。欧洲统合的深化,也要求宪法学进行重新建构。换言之,多米尼克·卢梭认为,宪法观念必须从与传统国家观念、人民观念、主权观念的纠缠中挣脱出来,要在欧洲大背景下创设出新型宪法学。① 多米尼克·卢梭从此观点出发,并未限于分析宪法判例,而是返回第五共和制的历史,写出了以市民为中心对宪法进行展望的《第五共和已死 民主主义长存》,②以及《萨科齐政府》③来检讨萨科齐总统(2007~2012 年在任)宪法改革的意义与界限等。

(3)奥利维耶·伯则认为,④法学的任务在于理解社会现实。法概念,则是对社会现实通过法学固有方式赋予其形。法学的对象,并非简单地说明法的真正解释,而且也包含了对法本身的理解。此即,法与现实政治现象及其过程的关系。由此关联起法学上解释学传统的路径。这与皮埃尔·艾薇尔(Pierre Avril)⑤的观点有共同之处。其人认为,政治角色之间形成的惯行习律不应作为事实对待,而应作为在政治舞台上实施生成的"政治法"进行特别考察。从这种观点出发,有种方法论、认识论,即将法学定位于经验科学,法在其中仅作为客体而对象化,理论也完全在于判定真伪的学问,若适用于法,并不妥当。将对象从自身剥离的法学,其在工作实践中,实际上有很多情况下只能以对象所包含的用语为媒介才能记述对象,因此,如果将认识对象从认识主体剥离,认识主体可能会使用恣意

---

① Doninique Rousseau, Le nouvel horizon du droit constitutionnel, in *Mélanges Louis Favoreu*, Dalloz, 2007, p. 893.

② Dominique Rousseau, *La Ve République se meurt, rire la démocratie*, Odile Jacob, 2007. 本书介绍,参见南野森:「学界展望」、『國家學會雜誌』121 卷 3·4 号、頁 414 以下。

③ Dominique Rousseau, *Le Consulat Sarkozy*, Odile Jacob, 2012.

④ 本部分关于伯的定位,依据的是茹安让(Jouanjan)的讨论。Cf. O. Jouanjan, Faut – il au droit constitutionnel une théorie de l'État ? /Point de vue français, in *Revue Universelle des Droits de l'Homme*, Vol. 15, n°3 – 6, 2003, p. 106.

⑤ Pierre Avril, *Les conventions de la constitution*, PUF, 1997, p. 157 et s. 关于艾薇尔,参见只野雅人:「解題Ⅱ:現代フランス統治構造と『政治法』」、『フランス憲政学の動向:法と政治の間』、慶應義塾大学出版会、2013、頁 48 以下。

的定义来记述对象。① 关于法理论的固有任务,奥利维耶·伯与茹昂瑞也有同感。② 其人认为任务在于:解明法表象和法神话的“想象上根据”及“哲学上观念论基础”,以及解明法律人所操作的“概念上的想象”。实际上,奥利维耶·伯基于这种手法,在其《国家权力》、③分析德国国家结合理论于历史展开的《联邦理论》、④使用概念史方法描述法国所展开宪法概念的《法国宪法概念的历史》⑤等著作中,通过对宪法学基本概念的彻底性概念史研究,持续地进行法意义的理论解明工作。

作为对法国宪法学鸟瞰性分析的结束语,在预测其发展时,提及与现代政治学问题状况的关联,绝非无益。无须再作阐述,旧政治学将生活在共同体的人类营生置于政治世界,对此克服而登场的近代政治学,对抗在20世纪越发隆盛的马克思主义,否定将政治现象还原为经济体制,在以政治自律性为前提下,希冀分析被统治者服从于统治者的政治权力诸现象。不过,政治权力其实体性存在疑问,通过强调其关系性质,其内容陷入空洞化,受福柯(Michel Foucault)以及女性主义影响,规律、统治的图像政治性普遍存在于社会各领域内,此种认识亦属一般化。其结果是,当今政治学一般所言“个人即政治”(the Personal is political),丧失了告发即成政治支配的意义,完全作为当然之认识,作为政治学考察的出发点。⑥ 发达民主主义国家激荡革命时代早已远去,对于和现代政治学同时代并行的政治法项目,政治性到底意味着什么?代替陷入空洞化的政治学,通过关注提供政治权力行使基础的政治制度动态面,宪法学能够获得恢复政治学所放弃的领地么?或是,政治法项目通过继受“个人即政治”的认识,扩大考察领域,走向传统公法学框架下无法容纳的学术,抑或是实现学术的新陈代谢?或是,欧洲统合背景下重构政治共同体,在“政治纽带”重构的课题中,能够发现当下“政治性”的核心?讨论或是收敛或是扩散,在其趋势显明前,恐怕只能留待时间的验证。

---

① Olivier Beaud, Bulletin bibliographique: Michel Troper, Pour une théorie juridique de l' État, in *Revue du Droit Public*, 1996, pp. 1526 – 1527. 伯对托贝的批评, cf. Olivier Beaud, Quand un juriste explique et déconstruit l' État, in Critique, n°780, 2012, p. 401 et s。伯批评托贝关于法及国家理论的过度形式性,认为应着眼于国家的制度现实。

② Olivier Jouanjan, *Une histoire de la pensée juridique en Allemagne* (1800 – 1918), PUF, 2005, Olivier Beaud. Quelques remarques sur une histoire subjective de la pensée juridique allemande, in *Droits*, n° 42, 2006, pp. 166 – 167.

③ Olivier Beaud, La puissance de l' État, PUF, 1994.

④ Olivier Beaud, Théorie de la Fédération, PUF, 2007.

⑤ Olivier Beaud, L' histoire du concept de constitution en France. De la constitution politique à la constitution comme statut juridique de l' État, http://juspoliticum. com/L-histoire-du-concept-de. html。本文的日文译本,参见南野森译:「フランスにおける憲法概念の歴史——政治的憲法から国家の法的地位としての憲法へ」、『フランス憲政学の動向:法と政治の間』、慶應義塾大学出版会、2013、頁163以下。

⑥ 例如,川崎修:「『政治的なるもの』の行方」、岩波書店、2010、頁2以下。

四、现代法国宪法理论中的主权与民主主义

在现代法国宪法理论中,米歇尔·托贝提出的主权理论,具有深刻意义。以下将介绍检讨其人,再对民主主义理论动向略作一瞥。

1. 托贝的主权论及其检讨

(1)托贝的主权论

托贝的众多业绩[①]中,最为日本学界所知的,乃是比凯尔森(Kelsen)的法解释观为更激进的法解释理论。从写作博士论文以来,他也对法国大革命以后的主权、国家、立宪主义、市民权、权力分立等诸多宪法学基本观念,都作出了独创性的考察。日本"七十年代主权争论"时的学者,几乎都将其各自主权理论原点依托于马尔贝格。托贝同样如此,认为马尔贝格在法国法学中提出了最明快的主权理论,并以马尔贝格学说为线索,以法国宪法院关于欧洲统合的判决为素材,发表了多篇以主权为主题的论文。[②]

托贝在其论文《主权》[③]中明确指出,分析主权的首要问题在于,法学能够在何种层次上论述主权。之所以如此,一般而言,处于政治与公法交叉点位置上的主权,经常会被用来询问如"某国真的在政治经济上独立与否"的问题。就此点而言,日本战后宪法学也不例外,长谷川正安认为,基于政治观察中日本对美从属的状况,可谓"国家主权的丧失",因此,他主张志在"恢复国家主权"[④]的宪法学。如经常指摘所言,主权系抗议性概念,"无论是新教徒主义,还是脱殖民化,还是自我决定,还是反全球化,都是政治艺术的

---

① 参照南野森:「ミシェル・トロペールの経歴と作品」、『リアリズムの法解釈理論——ミシェル・トロペール論文撰』、勁草書房、2013、頁201以下。

② Michel Troper, Le titulaire de la souveraineté. in du même. *La théorie du droit, le droit, l'État*, PUF, 2001. P. 283 et s.(南野森译:「主権の名義人」、『リアリズムの法解釈理論——ミシェル・トロペール論文撰』、勁草書房、2013、頁109以下)。La souveraineté comme principe d'imputation, in Dominique Maillard Desgrées du Loû (sous la dir.), *Les évolutions de la souveraineté. Montchrestien*, 2006, p. 69 et s.(南野森译:「帰責原理としての主権」、『法政研究』74巻1号、頁155以下)参见山元一:「現代憲法理論における主権市民主権論をめぐる一考察」、『法学』77巻6号、頁235以下。The survival of sovereignty, in Hent Kalmo and Quentin Skinner (edited by), *Sovereignty in fragments: The past, present and future of a contested concept*, Cambridge University Press, p. 210 et s., La souveraineté, inalienable et imprescriptible, in du même, Le droit et la nécessité, PUF, 2011, p. 77 et s., Sovereignty, in Michel Rosenfeld and Andràs Sajó (edited by), The Oxford handbook of comparative constitutional law, Oxford University Press, 2012, p. 350 et s. 托贝主权论与辻村みよ子市民主权论的比较检讨,参见山元一:《現代憲法理論における主権市民主権論をめぐる一考察》,法学77巻6号(2014)235页以下。

③ M. Troper, Sovereignty, Le titulaire de la souveraineté. in du même. *La théorie du droit, le droit*, l'état, *PUF*, 2001, *p.* 351 *et s.*

④ 参见長谷川正安:『国家の自衛権と国民の自衛権』、勁草書房、1970、頁22以下。对此,樋口陽一批判指出,"国家主权"应该"专门纯化在形式=法的次元",在此次元的问题,应该使用所谓"独立性或是从属性"的观念。参见樋口陽一:「真の国民主権が主権の意味限定か——何を読みとるか」、『憲法と歴史』、東京大学出版会、1992、頁53以下。廣澤民生:「主権論」、『ドイツ公法の理論』、一粒社、1992,也对继受了長谷川观点,即"传统主权思考中,作为'社会实体'的国家权力形成问题上,作为法说明不可能的现象偏离了最初的考察对象,讨论也都集中在法规范层面上,国家的国家权力归属与行使的问题",进行了批判。

表明”。[①] 但是,宪法学应处理者,并非事实,而是“法观念”。某国主权性,并不取决于国家大小或军事实力等事实。由此,托贝指出应区分两种次元上的讨论:其一,作为实证法观念意义对主权的分析;其二,涉及国家或宪法的法理论上论及主权的场合(元观念)。因此,如果某位学者分别作了以下阐述:之一,叙述己国宪法典、立法者、宪法判例等所使用的主权观念;之二,国家因受国际法拘束而不能视为在法理论上真正具有主权;两者之间并不矛盾。

此外,托贝遵从了马尔贝格[②]的分类,确认了之前在三种意义上使用的主权概念。①相当于德语中的“Souveränität”,对外及对内的独立最高性(此种权能并非由他人所授权,具有无限制的性质,即所谓 Kompetenz-Kompetenz);②相当于德语“Staatsgewalt”的国家权力;③相对于德语的 Herrschaft,系机关具有的持续性支配权力。

根据托贝的观点,关于第①点,17 世纪代表学者普芬道夫(Pufendorf)与卢瓦索(Loyseau),列出了应该掌握在国家手中的一些具体权限表单(如后者列出了制定法律、任命高级官吏、宣布战争与和平、决定审判最高级、铸币权等具体内容)。但是,表单奇妙地将从形式观点分类的权限与实质观点分类的权限,混到一起。正是基于此点,博丹(Jean Bodin)与卢梭(Jean-Jacques Rousseau)的批判指出,如果国家的各种具体性统治权限由法律创设,则法律制定以外的各种权限,都应该被此所包含。若是不作如此考虑,就难以说明第①点意义上的主权具有不可分割的性质。另外,第③点意义上的主权,亦属不可分割。原因在于,如果分割,就不能使某机关单独占据最高的位置。与之相对,第②点意义上的国家权力,就有可能根据不同的基准,相应地分割为各种权限,在性质上属于可分割。因此,基于这种定义,主权可谓是与绝对主义国家并生。

托贝指出,主权还有第④种意义,即“主权属于人民”的用法。此种用法在当下日本宪法学中,对应的是正当性契机。法国第三共和时期,无论是“议会主权”或“法律主权”,以及与之并列的“主权属于人民”,指的是议会虽行使主权,但主权并非属于议会自身,而是意味着代表人民,在人民的名义下行使。[③] 第④种用法,也可称为“归责原理”。

托贝以上述理解为前提,对欧盟统合与法国宪法的关系,作了如下说明。宪法院,虽然对推进欧洲统合的条约(马斯特里赫特条约和流产的欧洲宪法条约)都判决违宪,其基准则是法国公法传统上所使用的区别“主权本质与行使”的理论(或者更为准确的说法,

---

① Martti Koskenniemi, Conclusion, in H. Kalmo and Q. Skinner, *Sovereignty in fragments: The past, present and future of a contested concept*, Cambridge University Press, p. 232.

② Raymond Carré de Malberg, *Contribution à la théorie générale de l' État*, tome I, Recueil Sirey, 1920, réimp., 1961, Éditions du CNRS, p. 69 et s.

③ 不过,卡尔·马尔贝格(Carré de Malberg)自身的见解,将第三共和时期“主权在民”的主张把握为第③点。Cf. Carré de Malberg, *Contributionà la théorie générale de l' État*, tome I, Recueil Sirey, 1920, réimp., 1961, Éditions du CNRS, p. 83,不过托贝指出,当时的法国有权者,在参加选举之外并未被赋予独自作出法决定的权能,换成当下宪法学用语,权力契机并不充足的状态下,毋宁应该作为第④种用法来把握。

“国家主权行使的本质性条件”基准),如果某个条约缔结使权限让渡,而抵触了主权的本质,在这种场合下,将条约视为国际法而遵守进行再交涉或者破毁等的处理,并未丧失主权。[①] 实际上,这些场合下,并非国家手中的某种权限自身发生了让渡,而仅是委任行使。尚可通过宪法自身修改的方式,重新取回这些权限。虽然这种修宪行为,可能会导致违反国际法,但是并不产生法国国内法上的问题。[②] 包括宪法规范在内的欧盟法,相比法国法整体的优位性根据,在于法国国民行使了制宪权,[③]通过宪法修改而作出允意认可优位,而非具体的条约缔结行为。

若是从古典国际法理论出发,处于相互对等地位的国家,受其缔结的条约拘束,此为当然预设。通过缔结条约,国际关系旋涡中的国际法拘束逐渐得以累积,这仅仅意味着“主权并非不受制约的表现”。与之相对,现代国际法中的国际法与国内法关系上,二元论与一元论之间论争激烈。在最具代表性的一元论者凯尔森的观点中,国际法规定了国家妥当性的范围。托贝举例作了批判:某国立法机关若制定了本属他国所管事项的法律,若其国不存在违宪审查制,也无有权国际机关能够宣布此种法律因违反国际法而系无效,则其立法有效性得以确保。托贝指出,国际法并不能拘束主权国家的对外主权性。第二次世界大战后联合国体制的出现及欧盟的发展等重大变化,一切都仅是政治次元的变化,起因不过是主权国家在对外事项的自主性决定,因此,没必要改变法理论上关于主权的说明。

托贝指出,第③意义上的国家主权,之所以可能会成为法理论上的问题,原因在于,考察国内法上的某种机关能否不管手续制约而能作出内容上不受法制约的决定时,若要检讨为何要服从此机关的决定,则超出了法理论领域走向了政治领域。宪法裁判机关,在对受委托行使宪法修改权的机关所作出的宪法修改,作出违宪性判断时,必须理解为由宪法修改机关与宪法裁判机关共同行使制宪权。

在君主主权国家中,君主亲自行使其固有权限,在而标榜民主主义的国家中,享有第③意义上主权的机关,并非在行使自身固有的主权,而是代表存在于别处的“真正主权者”来行使权限,因此,第④意义上的主权即存在问题。然而必须注意的是,虽说是代表,

---

① Cf. Jean Combacau, Pas une puissance, une liberté: la souveraineté internationale de l' État, in *Pouvoirs*, n° 67, 1993, p. 47 et s. 不过,与此种思考方式不同,有见解认为存在符合主权国家名义的本质性统治诸权限:Olivier Gohin, Souveraineté et compétences en droit constitutionnel français depuis 1946, in D. M. Desgrées du Loû (sous la dir.), *Les évolutions de la souveraineté. Montchrestien*, 2006, p. 103。笔者根据宪法院判例的分析检讨,参见山元一:「憲法改正問題としての国際機関への権限移譲——国家主権における『実質的思考』と『形式的思考』」、『ジュリスト』1289 号、頁 122 以下。

② Cf. M. Troper, The survival of sovereignty, in Hent Kalmo and Quentin Skinner (edited by), *Sovereignty in fragments: The past, present and future of a contested concept*, Cambridge University Press, p. 143.

③ 现代法国宪法学通说以及宪法院判例,将宪法修改行为视为宪法制定权力行使的环节之一。参见本书第Ⅱ章。宪法院在 2006 年 7 月 27 日判决中认为,虽然欧盟指令并不优位于“法国宪法同一性的内在规则原理”,但也承认了宪法修改行为。Cf. Décision n°2006 – 540 DC, considérant n°19.

但被代表者与代表者之间并无契约。在宪法制定以前,被代表者在法上并不存在,只是在宪法制定后才得以出现。宪法通过“归责原理”,将代表者所作决定与被代表者相关联,仅仅是寻求把前者的决定视为后者的决定。在此点上,生活在现实国家中的市民们,虽保有主权,但是将实际上自己无法行使的事项予以委任,此即“人民主权”论。一般而言,此种论点与将国民定位为抽象存在的“国民主权”理论,形成了二元对立的图式。不过,在托贝看来,实际上所制定的宪法诸规定,并非基于把握主权者方式差异的几何式演绎思考而制定,仅仅是在权力分配上作为事后的正当化理由。此外,将人民视为与国民不同的非抽象性存在,此种观点太过单纯。原因在于,为了使被称为人民的人存在,就有必要制定规则来决定谁是人民,人民在法律上的分类也必须由宪法来决定。关于欧盟,由于并不存在欧洲人民,其决定只能在各国国民的名义下获得正统化。

由此可见,在托贝看来,若就实证宪法表述而言,很明显,各国都存在不为法拘束的主权。检讨以各国裁判机关为首的政治活动,这些机关有无考虑到国家受自身意思以外所拘束,以主权之名的国家是否行使一切权力作为最高的法存在,这些政治机关如何将自身决定予以正统化等,予以检讨均可证明。正是在这些场合下主权语词得以使用,可见主权理论在现代法理论中仍然是有效的。

以下则通过指出托贝主权论的特征与问题点,检讨现代法国宪法理论中主权论的一方面。

(2)对托贝主权论的检讨

托贝的主权论中,首先成为问题的是,宪法学应该在何种次元的议论中对待主权这个概念。托贝的主权论,并未置于宪法解释论的次元中。换言之,在他的议论中,并未以宪法上的某些基础概念为基石,提出一定的解释论归结。关于“国民主权”、“人民主权”二元对立的问题上,他认为不应该寻找基本概念作为依据设定宪法的诸规定,仅应作为事后正统化的图式。① 托贝并未将自身的议论按照解释论来思考,反而产生了问题。托贝原本在对法国法学界从来未必自觉的法解释行为性质上,强力主张其性质并非“认识行为”而是“意思行为”。② 而托贝在谈论主权论时,其议论的性质为何呢?如前所述,托贝在讨论主权时作了区分:作为实证法观念上的主权;作为法理论上的主权(元观念)次元。对于托贝来说,提出对宪法特定规定的解释时,实施的是作为“意思行为”的宪法解

---

① 托贝关于此点的详细见解,cf. Michel Troper, *Terminer la Révolution*: *La constitution de* 1795, Fayard, 2006, p. 109 et s。菲利西安·勒迈尔(Félicien Lemaire)指出卢梭与西耶斯(Sieyès)所设想的市民社会图像具有同质性,“实际上,国民主权与人民主权,志向于探究社会统一化的本质,在制度与市民关系上的观念把握方式上,是可以归一的”。Félicien Lemaire, La distinction souveraineté nationale-souveraineté populaire sous la Révolution, in D. Maillard Desgrées du Loû (sous la dir.), *Les évolutions de la souveraineté*. *Montchrestien*, 2006, p. 32.

② 参见ミシェル・トロペール(南野森译):「リアリズムの法解釈理論」、『リアリズムの法解釈理論——ミシェル・トロペール論文撰』、勁草書房、2013、頁3以下。

释工作,而分析实证法上使用的主权观念之间相互关系,对其进行整合性记述说明行为,则并不能定位于此种解释工作。但托贝在实际上,以立足于国际法理解的国家主权论为前提,并沿着宪法院对宪法修改行为的解释(作为制宪权发动的理解),无伤地维持了跟从古典理解的国家主权观念。此种法叙述,整体而言,难道不是表明支持现在法国关于主权的有权解释吗?即使违反有权解释的解释提出,也被视为超越法科学领域的主观意欲体现,针对这种理解,恐怕托贝在主张论证有权解释与这种国家主权观念可以并立之际,其自身并未将此种论证工作视为"意思作用"。这种思考方式必然会带来疑问。

详言之,托贝虽然将"检讨已获得妥当性的诸原理与新型诸概念之间能否并立,检讨新型诸概念能否构成或维持法议论的融贯性"[①]视为属于"dogmatique juridique"(南野森翻译为法解释学)的工作,但在托贝自身看来,这恐怕是与"法解释"(interprétation du droit)行为不在同一次元,应定位于属于法认识的工作吧。他还指出,主权作为"构成实证法言语部分的概念之一","不可避免地在法院使用及裁定案件的复杂理论要素之一。这些理论,无法进行价值判断,仅仅用来记述说明。不存在真伪。或许在融贯性与说服力上存在差别,但其内在融贯性或非融贯性,并不影响其存在与有效性。就此意义而言,主权仍然未死"。[②] 不过,如长谷部恭男所言,"以实证法规为素材,构成其背后的一般原理概念,能够导出具体法问题的归结"工作,恐怕才应该是"法解释工作"。[③]

因此,托贝虽然将客观分析宪法解释置于自身学术领域内,而将提出宪法解释排除于自身学术课题外,但在实际上,与其主观意图相反,他实施的一定的法记述,在机能上可谓是不自觉地实现了解释的机能。具体而言,作为托贝历史比较的考察结果,他对那种超越客观认识宪法典工作的规范论而主张存在规律宪法解释的一般原理,持否定态度,能够对抗某种解释论者的应仅是具有解释论身份的言说,如此则提出了一个自身狭窄的解释论,不自觉的问题仍然存在。[④] 托贝虽然否定了立足于人民主权论的理论在法构成上的不可能性,但与法律家共同体与社会一般是否广泛接受作了区别,此种主权论,作为宪法解释论的资格,在性质上应该受到同等评价。

2. 民主主义论的动向

此处的课题,针对法国宪法学,一方面沿着之前的学术累积,[⑤]另一方面就目前法国

---

① M. Troper, La souveraineté comme principe d' imputation, in Dominique Maillard Desgrées du Loû (sous la dir.), *Les évolutions de la souveraineté. Montchrestien*, 2006, p. 70. 参照南野译157页。

② M. Troper, The survival of sovereignty, in Hent Kalmo and Quentin Skinner (edited by), *Sovereignty in fragments: The past, present and future of a contested concept*, Cambridge University Press, p. 150.

③ 長谷部恭男:「国民代表の概念」、『憲法の円環』、岩波書店、2013、頁94~95。

④ 虽然没有直接在解释论效果上产生问题,着眼于Troper法理论的认识所产生的政治社会效果,参照樋口陽一:『近代憲法学にとっての論理と価値』、日本評論社、1994、頁18以下。

⑤ 关于这一点,参见山元一:「最近フランス憲法学における民主主義論の動向」、《高橋和之先生古稀祝賀 現代立憲主義の諸相》(上卷)、有斐閣、2013、頁96以下。

面临状况下提出了何种讨论,备忘录式地略作整理。

就现代法国民主主义论而言,民粹主义引发了重大问题。作为民粹主义典型代表的国民阵线其党近年来所主张,与勒内·卡皮唐(René Capitant)主张(即使国民投票能够成为专制政治的道具,但是国民投票则是民主主义最完全的体现)①颇有类似,则是弗雷德里克·胡维卢瓦(Frédéric Rouvillois)的看法。② 此即,国民阵线强调彻底由国民直接决定的重要性:(1)宪法修改必须通过国民投票;(2)应该扩大国民投票所适用的社会问题;(3)应导入由国民发议的真正国民投票制度。众所皆知,第五共和国宪法,可谓是打破既有禁忌而导入国民投票制度的宪法(1995年、2008年宪法修改,扩大了国民投票的对象,提请者的范围从之前仅限于总统,通过2008年修改宪法认可一定条件下国民发议),实践中分别就宪法修改、条约批准、个别具体政策等,先后9次启动国民投票。不仅如此,第五共和国宪法下由总统与总理承担执行权的体制(双头制),导致可能会阻害执行权有效运转的左右分治,却并未抹杀总统直接选举的意义,而是通过宪法修改来缩短总统任期予以解决。因此,超越左右共治的国民投票制与总统直接选举制,其制度的活用、实质化即为法国宪法改革所要追求的重要主题之一。卡皮唐关于此点的主张,③在宪法制度化中,虽然与要求彻底推进的国民战线所主张存在对抗,但相对化选举、投票获得正统性的调达过程,可谓是最近法国宪法学中民主主义论者的显著特征。换言之,最近宪法学民主主义课题,要给民粹主义强调的国民抽象性开出药方,通过积极承认法的政治正统性多元化,来实现其课题。关于此点,具体分析如下。

(1)《民主主义的新问题》

2010年法国宪法学会的研究成果《民主主义的新问题》④出版。通过本书,可以知悉现在的法国宪法学对民主主义的态度。其书认识到考察民主主义新手续与新正统性的课题所在,⑤就①与民主主义关联上,裁判权的定位;②新的民意表达手段(传统代表民主制以外,从老生常谈的直接民主主义手段到最近的网络民主主义活性化问题,大篇幅地进行了检讨)应该如何定位,分别进行了检讨。由于篇幅所限,在此仅对①的问题一瞥其问题意识。

---

① René Capitant, *Écrits politiques* 1960 – 1970, Flammarion, 1970.

② Frédéric Rouvillois, Le Pen: Une théorie pure de la démocratie, in Marie-Claude Esposito et alii (sous la dir.), *Populisme: l' envers de la démocratie*, Vendémiaire, 2012, p. 112.

③ 勒内·卡皮唐的构想,虽然属于多层次的民主主义,但是并未回到国民观念抽象性的议论上。参见山元一:「最近フランス憲法学における民主主義論の動向」、《高橋和之先生古稀祝賀　現代立憲主義の諸相》(上巻)、有斐閣、2013、頁101以下。

④ Alain Delcamp, Anne-Marie Le Pourhiet, Bernard Mathieu et Dominique Rousseau (sous la dir.), Nouvelles questions sur la démocratie, Dalloz, 2010.

⑤ Bertrand Mathieu, Introduction, in AlainDelcamp et alii, *Nouvelles questions sur la démocratie*, Dalloz, 2010, p. 6.

作为裁判实现的对象,权利的多样化倾向日益扩大,这对民主主义具有何种意义呢?对此问题,朱利安・博奈(Julien Bonnet)与玛蒂尔德・菲利普・盖(Mathilde Philip-Gay)的回答认为具有积极性意义[①]。民主主义与此裁判权结合,则对将宪法学与民主主义结合的马尔贝格与布尔多而言,可谓是完全没有考虑到的思考。博奈与菲利普・盖认为,现代社会中对于权利扩大与多样化能够产生重要影响的是"连带"观念。之所以其观念重要,①内容丰富因此可以与多种权利要求相结合;②属于立法权的目的;③从"我"到"我们"转变,可以成为社会以及法变化的道具。他们议论中趣味颇深之处在于,民主主义观念在行政权场面中表现为"行政民主主义",参与行政决定以及确保行政决定透明性的课题,被把握为权利扩大及多样化的一个环节。

裁判与民主主义应该立足于何种关系上,特别是在法官正统性问题上,泽维尔・比奥伊(Xavier Bioy)和法布里斯・乌尔戈比(Fabrice Hourquebie)从比较宪法层面进行了多角度检讨分析。[②] 他们所展开的讨论,完全不顾忌那种预设立宪主义与民主主义处于对立关系的观点。若是选取意趣盎然之处,如①在国民的司法参与上,法国普通人参加的参审裁判与近邻裁判中,普通人担任法官,其正统性并不能在宪法上获得担保;②当今,相比法官独立,为了不使裁判权陷入独善,必须检讨"法官职务上的相互依存",因此,涉及法官与裁判制度的责任追究也属于宪法上的课题;③为了刷新民主主义,将裁判权放入其中,也是今后应予考虑的方向,若是认可法官属于担负部分统治的国民代表者,则裁判权的参与也可作为民主主义化予以评价。

(2)作为"社会性宪法化"的民主主义

2012 年出版的《民主主义——权利的多样化与社会性诸对抗权力》[③]一书,就前述《民主主义的新问题》所关注的部分问题,进行了深化,作为独立书籍出版。[④] 该书作为共同项目研究的成果,指出现代法国民主主义特征首先在于"一般性的危机",要在"社会性宪法化"的名义下,对社会上各种利益诉求予以法承认,通过肯认其可裁判性,对民主主义进行再定位。[⑤] "社会性宪法化"认为,根据法国传统的支配性观点,社会问题都

---

① Julien Bonnet et Mathilde Philip-Gay (synthèse présentée par), Démocratie et multiplication des droits, in Alain Delcamp, Anne-Marie Le Pourhiet, Bernard Mathieu et Dominique Rousseau (sous la dir.), *Nouvelles questions sur la démocratie*, Dalloz, 2010, p. 15 et s. 本文作为研讨会"民主主义与权利多样性"的总结而作,严格说来,并不能视为两人的固有见解。

② Xavier Bioy et Fabrice Hourquebie (synthèse présentée par), Justice et démocratie, in Alain Delcamp et alii. *Nouvelles questions sur la démocratie*, Dalloz, 2010, p. 31 et s. 同样,本文作为研讨会"裁判与民主主义"的总结而作,严格说来,并不能视为两人的固有见解。

③ Carlos Miguel Herrera et Stéphane Pinon (sous la dir.), La démocratie entre multiplication des droits et contre-pouvoirs sociaux, Éditions Kimé, 2012.

④ Alain Delcamp et alii, *Nouvelles questions sur la démocratie*, Dalloz, 2010, pp. 45 – 53.

⑤ Carlos Miguel Herrera et Stéphane Pinon, Introduction in C. M. Herrera et S. Pinon, La démocratie entre multiplication des droits et contre – pouvoirs sociaux, Éditions Kimé, 2012, p. 7 et s.

应该通过政治过程来解决,无论是在人权论领域还是在统治机构论领域,其实质面上都没有被视为宪法问题进行考虑。针对此种传统观点,新观点认为应将这些问题视为与宪法规范直接相关的问题进行考察。长期以来,法国以中央集权的国家构造为基础,“统一不可分割的共和国”[①]这种国家形象,深深扎根人心。在这种国家形象下,立足于“传统的选举模式”,无论是议会的意思,还是总统的意思,都是“公共意志”或是“公共利益”。此种定式下,包含“一般性”的观念则发挥了实现国家统治正统化的功能,针对各个特殊集团地方利益的呼声,对持从上监督的态度进行规律,即属当然。(新书)作者们则认为,前述观念已不再必要。与传统观点不同,他们认为更应该重视“‘市民社会’的愿望”而不是“主权国民的意思”。从来被视为当然劣后的“部分利益”或“少数人的利益”,应该被视为“被排除者”的“利益”“政治过程中没有代表的各种利益”而予尊重。在尊重这些利益时,意味着“现场”“实际经验”“专业人士的具体意见”所产生的正统性,要优于通过选举产生的正统性。由此,传统国家中对抗权力(法官、政治对立、地方诸权力)的不充分性就显露出来,在此之外的“社会性对抗权力”的想法即得产生。构成这种对抗权力的核心要素在于,“法官的功能”“基本权的再展开”“参加技术”“少数者权利”等。“社会性宪法化”,给“代表性”和“诸权力间均衡”带来了新的视角。即使寻求对此种“社会性”的关注,但问题在于,如何针对宪法秩序,不将国民把握为有机体形象,而是将其作为社会团体或者社会性存在所把握的人,与之结合。

由此种见地出发,卡洛斯·米盖尔·埃雷拉(Carlos Miguel Herrera),从比较宪法角度分析了宪法裁判机关如何处理社会权,就忠实于古典权力分立观的德国联邦宪法法院的态度,与哥伦比亚宪法法院及南美宪法法院的积极立场,比较对照了社会权裁判实现中,承认法官在民主决定过程的政治参与度,并表现出对后者的偏爱。[②]

就这一点,最近法国公法中阐述“主观公权”保障问题的菲利普·雷博(Philippe Raimbault),[③]针对处于划一性提供公共服务的受给者地位的国民,强调问题在于,国民以“行政市民权”之名,通过对行政的个别性法权利要求,能否获得“社会性对抗权力的表现”。在此问题上持慎重立场的雷博,一方面,他确实想要充实敏感于多样化国民要求的现代民主主义;另一方面,这种思考方法,存在“赋予个人图像过度价值”的危险。如何把握“主观公权”与“其境界与内容系政治讨论对象的超越性一般利益”之间的平衡,则是问题所在。

斯坦法尼·比侬(Stéphane Pinon),从“社会性宪法化”的立意出发,在传统“政治代

---

① 参照『現代フランス憲法理論』第1部分。

② Carlos Miguel Herrera, Démocratie, pouvoir judiciaire, droits sociaux, in C. M. Herrera et S. Pinon, La démocratie entre multiplication des droits et contre - pouvoirs sociaux, Éditions Kimé, 2012., p. 61 et s.

③ PhilippeRaimbault, Quelle signification pour le movement de subjectivation du droit public? In C. M. Herrera et S. Pinon, La démocratie entre multiplication des droits et contre - pouvoirs sociaux, Éditions Kimé, 2012., p. 97 et s.

表”之外,摸索在议会中增加反映社会集团与职业利益议会的“社会、经济代表”。① 其目的在于,对革命期以来的“‘一般意思’其抽象性进行矫正,考虑社会的多元性”。如果统一不可分的国民已经不再存在,则无法满足使之仅代表抽象个人。于此,代表者与被代表者不同,应予分离,方得昭现其价值。但在今天,若是“代表者体现了社会中具体的多样性”,则代表者必须类似为被代表者的代理人。从此见地来看,比侬认为值得检讨的是,反映非政府组织(Non-Governmental Organization,NGO)、社会性平台、压力团体、多样知识分子见解的“市民社会院”与“法国诸见解的大评议会”,如何制度化的问题。若是其得以制度化,就会使多种多样的利益得以可视化,责任对象也得以明确。比侬认为,如果民主主义必须与其对抗权力携手共进,则应该寻求与裁判权力、地方权力等对抗权力并列处于社会学次元位置上的对抗权力。

(3)“代表市民社会”的民主主义

如(2)所言,针对民主主义在“社会性的宪法化”径路下进行了检讨,同时还要再检讨的则是宪法上重要观念之一的国民代表观念。与比侬所论中面向具体宪法改革的试验性检讨不同,斯特法尼·皮埃尔·开普(Stéphane Pierré-Caps)则从原理上重新检视国民代表的观念。② 法国传统的西耶斯(Sieyès)型国民代表观念,本质上将国民把握为均质被统一化的抽象个人之结合体,以此为前提与现实社会的实然之间存在距离。但是在普通选举制导入后,情况发生了变化。虽然使用的都是“代表”一词,但是要综合宗教,种族/民族(ethnicity),地方性,性别,保持个别性要素才能考虑到代表的问题,即承认代表者与被代表者之间的同构性(isomorphie)原理。在此,代表的意义在于,如镜子般反映被代表者,即“存在政治”的思考方法出于支配,代表的行为变得不能独立于代表者的社会属性(因此,“代表”的观念,逐渐变化为“代表性”)。③ 但皮埃尔·开普与比侬不同,认为若是推进选举及投票,会造成集团中不可能形成统一意思,政治共同体所必要的集团性认同也将失去。其观点则是,在选举投票外寻找替代性装置,如参与民主主义。④

---

① Stéphane Pinon, La représentation parlementaire des groupes sociaux et des intérêts professionnels : une perspective à oublier, in C. M. Herrera et S. Pinon, La démocratie entre multiplication des droits et contre - pouvoirs sociaux, Éditions Kimé, 2012. , p. 115 et s.

② Stéphane Pierré-Caps, Représenter la société civille ? in Anne-Marie Le Pourhiet, Bernard Mathieu, Ferdinand Mélin-Soucramanien et Dominique Rousseau (sous la direction de), Représentation et représentativité, Dalloz, 2008, p. 27 et s. 关联者如 cf. S. Pierré-Caps, Les minorités et la notion de représentation, in Les Cahiers du Conseil constitutionnel, n° 23, 2007, p. 86 et s。

③ Anne-Marie LePourhiet, Représenter la nation ? in Anne - Marie Le Pourhiet et alii, Représentation et représentativité, Dalloz, 2008, p. 14.

④ 属于以宪法学立场论述了参与型民主主义积极意义的论文,如 Marie-Anne Cohendet, Responsabilité politique et démocratie participative, in Bertrand Mathieu et Michel Verpeaux (sous la direction de), *Responsabilité et démocratie*, Dalloz, 2008, p. 37 et s。

(4)小结

以上部分,对最近法国宪法学中民主主义动向作了简单一瞥。其中,能够得出某些特征吗?

一言以蔽之,虽为民主主义,但由选举、投票过程所获得的民主主义正当性被显著地相对化,还明显地存在想将此外的过程以民主主义之名获得正当化之企图。关于此种倾向之增强,窃以为存在如下多种要因之介入。

恐怕最为决定性的要素在于,受戴高乐宪法构想所指导,《法兰西第五共和国宪法》得以制定,以及此后随着总统直选制度的导入,政治部门内的多数者形成及其支配也得到实现,作为法国宪法学重要课题,即由选举、投票过程提供的民主主义正当性所支持的能动性统治,已然成为现实。此种统治模式逐渐安定化,为了与之保持一定距离进而构筑批判性理论,就有必要构筑并非基于选举、投票过程的正当性。在法国国内,以抽象国民形象为前提,而主张扩大直接决定机会的民粹主义,在其伸张令人担忧的情况下,前述动向也越发切实。

上述对民主主义正当化的重新思考,与之难以分离的现象,其呈现于20世纪80年代以降,以欧洲统合的进展及宪法院的活跃化为契机,此即法国裁判权凸显其存在感及其承担功能确系具有重要性。[①] 不过就此而言,此种议论在20世纪80年代登场时,形成了标榜以法来控制民主主义的"法治国家"化现象。与之大有不同,如今的观念则将裁判权本身视为形成民主主义内容的构成要素以及作为市民权实现的装置。此即,为了掣肘国民层面中所形成国家意思而设置,在观念上一直作为自由主义机构其框架之发展,毋宁可以定位为民主主义之深化,由此,也可看到理论构成之转变。

在此延长线上,又如围绕"行政民主主义"(démocratie administrative)[②]或"行政市民权"[③]之讨论所示,随着强化市民对行政地位之行政过程法律化现象,针对此种现象的分析方式,如学者所论,也发生了变化,即从"增强裁判权对行政权的法控制"到"为强化市民对行政之法地位而扩大充实市民要求所实现场域、确立市民权"。

与之相关,在法国近来的宪法理论中,针对《法兰西第四共和国宪法》"前言"(其宪法规范性已被宪法院在1971年7月16日结社自由判决所承认)所宣称的社会权性质诸权利,为了克服此前将之视为应由立法政策实现的观点,新议论得以登场,即强调应将之

---

① 参见『現代フランス憲法理論』第四部第2章以及补论1。

② Cf. Bruno Daugeron, La démocratie administrative dans la théorie du droit public: retour sur la naissance d' un concept, in Revue Française d' Administration Publique, n°137 - 138, 2011, p. 21 et s, Jacques Chevallier, De l' administration démocratique à la démocratie administrative, in ibid., p. 217 et s.

③ Cf. Véronique Champeil-Desplats, La citoyenneté administrative, in Pascale Gonod et alli (sous la dir.), Traité de droit administratif, tome 2, Dalloz, 2011, p. 397 et s.

视为可寻求裁判实现之法权利。[①] 对于法国而言,可谓是提出了新鲜之问题。上述着眼于社会国家实质化的志向,使喘息于经济苦境之人,面临民粹主义来诱惑在选举、投票过程中间歇性地爆发性意思表示,可谓具有事先防止之意义。此外,围绕此种裁判权的言说,还可以与下述想法予以结合,此即针对裁判权在长期被称为欧盟统合中"民主主义赤字"中的大问题,若将裁判权通过民主主义正当化之后,还可以消除欧盟层面统治的"民主主义赤字",即虽然存在欧盟议会也难以匹敌在成员国层面上由选举、投票过程获得的民主正当性。[②]

不过,到此为止所见的民主主义理论动向,私以为受到皮埃尔·霍桑瓦隆(Pierre Rosanvallon)晚近民主主义理论的决定性影响。他暂时抛开且批判了法国传统的民主主义正当性理论,试图探索其他的正当性之道。[③] 详言之,作为横跨多个研究领域深具影响力的社会思想史学者、社会学者,霍桑瓦隆在2006年出版了《对抗性民主主义——不信任时代的政治》,[④]在2008年出版了《民主主义正当性——公平性、熟虑性、接近性》。[⑤] 在前书中,他指出与旧体制下"混合体制"所不同的"现代人的混合体制"(régime mixte des modernes)[⑥]的可能性。在后书中,霍桑瓦隆则针对革命时期成立的纯粹代表制度走向半代表制的趋势,认为存在界限,这在结果上产生把代表者与被代表者两者视为同一化的民主主义观(同一视民主主义,démocratie d'identification)。他提出了不同于此的新型民主观,即所谓"领有民主主义"(démocratie d'appropriation)。[⑦] 这种构想,与曾经奥里乌想要改铸"一般意思"一样,仍然将民主主义正当性基础所在的"一般性"重新把握为"社会一般性",分为三类:①为了与特殊性保持距离的"消极的一般性";②使社会存在多样要求多元化的"多数化的一般性"(généralité de démultiplication);③立足于社会存在的状况多样性的"考虑特殊性的一般性"(généralité d'attention à la particularité)。并

---

① Diane Roman (sous la direction de), Les droits sociaux, entre droits de l'homme et politiques socials: Quels titulaires pour quels droits? L. G. D. J., 2012, du même, la justiciabilité des droits sociaux: vecteurs et résistances, Édition Pedone, 2012.

② 当然,欧洲统合在宪法理论上的正当化言说,并不限于此种路径。关于这一点,参见山本一:「仏語·英語圏における『ヨーロッパ立憲主義』論の動向」、『ヨーロッパ「憲法」の形成と各国憲法の変化』、信山社、2012、頁208以下。

③ 关于霍桑瓦隆的理论,参见宇野重规:「再帰性とデモクラシー——もう一つの起源」、『デモクラシーの擁護』、ナカニシヤ出版、2011、頁208以下。从宪法学角度检讨霍桑瓦隆的研究,参见只野雅人:「代表の概念に関する覚書(一)~(四)完」、『一桥法学』1卷1号頁107以下、1卷3号頁669以下、2卷3号頁891以下、3卷1号頁83以下。

④ Pierre Rosanvallon, La contre-démocratie: La politique à l'âge de la défiance, Seuil, 2006.

⑤ Pierre Rosanvallon, La légitimité démocratique: Impartialité, réflexivité, proximité, Seuil, 2008.

⑥ P. Rosanvallon, La contre - démocratie : La politique à l'âge de la défiance, Seuil, 2006, p. 318 et s.

⑦ P. Rosanvallon, La légitimité démocratique : Impartialité, réflexivité, proximité, Seuil, 2008., p. 16 et s. p. 121 et s. et p. 293 et s.

非否定“选举正当性”,为了能够合适地对应这种一般性,互相重叠之处也能保证正当性,具体而言存在三种正当性:(a)“公平性的正当性”(如各种独立委员会)对应“消极的一般性”;(b)“熟虑性的正当性”(如宪法法院)对应“多数化的一般性”;(c)“接近性的正当性”(如使权力与市民以多种方式对话的机制)对应“考虑特殊性的一般性”。在霍桑瓦隆看来,法国所导入的意图实现在国会议员以及其他选举中男女同数代表的平权(Parité)政策,恰恰就是导入了“存在的政治”,可以视为“接近性的正当性”一个环节,[①]更可定位于动摇既往民主主义正当性的实例。[②]

针对此种民主主义理论动向,若是存在替换品的话,恐怕需要在既存状况基础上重新构筑国家政治共同体的宪法理论,但是私以为目前并未出现颇具价值者。[③]

日本也与法国一样,伴随桥下彻(曾任大阪府知事、现任大阪市长)进入政界,民粹主义的问题性也被重点提出的。民粹主义现象,在前所未有的飞转状况下,与日本国宪法修改的现实可能性具有紧密关联。目前所看到的法国民主主义理论,系其基于本国历史与问题状况所提出,率直而言或许难以汲取对日本的启示(若是谈及法国近来社会权理论的展开,在与日本有关生存权讨论的丰富累积进行比较时,私以为勉强可谓之开端)。其困难之理由,不外乎是法国正在展开的乃是双重意义上的后现代性讨论。[④] 第一点,在其国度,国家意思形成的缺乏并不成为问题;第二点,国家意思的意义本身也明显相对化。由此造成,引导了第五共和制宪的国家 vs. 社会二元对立图式,已经变得不能再对其回顾。此即,一方面,通过导入总统直选制以及多数派形成得以实现并且确定的状况,使法国政治中的一项沉疴——如何克服国家这般特定政治共同体中能动性政治意思的欠缺——不再成为问题。另一方面,由此获得的国家意思,对于已经进入欧盟统合的法国来说,已只具有相对性的意义。在这种情况下,国内政治层面中具有重要意义的选举以及投票过程,其分量降低;此外,就非常有必要将统治中民主主义正当性进行理论化,强烈地意识到了这一点后,那种将“社会性”推到前台的宪法理论得以登场,也可谓水到渠成。对此不同,现在日本可以观察到的是,虽然议会中可以轻易地形成多数派,但如政官

---

① 如果将包括半代表制在内的法国近代代表制理论的逻辑理解为:仅仅通过选举、投票过程所媒介,现实情况下国民所具有的多层次地多种多样属性,却被断裂性地作为一般意思在议会显现;如此,则与有权者团体中存在女性的情况相同,采取人为地构成使议员中存在女性的做法,可以定位为既往代表制原理的重大转换。关于平权政策的宪法学角度检讨,参见糠塚康江:『パリテの論理』、信山社、2005;『現代代表制と民主主義』、日本評論社、2010、頁190以下。

② 置身以上倾向讨论而再度引发瞩目者,即前述法国宪法判例研究第一人的多米尼克·卢梭自1990年代初开始提倡的“持续性民主主义”(démocratie continue)理论。

③ 英国国内议论中值得注意的是 Martin Loughlin, Foundation of public law, Oxford University Press, 2010。参见山本一:「仏語·英語圏における『ヨーロッパ立憲主義』論の動向」、『ヨーロッパ「憲法」の形成と各国憲法の変化』、信山社、2012、頁226以下。针对法国的此种理论动向,目前在欧盟宪法论的文脉中所提出的对抗理论,私以为其基本设想为“要求法国大革命重演”的课题。参照前书第219~220页。

④ Cf. Jacques Chevallier, L'État post-moderne, 3e éd., L. G. D. J., 2008.

关系论领域的问题状况①所示,“政治性主导”②的确保并不充分,与法国完全相反,事态则是作为应对全球化世界所展现的国家意思,似乎具有过剩的意义。(例如,在自民党“日本国宪法修改草案”中,对于日本意识和天皇制存在的强调,想要拼命地将国民运动塞入宪法的做法,可谓是典型地应对全球化世界的一种方式)。在这种状况下,前者层面的“选举、投票过程的实效化”以及对此“过度实效化的抑制”,不得不同时作为课题。而且,就日本而言,要求法院发挥“抑制过度实效化”的功能,在形式上也存在困难。在这种情况下,私以为日本宪法学所能开出的最为有力药方,即立宪主义。③ 但在日本,这样的讨论仍然在理论上存在诸多难点。关于这一点,希望另有机会再作检讨。

① 关于该问题,笔者已发表论文:山元一:「グローバル化と政治的リーダーシップ」、『ジュリスト』1378号、頁92以下;「憲法学から見た政党と“政治主導”をめぐる諸問題」、『法学研究』83卷11号、頁156以下。

② 高橋和之:『現代立憲主義の制度構想』、有斐閣、2006、頁4以下。

③ 与此相关,辻村みよ子:『フランス憲法と現代立憲主義の挑戦』、有信堂、2010、頁208~209认为:法国宪法近来的一般性动向包括:“差异主义、多元主义、多元型民主、导入宪法诉愿等倾向”,并将革命时期以来志向于“‘经由国家的自由’与朝着形成一般意思的主权者市民之参与”的动向,定式化为继承了“本来意义上‘卢梭—雅各宾型’”之“传统”的“法国型现代立宪主义的挑战”,由此可以汲取对日本宪法学的启示。但或许,此处被称为“传统”的“一般意思”,有着何种形象,对其现代性受容之处应予追问。此外,在这个通说及判例均认可宪法修改无界限理论的国度内,究竟应该在何种意义上谈论“立宪主义”,这一深刻问题不容忽视。关于此点,他稿再作检讨。

第四部分　重要学术会议综述

改革开放 40 年与推进合宪性审查

——中国法学会宪法学研究会 2018 年年会综述

刘振华*　陈道英**

一、年会简况

2018 年 9 月 15 日至 16 日，由中国法学会宪法学研究会、东南大学法学院主办的中国法学会宪法学研究会 2018 年年会在南京举行。本届年会恰逢改革开放 40 周年，同时又是 2018 年在中共中央领导下进行的重要修宪后的第一次宪法学界的大型学术会议，意义深远，影响重大。本届年会主题为“改革开放 40 年与推进合宪性审查”，得到了各地宪法学者的积极响应，共收到参会论文 150 余篇，来自全国各地近 300 名代表出席研讨。

9 月 15 日上午，年会举行开幕式和全体会议。东南大学校长张广军院士，中国法学会党组成员、副会长、学术委员会主任张文显教授，江苏省法学会会长林祥国教授，中国法学会宪法学研究会会长、中国人民大学法学院韩大元教授分别致辞。开幕式由东南大学校党委常委、副校长周佑勇教授主持。

东南大学校长张广军院士代表学校致欢迎辞。张广军校长代表全校师生向长期以来关心、支持和帮助学校发展的各位领导、各位专家学者和各界友人，表达了真挚的欢迎与浓厚的谢意，向在法学前沿引领发展、竭诚奉献、攻坚克难的各位老师致以崇高敬意。张广军校长介绍了学校概况，并着重介绍了东南大学法学院近些年创新发展的办学特色。张广军校长指出，东南大学作为 2018 年《宪法》修改后首个宪法学年会的承办方深感使命艰巨，希望法学人能用法治润泽制度，早日实现良法善治。

中国法学会党组成员、副会长张文显教授代表中国法学会王乐泉会长对宪法学研究会 2016 年换届以来的工作表示肯定，并对中国宪法学的未来表达了殷切的希望和良好的祝愿。张文显教授指出，2016 年换届以来，宪法学研究会始终坚持党的思想理论的引领，举办大量的学术活动，鼓励原创宪法研究，关心宪法新人，积极开展学术交流，提高宪法学研究的国际化水平。张文显教授认为，宪法学研究会应以推进合宪性审查为契机，

* 东南大学法学院博士研究生。
** 东南大学法学院副教授。

推动宪法实施,维护宪法权威,完善和健全中国特色社会主义法律体系;本次会议对落实依法治国、依宪治国和依宪执政同样具有重大意义。

江苏省法学会会长林祥国同志首先代表江苏省法学会对年会的举办表示了热烈祝贺,向长期以来关心支持江苏法学研究事业的各位领导和专家学者表示感谢。林祥国会长简单介绍了江苏法治建设所取得的成就,江苏把法治建设纳入经济社会发展总体规划,形成了具有江苏特色的区域法治建设创新思路和工作格局。同时,感谢本次年会为江苏省法治建设走在全国前列提供的理论支撑和智力支持。

中国法学会宪法学研究会会长韩大元教授首先感谢了各位领导对此次年会的指导以及东南大学法学院与志愿者同学的安排和服务。韩大元教授认为,改革开放40年到今天,广大宪法工作者和学者为改革开放顺利进行提供了坚实的智力支持,可以概括为三个方面:重建维护宪法秩序,建构宪法价值体系,为改革开放提供制度保障。这推动了宪法的实施,维护国家法治统一,通过宪法凝聚社会共识,建立宪法基本范畴,推动了宪治中国进程,在方法论上建立了开放的方法论体系。在国际舞台上,我们积极将中国宪法的实践向国际社会宣传介绍,特别是让我们骄傲的“一国两制”的理论体系化和世界化,这是中国学者思想性、原创性的理论成果。此外,韩大元教授指出,我们需要认真对待新时代宪法学的命题,进一步提升我们的解释能力;中国的宪法学是在中国土地上成长的学科,在未来的研究中我们要重视人民的需求、人民的权利,为中国的宪法学科发展作出努力。

二、年会观点综述

年会期间共组织了两场全体会议,老中青共9位学者作了大会发言。另外,会议组织了3个平行的分论坛,50余位学者作了主题发言或评议。特别值得指出的是,本届年会专门组织了“宪法与刑法的对话”分论坛,邀请了德国波恩大学的金德霍伊泽尔教授,以及中国的张明楷教授、刘艳红教授、劳东燕教授、梁根林教授等10余位刑法学者参会,并作了主题发言或评议,在宪法学与刑法学之间进行了热烈的学科对话与交流,取得了良好的效果。此外,还举行了本会国防与军事法律制度研究专业委员会、人民代表大会制度研究专业委员会、外国宪法与比较宪法专业委员会的3场年会。现以所涉问题为序,将年会全体会议与分论坛发言的主要观点依主题综述如下。

(一)改革开放40年与宪法学的发展

中国政法大学法学院廉希圣教授以宪法与改革为主题,就我国“八二宪法”制定的历史背景、时代潮流进行了阐释。廉希圣教授基于自己参与“八二宪法”制定过程中的实际经历,详细阐述了“八二宪法”所体现的精神以及现实的合理性,并认为“八二宪法”全面体现了“改革开放”和“实事求是”这两个重要的指导精神。廉教授分别就宪法制定过程中的两个基本主题“政治议题”和“经济议题”进行了详细阐述。在政治体制改革中,重点阐述了国务院组成、国家主席的设立以及中央军委制度的建立等问题。在经济体制改革方面,廉教授阐述了“八二宪法”中确定了私营经济、个体经济,为市场经济的繁荣发展提供了重要制度支撑等问题。

中国社会科学院大学政法学院马岭教授阐述的第一个问题是 20 世纪 80 年代的违宪审查与今天的合宪性审查之间的区别。违宪审查主要包括对法律文件的审查,体现了其法律功能,对国家领导人的违宪行为审查,是其政治功能。通过对历史文献回顾,发现 80 年代的违宪审查重点主要是国家领导人的行为是不是合宪的问题。但通过违宪审查的方式并不能解决这个问题,对于如何解决这个问题,我们还在探索中。第二个问题是合宪性审查与合法性审查之间的区别。马教授认为,这次成立宪法和法律委员会对于进行合宪性审查意义重大,但合宪性审查的空间不是很大。首先是基本法律能否进行合宪性审查,基本法律的审查主体只能是全国人大,但由全国人大来审查自己制定的法律在逻辑上存在问题;另外,立法机关对自己制定之法律的立废改是立法体制的问题而不是合宪性审查的问题,违宪审查有着特定的环境与体制,它不能和立法体制完全吻合,也不是立法的一个环节,否则将大大降低它的作用。

深圳大学邹平学教授的发言题目是《四十年(1978 ~ 2018)基本法研究的回顾与前瞻》。邹平学教授首先解答为什么把基本法研究起始点定在 1978 年。对此,邹教授提出理据。首先,"香港基本法"概念产生于 1985 年,基本法与 1982 年《宪法》存在内在联系;1978 年改革开放是制度变迁的逻辑起点,改革开放是决定当代中国命运的关键一招。其次,40 年来基本法研究成果概貌。成果体现在五方面:成果来源所涉学科多元,显示基本法研究领域日益扩展;"问题域"丰富,覆盖全面;理论问题探讨持续深化,规范性渐趋浓厚,问题意识和实践导向越来越强;专题研究、精细研究日益凸显,分化与综合研究齐头并进;研究方法不断更新,实证研究凸显,跨学科研究、经验研究增多。再次,基本法研究面临问题:对"一国两制"实践和基本法实施的规律性研究缺乏,高水平成果不多;内地和海外共识成果不多,无法支撑形成一门综合的基本法法哲学。最后,未来基本法研究应围绕贯彻落实党的十九大报告涉港澳论述的精神,恪守严格按照宪法和基本法办事的立场,完善与基本法实施相关的制度,提升学科建设水平。

山东大学法学院李忠夏教授的发言题目是《改革开放 40 年与宪法变迁》。李教授首先梳理并肯定了学界对宪法变迁的研究成果;其次探讨了宪法变迁的轨迹,其指出宪法变迁的概念在德国占据重要地位,诸多学者对此进行了持续而精深的研究,取得了辉煌的成就;接着,李教授结合国内研究成果,指出当下我们将宪法变迁的研究作为宪法解释的后果,但立足国内背景,应将其作为宪法解释的前提,着眼于从历史维度理解宪法变迁。李教授立足历史补充了宪法的两个变迁。第一个是对 1954 年《宪法》的变迁,目前学界认为 1982 年《宪法》是对 1954 年《宪法》的承继,实际上"八二宪法"不仅从原则上继受"五四宪法"的精神,还对其有所发展。《共同纲领》和"五四宪法"以社会主义改造为方向,完全服务于政治目标,国家利益、社会利益、个人利益三者高度统一;第二个变迁是"八二宪法"通过之后,宪法的内在变迁。正如廉教授所讲,"八二宪法"承认了个体经济的地位,将个体利益与国家利益、社会利益相分离;而对个体利益的保护,并非止步于个体经济,还包括私营经济。

(二)宪法与刑法的对话

本届年会全体会议特别邀请清华大学法学院张明楷教授作《宪法与刑法的解释循环》主题演讲。张教授指出,宪法与其他部门法的本体都是解释学。解释的循环是自上而下和自下而上的解释,即从宪法解释刑法,从刑法解释宪法。第一个问题是,刑法解释的宪法依据。宪法是上位法、根本法,刑法的解释必须遵循。具体而言,如果刑法的某个原则有了宪法依据,只要宪法没有例外,刑法就不能提出例外;可以援引宪法解决法益冲突,根据宪法原理找到法益冲突的解决原理;当刑法解释含义不明或者含义多重的时候,可以参考宪法。第二个问题,把刑法原则解释为宪法原则。具体而言,罪刑法定主义肯定是宪法原则,其思想基础是尊重人权和民主主义,《宪法》第 37 条直接可以解释为罪刑法定的依据;法益保护主义,对于宪法条文不保护的法益,刑法就不应保护该法益;责任主义,德日在保护人的尊严中讲责任主义,我国《宪法》第 38 条讲人的尊严不受侵犯;总之,刑法和宪法的解释在技巧上还有很多空间。

在"刑法的合宪性边界"单元,德国波恩大学金德霍伊泽尔教授发言的题目是《罪刑法定原则的宪法意义》。金德霍伊泽尔教授对罪刑法定原则在德国刑法中的内涵、产生背景及发展历程作了概述。金德霍伊泽尔教授指出,纳粹德国时期并未规定罪刑法定,法官可以类推适用刑法。目前,德国的罪刑法定原则直接源于德国基本法,内涵包括禁止习惯法、禁止溯及既往、禁止类推和刑罚规范的明确性,但禁止溯及既往存在不适用于程序性等例外。而禁止类推要求法官不得通过对罪刑条款的解释,类推填补文字不能涵盖的条文。他指出,罪刑法定原则的起源和发展与宪法并无关联,其渊源可以回溯到费尔巴哈时代,而刑法的功能在于向理性人发出预警。二者发生关联深受李斯特关于"刑法是犯罪人的大宪章"主张的影响。第二次世界大战以后,罪刑法定原则最终上升为宪法原则。教授认为,对刑法的解释绝不可超越宪法,在刑罚方面不能给法官过多空间,应由宪法设定边界。

四川大学法学院魏东教授发言的题目是《"根据宪法"的刑法原理阐释——宪法刑法观》。魏东教授指出,"根据宪法"的刑法解释即对刑法进行解释适用,应当以"根据宪法"制定的刑法规范文本为解释对象,以宪法规定和宪法原理为法理根据审查论证刑法解释结论的合理性。"根据宪法"的刑法解释应当遵循以下标准。第一,应当反对司法上犯罪化,坚守罪刑法定原则。第二,应当兼顾好"根据宪法"与根据刑事政策的关系。根据刑事政策解释刑法,实质上是以《刑法》第 1 条为依据,应当将"根据宪法"列为刑法解释方法体系化命题中的论理解释方法(第二位阶),将根据刑事政策解释方法列为刑法解释方法体系化命题中的论理解释方法(第三位阶)。第三,应当兼顾好"根据宪法"与根据刑法教义学的关系。

中国人民大学法学院张翔教授发言的题目是《刑法体系的合宪性调控》。张翔教授以刑事政策与刑法体系的关系为切入点,提出以宪法关联的法益概念与比例原则跨越李斯特鸿沟。张教授指出，国家刑罚权的控制不仅是刑法问题也是宪法问题，但在实践中两者的沟通效果不尽如人意，导致在保障人权的目标上难以形成合力。张教授阐述将刑法学的重要理论置于宪法教义学的观察下，寻找刑法学和宪法学的沟通渠道。其以刑法学界的理论热点“刑法体系与刑事政策”的关系为切入点，认为两者分离即李斯特鸿沟具有宪法意义，为刑法与宪法的贯通提供了可能性。张教授还指出，刑法学者眼中的刑事政策具有“超实证法”的形象，但其不赞同此种观点，认为刑事政策的实质内容是宪法，取向宪法化的刑事政策具有重要意义。而且，这还涉及“部门法的宪法化”，第二次世界大战后意大利的宪法化模式具有典范意义，为宪法在刑法体系和刑事政策之间，在刑法的规范性和正当性之间架构了桥梁，完成了刑法体系合乎正义目标的价值再造。而国内沟通刑事政策与刑法体系化的途径之一即刑法法益宪法化，在宪法教义学助力下贯通李斯特鸿沟。

中国政法大学陈征教授发言的题目是《论宪法不足之禁止原则对刑法的约束》。陈征教授认为，宪法上的基本权利除了防御权功能，还具备给付义务、保护义务等功能。防御权功能的目的在于防止国家为了实现某一目标而过度限制公民的基本权利，对其审查应适用比例原则。而保护义务的目的则是防止国家对公民的基本权利保护不足，对其审查应适用不足之禁止原则。不足之禁止原则涉及立法者对公民基本权利保护的最低限度，同样应适用期待可能性原则。在宪法的期待可能性审查时应采取平均人标准说，依据审查内容性质的不同来区分不足之禁止原则的审查强度。总之，将不足之禁止原则作为宪法对部门法的最低保护要求，对保护请求主体期待可能性的审查是基本权利教义学的正确选择。

中国人民大学法学院陈璇副教授发言的题目是《法益与刑法的合宪性控制》。陈璇副教授首先提出了关于批判立法的法益概念研究所面临的三个亟待解决的问题：(1)在整个刑法正当性检验的机制框架中，法益概念究竟居于何种地位，应当如何合理界定其功能范围；(2)怎样才能使法益概念真正具备指导和约束刑事立法的权威与能力；(3)怎样才能为批判立法的法益概念发展出一套用以检验具体罪刑规范合宪性的实践方法。陈璇副教授认为批判立法的法益概念，为宪法的目的正当性原则在刑事立法领域的具体展开提供了连结点。

在“刑法解释的合宪性”单元，清华大学法学院劳东燕教授发言的题目是《体系性思考与刑法解释的边界》。劳东燕教授首先提出刑法解释规则性一面是规制国家权、刑罚权；回应性方面是解决国家安全性问题。劳教授基于刑法解释自主性的要求对功能主义进行边界控制提出以下思路。在教义学方式上，无论是宪法教义学还是刑法教义学领域，其核心特征是体系性思考，体系性思考对刑法解释尤其是控制解释的惯性具有关联性。在此前提下，体系性思考在法理学上“融贯性”体现在：逻辑、体系和理论层面。其核心观点还是以宪法为基础秩序，进而阐述出功能主义的刑法解释论的外部控制：合宪性解释。在实质性层面可以分成两个维度：强化基本权利的制约；依靠比例原则制约。

上海政法学院刑事司法学院彭文华教授发言的题目是《比例原则视野下的刑法解释理念》。彭教授认为,宪法中的许多基本观念、理念或内容对刑法等法律具有指导作用。以"昆山龙哥案"为例,于某明的行为是否属于正当防卫存在着诸多争议,而宪法中的比例原则对该案具有一定的指导作用。比例原则可以从三个方面进行展开,即从国权解释走向民权解释,从制裁解释走向自治解释以及从形式解释走向综合解释。比例原则并不仅要求必要性,同时还要求适当性和有效性。在该案中,当事人的行为具有必要性、适当性和有效性,构成正当防卫。

中国人民大学法学院时延安教授发言的题目是《死刑废除的宪法视角》。时教授首先对宪法与刑法的对话表达了自己的看法,认为两者不能盲目融合,需要理性思考:第一,从刑法角度考虑宪法,可以考虑哪些宪法素材?哪些问题需要讨论?第二,从权利角度思考,所有的刑法问题都与宪法有关系,容易导致问题虚化;第三,对话涉及法律体系内概念、术语、理论的差异,需要甄别区分;第四,在刑法中引进宪法理论时,需要考虑引入必要性;第五,研究路径选择问题,对同一问题的研究可能殊途同归,也可能南辕北辙。

对外经济贸易大学郑海平讲师发言的题目是《刑法诽谤罪条款对网络言论的限制及其合宪性调控——以2014~2017年间的103份裁判文书为基础的分析》。郑老师通过梳理近年来的关于网络诽谤案件103份裁判文书,得出下面四大共通属性:绝大部分刑事诽谤案件都是自诉案件;大部分刑事诽谤案件中的受害人(通常也是自诉案件中的自诉人)是公职人员;在绝大多数案件中,涉嫌诽谤的言论都与公共利益有关;在大部分刑事诽谤案件中,法院都认定被告有罪。在此基础上,郑老师指出《刑法》第246条的司法适用,的确对公民的言论自由造成了一定限制。当然,这并不必然意味着该规定违宪。

东南大学法学院陈道英副教授发言的题目是《被遗忘的与被误解的——明显且即刻的危险原则的真相与启示》。陈教授认为,被煽动性言论刑法规制的合宪性控制是宪法言论自由条款的解释适用中一个颇为棘手的问题。霍姆斯存在的最大问题就在于未能认识到言论自由在价值上的特殊性,而始终以犯罪未遂来理解煽动性言论。明显且即刻的危险原则在言论自由保护上最重要的意义并非在于由霍姆斯提出和发展的对言论可能引起的危险在时机和程度上极具精确性的强调,而是在于布兰戴斯以及汉德阐述的两点:必须从言论内容上严格区分煽动性与非煽动性;言论不同于行为,因其对民主的构成性价值,原则上不受政府的限制。言论入罪并非与言论自由的要求相悖,然而,刑法不应将言论与行为同等对待。基于言论自由对民主所具有的构成性价值,法院在刑事案件中除严格遵循罪刑法定原则外,还应引入宪法视角,以合宪性解释对从社会危害性出发判断言论的刑事可罚性的刑法视角进行控制。

在"刑法体系的合宪性"单元,北京大学法学院梁根林教授的发言题目是《罪刑法定、阶层体系与个案正义》。梁教授指出党的十八届四中全会勾勒出"科学立法、严格执法、公正司法、全民守法"的中国特色社会主义法治体系蓝图,构建了中国法治建设的三重内涵:不仅是规则之治,而且是良法之治,更是良法善治即根据良法实现个案正义。梁教授认为,目前人民群众对法治需求供不应求问题的根源在于罪刑法定原则的缺陷,其认为该原则面临四个挑战:(1)严重滞后于法治中国建设的需求,只体现了规则之治;(2)严重滞后于世界范围内罪刑法定原则的发展;(3)在刑事司法实践中面临司法能动性与司法教条主义的双重威胁;(4)刑法理论发展与转型带来的冲击。应对上述困境,一方面需要重申罪刑法定原则;另一方面要重塑罪刑法定原则的内涵。我国《刑法》第3条的字面意思是法无明文规定不为罪,法有明文规定则定罪。

北京师范大学法学院郭殊副教授发言的题目是《国家刑法干预经济的宪法控制》。郭殊副教授立足实证主义视角分析近期热点案件,如"张文中案""鸿茅药酒案"等,指出民事经济领域与公权力干预之间的三个紧张关系。第一,经济活动相关违法行为存在"刑法过度化"的现象。第二,刑法上的兜底条款为滥用刑事手段干预经济纠纷提供了可能。以非法经营罪为例,其兜底条款存在空白,过度扩张适用可能违反罪刑法定原则。第三,部分经济民事领域犯罪的立法和法律适用与时代脱节。现行《刑法》诞生于国家初步确立社会主义市场经济政策时期,难免存在一定的计划经济色彩,直接导致部分罪名无法适应新时代的经济形势和社会现实。对于上述问题,郭殊副教授认为,在经济案件中,需要更多地运用行政监管、民事诉讼等方式解决而非刑事手段。

南京师范大学法学院姜涛教授发言的题目是《"交通肇事后逃逸加重处罚"的合宪性思考》。姜涛教授认为,交通肇事罪的定罪和量刑具有三个基本阶梯,均与"逃逸"相关。第一阶梯,逃逸属于交通肇事罪的成立要件,即将行为人的肇事结果和逃逸行为结合,作为犯罪成立的要件;第二阶梯,逃逸属于交通肇事后的加重处罚情形,指行为人在交通肇事后逃逸,但与被害人死亡结果之间并不具有直接因果关系;第三阶梯,因逃逸致人死亡属于交通肇事罪的加重处罚要件,指行为人成立交通肇事罪之后再逃逸,且逃逸行为与被害人死亡之间存在因果关系。

(三)合宪性审查的基础理论

中南财经政法大学法学院王广辉教授发言的题目是《推进合宪性审查的相关问题研究》。王广辉教授提出以下六点。第一,宪法属性的正确认识、保障人权、社会大众的"权利本位"意识等,为推进合宪性审查制度的有效运行奠定了良好基础。第二,推进合宪性审查必须要受到执政党的重视。第三,合宪性审查建立在宪法最高法律效力的基础上,宪法构成法律、法规立法的依据,宪法审查应该包括针对法律、法规的合宪性审查。第四,如何来进行审查?从现有的法律规定来看,我国合宪性审查的提起有主动和被动两种形式。目前,法律赋予宪法审查建议权的不合理差别对待致使上述二者存在差别。第五,无论是国家机关还是公民个人提出的合宪性审查建议,必须建立相应的法律程序,以确保审查开展的有效性。第六,作为治党依据的党法、党规不能违背国家的宪法和法律,应将党内法规纳入合宪性审查的范围。

中南大学法学院蒋清华讲师发言的题目是《支持型监督:中国人大监督的特色与调适——以全国人大常委会备案审查为中心》。蒋清华讲师认为,思考"为什么全国人大常委会还没有撤销过一项法规”这一问题,应当先思考《立法法》为什么对《宪法》规定的人大撤销权增加了一道前置程序?此即在制度上为什么是“先礼后兵”,然后在实施上为什么是“有礼无兵”。这两个现象是密切关联的,其直接原因是我国人大监督秉持“支持型监督”的理念,即常说的“监督也是一种支持”。为什么有这样的监督理念?因为中国传统的“和为贵”文化以及当今宪法制的核心是党领导下的人大制。最后,蒋清华讲师对人大行使好撤销权提出三个建议:(1)转变观念,权力协调是建立在权力监督制约之上的,党的领导也包括党要支持人大依法监督;(2)进一步细化督促纠正的程序性规则;(3)充分利用信息公开来补强监督的刚性。

西南政法大学行政法学院博士后胡荣发言的题目是《立法过程中的合宪性确认》。胡荣博士后指出,宪法在我国法律体系中居于最高地位,其效力具有优位性,立法权、司法权、行政权都要受到拘束。立法权受拘束的主要表现为制定的法律要符合宪法。从目前的制度安排看,现有的合宪性控制机制主要有备案审查、法律清理等。但是,在实践中真正发挥合宪性控制功能的其实是在立法中对法律草案的审议。胡荣博士后认为,对加强立法中法律草案审议的合宪性控制进行研究意义重大,并试图在吸收已有的合宪性控制的实践经验和发挥原有制度功能基础上,将法律的合宪性控制关口前移,尝试构建起立法过程中的合宪性确认机制。

南京大学法学院赵娟教授发言的题目是《法院审查“补强”备案审查论》。赵娟教授以浙江杭州居民“潘某斌案”为切入点引出备案审查的不足,并考虑建立以法院审查“补强”备案审查的机制作为我国合宪性审查制度完善过程中的阶段性措置。赵娟教授围绕如何构建“补强”备案审查机制提出以下几点:(1)构建“补强”备案审查机制的整体思路是先明确法院审查与备案审查的职责分工,在权力分配上实行“双审”配置,同时建立有效的“回路”控制机制,防止审查权力与功能的脱节,甚至背离;(2)在实体层面上宜确立法院审查的范围,明确在不同层次法律规范的合宪性审查上的分工;(3)在程序层面上宜确立法院审查与备案审查之间的衔接技术,采用一般、特殊、补充三种程序规则实现二者之间的合作。

北京航空航天大学法学院王锴教授发言的题目是《论合宪性审查、合法性审查、合理性审查的区别与联系》。王锴教授指出,宪法和法律委员会的建立为推进合宪性审查工作提供了组织保障,并将问题从“应当设立何种合宪性审查机构”引向“如何开展合宪性审查工作”。我国立法中针对规范性文件的审查存在合宪性审查、合法性审查、合理性审查(适当性审查)这三种模式。在实践中,三者界限的模糊性影响了合宪性审查功能的全面发挥。合宪性审查与合法性审查、合理性审查存在审查对象、主体、内容、结果四个方面的不同,其中最主要区别体现在审查内容上。一方面,合宪性审查是对下位的初级规则是否违反次级规则(判断初级规则效力基础)进行审查;而合法性审查则是审查下位的初级规则是否符合上位的初级规则。另一方面,合宪性审查是审查下位法是否违反《宪法》中规定的“什么是有效的立法”的标准;合法性审查则主要是审查下位法是否抵触了上位法的立法目的。合理性审查与二者的区别在于,合理性审查是在上位法的框架内针对下位法的立法裁量权的行使是否符合合理性进行审查。

吉林大学法学院任喜荣教授发言的题目是《合宪审查的破题与激活》。任喜荣教授指出我国宪法监督制度经历了30多年的理论探讨,宪法和法律委员会的产生表明我国最终选择了对现行制度变革最小的调整方案。在我国组织机构的基本架构上,宪法和法律委员会的设立有为中国未来的违宪审查(或者合宪性审查)提供破题的功效。这种破题的功效主要体现在:第一,在组织机构上,宪法和法律委员会的设立使国家合宪性审查权分散的现状得以集中;第二,随着宪法和法律委员会的出现,合宪性审查程序规则的制定得到完善。至于如何激活合宪性审查制度,任喜荣教授认为,最核心的要素在于从宪法的解释入手,通过宪法解释激活合宪性审查,使之成为合宪审查的核心动力机制。

(四)全国人大宪法和法律委员会

首都师范大学政法学院郑贤君教授发言的题目是《全国人大宪法和法律委员会的双重审查属性》。郑教授指出,全国人民代表大会常务委员会《关于全国人民代表大会宪法和法律委员会职责问题的决定》以决定方式将法律委员会的职责转移至宪法和法律委员会,明确了宪法和法律委员会在统一审议法律草案外的五种职责:推动宪法实施、开展宪法解释、推进合宪性审查、加强宪法监督、配合宪法宣传。郑教授还对两种意义上的合宪性审查进行了肯定:一为立法过程中审议法律草案;二为宪法监督意义上的合宪性审查。郑教授认为宪法和法律委员会既承担事前的立法审查,亦承担事后的宪法监督,即宪法和法律委员会一身二任,既是全国人大的专门委员会,负责审查法律草案,亦为推进合宪性审查的宪法监督机构,负责审查法律之下的规范性文件。随后,郑教授指出,作为立法审查的合宪性审查与宪法监督意义上的合宪性审查存在区别。

上海交通大学凯原法学院范进学教授发言的题目是《论全国人大宪法和法律委员会的功能与使命》。范教授围绕五个动词对全国人大宪法和法律委员会的五大功能以及使命进行了梳理。(1)推动宪法实施。宪法将“宪法和法律委员会”确立为协助全国人大及其常委会负责监督宪法实施的专职机构,通过监督宪法实施活动和对宪法实施中存在问题进行调研,提出相应对策或方案,有效推动宪法实施。(2)开展宪法解释。宪法和法律委员会的确立,使全国人大常委会“解释宪法”的职权有了负责实施的平台机制,对宪法解释活动的开展提供了制度保障。(3)推进合宪性审查。要落实党的十九大提出的“推进合宪性审查工作,维护宪法权威”的要求,必须设立推动合宪性审查工作的专门机构,宪法和法律委员会的成立注定其要担负起推动合宪性审查工作的历史使命。(4)加强宪法监督。(5)配合宪法的宣传。宪法和法律委员会通过宪法解释、合宪性审查、宪法监督等方面的工作,可以更好地配合司法部等国家机关进行宪法宣传。

河南大学法学院陈胜强副教授发言的题目是《英国议会监察专员制度的合宪性基础探析》。陈胜强副教授围绕英国议会监察专员制度的合宪性基础,指出有关英国议会监察专员制度的关联概念与问题:(1)不良行政,不良行政是英国议会监察专员行使职权的行为要件,议会监察专员原则上可以对不良行政进行监督;(2)行政正义,英国议会监察专员的角色从被动性的"个案救济""消极控制"转向事后救济和事前防控并重,议会监察专员制度被越来越多的学者从更宽泛的行政正义体制角度进行思考;(3)议会专委会;(4)仿行模式,尽管现代监察专员制度的原型是瑞典的议会监察专员制度,但目前英国采用的是丹麦模式。随后,陈胜强副教授指出,围绕议会监察专员机构或制度,英国学界通过自创或吸收、借鉴域外宪法学理论试图给出一个具有广泛说服力的论证框架,并形成了三大典型理论,即经典的分权理论、修正的分权理论、独立价值说。

浙江大学光华法学院博士研究生林淡秋发言的题目是《开启守护宪法的新模式:法国合宪性先决机制》。林博士指出法国现行合宪性审查制度始于1958年设立的宪法委员会,2008年以前的合宪性审查是直接、事前、抽象集中的审查,旨在于法律生效前剔除违宪条款,但其提请主体、审查对象有限,也不能对法律生效后违宪侵权现象提供救济。事后审查是必要的,鉴于欧盟因素,2008年法国新增合宪性先决机制(Question Prioritarie de Constitutionnalité,QPC机制),由诉讼当事人提请、两大法院体系过滤、宪法委员会最终审理裁判,这是一种例外、事后、半抽象半集中的审查。具体来说,合宪性先决问题的过滤有两重过滤。第一重过滤:两大法院体系的基层法院在受理QPC审查申请后,将根据QPC组织法规定的三个条件(相关性、新颖性、重大性)进行形式审查,决定是否转交至上级法院。第二重过滤:两大法院体系的最高法院、最高行政法院或最高司法法院受理基层法院转交来的QPC申请,或最高行政法院直接受理QPC提请后,在规定的3个月期限内审查并裁决是否移交宪法委员会,如果二者没有遵守3个月期限,则该QPC提请将自动、全部移交至宪法委员会。

江西财经大学法学院刘国教授发言的题目是《宪法和法律委员会宪法解释程序机制的构建》。刘国教授认为,宪法和法律委员会承担宪法解释的职责,其解释宪法的程序机制既要与我国政治和法律文化传统相适应,又应吸收域外释宪机制完善的国家和地区的有益经验。考察域外相关制度,结合我国的政治和法律文化传统以及《宪法》文本,得出宪法和法律委员会抽象宪法解释的范围应包括:(1)法律、行政法规、地方性法规、自治条例、单行条例、行政规章、地方政府规章、国家机关联合发布的规范性文件等是否与宪法相抵触的事项;(2)各国家机关行使职权是否符合宪法规定的事项;(3)中央国家机关相互之间、中央国家机关与地方国家机关之间、地方国家机关相互之间行使宪法规定的职权时,发生权限争议的事项。

(五)改革中的宪法

中国政法大学李树忠教授发言的题目是《改革中的宪法——宪法与改革开放四十年》。李树忠教授指出,改革与宪法的关系是中国目前面临的重大课题。首先,"八二宪法"是改革的产物,它标志着中国宪法从"革命宪法"到"改革宪法"的转型。尽管"八二宪法"继承和发展了"五四宪法"的基本原则,但二者有质性区别。其次,从发生学来看,先有1978年开启的改革,然后才有"八二宪法"。"八二宪法"随着改革的深入不断作出调整。一方面，要解决已有改革的合宪性问题，当原有规范无法适应改革开放的需要、束缚经济体制的发展和运行时，需要从宪法上清除相应障碍；另一方面通过宪法确认改革理念和任务，引领未来改革方向。最后，改革是一场深刻的革命，必须坚持正确的方向，沿着正确的道路前进。

东南大学法学院龚向和教授发言的题目是《社会权与经济发展：改革开放40年中国发展奇迹的双轮驱动》。龚向和教授指出，中国改革开放以来建设中国特色社会主义的伟大实践，为如何实现社会权与经济发展的齐头并进、解决福利国家的危机这一世界性难题的解决提供了中国智慧和中国方案。如何在经济发展的同时促进人权保障，西方与中国对社会权与经济发展关系理论认识与实践的差别会导致截然不同的现实结果。公民的社会权是现代福利国家的基本人权，福利国家是西方主要资本主义国家的典型形态。根据经济基础与上层建筑关系原理和对立统一规律，社会权与经济发展不仅彼此依存、相互促进，而且同时还相互制约，通过人类的努力，采用以下途径，使二者关系走向和谐共进，达到边际效率最大化：(1)社会权与经济发展和谐共进定位；(2)社会权保障指标制度化；(3)社会权主动引领经济发展。

西北师范大学法学院王宏英教授发言的题目是《40年宪法概念史与中国宪法学体系化》。王宏英教授借鉴英国宪法学之父戴雪的方法论，研究中国宪法学的体系化，以宪法的概念为切入点，引出“宪法”—“宪法学范围”—“宪法学体系化”的逻辑，指出寻求中国宪法学体系化必须要回到宪法概念这一原点。王教授指出目前宪法学界对宪法概念的认知还存在以下缺陷：(1)近10年以来宪法概念问题研究停滞；(2)对宪法概念解释存在西方中心主义嫌疑；(3)对宪法概念解释存在文本主义偏向。通过回顾解释宪法概念时常用的“根本法”“实质宪法”“基础规范”三个知识工具，王教授认为广义宪法观更符合世界宪法学潮流。

北京航空航天大学泮伟江副教授的发言题目是《宪法的社会学启蒙》。泮教授指出政治宪法学与规范宪法学争论的焦点是宪法的政治性与法律性的关系问题。政治宪法学强调宪法学的政治优先性，规范宪法学则注重宪法的法律优先性。系统论宪法学揭示现代宪法是政治系统与法律系统的结构耦合，宪法同时具有政治性与法律性的双重属性。宪法的政治性与法律性之间是对等关系，而非优先关系。政治系统与法律系统是功能分化的现代社会中的功能子系统，分别在现代社会中执行化约全社会的剩余复杂性与稳定规范性预期的功能，也各自按照有权/无权、合法/非法的二值代码运作，具有各自的运作封闭性与认知开放性。

四川大学法学院孔德王博士发言的题目是《宪法修正案运用中的技术问题》。孔博士认为，我国通过宪法修正案来修改宪法是基于修正案在保持宪法文本稳定方面的价值。但我国宪法修正案修改说明式的表述方式、调整宪法条文序号的方式和公布宪法修正文本的做法，在某种程度上抵消了宪法修正案的正面功效。此外，修改宪法的文本结构能否以修正案的方式进行也不无疑问。鉴于宪法修正案运用过程中出现的种种技术难题,修宪机关未来可以考虑放弃宪法修正案这一修宪方式,直接修改宪法原文并公布新的宪法文本。

(六)基本权利的理论问题

中国社会科学院大学政法学院柳建龙副教授发言的题目是《论基本权利的竞合》。柳建龙副教授从比较法的视角,以德国为鉴,介绍了基本权利竞合的概念、分类及相关重要理论,并为中国解决未来可能出现的基本权利竞合问题提供预案。通说认为,"基本权利竞合"是指就同一主体而言,宪法上有两条或者两条以上的基本权利规范同时适用于同一生活事实,出现基本权利的限制和保障发生相容、排斥或者适用优先性问题。柳建龙副教授认为,真正(纯正)竞合和不真正(非纯正)竞合的分类最具理论和实践价值,并进一步提出两种基本权利竞合存在的问题及其解决方法,简要概括了分类的依据和相关的重要理论。此外,柳建龙副教授提出,在我国缺乏基本权利审查实务的情形下,以宪法释义学作为解决我国基本权利竞合问题的预案,并提出具体建议:一是厘清基本权利的保障范围;二是形成和完善基本权利价值体系;三是个案的实践协调。

厦门大学法学院王建学教授发言的题目是《法国环境保护宪法化及其启示——以环境公益与环境人权的关系为主线》。王建学教授主要提出以下四点。第一,《法国环境宪章》形成的历史过程。《法国的环境宪章》在希拉克总统的推进下起草,并于2005年正式入宪。第二,《法国的环境宪章》中的生态人道主义与环境人权。《法国的环境宪章》的根本理念是生态人道主义,环境宪章的序言主要宣告了生态平衡、可持续发展、生物多样性等具有普适性的当代环保理念。正文主要宣告了个人的环境权利和义务,并涉及国家的环保职责。第三,《法国的环境宪章》的效力与实施。《法国的环境宪章》作为司法审查的依据,作为相关立法的基础以及通过一系列政策性实施证明法国环境宪章具有充分的宪法上的效力。第四,法国环境保护宪法化对我国的借鉴与启示:(1)环境权是宪法环保条款的核心价值;(2)宪法中的环保理念应当切合实际;(3)宪法环保条款的实施应当多样化。

杭州行政学院蔡金荣副教授的发言题目是《"国家监察全面覆盖"的规范结构与内涵疏释》。蔡教授指出,《监察法》确立了监察全面覆盖的立法目的,并设计了一个三层的规范结构,从监察客体、监察对象和监察事项等几个方面共同圈定了监察全面覆盖的实际范围。在监察客体的把握上,社会公权力应当在一定条件下视为监察客体;立法权和司法权由于各自的特殊属性不宜纳入监察客体范围。在监察对象的认定上,强调判断的标准是看是否行使公权力,而不是是否具有公职身份,故使用"公职人员和有关人员"的表述。在监察事项的确定上,应当将其确立为职务违法、职务犯罪和道德操守。

华东政法大学刘亮博士发言的题目是《检察机关职权调整的宪法审视》。刘博士指出,党的十八届四中全会以来,检察机关发生或面临一系列职权调整。检察机关的宪法定位由其宪法地位和功能定位构成,《宪法》第3条第3款和第131条是检察机关宪法地位的主要依据,第129条是其功能定位依据。法律监督宜理解为检察机关的义务,而非专属职权。“法律监督机关”在整体上指专事维护法制统一和法律秩序稳定的国家机关，检察机关是目前唯一的法律监督机关。

在年会闭幕式上，莫纪宏常务副会长受韩大元会长委托，将常务理事会和理事会审议通过的宪法学会的工作进行报告。第一，完成大百科全书法学卷宪法学部分。第二，完成中国宪法文本多语种的外译工作。第三，涉及区域性、国际性的重要会议需要代表参与：(1)第九届海峡两岸公法学论坛；(2)第十四届中日公法学论坛；(3)第四届中英宪法学论坛；(4)第三届中法宪法论坛；(5)第五届中日宪法论坛；(6)第五届亚洲宪法学论坛。

周佑勇副校长致闭幕词。周副校长代表学校、代表学院发言，主要有三点。第一，祝贺会议圆满闭幕。会议开得很成功，无论是会议现场还是推文展现的学术盛宴，都能感受到宪法学界不一样的学术氛围和情怀。第二，特别感谢宪法学界同仁把本次会议放在东南大学展开，并感谢大家的支持与参与；没有大家支持与信任，会议无法取得如此大的成功。第三，希望宪法学界的同仁一如既往地支持东南大学的法科建设。最后，预祝宪法学事业的发展越来越红火，也希望宪法学事业蒸蒸日上，为我国的法治建设做出更大贡献。

张翔教授受韩大元会长委托致谢。张教授首先感谢宪法学研究会的理事和代表，感谢他们积极撰写论文，并参与讨论。其次，特别感谢到会的刑法学者，分论坛的成功离不开他们的努力。最后，感谢东南大学法学院团队：感谢周佑勇副校长、刘艳红院长，感谢陈道英、张雪莲等各位老师，感谢周维栋、李蕊等各位同学，这次大会组织严谨、效率极高。东南大学在工作能力和学术水平方面都非常突出，这次会议组织得十分完美，这次会议的成功召开离不开会务组的辛勤付出。张翔教授代表秘书处和宪法学研究会对东南大学法学院团队表示诚挚的感谢。

呦呦鹿鸣,食野之苹

——第二届"中国宪法学青年论坛·部门法的宪法化"综述

赵 谦[*] 董亚辉[**]

为了进一步加强宪法学青年一代的学术交流、凝聚学术合力,中国法学会宪法学研究会在中国法学会的指导、支持和推动下,致力于打造深度、高端论坛——"中国宪法学青年论坛"。该论坛吸引了广大学者参加,思想碰撞的"头脑风暴"在论坛上展现得淋漓尽致。这个被评价为"敢于亮剑""犀利点评""刀光剑影"的青年论坛得到学界越来越多人的关注、支持和肯定,在学界产生巨大影响。首届"中国宪法学青年论坛"①以"国家机构"为主题,秉承宪法学传统命题,契合当下国家机构改革浪潮,探寻新型"国家机构"的建构。当下宪法学的研究范畴已经逐步超越经典宪法学所涵盖的传统范围,在我国法治建设的进程中,诸多部门法的问题日益展现出其宪法性面向。在推进合宪性审查的背景下,部门法议题的宪法化更成为理论与实践的热点。如何妥当处理宪法与部门法关系,推进我国依宪治国为关键的依法治国,是需要宪法学者和部门法学者协力研究的课题。因此,第二届"中国宪法学青年论坛"以"部门法的宪法化"为主题,探寻宪法与部门法的内在关系。

2018 年 11 月 23 ~25 日,由中国法学会宪法学研究会主办、《中国法律评论》协办、西南大学法学院承办的第二届"中国宪法学青年论坛·部门法的宪法化"在西南大学法学院举行。来自中国人民大学、清华大学、北京大学、中国社会科学院、吉林大学、武汉大学、山东大学、浙江大学、厦门大学、四川大学、上海交通大学、北京师范大学、北京航空航天大学、中央民族大学、中央财经大学、对外经济贸易大学、中国社会科学院大学、东南大学、重庆大学、华中科技大学、华东师范大学、南京师范大学、中国政法大学、中南财经政法大学、西南政法大学、苏州大学、西南大学、辽宁大学、河海大学、福州大学、北京外国语

---

* 西南大学法学院教授、博士研究生导师,法学博士。

** 西南大学法学院硕士研究生。

① 2017 年 12 月 1 日至 3 日,由中国法学会宪法学研究会主办、《中国法律评论》协办、中南财经政法大学法学院承办的首届"中国宪法学青年论坛·国家机构"在中南财经政法大学举办。

大学、首都医科大学、深圳大学、广东财经大学、重庆邮电大学、武汉工程大学、西安理工大学、国家检察官学院、甘肃政法学院、浙江警官职业学院、河西学院等高校、研究机构，以及《法学研究》、中国人民大学《复印报刊资料》、《暨南学报》(哲学社会科学版)、《中国法律评论》等期刊媒体的专家学者共 100 余人参加会议。论坛采用"主报告人 + 评议人 + 与谈"研讨模式，在半天会议时间内集中讨论一篇主题论文。

西南大学法学院党委书记张新民教授主持了开幕式，西南大学党委副书记潘洵教授、中国法学会宪法学研究会会长韩大元教授、中国法学会宪法学研究会秘书长张翔教授出席开幕式并先后致辞。

潘洵教授在致辞中谈到了本次论坛举办的背景，表达了自己对法学学科的关心与支持，希望论坛成为学术交流平台，使学校法学专业的师生们，还有其他高校单位的专家学者们深度交流，建立更密切的联系。

韩大元教授在致辞中从"会议"一词的历史发展角度谈起，谈论了"会议"与"中国"之间的一种密切联系，借以表达"会议"在中国的作用、价值、目的。希望此次会议秉承我国会议的传统功能，也希望参加此次会议的宪法学者和部门法学者借助此次机会积极交流。韩大元教授也鼓励参会学者一定要对历史负责、规规矩矩，在学术自由下追求自己内心世界的学术表达，因为研究成果的科学评价往往是在多年以后。

张翔教授在致辞中对第二届"宪法学青年论坛"作了几点说明。首先，在中南财经政法大学举办的第一届"宪法学青年论坛"对过去一年中国宪法学界有关国家机构的研究，产生了较明显的影响。其次，再次强调了会议的特点：半天只讨论一篇文章、一个人报告、五个人评议、提前写好 3000 字以上的书面评议意见、充分地自由讨论、会议内容实录结集出版。最后，张翔教授认为，宪法与部门法是一种"交互影响"的关系，对这个问题的研究，需要宪法学与其他部门法学者携手共进。

一、部门法的宪法化：以风险社会的宪法控制为视角

本次论坛的第一单元主题为："部门法的宪法化：以风险社会的宪法调控为视角"。本单元主持人为中南财经政法大学法学院王广辉教授、重庆大学法学院陈伯礼教授。主题报告人为山东大学法学院李忠夏教授。评议人为北京航空航天大学法学院杨登杰副教授、广东财经大学法学院涂四益副教授、深圳大学法学院叶海波教授、武汉大学法学院伍华军副教授、中国社会科学院法学研究所朱学磊博士后。

(一)主题报告

李忠夏教授的主题报告首先从这篇文章的缘起讲起，以风险社会为切入点，主要运用贝克和卢曼的理论对风险社会进行阐释。而后，他从社会沟通的多重偶然性来论述风险社会的产生，运用诙谐的案例来详细地描述了风险社会的两大特点：风险的普遍性、风险社会"去界分化"的危险。在详细描述风险社会法律规制困境的过程中，他提出了风险社会下解决问题的宪法思维——风险社会中的宪法调控；并从风险社会是否需要独特的宪法思维和宪法功能进行了详细的论证，还基于部门法与宪法关系的演进和风险社会中

"基于宪法解释"必要性的论证,提出了宪法调控风险的制度安排。此外,还围绕评议人的书面评议意见澄清了一些问题。

(二)专题评议

杨登杰副教授首先肯定了李忠夏教授的这篇文章,但是他认为作者需要把风险社会与部门法宪法化的关系以及什么风险交代清楚。同时,他对文章中交代的社会系统之外的生活世界建构与宪法学语句体系的转变又不完全支持,最后表达了对文章中关于社会系统论运用到法学领域的一些个人见解。

涂四益副教授认为,在我们国家谈风险社会存在一定的"适宜性"问题,李忠夏教授提出的应对风险社会的方法不太恰当且说理不够充分。另外,文章对宪法的调控没有讲清楚。

叶海波教授认为,李忠夏教授在卢曼社会学理论的基础上更进一步提出构建一个系统社会的理论,可能走向的是一个"万丈深渊",卢曼的理论是一种社会理论,但不是唯一的社会理论。文章以卢曼的社会理论来构建一套宪法理论可能会产生很多问题,通过宪法维护——也是固化——社会子系统结构界分的这种秩序,因而也是构建一种社会秩序,阻碍社会秩序的自我演化,必然通过宪法的管道将国家权力之手导入社会,这或许有向国家主义致敬的嫌疑。

伍华军副教授认为,究竟是世界观的重构还是方法论的嬗变,李忠夏教授对公私领域融合的分析略显不足。此外,文章应用三阶观察理论探讨部门法的宪法化还是宪法功能的多元化,风险何以产生以及风险调控的限度与可能皆较为单薄。

朱学磊博士后认为,个体风险向社会风险转移的趋势在文章中没有交代清楚。文章需要就个体和系统究竟是一种什么样的关系,我们究竟应该怎样解读政治系统、法律系统和宪法系统之间关系,如果政治进入了宪法,我们该怎样去解决或解释等问题作更进一步的回应。

(三)自由发言

在本环节共有11位发言人表达了自己的观点,李忠夏教授就提出的一些问题进行了回应。

辽宁大学法学院王秀哲教授针对李忠夏教授所论之社会系统的功能分化,从风险社会理念角度提出了一点质疑,即部门法宪法化能控制风险的正当性究竟是什么?

中国人民大学法学院王旭教授认为,任何一个学说的功能都不是整全的,都有内在局限。更重要的是,它们存续于国外社会,不会为了中国问题而生、为了中国问题而死。他建议李忠夏教授可以专门写几篇研究卢曼理论问题的文章,而非仅以卢曼的理论去分析问题。此外,还列举了3个例子来回应风险社会与宪法理论的关系。

中国社会科学院大学政法学院马岭教授提出,在风险社会到来后,没有看到宪法有什么样的变化。从国内社会到风险社会,宪法发生了什么变化呢?原来的部门法问题变成了宪法问题?还是原来的宪法问题变成了部门法问题?

北京师范大学法学院马剑银副教授认为，批判、讨论的宪法变迁三个时期实际上是没有逻辑的，在使用卢曼社会系统论时，卢曼的社会系统理论和部门法宪法化两者是存在差异的；并解释了卢曼的社会系统论中没有"人"的存在。

中国人民大学法学院张翔教授提出，关于宪法与部门法的关系，其实在学理上是有相关研究的，既然存在既有理论来处理宪法与部门法之间的关系，则是否有必要引入新理论来探讨这个问题？为什么要引入？引入后与原来理论的解决范式有什么不同？这个理论的引进对于具体的争议问题、具体的规范命题究竟能发挥什么作用？

中国政法大学法学院冯威讲师对李忠夏教授的研究提出了一些内在批判，认为是否可以有自成一体独立人格的人存在于系统中？系统论到底给我们带来了什么？

清华大学法学院劳东燕教授提出，如果想使用卢曼的社会系统论，又想保持传统理论的位阶理论，两者间究竟该如何平衡？

上海交通大学凯原法学院蒋红珍副教授提出，风险在比较确定领域的时候，边界比较确定时，这个边界究竟在哪里？过度禁止和不足的禁止，刚好跟之前要评议的陈征教授论文很不一致，且李忠夏教授文章所涉部分没有引注，则其来源和前提究竟是什么？

对外经济贸易大学法学院郑海平讲师提出，卢曼的社会系统理论与部门法的宪法化有什么样的联系？有无必要引进新理论？系统论与合宪性解释是否有关系？李忠夏教授就系统论的解释提出了基于宪法的解释和合宪性解释，后者是相对消极的，前者是积极的。就此命题，究竟有无必要区分或者能否区分？

中国人民大学法学院朱虎副教授认为，在时代命题的分析过程中，如何将功能与情感对应？他表示非常不理解文章对比例原则的适用，这里将比例原则运用于法律原则与政治原则的系统中。如何把法律原则等同化，潜意识中即将政策变为了强制化，法律变成了自治化。那么"常回家看看"这种倡导型规范设定该怎样理解？文章所涉民法例子不精准，方向感不错，但宪法如何深入到系统中去是个问题。

重庆大学法学院翟翌研究员认为，风险规制是行政法研究的重要命题。行政活动分为判断部分和裁量部分，对于高风险是判断语境，裁量原则是不审查、例外审查，有没有更好的办法？宪法调控到底是通过行政法来调控，还是直接根据宪法来调控？

(四)单元小结

在主持人总结环节，王广辉教授肯定了这次会议的内容主题，认为它推动了宪法学的研究；并认为，风险社会沟通的多重偶然性不是在工业社会才出现，对于未来的未知性、期待性是在人类社会出现时就存在的，只是在工业社会开始表现得更明显了。李忠夏教授的文章对风险社会的分析有泛化之嫌，风险根源于人行为的不确定性，能否建立相应的标准，是宪法学界必须面临的前提性问题。是否有宪法万能论的观点？法律不能解决所有问题，要持怀疑态度，从社会对宪法的认同程度这个角度来思考宪法问题。与西方法律体系不同，我国面临的问题也不同。强调国家公权力对社会发展的关系，为能否解决当下所面临的问题提供了更大的发展空间。宪法解释与合宪性解释，角度不同，二者相互依存。宪法本身属于法律系统的一部分,宪法效力高于普通法律,但不能把宪法排除在法律系统外。

陈伯礼教授同样表达了对这个话题的兴趣,并提出了对新一代学者的赞扬与鼓励。他认为,李忠夏教授的报告把部门法的宪法化上升到了形而上的哲学层面,是非常有特点的。文章写得非常系统化与逻辑化,但是系统如何耦合?在社会中子系统的耦合非常重要,如果耦合不好,也有风险。他还提出,如何将部门法的宪法化运用到实践中,怎样现实化?

二、功能主义刑法体系的构建与合宪性控制

本次论坛的第二单元主题为:"功能主义刑法体系的构建与合宪性控制"。本单元主持人为武汉大学法学院秦前红教授、《中国法律评论》易明群副主编。主题报告人为清华大学法学院劳东燕教授。评议人为清华大学法学院程洁副教授、《法学研究》李强编辑、东南大学法学院刘练军教授、华中科技大学法学院秦小建教授、西南大学法学院郝川教授。

(一)主题报告

劳东燕教授的主题报告首先提出:"在风险社会的背景下,立足于中国法治的现实语境,我们需要一种怎样的刑法体系?"她认为,需要从社会结构变迁以及刑法体系自主性、回应性这两个维度来构建刑法体系。在兼顾社会理论之法的外部视角下,有必要立足于目的理性将刑事政策的目的性纳入刑法体系,从而推进刑法体系向功能主义方向发展。在方法论上,她认为在刑事政策与刑法体系关系的处理上可采用融合模式,并借助目的管道,使刑事政策进入刑法体系内。她主张将刑事政策的目的性设定与法教义学的建构相融合,构建二元性的规制框架,并通过刑法教义学的内部控制与合宪性的外部控制,以实现对功能主义刑法体系的正当性控制。

(二)专题评议

程洁副教授认为,讨论中国刑事政策和刑法体系之间的关系需要关注中国国情。典型说法是中国的刑事政策是刑法的灵魂与核心,刑法是刑事政策的定型化。此点往往与刑事政策在刑法体系中无处不在又居无定所的现实处境相矛盾。她进而指出,中国刑事政策与刑法法律体系之间的问题核心并不是割裂与融合,而是不确定性的问题。

李强编辑首先提出综合杂糅知识资源在考量其理论出发点的基础问题后,存在能否融贯一致的疑问。刑事政策与刑法教义学的关系所涉割裂模式与融合模式并不是现实历史中存在的,可能是一种较极端的理论论证。

刘练军教授认为,中国的刑法是带有明显的国家价值主义倾向,因此,引用西方理论资源的时候一定要关注中国现实的文本。中国宪法在价值和价值取向上有它的特殊性,故而刑法学者在讨论合宪性命题的时候一定要正视其的存在。

秦小建教授认为,如果把刑事政策类型用经验进行区分,那么在整个政治系统当中,整个刑事政策可能就基于欲望性考虑的目的被留下来。罪行法定到罪责的限定程序,从刑法修改的民主机制到合宪性控制,从刑法适用的合宪性解释到刑法裁判的合宪性判断,基本上都渗透着基本权利的辐射和比例原则的控制。在这一具体过程中,刑法相关目的应当是被宪法化的。

郝川教授认为,不是因为风险社会来临,我们就需要功能主义刑法,而是因为我们立足理论,对功能主义刑法观考虑得过少。并且,他指出如果刑事政策就是目的,则我们没有必要在刑法之外再谈刑事政策,因为我们刑法中就已确立目的。

(三)自由发言

在本环节共有5位发言人表达了自己的观点,劳东燕教授就提出的一些问题进行了回应。

山东大学法学院李忠夏教授认为,在刑法中启动宪法有进行合宪性审查和把宪法的价值融入刑法体系中这两种方式。如果通过刑法的法益以及刑事政策能够使宪法价值融入刑法体系之中,为什么一定要上升到宪法?为什么不用刑法自身的体系去解决这个问题?

劳东燕教授认为,传统刑法处罚范围的控制,一直沿用法益原则。国家对犯罪群体的刑罚不能等同于国家违反了宪法,而是由于国家在风险社会的背景下为了保护公民权利的实现。如果单纯适用法益理论,是无法对刑法处罚范围进行控制的,其需要宪法的多元价值予以支撑。

中国人民大学张翔教授认为,法益理论刚产生时是为了扩张刑罚权的,而不是控制刑罚权。但是在现实制度这个背景下,把法益和基本权利连接起来其实就法益理论本身即为一种反思。宪法中的基本权利首先是防御权,国家只能为了保护基本权利而设定一个刑罚权,同时设定刑罚本身还有可能是侵犯基本权利的。在这两个层面都可能对刑法构成控制。

劳东燕教授认为,法益是一个去罪化的工具。在当前的语境下,法益有入罪化、扩张适用的嫌疑,应当重新考虑刑法体系的控制问题。

中国社会科学院大学政法学院马岭教授认为,以劳教授说的聚众淫乱罪为例,提出刑法上适用的宪法性解释,是不是也都可以采取限缩性的解释?并认为合宪性解释是法律解释,而不是宪法解释。合宪性解释是在法律解释和宪法解释的边缘上,从性质上来看,它应该是一个宪法问题而不是法律问题,因为它解释的是法律而不是宪法。

劳东燕教授以紧急避险的正当化为例,指出紧急避险需要加上手段适当性原则。而手段适当性原则应来源自宪法的行为指引。

对外经济贸易大学法学院郑海平讲师以刑法上的诽谤罪为例,谈到合宪性控制问题。他认为,较之现行条件下比较困难的合宪性审查,可不可以通过合宪性解释对诸如诽谤罪、非法经营罪等罪名进行合宪性控制;并认为程洁副教授评议所谈到的“法院没有解释法律的权利”有失偏颇。

劳东燕教授回应道,合宪性解释大有可为之处,但不建议用“情节严重”进行限制,而应该从构成要件方面进行突破。

程洁副教授谈到凯尔森认为法官判断过程亦是造法过程,故而法官的解释权是一种实质解释权;并指出现实主义法认为,福利是一个目的,利益分配是一个目的。比如,德沃金或者自然法学派认为道德、原则或者权利是它的目标,权利和利益是它不同的两个目标。形式主义的法是在规范层面自洽,现实主义的法实在制度层面自洽,那么中国现在最缺乏的即是自洽体系。

北京航空航天大学法学院王锴教授认为,德沃金的三分法(规则、原则、政策)是针对制定法,一定程度上说明政策是其界定的法律规范的一种。同时在当下,法律越来越能够体现政策,如果法教义学不去讨论刑事政策其实也是一种问题。并且他指出,当政策和原则发生冲突的时候,是不是一定要服从原则?

劳东燕教授回应道,将政策放在法教义学之外处理,其实是基于政治不能决定影响立法,否则会产生结构性耦合问题的考量。同时,政策与原则发生碰撞,如何选择其实一定程度上取决于国家是否将公民的基本权利当作工具来使用。

(四)单元小结

在主持人总结环节,秦前红教授以《射雕英雄传》的黄蓉作比,指出劳东燕教授在接受评议时保持了良好的分寸,确实是有学者的风范,表现出了一位优秀学者良好的耐受力。

易明群副主编认为,劳东燕教授的文章关于刑法功能主义的构建给大家上了生动的一课,但后面因为时间所限,没有对合宪性控制展开深入的探讨。各位评议人就合宪性控制这一部分的意见也略显单薄。

三、宪法与民法的关系:基础、争议与构建

本次论坛的第三单元主题为:"宪法与民法的关系:基础、争议与构建"。本单元主持人为吉林大学法学院姚建宗教授、中国人民大学《复印报刊资料》法政编辑部王春磊主任。主题报告人为北京航空航天大学法学院王锴教授。评议人为吉林大学法学院李海平教授、华东师范大学法学院纪海龙教授、中国人民大学法学院朱虎副教授、北京师范大学法学院马剑银副教授、中南财经政法大学法学院杨小敏副教授。

(一)主题报告

王锴教授的主题报告首先认为,宪法与民法的关系是宪法与部门法关系中最富争议的,原因可能在于宪法与民法分属公法与私法所带来的形式上的"不可通约性",宪法与民法关系的症结在于"宪法是公法"与"宪法是最高法"两个命题之间的协调。继而,他主要阐述了宪法优位与私法自治的基本属性,这种属性决定了宪法在调整民事关系上不会发挥主要的作用。在对基本权利作为客观价值秩序与基本权利的辐射效力的阐述上,他主要是讲宪法如何对民法发挥作用,发挥作用的方式是什么?在体系化与法秩序的统一部分主要是描绘一个未来的、宪法与民法正常关系下,应该是怎样的图景?他认为体系化要求内部价值的融贯性,这为价值的宪法化提供了一个理由,因为只有把价值宪法化或者说把根本的价值宪法化以后，它才能保证价值不会相对化。此外，法秩序的宪法化要给部门法的形成留下一定的空间。接着，他还对“宪法是母法抑或民法是母法?”“民法是否要写‘根据宪法，制定本法’?”进行了详细的论证，并尝试厘清宪法要对民法发挥作用的三个主要面向。最后，他认为民法要尊重宪法，宪法不能过度介入民法和市民社会；同时也表达了对“民法的宪法化”与“宪法的民法化”两种表述的反对。

(二)专题评议

李海平教授认为，王锴教授文章的主要特点在于提供了探讨宪法和民法关系的逻辑起点，即如何协调宪法既是公法又是最高法这两个命题之间的关系。但是，他表示不理解文章的理论逻辑到底是客观价值秩序理论，还是国家保护义务学说；并认为文章对客观价值秩序理论的抽象化幅度过大，且对于宪法介入民法的框架秩序理论没有进行界限划定。此外，他认为王锴教授的“宪法和民法都是母法”观点是没有意义的，对法律的解释要立足文本，应融合美国宪法介入前提理论和德国的客观价值秩序理论。

纪海龙教授认为，王锴教授文章没有贯穿的主线，并认为只有对宪法进行实质内容上的理解时，才有可能讨论基本权利第三人效力的逻辑可能。他还表达了对王锴教授“基本权利主要是请求权，是私主体针对国家的一种请求权”这一表述的质疑以及对国家保护义务说的反对。

朱虎副教授认为，王锴教授文章存在“太长、太少、太浅、太深”这四个方面问题。其一，7万多字的文章只是指出了众所周知的道理。其二，忽视了民法的多元组成和宪法的多元组成，在民法的私法自治上当然具有基础性，但是并非绝对性。它需要在宪法具有的价值之王中寻求私法自治和宪法其他价值的平衡问题。其三，应把民法的规则纳入研究视野之中，把对宪法的考量渗入每个细节里，这才是宪法的民法化。其四，王锴教授对自己之前的研究执念太深，试图形成一个大的框架从而取得大的利益，但要求很多情况都考虑这么一种研究是最难的。

马剑银副教授认为，王锴教授文章对三个结构之间的逻辑论证过多使用德国理论，从而削弱了文章的论证力度。并且，他认为王锴教授将民法与宪法之间的关系问题置换为宪法内部问题，但仍未解决部门法之间的关系问题。此外，他还对评议人李海平教授的古代宪法是不是宪法的观点也进行了批评。

杨小敏副教授认为，王锴教授文章对基本权利作为客观价值秩序基本权利的辐射效力理论的详尽考证具有极大的参考价值；同时，他认为，如何针对中国现行宪法复杂的面向，有选择地、谨慎地借鉴德国的公法理论来探讨中国语境下的宪法和民法的关系的理论建构是一个关键点和难点。

(三)自由发言

在本环节共有9位发言人表达了自己的观点，王锴教授就提出的一些问题进行了回应。

苏州大学王健法学院程雪阳副教授认为，在法学研究中使用比喻句是不合适的，容易造成逻辑混乱。他还认为,宪法和民法关系上的历史、现在的法律规范体系以及实践三个层次不可随意变换使用,并对王锴教授文章缺少对基本权利的客观面向和制度构建保障的论证进行了批评,认为其对《宪法》第9条、第10条的解释并不清晰,未能明确区分基本制度保障与基本权利。

王锴教授回应道,确实发现了文中比喻句的使用不当,同时也赞同对宪法与民法关系研究中的三个面向,但认为通过《宪法》第9条与第10条并不能解释"国家所有权"这一概念。

中国政法大学法学院冯威讲师认为,王锴教授文章的"宪法应然优位,民法实然优位"的表述让人费解。通常意义上更多表述的是效力优位与适用优位,宪法在效力等级上是优位于民法的,而在民事关系的适用上则可能不能贸然优先适用宪法。并且,他认为民法在适用上的优位除了替代原则外的一个重要原因就是发达的民法教义学,还对王锴教授文章中民事立法的宪法框架图和"国家—私主体—私主体"之间的三角关系图提出了布局上的质疑。

王锴教授回应道,对于民事立法的宪法框架图,实际上是对所有的立法都适用的,对每个部门法在进行合宪性审查的时候,仅恣意禁止可能具有普适性。此外,仍存在一个比较麻烦的问题就是社会权在民法中如何体现?对于"国家—私主体—私主体"之间的三角关系图存在的问题,同意冯老师的意见。此图没有谈宪法和民法的关系,就国家介入民事关系而言,民法和宪法来说都有它可以介入的方式,只不过在顺序上有先后。

西南大学法学院硕士研究生陈祥认为,王锴教授文章可能存在逻辑颠倒的问题,不同意报告中提到的"宪法约束立法,所以宪法是最高法"的说法,实际上应为"宪法是最高法,所以宪法约束立法"。此外,他表达了对王锴教授"宪法和民法的关系是部门法问题"的不同看法,他认为应属于法理学的问题,并认为私法自治并不是一个绝对化的概念,公法也并不是特别强势的,这是一个度的问题。对于众多学者大量引用德国理论这一现象,他认为法学引用不应该为了引用而引用,而是应该建立在中国实际问题历史的基础上,把西方的理论,如法哲学和社会学的理论把它融入自己的思想中,然后关联进自己的内在论证体系。

王锴教授回应道,引用德国理论是从清末开始的,这已成为中国法的传统,我国现在的众多法律体系、概念都是建立在德国法的基础上的。

山东大学法学院李忠夏教授回应陈祥道,引用德国的理论的主要原因在于:一是大多引用德国理论的学者对德国理论最熟悉与了解;二是从我国国情出发,深层次的原因在于我国正面临的问题是西方国家已经遇到过的问题,因此,运用比较研究法还是具有意义。同时,他也提出在借鉴国外经验时,不仅要警惕留学国别主义,还要警惕完全抛弃任何借鉴比较的想法,完全依靠本土化。

中国人民大学法学院王旭教授认为,王锴教授的文章主要谈对民事行为与民事立法行为的区分问题,认为王锴教授以立法权为核心讲民事法律行为与民事立法行为抓住了要害。他还认为,今天讨论民法和宪法的关系不要在传统中来讨论,因为当下法治的图像已经是一个拼图式的结构,而不是一个整图式的结构。

北京航空航天大学法学院杨登杰副教授认为,关于基本权利的第三者效力中的直接效力与间接效力问题。他同意王锴教授的间接效力说,如果从法益保护的角度出发,直接效力和间接效力没有区别,但其他角度产生的区别可能会间接的去影响实质角度的区别。此外,关于法益衡量问题,他分享了一件宪法法院判决的部分内容供参考。法益衡量的时候要考虑宪法的精神,并不意味着民事法官必须要用宪法,只要体现了宪法的精神就行,并不一定要用宪法,这才是直接效力和间接效力的区别。

北京师范大学法学院马剑银副教授反对领域法的提法,认为这是对部门法的误解。部门法在我们现在的法律体系中,它并不仅是一个法律体系,它更像是卢曼所说的社会系统之间的关系。它像这样一种思想方式,而不是系统论本身。也就是说,现代主权国家之下的这样一种法,它有内在的融惯性。但各个部门法有它自身独特的思维方式和方法论,这些独特的思维方式和方法论各自构成在整个法律体系当中位置的相互互动。

中央财经大学法学院赵真副教授认为,王锴教授文章中提出的解决"宪法既是公法又是最高法"两个命题之间关系的个别规范方式是有问题的,实际上应运用的是个别规范背后的破坏性效力。还谈到解决这问题也可以通过宪法优位这一理念,同时提出在法律的三个层级(宪法、制定法或普遍的法律规范与个别规范)中,是不是个别规范只能处于第三层级?比如,在第二个层级有没有可能出现个别规范?

王锴教授回应道,个别规范与国家法在本质上是没有太大差异,因为国家行使立法权实际上也是人民主权的一种方式,国家权力根本上还是来自于人民。在某种程度上,个别规范认为私人就是立法者,那这就是直接民主的一种体现,那么国家行使立法权就是间接民主的体现。但从主权这个角度,最终也都来源于人民,所以这两个实际上是等同的,它们的这个理论基础应是相同的。第二个层级有没有个别规范,因为在这里只是转述了这个二分的观点,不知道这个转述是不是正确,也不清楚你的想法,至少在所转述的层面上是没有的。

中国人民大学法学院硕士研究生刘子豪首先从《拍卖法》与《宪法》的关系质疑了王锴教授的框架秩序理论,并对王锴教授的"从国家所有推不出国家所有权"观点表示了质疑。他认为民法中对宪法规定的自然资源国家所有这一条款的具体化,赋予了国家对自然资源具有所有权,能否如此理解?此外,将框架秩序理论推到了所有的部门法理论中,如果说立法是宪法的具体化,那是不是说刑法以及国家机构组织法都是宪法的具体化?

王锴教授回应道,首先澄清框架秩序理论最早并非凯尔森提出,博肯福德最早将其运用于宪法研究。对于框架秩序具体化,在德国的理论中确实呈现对立的两种理论,但在文章中认为在我们国家这不是对立的理论。因为从整体上来讲,这两个理论是相反的。但从个别的宪法条文来讲,认为有些条文体现了具体化的功能,如宪法中对立法有明确授权的条文。但是,有些条文是体现了框架秩序的,是设定有边界的,所以从具体的宪法条文来看,这两者是可以相容的。在文章中也解释了国家所有为何推不出国家所有权,主要目的就是保护特定人的利益,但问题在于,国家所有的财产不是国家的私的利益,更多的是公共利益。

(四)单元小结

在主持人总结环节,王春磊主任认为,王锴教授文章主题实际上是一个非常重大、宏观的主题,尤其在民法典制定的过程中。其实际上谈到了宪法和民法的关系,在这方面展示了一个争议,展现了宪法学界与民法学界在这一问题上话语权的争夺;并试图通过话语的沟通,来进行理论上的定分止争。

姚建宗教授认为,基本权利无论是直接效力,还是间接效力,都是有一定争议的,尤其在宪法和法律委员会已经建立起来的基础上,那么法院能否直接适用宪法,在对违宪审查和合法性审查的区分上可能还是有一个导向性的作用的。至于民法能否纯粹化?能否实现宪法目的?事实上,民法不仅实现了一些宪法目的,还想向其他部门法系“侵蚀”。部门法在宪法和公法之间,无论是历史上还是现实期待上是无法完全切割开来,部门法在某些程度上也想对社会起作用,这是部门法对宪法一种期待,宪法是在考虑部门法是否想从这里面“分杯羹”,实际上是话语权之争。总体而言,王锴教授论文存在一些逻辑层面的矛盾,想解决一个现实性的问题:宪法与民法之间的关系问题,但是想建立关于这一问题的一般理论,但这是很难的。这篇文章有一定的问题,逻辑不在考虑范围内导致作者只想告诉读者一个结论。再者就是,作者有意忽略了中国的语境。宪法与民法以及其他众多部门法的关系在实证法的框架下是十分明确的,尤其是现代社会中的一些基本理念都已经解决了,不存在什么问题。真正存在问题的是民法需不需要写“根据宪法,制定本法”。民法学者认为不需要写是很有道理的。因此,看待这一问题时一定要考虑历史、逻辑以及语境问题。

四、部门法保护基本权利义务的“不足之禁止”原则

本次论坛的第四单元主题为:“部门法保护基本权利义务的‘不足之禁止’原则”。本单元主持人为中国社会科学院大学政法学院马岭教授、厦门大学法学院王建学教授。主题报告人为中国政法大学法学院陈征教授。评议人为西南政法大学行政法学院张震教授、上海交通大学凯原法学院蒋红珍副教授、中央财经大学法学院刘权副教授、西南大学法学院马涛副教授、中国政法大学法学院冯威讲师。

(一)主题报告

陈征教授的主题报告首先指出,宪法通过“禁止”和“要求”给立法者划定了一个框架,作为宪法提出的“要求”,保护义务到底要求国家在何种程度上作为?就不足之禁止原则独立存在的意义而言,他分别对学界否定该原则的三类观点进行了回应,确立了该原则独立存在的意义。并且,他认为不足之禁止原则与比例原则并不具有对称性,进而对不足之禁止原则的审查标准和审查强度进行建构。此外,他还认为在适用不足之禁止原则时,应依据审查内容性质的不同来区分审查强度。该原则作为宪法的一项重要原则，适用于很多部门法领域，在促进社会均衡发展、满足人民日益增长的美好生活需要等方面可以发挥重要作用。

（二）专题评议

张震教授认为，“不足之禁止”这个提法很好，部门法保护这个切入点也很好，但是文章的问题意识不够强烈。该原则在部门法中的适用，与前面的大段理论论述相比，在结构上有些失衡，有点头重脚轻；并认为文章中多处观点的表述，并非有力地或者清楚地表达了作者的真实想法。此外，文章的多处语句表达还不够清楚流畅，前后文不太一致。有关原则建构的诸多具体讨论，若使用表格化的文字表述可能既能更直接地显示作者的思路，也可以避免读者形成此部分文字过绕的感觉。

蒋红珍副教授认为，陈征教授文章在研究话题和领域里面的逐步限缩，是对读者最大的尊重。文章的题目将权利义务放在一起，而文章实际上讲的是部门法的义务，这个义务针对的是权利保护的不足，则建议将题目修改为“保护义务之不足禁止原则”或“基本权利保护之不足禁止原则”。并且，他认为这篇文章的优势在于破除了对比例原则中的若干子原则进行概念的转换，建构一个新的标准，叫期待可能性，这点很了不起。

刘权副教授认为，陈征教授的文章试图构建一个独立的不足之禁止原则，写得很大气。但文章在研究视角上存在一定缺陷，并没有完全从对基本权利的积极实现角度，即没有从不存在权利侵害的角度，如对参与权、知情权、发展权等权利的主动促进，来探讨“不足之禁止”原则。此外，他高度赞同不足之禁止原则的内容，但对其有没有必要成为一个独立的原则，持有保留的态度。并且，他指出通过解释比例原则完全可以达到不足之禁止这样的效果，所以没有必要把该原则单独建构出来。

马涛副教授认为，陈征教授文章理论梳理与推理过程的逻辑严密、引证翔实和结构周全。但是，就我国当前如何将之具体应用于合宪性审查制度方面颇有疑虑。文章虽然论证了“不足之禁止”原则理论上的成立和可操作性，但就我国宪法规范的切合点及其程度论证展开的不够，或对必要性的考量掩盖了对我国制度环境下可行性的细致分析。并且，他提出文章所述比例原则与不足之禁止原则不可“重合”，但是否存在交叉。在公民基本权利既需防御来自国家侵害又需防止第三人侵害时，比例原则与禁止之不足原则是否可同时适用于同一审查。

冯威讲师认为，不同的理论建构之间是具有等值性的，在这样的不同理论建构的基础上，实际上彼此之间可以有交流去证明自己的建构，可能在某些细节上优于对方，这样的交流是完全允许的。他还认为，虽然文章极力想证明比例原则与不足之禁止原则的不对称性，但在最后去建构不足之禁止的审查标准时，使用了期待可能性原则。此外，在讨论审查强度时，他也进行了很多细分，这个过程仍然存在规避不对称性之嫌。

（三）自由发言

在本环节共有 14 位发言人表达了自己的观点，陈征教授就提出的一些问题进行了回应。

武汉大学法学院黄明涛副教授非常赞同陈征教授抛开比例原则这样一个框架的限制,但认为该文章所要解决的基本问题跑偏了。原来期待听到的是自由权有没有可能运用到保护不足之禁止原则,当一个基本权利遭到了另一个权利的侵害,该权利已经有一个民事法律给他进行充分的保护,这个时候表达自由就成为一个弱势的一方,如何满足这一权利期待,这篇文章并没有处理这一问题。此外,一开始说用来处理基本权利之间冲突和关系的问题,是一个典型的冲突。表达自由和名誉权都是很重要的权利,是不分先后的。那么当我们已经有了一个民事立法,有了一个侵权责任法对名誉权进行保护之后,这时再加入一个保护不足之禁止的原则,这两个保护手段都加起来成为一方。而另外一方以表达自由作为基本权,却是一个毫无防守的手段,这个时候其实这个平衡结构是非常畸形地被打破的。所以说,有禁止第三人的效力,考虑有无效力,其实只是在谈宪法要不要出场,可是宪法出场之后到底该怎么办,这是需要提供标准的。这篇文章最后谈的其实是两个标准的细化,需要做的是这种制度建构。

中国社会科学院法学研究所刘志鑫博士后提出,如何理解国家越过了学校围墙原本保护义务的界限,取代了父母对于护送监督留守儿童上学的这些义务,来保障儿童受教育权、生命权?

中央财经大学法学院于文豪副教授认为,立法不作为如何适用保护还是兼顾客观标准,怎样能够进一步明确?保护不足之禁止原则能否作为一项原则常态化地存在,还是继续作为审查中的一种方法来适用?在适用不足之禁止原则的时候,可能存在没有明确第三人或第三人不够具体的一些情形,在这种情况下如何援引这个原则?

苏州大学王健法学院程雪阳副教授认为,不足之禁止原则作为德国舶来品,其表达在我们的汉语里面可能比较难以理解和接受,不利于在中国的传播和接受,需要重新使用别的更易理解的表达。此外,不足之禁止原则在与比例原则进行竞争的过程中,能够在具体案件的解决中体现出优势,那么它在中国的传播肯定会更有意义的。

北京航空航天大学法学院杨登杰副教授认为,在德国的理论下,原来其实更多是从司法和立法之间的角度来考察,假如今天是立法者的内部自我审查,这样的一个理论会不会发生改变?假如牵扯到保护义务的问题,原来德国针对议会的立法形成空间,把它借鉴过来说我们要尊重国务院的立法形成空间,与尊重全国人大的立法形成空间有没有什么不一样?

中国人民大学法学院张翔教授认为,保护与侵害很可能在一个立法行为中出现,或者在权利冲突的情况下,在同一个立法行为中,可能要去考虑这两个实际上标准,该如何处理?这个理论讲的是在分权体制下的合宪性审查下的一个原理,那么传统上宪法法院对于立法来说,是一个消极立法者,它是做边界控制的,而保护不足禁止的理论实际上是等于直接介入了。在这种情况下,它其实似乎作为一个更为积极的参与立法的角色,这样的理论会不会对分权体制会产生一种冲击?

吉林大学法学院李海平教授认为,在司法关系中运用不足之禁止原则会不会过度侵害私人自治,比例原则或者禁止保护不足原则在进入私人关系领域中,有没有一个相对清晰的界限?因为一旦进去以后,双方的这种权利冲突,原本是私主体之间的这种权利冲突,由于公法上的这种不平衡的原则介入,会不会打破司法的这种平衡关系?

西南政法大学行政法学谭清值讲师认为,将期待可能性纳入狭义比例原则该如何展开论述?

辽宁大学法学院王秀哲教授认为,从我国现实情况来看,其实立法权是最弱的,那么立法层面不可能像作者期待的那样,那么最后怎么在实践中处理是一个亟待解决的问题。此外,这个理论如果能从实践出发,从中国现在最需要控制的如行政处罚权去考虑,是不是能更有意义?

中国人民大学法学院朱虎副教授认为,把比例原则和不足禁止原则分开,目的是区分立法形成空间的大小,但是,这两个原则能够真正区分开来吗?

东南大学法学院刘练军教授认为,德国的宪法理论在中国的宪法文本语境下,它到底有多大的适应程度?因为德国的宪法跟中国的宪法性质不同,德国的宪法强调基本权利义务主体是国家,但我国宪法同时把个人社会组织还有国家作为一个基本职能的义务主体,所以不足之禁止原则在我国到底有多大的适用空间?

中国人民大学法学院张翔教授回应刘练军教授道,宪法在制定时,是在国家与社会还没有二元分化的状态下,经济体制改革之后,才开始走向二元分化。在这种社会环境变迁的情况下,我们宪法是进行过调整的。正是因为这种二元分化的存在,所以重新有了这种公和私的领域,在这种意义上,第三人效力依然还是有意义的。

重庆大学法学院翟灵敏讲师认为,无论是民法学,还是其他部门法,在谈到比例原则的部门法适用时都有一些泛化的倾向。当前在部门法讨论这样一个比例原则,在很大程度上和我们民法中的利益衡量,有所混同。实际上,我们是可以把这样一种比例原则打散之后融入侵权责任的构成要件中,融入我们合同法律行为的成立生效要件中,作为一种独立原则来加以适用。如此,不足之禁止原则才能在部门法中体现出来。

中国政法大学法学院王蔚副教授认为,公序良俗对私人自治构成了一种民法上个人主义、整体主义在方法论上的一种困惑,而这种困惑恰恰是民法学者可能需要与宪法学者对话的一个具体空间。这就需要我们从社会主义核心价值观入宪以后,如何和民法基本原则展开一种价值渗透。目前,禁止之不足对宪法中的怎么对立法保留以及行政立法规定保留的外部限制构成障碍,目前也不清楚到底国务院行政法规的创制到底是执行性的还是可以自创性的,其效力的范围、宪法体制应该如何来配置?

四川大学法学院李成副教授认为,在讨论不足之禁止时陈征教授首先排除了社会权,同时把平等权一并排除了。如果说提到排除社会权、不讨论社会权是因为可能会涉及到财政问题的话,那么在排除平等权的理由上只提到了存在本质区别。这样的排除理由较为牵强,需要解释在讨论不足之禁止时仅把它作为实现自由权的理由。

陈征教授回应道,文章题目确实是还需要深度思考,在最后结合部门法论述部分的结构也不太合理,这些都是需要进一步完善的。实际上,比例原则确实有一种泛化的趋势,但在基本权利的问题上适用比例原则是没有问题的。并且,他坚持认为不足之禁止原则是不会被比例原则所包含的,因为不足之禁止原则审查的是立法者选择的目标实现程度是否达到了宪法标准。他还认为,不足之禁止和比例原则之间没有对称性,就是作为恶没有对称性,与审查标准是两回事。期待可能性实际上构成一种双重保护,即一边要求立法作为,另一边要求立法不作为两方面加在一起的形式。对表达自由这一方的保护,其实可以有过度禁止,就是比例原则,这篇论文中只谈到了不足之禁止,但实际上立法者还受到比例原则的约束。此外,这个理论在中国是代议机关,从合宪性审查主体的角度看也是存在尊重立法形成空间问题的。因为尊重立法其实就是尊重立法者的民主合法性,但是无论合宪性审查主体最终是怎么确定的,它的合法性一定不比全国人大代表的合法性更强,因此,无论在中国还是在西方司法上都有一个尊重立法民主合法性的问题。至于,该原则的实践性命题不仅仅是保护义务或者说是不足之禁止原则的问题,整个中国宪法学的一个根本问题就是这个实践性的问题。

(四)单元小结

在主持人总结环节,马岭教授认为,这次会议的主题叫部门法的宪法化,但不要误认为宪法学的最主要内容就是这个问题,这个问题只是宪法学中非常多的问题当中的一个。它只是在说宪法的法律功能,在整个法律体系中宪法的根本法地位,其与部门法之间的关系只是宪法的一个面向。即便是在谈论宪法和部门法的关系时,认为民法没必要写上根据宪法制定民法这一条款,因为宪法和所有部门法的关系是不一样的,其间的距离是不一样的。

王建学教授认为,陈征教授把论文里面的核心观点、论证过程以及亮点,包括漏洞都全部展示出来了。评议意见若只是从题目到结构到文字到形式的评价,是缺乏围绕该主题与作者的实际性交流对话的。对于该原则与比例原则的关系,也存在一些批评和不同意见,或许通过解释比例原则完全可以达到禁止之不足的效果,究竟有没有必要把不足禁止原则单独建构出来呢?从陈征教授论文的主题来看,对于一般意义上的问题一定是涉及部门法的,而这中间一定会涉及部门宪法。这两年王建学教授比较关注环境部门宪法,这里面包括环境权的国家保护义务等问题,其实有很多部门法、部门宪法都会涉及很多关联性问题,这个方面其实没有在评议中得到很好的展现。

五、劳动法的宪法化与税法的宪法化

本次论坛的晚餐报告单元由西南大学法学院院长张步文教授主持。两位报告人分别是北京大学法学院阎天助理教授,报告主题为《重思中国劳动宪法的兴起》;中国社会科学院法学研究所刘志鑫博士后,报告主题为《宪法上纳税义务与劳动义务的两次冲突》。

(一)重思中国劳动宪法的兴起

阎天助理教授的报告以一部电影为楔子,引出在宪法上的妇女是劳动者与母亲双重身份的竞合,对此,要加以协调而非消灭妇女身份的二重性。其首先介绍了劳动宪法的三种形态,并分别阐述了三种形态的地位。他认为第一种形态接近普适且当前研究很多,第三种形态缺乏解释学意义,第二种具有中国特色且研究较少而最有价值。继而他介绍了劳动宪法的五大价值,认为劳动在宪法上之所以重要,即在于劳动服务于宪法的五大重要价值目标。此外,他还以“兴而未起”来定位中国的劳动宪法,认为中国劳动宪法的兴起可通过释法、立法、释宪的路径而达致。

(二)宪法上纳税义务与劳动义务的两次冲突

刘志鑫博士后的报告首先探讨了是不是可以充分利用教义学的方法来解释中国现行宪法的纳税义务。接下来,他表示税法与宪法共命运,当税法面临三大挑战,宪法能做些什么?《宪法》第56条固然非常重要,但除了作为税收法定宪法基础外,无其他实质性作用。其研究方法是原则理论,只有在与劳动义务的两次冲突中,看似简单的纳税义务才会显露出丰富的内涵和中国特色。当下税法领域架构较为紊乱,加之,各界特别强调税法应当发挥经济调控和社会领导的功能,更导致从单行税法到整个税法趋于碎片化。此外,他详细阐释了纳税义务和劳动义务的两次冲突,论述了两类义务之间的差异及相应意义,并提出了解决冲突的三种方式。

六、会议总结

第二届“中国宪法学青年论坛”历时两天半,取得了圆满成功,会议为探讨宪法和部门法关系提供了多种思想,成为广大宪法和部门法学者在研究宪法和部门法关系中不可回避的一次会议。闭幕式由中国法学会宪法学研究会秘书长、中国人民大学法学院张翔教授主持,厦门大学法学院刘玉姿讲师(代刘连泰教授)、南京师范大学法学院屠振宇教授进行了会议总结。

厦门大学法学院刘玉姿讲师代表刘连泰教授作题为“我听到青禾生长的声音”的会议总结,指出“青山缭绕疑无路,忽见千帆隐映来”,青年宪法学人正在描绘中国宪法最美的山水。这次青年论坛,搭建了德国法在中国的舞台,正如马剑银副教授看到的那样,“德国法及其理论的色彩过于浓厚”。下次能不能考虑引进别派武功?比如,综合格斗?或者柔术?甚至给中国传统武术一点空间?秦前红教授说上次论坛是对话式的,这次则是批判式的;张翔教授说这是宪法在向部门法喊话:呦呦鹿鸣,食野之苹。这次论坛,让大家脑力激荡,极富冲击力。他祝愿青年论坛兴盛百年。

南京师范大学法学院屠振宇教授指出,本次会议的研讨实际上就是宪法是什么法作一个重新的思考,今天宪法的特点是打碎了所有的这些功能分化,建立起国家和个人的关系。在现代社会我们同样面临一个新的问题,就是有各种子系统重新在国家和个人之外发挥作用,此时,我们是回到过去呢?还是坚持国家和个人的两分?政治宪法和社会宪法的关系在第一部分中讨论,那么当我们用系统的方法来考虑这个问题时,宪法和部门法是独立的系统吗?则第二个、第三个汇报人主要在这个地方讨论。第三阶段,两位晚餐报告人的讨论实际上是把它们作为统一的系统,因此可以说,这次会议内容是非常丰富的,是我们在研究宪法和部门法的关系方面是不可逾越的一个重要会议。

宪法学研究不是一座孤岛,也不仅是宪法学人个人努力的结晶,更是所有法学学者协同奋斗的成果。张翔教授引用《诗经·鹿鸣》中的“呦呦鹿鸣,食野之苹”,暗喻法学学者要进行广泛的交流,相互学习、相互批判、相互鼓励,以推进宪法学乃至法学研究的繁荣、发展。青年宪法学人的共同努力正在路上!

“民主集中制”与“监督”的新探索

——第十五届“中国宪法学基本范畴与方法学术研讨会”综述

唐　旋[*]　周　成[**]　高雪芹[***]

2019年6月21～23日，第十五届“中国宪法学基本范畴与方法学术研讨会”在苏州大学王健法学院隆重开幕。

本届会议由中国人民大学宪治与行政法治研究中心、苏州大学王健法学院主办，由苏州大学公法研究中心、《苏州大学学报》(法学版)协办。来自中国人民大学、中国社科院法学所、中国政法大学、武汉大学、上海交通大学、浙江大学、山东大学、吉林大学、中南财经政法大学、西南政法大学、郑州大学、中央财经大学、对外经济贸易大学、东南大学、西南大学、北京航空航天大学、南京师范大学、辽宁大学、青岛大学、山东师范大学、广西财经大学、苏州市检察院法律政策研究室、江苏省区域法治协同创新中心以及苏州大学等30多所高等院校、科研院所约50位专家学者参加了为期一天半的会议。

本次会议以“民主集中制”与“监督”这两个范畴为主题，以主旨发言和评议讨论的形式进行。会议分为4个单元，前两个单元围绕“民主集中制”范畴展开讨论，后两个单元则重点讨论“监督”这一宪法范畴。

会议开幕式由苏州大学王健法学院黄学贤教授主持，苏州大学王健法学院院长方新军教授与中国法学会宪法学研究会会长、中国人民大学法学院韩大元教授致开幕词。在致辞中，方新军教授对参加会议的专家学者表示欢迎，并介绍了民法学研究的方法与范畴问题以及民法典编纂的相关问题。韩大元教授就宪法的精神、民法典的编纂以及中国宪法未来发展的方向进行了阐释。

会议第一单元的主题为“民主集中制”，由郑州大学法学院苗连营教授主持。上海交通大学凯原法学院范进学教授以《论民主集中制与党的全面领导制度化》为题作了主旨

* 苏州大学文正学院助教，法学硕士。
** 苏州大学王健法学院硕士研究生。
*** 苏州大学王健法学院硕士研究生。

本会议综述的基本观点都已经发言人或评议人审阅。

发言。

范进学教授在报告中指出,在我国一党执政、长期执政的现实下,民主集中制作为党和国家共同的组织原则和活动原则,应纳入党和国家领导体制和政治体制整体框架内进行审视和检验,不能将民主集中制与党和国家分割开来,不应单方面思考,而应站在新时期重新看待民主集中制,为党和国家机构职能的配置、完善党和国家的机构职能的体制,提供一个可能的规范性方案。为此,其先通过对党章的分析界定出"作为党的组织原则的民主集中制"的内涵,又分析了作为国家机构根本组织的民主集中制,认为民主集中制是人大组织活动的基本原则,明确了《宪法》第3条的民主集中制的本质内涵是民主。权力集中与分工负责是民主集中制应有的含义。党内民主集中制,实质是党中央的权威和统一领导,那么宪法意义上的民主集中制,就是要确立全国人大最高的法律权威和集中统一国家权力的行使。最后,其对中国特色社会主义新时代的新使命有历史的必然性和现实的正当性进行了论证。

在与谈环节,各位与谈人针对范进学教授的主题发言展开了评论。

浙江大学光华法学院郑磊副教授首先梳理了2010年以来宪法学者关于民主集中制先后出现的三波讨论,范进学教授等学者于2011年出版的专著《民主集中制宪法原则研究》为代表的第一波,对民主集中制这一宪法中高度政治性概念的研究,在打通丰富的素材库的基础上,展开解释学研究的方法尝试;以张翔教授的《我国国家权力配置的功能主义解释》(《中外法学》2018年第1期)为代表的第二波,该范畴研究成为近年宪法学研究国家组织法转向的重要切入点,本次会议两篇文章集中讨论该范畴可视为第三波的代表,以2018年修宪为标志,在政策性语句通过政治决断集中转化为规范性语句中,如何进一步凝练民主集中制的规范内涵。在此基础上,以民主集中制基本范畴为例,讨论了关于"如何规范性分析政策性语句"的思考。

西南大学法学院赵谦教授以《"集中统一权威"的党政一体化证成、表达与践行》为题进行评议。赵谦教授认为,范进学教授的文章就党的领导制度化问题进行了导向性、体系化诠释。特别是运用了历时性研究与规范分析方法,独具特色地阐明了民主集中制的"前世今生",最终围绕"集中统一权威",尝试进行党政一体化的正当性证成、规范表达,探究可能的践行进路,是非常有意义的。但赵谦教授同时也指出,范老师的文章在凸显"民主"和"集中"这两项要素的分别定义之余,有可能忽略了"民主集中制"的"民主之集中+集中之民主"的特殊之处。赵谦教授认为,界定"民主集中制"的本体定义,应是三位一体的。其一,民主集中制之民主;其二,民主集中制之集中;其三,民主集中制下民主、集中的交互。"党的民主集中制的实质"应是,确立所涉运作规程彰显相应民主要义的党中央集中权威。此外,还认为"民主集中制"不应仅局限于人大活动方式基本原则,"组织原则兼活动原则说"抑或"功能主义下的组织原则兼活动原则说"或许更合适。民主集中制作为"组织原则、程序、权利、规则"的四维要义尚待进一步类型化阐明,以与后续"党的全面领导制度化"实现更清晰、具体的对接。

华东政法大学助理研究员杨陈认为，范进学教授的文章用内涵更具体的“党的民主集中制”来理解国家的民主集中制，以一种更综合的视角看待党的民主集中制跟国家的民主集中制之间共性与差异极具学术与实践价值；其次，范进学教授文章中对“民主”多个层次的理解，指出主权意义上的民主、作为组织原则的民主在语义上偏重于“选举”和“多数决”的含义，在“工作作风”意义上的民主则偏重于“公开讨论”的含义；最后，民主集中制中从民主到集中的过程是一个发现正确答案的过程。“公开讨论”的民主的功能就是为发现正确答案、作出正确决策提供场所。这样一种民主理解一方面来自马克思列宁主义的历史真理观和先锋队政治观；另一方面，则与我国传统政治中的“国是—公论”结构有高度的亲缘性。在这一点上国体意义上的人民民主专政与政体意义上的民主集中制得以交汇：就前者而言，人民民主意味着无产阶级先锋队的历史真理性的代表；就后者而言，民主集中制则是无产阶级政党发挥内在于其自身的历史真理性的过程。

北京航空航天大学法学院杨登杰副教授在提交的书面与谈意见中认为，首先，民主与集中可以相辅相成或构成一体两面关系，并不必然是“紧张冲突、此消彼长”，比如，凡是由多数作出的选择，既是民主，也是集中，是由多数人所作出的集中；其次，建议充分开发宪法解释的各种方法——文义、系统、历史、目的解释、比较法的方法来解释宪法，阐释民主集中制；再次，比较法的方法应以各国规范制度的细致比较为基础，不能简单地以传统理念原型的两极对立模式看待民主集中制与权力分立；最后，在解释民主集中制等原则时，要区分“什么是宪法容许的”与“什么是宪法要求的”这两个问题，宪法所容许并不代表宪法要求必须这么做。

在接下来的自由发言环节中，中国人民大学法学院张翔教授首先对几位发言人都提及《我国国家权力配置原则的功能主义解释》这篇文章表示感谢，但也指出，这篇文章存在很多问题，比如，在研究“民主集中制”时不应脱离党的民主集中制；此外，在方法论上，解释民主集中制不用纠结民主是什么、集中是什么，应当对“民主集中制”进行体系化解释。

青岛大学法学院董和平教授认为，在我国学术界，应该说以往对民主集中制概念和制度的研究是清楚和规范的。这表现在：第一，民主集中制是指民主基础上的集中和集中指导下的民主的相结合；第二，民主集中制从历史演进来讲，首先是党的重要组织和活动原则，然后才成为我们国家权力体系，即人民代表大会制度的组织和活动原则；第三，党内的民主集中制原则和国家权力体系内的民主集中制原则，在根本要求上是一致的，但在组织和运行方式上是各有特点的。现阶段，我国进行国家机构改革，出现个别国家机关与党的机构在职能上的相互渗透和相互配合，这是在国家治理过程中加强党的领导的新尝试，是符合我国现阶段的实际需要的。学术界从学术研究角度探讨民主集中制的新形式和新作用，也是有重要理论意义和实践意义的。但是，我们在研究中一定要注意几个问题：一是准确把握民主集中制的基本内涵，把党内民主集中制和国家权力体系内部的民主集中制各自的制度规定性和表现方式界定清楚；二是探索新形势下国家权力体系运行中民主集中制实现的新机制,把政治原则和政治要求具体化为法治运行机制,这就是对民主集中制的丰富和发展;三是把民主集中制与宪法立法和宪法解释联系起来,搞清楚民主集中制中的哪些内容能够上升到宪法层面来规范、说明以及如何说明和解释。只有这样,我们才能研究好、发展好民主集中制。

东南大学法学院刘练军教授认为,很多国家机构不是民主集中制,比如,国务院是首长负责制、法院强调司法责任制,要通盘考量"民主集中制"的适用范围;此外,民主是确立权威的机制,而不是发现真理的价值。讨论民主时,价值判断基于高度的主观性,不一定会发现真理。

南昌大学法学院程迈教授针对范进学教授的发言提出了两个问题:首先,宪法的规范意义在于制宪者意志的体现,民主集中制是中国共产党非常重要的组织原则,用到宪法中后会表达出不同的含义?他认为,这两个民主集中制应该是一个意义。其次,范进学教授提到了民主集中制下,全国人大掌握权力,可以使全国人民更好掌握权力。换回到宪法语境,真的实行民主集中制,可以更好地实现人民的权力,应当是基层人大掌握权力是原则,全国人大掌握权力是例外;但是,现在全国人大掌握的权力是原则,基本人大掌握的权力是例外。从这个意义上说,民主集中制如何落实,可以反思。

武汉大学法学院秦前红教授提出,本次论坛对"民主集中制"这个问题的研究,打破了过去一些宪法研究中共识性的认识,其认为,民主集中制是关于一种政体的原则,应当放在"君主制/共和制"前提下,才可以获得正确认识。另外,在如何处理领导和群众之间的关系问题上,也需要从宪法文本中进行深度研究。

针对与谈人和自由发言人的评论和提问,范进学教授作出如下回应。党对国家机构统一领导的制度安排,比如,重大事项请示报告制度、党组制度、书面述职制度、党政干部全部纳入统一考核等,值得宪法学者进一步思考。

苗连营教授在单元总结发言中认为,民主集中制是我国政权建设组织与活动的基本原则,也是我国宪法所确立的一项重大原则,具有明显的中国特色和巨大的制度优势。主题报告人和自由发言人围绕民主集中制的演进脉络、价值取向、功能定位、制度建构及其运作,从宪法学的角度作了非常有意义讨论,贡献了自己的学术思考和智慧,尤其是从政治性和法律性有机结合的角度,为对该问题的进一步深入研究提供了有益的学术启示。本单元的讨论到此结束,谢谢大家的参与!

会议第一单元结束之后,根据会议的安排,中国社会科学院法学所助理研究员刘志鑫博士在会议学术午餐会上,作了主题为"德国宪法学范畴研究——以德国国家法学者协会历年主题为例"的报告。报告分为两个部分:第一部分是对德国国家法学者协会的概述;第二部分则细致梳理了自1924～2018年这82年德国国家法学者协会每年的讨论主题。

会议第二单元的主题仍然是"民主集中制",由武汉大学法学院秦前红教授主持。上海交通大学凯原法学院林彦教授以《民主集中制的规范内涵及立法具体化》为题进行发言。

林彦教授认为,民主集中制是宪法所确定非常重要的国家权力配置的一个原则,但是它的内涵和外延到底是什么,需要进行实证研究。为此,其通过全国人大常委会公报登渠道,去收集有关的立法的事例(包括立法审议、领导人的讲话等),通过对这些素材进行梳理,可以总结出官方视角下的民主集中制是什么,特别在立法过程中,他们所理解的民主集中制是什么。不过,林彦教授发现,民主集中制这个概念是一个极具弹性且不断被建构的概念,其要求充分发扬民主,集体行使职权,集中正确意见,不越权,同时反对过度民主和过度集中;另外,民主集中制在的适用领域和适用对象都出现了扩张。

会议进入与谈环节,各位与谈人针对林彦教授的主题发言展开评论。

吉林大学法学院任喜荣教授以《解释"民主集中制"的宪法规范内涵》为题评议。任喜荣教授肯定了林彦教授对民主集中制的规范内涵进行探讨的重要意义,同时提出应当对解释原则与方法作出系统说明,应当从历时性和共时性两个维度加强对民主集中制原则内涵的分析,应当进一步丰富所使用的论证材料等三个问题。最后,任喜荣教授认为,民主集中制原则的立法具体化是一个过于广泛的论题,几乎涉及所有的国家公权力配置领域,因此,在谈论立法具体化问题时可以更关注其中的中国特色部分。

中国人民大学法学院王旭教授认为,林彦教授在宪法文本中对民主集中制的含义进行分析,是对传统民主集中制的一个重要推进。此外,林彦教授对立法的具体化的阐释也有助于更深度理解民主集中制的内涵。王旭教授提出了运用民主集中制进行合宪性审查的问题。其认为,通过体系解释民主集中制,可以发展出一套很精细的国家机构合宪性审查的教义学,并认为运用比例原则的思维也很重要。如何将"民主"保持在权力配置的适当位置,这是从基本权利研究拓展到国家机构研究的一个重要理论方向。

南昌大学法学院程迈教授认为,林彦教授的文章对民主集中制的概念,民主和集中这两个核心要素之间的张力,民主集中制原则在宪法文本中的规定和现实实施中的反差、这个规则到底是适用机关内部组织或适用机关之间的关系以及具体的立法实践都进行了充分的分析。但是,林彦老师的文章没有说明规范制定者的立法意旨究竟为何;此外民主集中制的规范内涵,在不同的历史背景下,是不是会出现一定变化。最后,程迈教授认为,无论是在机关之内还是机关之外,民主集中制原则都是可以得到适用。立法上的具体化,其实也是党的政治意志实现和展开。

山东师范大学法学院夏泽祥教授认为,林彦教授的论文对《宪法》第3条规范性含义如何理解、确立了何种政治标准等问题都进行了深度思考。但这篇文章刻意回避了民主集中制的另外一层含义,即政党组织与活动原则的民主集中制,也回避了民主集中制作为"国家机构组织和活动原则"的价值判断。夏泽祥教授认为,民主集中制在现行宪法中的地位可以从两个方面进行说明:其一,民主集中制是一项具体的宪法原则而非宪法的基本原则;其二,民主集中制作为一项具体的宪法原则,具体体现于人民代表大会制度中,它表征人民代表大会与其他国家机关之间的关系,不适用于具体的国家机关内部。

中央财经大学法学院白斌副教授认为,林彦教授通过梳理全国人大常委会公报中立法相关资料来探寻民主集中制的规范内涵,宏观上属于用法律来解释宪法的路径。他认为,首先,立法机关在宪法解释上具有权威的地位,立法机关形成着宪法秩序的内容,但是就宪法规范的理解和适用而言,这种形成功能是补充性的、说明性的,而不能是决定性的。因为在实践中存在立法者错误理解宪法规范,甚至违背宪法规范的原则和精神的可能性。其次,应当认识到原则与规则之间的不同,民主与集中或者两种的结合体在不同的情况下应被赋予不同的含义,得到不同的强调。最后,还应当认识到,民主集中制在国家领导人的眼中是有工具性的,因此,宪法学者一定要对宪法的立场和其他学科的立场作必要的区分。

华东政法大学孙煜华副研究员认为,在讨论民主集中制时,必须要考虑民主集中制的来源,党的、工会的民主集中制是先于国家的民主集中制的,林彦教授的整体研究把工会的民主集中制放在国家民主集中制的扩展对象中,是违背历史,也是违背逻辑的。其次,宪法学者更应该从我们党和国家的机构运行的角度,来考虑党和国之间的内在衔接机制。比如,我们国家机构也有党组,我们党组的民主集中制,对国家的民主集中制有什么直接的影响?在现行党政结合的政治体制下,想单纯依靠宪法来保障国家民主集中制的落实,是不现实的。最后,如果从比较的视角来看,更能发现民主集中制的特色。无论从国家权力的横向或纵向配置上看,都有一个最高权力,全国人大的地位高于"一府一委两院";中央国家机构的地位是高于地方国家机构。这与西方国家的权力分立、互相制约平衡的体制有本质区别。西方执政党组织体制是不会直接决定国家的组织体制。而在我国,前者对后者有决定性意义。

在接下来的自由发言环节,与会专家学者针对林彦教授及各位评议人的发言展开了讨论。

苏州大学王健法学院程雪阳副教授认为,宪法学者首先应该集中地围绕着宪法文本中的民主集中制规范进行讨论,比如,讨论其具体的含义,适用的对象。在这个过程中,其他的理论资源只能作为材料来使用,不能用其他学科的视角代替宪法学的研究视角。其次,在我们的话语体系中,当民主和集中连在一起时,民主至少有两种含义和功能。第一种是作为民意征求意见的民主;第二种作为决策程序的民主。那么什么情况下应作为一个民意征求意见过程,什么情况下作为决策过程?这样的讨论是不是可以更清楚地界定民主与集中的概念?最后,宪法学还应当研究,民主集中制的权力设置、运行机制如何贯彻和落实,在哪些领域适用等问题。通过这些研究,民主集中制这个原则就可以为我们的法律运行提供具体的宪法规范指引。

苏州大学王健法学院陆永胜副教授提出,民主集中制不是宪法的基本原则,是具体的权力组织原则。另外,民主集中制从党的决策和组织活动原则演化为国家机关的组织原则,这样的演化如何变得科学合理,还可以进一步研究。

韩大元教授认为,林彦教授的论文具有一定的体系性,但在学术文献上可以补充,并梳理已有的学术成果。要从历史的视角，展现中国共产党把民主集中制原则写进党章的背景。事实上，之所以发生“文化大革命”就是我们党曾经在落实“民主集中制”原则时没有遵守宪法，未能从国家体制上解决民主与集中的关系。所以党的十一届三中全会公报中谈到“文化大革命”发生原因时指出，没有很好地落实民主集中制原则，离开民主讲集中，民主太少”。“文化大革命”的教训是深刻的，在民主集中制问题上，我们要重视民主价值，强调民主和集中的辩证统一。从这个角度来看，我们的民主集中制始终要警惕过分强调“集中”，集中是必要的，但不要“集权”。另外，关于“民主集中制”宪法内涵的界定，要遵循宪法的价值判断与功能。

林彦教授针对与谈人与自由发言人的评论作出回应。其认为各位评议人提出的意见都很有启发性，这篇文章的架构是以“八二宪法”(1982 年宪法)为起点，因此，确实有一种历史的割裂感，其实全国人大常委会的公报里大量出现过“八二宪法”前民主集中制的运行情况，而且往往会与西方的“三权分立”进行对比，本篇文章中也没有分析，后续会进一步完善。

最后，秦前红教授对本单元进行了总结，其认为，第一，沿着王旭教授的思路延伸，就产生了民主集中制跟宪法四大原则的关系问题，党的领导是社会主义最本质特征，那民主集中制是原则，还是思想。如果是原则，就存在其是不是中国宪法的第一原则的问题。第二，集中和民主存在天然的张力。张力的解决部分有时候得靠选举解决。第三，中国共产党从一个传统的革命性的政党到现代政党的转型，一定要解决一个重要问题，就是“山头主义”。在不同的发展阶段，我们国家解决“山头主义”采取了不同的路径。因此，对于民主集中制的问题，一定要注意言论自由和选举民主是具有关联性的。

会议第三单元讨论的主题为“法律监督机关”，由青岛大学法学院董和平教授主持。本单元由武汉大学法学院黄明涛副教授以《“法律监督机关”——检察院机构性质条款的规范意义》为题发言。

黄明涛副教授在报告中首先提出了三个问题：一是“人民检察院是国家的法律监督机关”的规定，从“八二宪法”到 2018 年修改宪法没有改变，这是一个值得注意的问题；二是人民检察院的宪法地位的证立；三是法律监督与检察监督这两者的关系。接着，黄明涛副教授从四个方面开展报告。第一个方面是对作为法律监督机关的人民检察院的发展历史进行了细致梳理；第二个方面是从方法论的角度对作为宪法规范的法律监督机关进行分析，主要是从文义解释、历史解释、目的解释、结构解释和宪法与组织法关系 5 个解释方法着手；第三个方面是“八二宪法”实施以来人民检察院职权重心的位移；第四个方面是当前“检察监督”概念的突显。黄明涛副教授认为，如果想通过“检察监督”整合检察院的监督职权，这就不仅是概念的整合，还需要恪守宪法上的规范界限、符合宪法对检察机关目标的设定。

张翔教授针对报告作出两点评议。第一，反思“文化大革命”是理解“八二宪法”下任何一个问题的前提。“八二宪法”规定人民检察院是国家的法律监督机关的目的就是反思“文化大革命”。第二,宪法上语词的延续和微小的变迁都可能意味着它内容巨大改变。虽然“八二宪法”规定了“法律监督机关”这个语词,但是它的内容绝对不是回到“五四宪法”(1954年《宪法》),更不可能回到苏联的一般监督体制。另外,在“七八宪法”(1978年《宪法》)起草的时候,检察院是被当作司法机关的,而司法机关要有应有的独立性。虽然“八二宪法”恢复了“法律监督机关”这样的用法,但是实际上是把检察院当作司法机关来对待的。

刘练军教授针对报告提出了两个问题:一是法律监督机关中监督的内涵不明确;二是理论统一性的匮乏。刘练军教授认为,从规范宪法的角度来理解宪法的不同条款、不同的对象,那监督的内容就是不一样的。而理论统一性匮乏原因就是法律权威的丧失,没有把正当性和合法性的最终权威追溯为宪法。

中央财经大学法学院赵真副教授的评议主要集中在报告的方法论部分。其分两个方面进行评议。第一个方面,关于结构解释的问题,赵真副教授认为,报告阐发的结构解释实际上属于体系解释,只不过是在一个更广泛的监督制度体系中来考察,而且,所谓“监督制度体系的变化”也可以放在体系解释中予以考虑。宪法对检察机关的具体要求的变化,在“法律监督机关”这个定性不变的情况下,可能引发第二个方面的问题,即报告所主张的“宪法和组织法不需要太过区分”的观点。报告认为,在解释宪法时,需要考虑相关法律。这并不是一个很特殊的方法论主张,尤其不足以表明国家机构规范解释的特殊之处。如果把宪法和组织法规范看作一个整体,那么对宪法规范的理解就离不开对整体意义脉络的理解,而对整体意义脉络的理解又离不开对宪法规范的理解。

苏州市人民检察院韩跃广助理检察官提出三点补充。第一点是关于一般监督,通过梳理苏州市检察院的发展历史,我们就会发现,“一般监督”很难适用于中国的具体情况。第二点是法律监督的理论困境,对法律监督的理解,也只能在中国的法律语境中寻求合理的解释。也可以说,这是我们的本土资源。法律监督不是泛指监督法律的实施,不是任何个人和组织都享有监督法律实施的权力,而是特指国家专门机关实施的特定行为,是运用国家权力来检查和督促纠正违反法律情况的国家行为。这个专门的国家机关就是检察机关。检察机关肯定不是唯一的国家法律监督机关,但检察院是专门的国家法律监督机关。第三点是检察机关未来走向的问题,应从“四大检察”平衡、全面、充分发展、内设机构改革、检察机关与人大、政府、法院、监察委的关系等四个方面来思考检察机关未来走向。

在董和平教授的主持下,会议进入自由讨论环节。

韩大元教授对黄明涛副教授论文发表了三点学术点评。第一,1954年《宪法》之所以规定检察院体制,就是考虑我们国家不实行三权分立,但是当时的制宪者又非常清楚公权力必须受监督。所以,需要一个不是三权分立体制,但有一个专门的机关来维护国家法制的统一,对所有的公权力进行一般监督。这也是制宪者们对中国宪治体制下对公权力可能滥用、法制不统一的担忧,于是设计而检察院体制,由它承担这一宪法功能。所以,检察院绝对不是一般意义上的公诉机关。第二,人民检察院在中国宪法中主要承担的功能有两条:一是监督和限制公权力,二是维护国家法制的统一。直到今天,检察院最重要的功能还是维护国家法制的统一。尤其在合宪性审查中,检察院主要不是司法机关,而是专门的法律监督机关。检察院要维护国家法制的统一,发挥合宪性审查制度运行中的作用。第三点,从论文的研究方法来看,缺乏从规范的解释方法。检察院在宪法文本是国家的法律监督机关,需要从解释学视角阐明“国家”“法律”“监督机关”的含义,论证作为“国家的”正当性基础。虽然宪法文本中多次出现“监督”一词,但法律监督就出现了一次,即检察院是国家的法律监督机关。我们需要从解释学的角度对我国宪法文本中的检察院体制与内涵进行历史、目的与体系的分析,区分不同性质的监督概念。

秦前红教授提出了两个问题:一是监察体制改革后,人大监督、监察监督、检察监督三者之间的关系是什么？二是检察制度如何处理这些问题？秦前红教授认为,监察体制改革以后,从宪制的角度来看,一定体现了检察制度的必要性和重要性,在当下,在某种程度上重申检察院的地位就是捍卫宪制。

林彦教授认为,监督法律实施职责除了赋予检察院之外,还赋予了地方人大。这是要确保宪法和法律在本行政区域内实施,这也是一种法律监督。另外,通过梳理 1983 年后最高人民检察院的工作报告,会清楚看到检察院自身是如何描述自己的权力,这可能就是一个变迁的过程。那么,这个变迁的过程跟法律监督之间的关系是值得研究的。

王广辉教授提出,在检察机关职权已经大大缩小的情况下,检察机关还是不是法律监督机关？王广辉教授认为,检察院作为法律监督机关,特别是在职务犯罪侦察职能转隶后,可以把信访工作作为检察机关法律监督的新的增长点。

程迈教授认为,在非洲,检察院的政治稳定性是核心问题。在非洲的语境下,对检察官政治中立性有高度要求,这种情况是否符合中国宪法目前的功能,即通过检察机关制约公权力？

刘志鑫助理研究员认为,权力机关自身的定位决定了监督机关的地位。当权力机关认为自己是全能的时候,检察院就没有独立的宪法地位。只有当权力机关认为自己并非全能而实行“弱议行合一”时,检察院才能具有独立的宪法地位。

最后,黄明涛副教授针对评议进行了回应。第一个就是我们对“监督”这个词的混用,甚至滥用的问题。语言其实本身就是有限的,所以始终是存在含义的类型化建构的过程。第二个问题就是方法论的问题。如何处理宪法和组织法之间关系的问题。其认为,从抽象上来谈宪法的根本法地位是没有问题的,但没有部门法规范和其他律法规范,只有宪法是不能形成一个明确的内涵。如果没有立法形成,就很难能够形成对这个概念的理解。在国家机构这一部分,宪法上的规范含义是什么,它极大地依赖于其他法律规范。但是,这并不妨碍把下位法的规定论证为体现宪法的最高地位。因为这里的诠释循环有时就在于过高地强调了宪法的地位,其实我们对宪法的解释时时刻刻都在依据法律作出,这是客观存在的事实。

会议第四单元主题为"国家监督",由中南财经政法大学法学院王广辉教授主持。本单元由苏州大学王健法学院上官丕亮教授以《宪法文本中的"监督"与国家监督体系的构建》为题进行主题发言。

上官丕亮教授认为,对权力运行的国家监督体系的构建应以宪法为依据,应当从研究我国宪法文本中的"监督"入手。"监督"一词在我国宪法文本中出现了 17 次,至少有 6 种用法。宪法上的"监督"是指人大、审计机关、法院、检察院等国家机关和人民群众(公民)对国家权力行使者及被管理者的行为开展的事后检查及处理。宪法文本中的"监督"与宪法文本中的"制约""监察""领导""管理"有所不同:监督与制约有较大的区别,监督主要是上级对下级的督促,而制约则主要是平级机关之间的互相约束;监察是监督的一种,它是对所有行使公权力的公职人员职务违法和职务犯罪的专门监督;监督也不同于领导,监督侧重于事后的检查处理,而领导侧重于事先、事中的率领并引导;另外,管理比领导更具体、更微观,侧重于对具体事务的处理,侧重于事中的处理,与侧重事后的监督也是不同的。国家权力制约和监督体系的构建应以宪法为依据,在建立和健全过程中应当注意以下几点:(1)国家权力制约和监督体系的构建要充分尊重宪法文本;(2)考虑宪法上的制约与监督之不同,建议还是采用"国家权力制约和监督体系"的表达,而不宜简称为"国家监督体系";(3)我国宪法关于监督和制约的规定,基本上可以构建我国对权力运行的制约和监督体系;(4)人大监督应以监督宪法的实施为重点,并不能代替监督对象行使职权;(5)检察院的法律监督并不垄断所有的法律监督;(6)检察监督本身的监督要加强;(7)审计监督的独立性要强化;(8)上级法院的监督要回归宪法文本的规定和精神;(9)党内监督也应符合宪法精神;(10)人民监督的重点应在发挥公民的监督作用;(11)国家机关之间的权力制约制度要充分落实并完善。随后,会议进入与谈阶段,各位与谈人对主题报告进行评议。

辽宁大学法学院王秀哲教授针对报告提出了四点评议。首先,宪法文本中的监督。如果在应然层面先建构了监督的概念和体系,那么就涉及如何构建应然的理论并通过该理论检视宪法文本规定的问题。如果想从宪法文本中找到其设计的逻辑自洽的监督体系,那么如何通过历史、目的、结构等宪法解释方法来挖掘就应是文章着力的重点,而不应仅进行简单的文本梳理和总结。其次是如何在国家机构的架构中理解监督。从我国宪法对国家机构的架构来看,国家监督体系中就需要解决"检察院的法律监督如何定位"和"监察制度改革背景下监察权的定性"两个难题。再次,从宪法文本的规定不仅看不出监督体系化的内容,具体的规定是否合理也可以进一步考虑。最后,宪法文本没有解决控制公权力的国家机构的问题。虽然宪法文本有这个原则和精神,但在宪法文本并没有一个很好的控制权力的体系配置。在这种情况下,应该先从宪法文本的国家机构的设置出发,梳理清楚国家监督体系或者建立一个应然的理论架构,这样,才能以宪法文本为依据来讨论相关问题。

南京师范大学法学院屠振宇教授认为,以宪法文本为依据构建国家监督体系,面临与党中央所提的党和国家监督体系之间的紧张关系。后者的构建以是否必须以宪法文本为依据,值得作更深入的探讨。比如,国家监察委监督体系的构建是在宪法没有规定的情况下,先由国家作出顶层设计,然后进行宪法修改。而不是按照先有宪法的依据,然后再进行制度构建的。更进一步讲,如上官教授所指出的,监督权兼具权力和权利的属性。按照国家权力的设立和行使应以宪法为依据,而公民的权利是法不禁止即可为的原理,监督体系构建是否必须以宪法上已有明确规定为前提,值得推敲。屠教授补充认为,宪法对监督的回应是极其克制的,所以,不能笼统地用广义上的、功能意义上的监督来代替对宪法文本上"监督"的理解。监督是事后性的,是一种非常态的运作,不应将"监督"作为一种常态化的非常广泛的权力无限扩展、泛化,否则,可能影响国家秩序的正常运作。

中南财经政法大学法学院杨小敏副教授主要从两个方面对报告进行评议。第一,对宪法文本上"监督"的规范含义应综合运用文义解释方法、体系解释方法等多种解释方法,从字面含义、宪法理论、宪法体制等多种角度,进行综合解释和分析。只有这样才能更全面地挖掘宪法文本的含义。否则,依据宪法建构国家监督体系的设想只能流于表面,仍旧缺少真正意义上的宪法根基。第二,国家监督体系建构应注意三个问题。一是除了监督所具有的共性以外,监督体系的建构还应包含各种国家监督子系统的性质、特点、方法、原则、路径、制度及其各种国家监督子系统之间的相互关系等,使每个子系统的要素之间科学组合、协调沟通,以提高权力监督系统的整体效能;二是国家权力监督体系的构建还离不开一些配套制度;三是党内监督虽存在于我国国家权力体系的外部结构中,但它与党对国家权力体系的领导之间的衔接,也是权力运行的国家监督体系所必不可少的重要组成部分。

西南政法大学行政法学院张玉洁博士针对报告提出两点评议。一是在通过相关语词确定"监督"内涵的过程中,上官教授对"监督"一词与相关词语之间差异的区分可能需要更明晰化。相关语词是遇到待诠释语词时,大脑中所自然联想到的其他语词。这些语词可能与目标语词相类似,也可能与其对立,或者在语言表述中经常一起出现。二是在通过前后语词界定"监督"内涵的过程中,上官教授的报告仍有一定的完善空间。前后语词是在某个特定表述处于待诠释语词前后位置的语词。某个语词要发挥其传递概念和思想的功能,大多数时候都需要通过与其他语词组成某种表述进行,该语词能否有效地传递概念和思想,也依赖于其和前后语词的关系。张玉洁博士认为,学界对监督等范畴内涵的界定一直以主体、客体和内容为基本模式,而且一直以既有法律规范为基本依据;如果出现某种新的制度,就会突破既有规范,并进而突破所界定的范畴内涵,因此,这种界定方式可能需要革新。从语言学的角度来说,监督的主体、客体、内容意味着它们与监督本身是不同的,不同的语词背后一定是不同的概念,如果仅从主体、客体、内容方面来解释的话,或许监督是什么依然不得而知。所以,可以考虑借用语言哲学,尤其是结构主义的方式来推进我们对基本范畴的解释。

在王广辉教授的主持下,会议进入自由讨论环节。

刘练军教授从两个方面阐释自己的观点。第一,上下级法院之间的监督和通常用的监督是存在差别的。通常所用的监督往往具有高度的自主性、主动性、积极性,但法院之间的监督,特别是二审法院、再审法院,它们都具有被动性。第二,《宪法》第41条不是"隐含的监督",它本身就是监督。换言之,批评、建议、检查、申诉、控告或者赔偿都是监督的一种形式,如果把这些都排除掉,监督就是一种空洞的概念,无法再从宪法教义学或解释学来理解监督的概念。应该把《宪法》第41条解释为宪法上积极存在的明显的监督方式。

程迈教授提出,目前,学界通说认为,"宪法的目的是为了限制国家权力",但在我国宪法文本中,怎样才能理解其目的就是限制国家权力呢?德国、法国、美国等国的宪法都明确了保障人权,但我国宪法上没有一个条款明确禁止国家机关损害人权,包括《宪法》第33条也只是规定国家尊重和保障人权。如果从文本解释,事实上是把国家和保障人权置于同等位置。《宪法》第36条、第37条、第39条、第40条都没有针对国家机关。从文本理解,是不是有些想当然理解宪法的目的就是限制国家权力,有没有可能宪法的目的是赋予国家权力。另外,落实监督之后是否就能够很好地实施宪法呢?

刘志鑫助理研究员认为,人民监督国家的时候所行使的监督权是国家机关的职权,宪法上的监督是一种职权,所有的监督主体都是国家机关,包括人民。监督的基础是民主集中制,一切监督的关系都回溯到《宪法》第3条民主集中制上。对监督的划分可以分为直接监督和间接监督,直接监督是以产生关系为基础的,人民产生国家机关,人民对国家的监督就是直接监督;间接监督是不以产生关系为基础,由法律直接规定,是直接监督的规范化。所以,监督是以民主集中制为基础的,主要分为直接监督和间接监督。直接监督需要用法律制度化和定型化。

苏州大学王健法学院陆永胜副教授认为权力监督分两个层面:权力运行中的监督和权力来源上的监督,党的监督和人民监督主要是来源上的监督,不能混在严格法律意义上的监督中。报告讨论的监督是权力行使中的监督。公民的监督是权利救济性的监督,政协的民主监督是参与型的监督,都不是严格法律意义上的监督。宪法监督体制是总和分的关系,总的监督是全国人大和地方各级人大的监督,分的监督就是专门监督。陆永胜副教授认为,"严格法律意义上的监督"的含义是,看其主体有没有监督权力、监督程序、监督方式和手段、监督处分结果。监督和制约本身是不一样的,要加以区分。上官教授把领导和监督混同了,有领导一定有监督,有监督不一定有领导;但如果有监督却没有领导关系,再加上监督的程序和方法是不健全的,监督也是无效的。针对张玉洁博士的评议,张翔教授认为,研究法学问题,必须对整个问题的脉络进行完全的梳理和掌握,任何跨学科的研究必须同时符合所跨的两个或多个学科的规范,而不能成为逃避各学科规范的借口。如果要谈"语言哲学",德国有许多关于法学方法论的著作都涉及从语言哲学到哲学诠释学,然后再到对法学产生影响的论述,值得关注。

苏州大学王健法学院刘辉博士建议,宪法的监督应当区分合宪性层面的监督和合法性层面的监督。对合宪性的监督可以分为公民的舆论监督和选民对代议机关的监督;对合法性的监督可以分为国家机关内部的监督和基于公民权利方面的外部监督。所以,可以考虑从这两个方面来认识我国的监督体系。

针对程迈的评议,董和平教授对“为什么宪法主要是限制国家权力,而不是赋予国家权力”这一问题进行回应。他认为,这要从宪法的本源讲起,宪法是反封建的产物,限制国家权力就是宪法的本来含义。在封建时代国家权力是没有限制的,侵犯人权是常态,所以才要建立民主制度。而保障民主,就要规范国家权力,这就是对国家权力运行的限制。所以,宪法不是一定要有明确规定对国家权力的“禁止”条款才是限制国家权力,只要规定了国家权力的构成和界限就是限制国家权力。所以,只要有宪法,就是对国家权力的限制。另外,所谓宪法“监督”,是就行宪和守宪过程而言的,它的对象就是国家权力及其运行体系。

最后,上官丕亮教授回应称,对上述评论有的赞成,有的不赞成。不过,作为宪法学者,更要维护宪法文本,然后按照宪法原理来理解文本。

自由讨论环节结束后,会议进入下一届会议主题范畴商议暨闭幕式部分。苏州大学王健法学院副院长程雪阳副教授主持这一环节。

在这一环节中,张翔教授首先对下一届会议议题的商议进行了引导发言。他认为,从中央和地方的关系角度来看,司法权属于国家权力,但具有很强的地方属性。在这个领域,如何发挥中央与地方两个积极性,可以作为下届范畴会议讨论的主题。另外,人格尊严和家庭也是很好的研讨主题,人格尊严和家庭是德国基本法上是最核心的概念。在我国的现状下,这提供了一个很好的跨学科的穿透力,民法典编撰里面也涉及宪法上家庭的解释。刘练军教授、林彦教授则分别建议将“教育”、“中央地方两个积极性”或“民族”作为下一届会议的主题。董和平教授提议不一定非得把会议主题限定在国家机构,可以探讨一些更具体的问题,比如,人民代表大会或者人民法院的某一项具体权力。王秀哲教授认为,国家机构还是有讨论的必要的,因为在宪法的推进中,国家机构处于重要地位。国家机构由国家机关组成,可以专门讨论人民代表大会到底在宪法中处于什么样的地位,到底有什么职权或者这些职权如何实现。任喜荣教授提出两个想法:一是现在民法典的修改,从宪法和民法关系的角度,能不能围绕家庭人格权,跨越民法和宪法的范畴探讨;二是可以围绕司法权作有关探讨。

最后,秦前红教授对本次会议进行了总结。秦前红教授认为,本届会议促进了宪法的发展,产生了知识的增量。而且,本届议题的讨论是有深度的,大家努力寻求共识,虽然未必达到一致,但促进思想上的交流和宪法学的发展就已经达到会议的目的了。秦前红教授提议,宪法学界应该在国家重大立法时,组织讨论,在重大议题上发出宪法学人应有的声音。宪法学者应当对宪法学怀有忧虑,但是要有巨大的想象力,一定坚信宪法的未来会更美好。

至此,本届宪法学方法与范畴会议圆满结束。

人民代表大会制度的规范原理和实践运行

——第五届"'《宪法》释义'暨人民代表大会制度条款解释学术研讨会"综述

赵计义*

2018年3月11日,第十三届全国人民代表大会第一次会议通过《宪法修正案》第32~52条,这是《宪法》迄今修改幅度最大的一次部分修改,诸多重大"政策理念"经修宪从经验性宪法命题上升为规范性宪法命题,成为规范国家社会生活的最高规范,极大地丰富了《宪法》释义的规范命题。人民代表大会制度的丰富和发展可成为考察之的主要线索与分析框架。2019年,中华人民共和国成立70周年,暨作为1954年宪法之前身的宪法——《中国人民政治协商会议共同纲领》(以下简称《共同纲领》)颁行70周年。从《共同纲领》"庄严宣告"、1954年《宪法》"明确规定"到2018年修宪丰富和发展人民代表大会制度的脉络,是《宪法》释义的结构性红线。

前述两大时间坐标交汇处,①2019年4月20日,第五届《宪法》释义暨人民代表大会制度条款解释学术研讨会于同1954年宪法起草具有密切关联的杭州"五四宪法"历史资料陈列馆再次举行。这次会议由浙江大学光华法学院、国家"2011计划"司法文明协同创新中心、浙江立法研究院暨浙江大学立法研究院、中国法学会法治研究基地浙江大学公法研究中心、浙江省法制所主办,由浙江大学公法与比较法研究所承办,"五四宪法"历史资料陈列馆作为支持单位全力襄助。来自10余所高校和科研机构的40余位学者和来自全国人民代表大会常务委员会法制工作委员会、地方人大的同志围绕"人民代表大会制度条款解释"这一主题开展了为期一天的深入交流与讨论,本次会议既有来自宪法学界的同志,也有来自政治学界的同志,还有来自全国人大常委会以及地方人大的同志,本次会议是一个跨学科的交流以及理论与实务的对话。这种交流有助于拓宽视野,有助

* 浙江大学光华法学院硕士研究生。

① 前述两大时间坐标式的背景描述,参见郑磊拟定的第五届《宪法》释义会议邀请函,载中国宪治网:http://www.calaw.cn/article/default.asp? id=13129,最后访问日期:2019年5月20日。另参见郑磊、何玫:《2018年修宪中〈宪法学〉教学契机》(待刊稿)。

于理论的落地生根。

研讨会主旨正如其名,在"《宪法》释义"上,本届会议围绕"人民代表大会制度条款解释"这一主题,分别就"新时代人大制度基本原理篇(一)""新时代人大制度基本原理篇(二)""人大组织程序篇""人大职权篇"四个议题进行了全面分析。会议的关注范围从党政关系、民中集中制到组织性法律保留、人大主席团产生办法、港澳基本法、法规要求审查权等,内容广泛。为了客观地和体系地呈现与会学者丰富的研究成果,笔者拟从三个方面对本次研讨会的内容加以述评。首先,人民代表大会制度所赖以建立的根基,是研究中国宪法所无法回避的问题。其次,从静态角度观察人大制度的建构,这主要涉及人大制度的组织建构。最后,从动态角度观察人大制度在社会实践中的运行情况,使人大能够真正发挥其作为国家权力机关等身份的应有作用。

一、人民代表大会制度之理论根基

《宪法》第1条明确了"中国共产党领导是中国特色社会主义最本质的特征",第2条规定了人民代表大会制度这一根本政治制度,第3条阐述了一切国家机构的组织和活动原则"民主集中制"。这3条是关于中国政治体制的"根本性政治决断",人民代表大会制度以及其他国家制度在此基础上不断延展。《宪法》正文前3条涉及中国宪法、人民代表大会制度制度的基本原理,对其进行阐释十分具有必要。本次会议即安排两个单元就"新时代人大制度基本原理"进行讨论,分别就党的领导和人民代表大会制度之间的关系、民主集中制和人民代表大会制度之间的关系进行充分讨论。前者涉及中国宪法的两个正当性基础的问题,而后者则涉及人大制度的价值取向。

(一)中国宪法的正当性基础

有学者认为,从《宪法》第1条的规范结构来看,人民民主专政是社会主义国家的内在要求,社会主义制度是中华人民共和国的根本制度,"中国特色社会主义"则是社会主义在中国的体现,其最本质的特征是"中国共产党领导"。人民民主专政—社会主义制度—中国特色社会主义—中国共产党领导形成了一个环环相扣的逻辑链条,并构成整个"八二宪法"的制度基础。① 与"中国共产党的领导"进入《宪法》正文紧密相连的是,党的十九届三中全会通过了《深化党和国家机构改革方案》,第十三届全国人大第一次会议通过了《国务院机构改革方案》。在历经多年的行政机构大部制改革后,党中央逐步将改革的重点从单一的政府建制优化转移到党政机构合署合并的方向上来。② 党的领导与人民当家做主之间的关系并非是一个新的命题,这是贯穿中华人民共和国宪法制定和发展过程的一个核心命题,二者共同构成了中国宪法的正当性基础。在党政机关合并合署的背景下,对二者之间关系的认识是否会发生变化是一个亟待研究的问题。

---

① 参见李忠夏:《"中国特色社会主义"的宪法结构分析》,载《政法论坛》2018年第5期。

② 参见秦前红、陈家勋:《党政机构合署合并改革的若干问题研究》,载《华东政法大学学报》2018年第4期。

关于合法性的来源。陈征教授从德国的"合法化链"理论出发,通过合法化主体、合法化客体、合法化形式和合法化水平几个方面以及功能与制度合法化、人事和组织合法化、事务和内容合法化三种形式的介绍,将国家机关的合法性(民主正当性)最终追溯到人民那里。这种观点和《宪法》第3条所规定的人大由民主选举产生、对人民负责、受人民监督,而"一府一委两院"则由人大产生、对人大负责、受人大监督有相似之处。陈征教授也认为"合法化链"理论可以适用于人民代表大会制度。① 但需要注意的是,"合法化链"理论并非孤立的存在于德国上的理论。正如阎天助理教授和陈无风副教授所指出的,"合法化链"理论很容易让人联想到美国法上的"传送带"理论,但传送带理论已经因为形式化的授权,约束行政效果有限而受到冲击,因而发展出"专家理性""公众参与"等理论对其进行补强。总的看来,人民当家做主,由于一切权力来源于人民而使国家机关拥有正当性(合法性)。人大的正当性直接来源于人民,而人大又成为人民与其他国家机关之间的媒介。

李忠夏教授认为,中国宪法有其独特的政党逻辑,人民与中国共产党之间直接发生联系,并不需要人大去赋予其正当性。秦小建教授则认为,在中国的宪法中,合法性的来源实际上是取决于三种人民所构成的一种主权结构,一是中国共产党领导下的人民;二是统一战线的人民;三是抽象的人民,人大是其行使国家权力的机关。正如陈无风副教授所指出的,党法和国法之间的关系、党的领导和人大制度之间的关系,并非是因为党政机关合并合署而存在的,而是一直存在于中国宪法中,平行适用没有问题,一旦出现紧张关系,那么无论是否合并合署都会存在。因此,其关键在于,合并合署会对二者之间的关系带来哪些实质性变化。

党政机关合并合署会对人大制度和党的领导带来哪些影响,如何处理党的领导与人大制度之间的关系。陈征教授从"合法化链"理论的功能和制度合法化、人事和组织合法化、事务和内容合法化三个方面进行了论述。② 但李忠夏教授认为,"合法化链"理论是以依法行政吸收政治性,而党政机关合并合署则是以政治性吸收行政性,"合法化链"理论能否适用存在疑问。秦小建教授则认为,问题的本质在于政治判断和法律判断之间的紧张关系如何处理,人大制度能否有助于消除这种紧张关系。阎天助理教授则对人大有没有能力、适不适合对行政部门作严格审查有所疑问。

党政机关合并合署除了对国家组织的建构产生影响之外,对公民权利,尤其是提起行政诉讼的权利产生重要影响。刘东亮教授、陈无风副教授特别关注党政机关合并合署之后公民能否针对这些机关提起行政诉讼,公民权利在遭受这些机关的侵害时,是否有救济途径。在党政机关合并合署的情况下,纠纷的解决是会逃逸、脱离原来的法律控制,还是会被纳入一般的诉讼框架中也有待观察。

---

① 参见陈征:《党政机关合并合署与行政活动的合法化水平》,载《法学评论》2019年第3期。

② 同上。

党政机关合并合署于抽象层面触及中国宪法的基础,同时又直接影响国家组织结构这一基本问题,而且势必对公民基本权利的保障产生重要影响,仍需要进一步细化研究。

(二)人大制度的价值取向

与西方国家采"三权分立"不同,民主集中制是中国国家组织形式和活动方式的基本原则。但是,对于民主集中制的内涵长期停留在"民主基础上的集中,集中指导下的民主"这一认识,将民主集中制的原理进行抽象化、将规范进行具体化是宪法学等学科的重要任务。

关于民主集中制的来源及其政治哲学基础,王旭教授认为,中国为什么会采取民主集中制需要回到马克思主义的国家学说上。在马克思的国家学说里,自由不是建立在权力分立和代议民主的基础上的那种公民自由,而是一种社会的平等主义的自由观,自由不是一种简单的防御权,而是每一个平等主体能够直接地、整体地、有效地参与国家公共意志和公共生活的形成。它强调的是一种全权性,是一种每一个人不假借于政治代表身份,而能够以人民自身参与公共生活和公共意志的形成中。人民与人民的代表实际上是统一的,权力具有全权性,通过全权的参与去行使这种权力。① 张翔教授由此联想到德沃金所提出的平等基础上的自由,但德沃金的学说是为了论证司法审查的正当性,法院是保卫自由的,但民主集中制的集中如果过度则是危害自由的,到这一层面,逻辑就存在问题。姜峰教授则对基于平等的自由观,将人民与人民代表等同起来削弱代议制的理论有所疑问,他认为中国是代议制,反代议制的民主制度尚未有成功的经验。余军教授也认为从原教旨主义出发可以作这种解释,但这种解释很难令人接受,可以换一种角度,从客观解释的角度出发对民主集中制进行阐释。柳建龙副教授同样也认为,将民主集中制的基础定位于平等主义的自由观,需要防范平等对自由的侵害。

对于民主与集中之间的关系,王旭教授认为,从经验的、历史的材料中进行提炼,集中对民主有实现功能,而民主对集中有制约功能。② 姜峰教授认为,如果将民主和集中作为两个对象、两个过程来理解,那么脱离了民主的集中是什么?蒲兴祖教授也认为,民主必然内含集中,或曰集中已被包含在民主中,不是民主之外有个集中。如果从历史的角度进行考察,民主最早是用来修饰集中的,出于革命的需要是民主的集中制,本质是强调集中的。张翔教授由此延伸,认为到中文语境后修饰"的"消失,就好像变成了一个并列的结构。柳建龙副教授进一步认为,民主是修饰还是定性,应当更多的是一种定性。

而在民主集中制规范的具体化上,王旭教授将其分为组织规范、活动规范和相邻规范。其中,相邻规范用以支撑权力机关与其他国家机关、国家机关与其他国家机关之间的关系。③ 而张翔教授则认为,相邻规范可能仍然是权力配置的规范,新概念的设置需要

---

① 参见王旭:《作为国家机构原则的民主集中制》,载《中国社会科学》2019 年第 8 期。

② 同上。

③ 同上。

更多的论证。于文豪副教授认为,就央地关系而言,全国人大的最高性在于其有全国人民的完整授权。地方人大具有代理的权能和监督的职责,负有落实全国人民意志和收集地方人民意志的职责,但不是全国人大的附属。而除民主集中制外,还应当关注分工负责这一原则及其要求,王旭教授认为,这一点和其所提出的相邻规范的核心内涵相近。曾庆辉老师提出,民主集中制最早是作为党的组织原则提出的,逐渐发展为党的工作路线和工作方法。王逸冉则认为可以换一种思维方式,从国家机关的具体活动出发,归纳总结民主集中制的解释方案。

而对于应当如何研究民主集中制,王旭教授主要是从马克思主义的经典著作出发,进行了一种原教旨主义的考察。张翔教授认为,马克思和施密特均对议会制进行过批判,但二者所面临的时代背景是不同的,但我国所处的时代背景与他们不同,并不是议会太强,导致国家没有活力的问题。姜峰教授也认为,应当转向一种对规范的理解,基于苏联的教训,反观我国人大制度所存在的问题和理论设计。

二、人民代表大会制度之建构

固有意义上的宪法主要指"规范国家统治之基本的法",《宪法》中关于国家机构这一章便是其集中体现。我国的人民代表大会制度是基于民主集中制而组织的,在民主集中制这一基本原则下,需要探讨人大制度之下各国家机关的具体建构,人大及其他国家机关的组织结构决定其功能的发挥对于实现国家任务具有基础性作用,面对这一重大问题,需要反思国家机关的组织需要由哪些法规范进行规定,在由法规范将国家机关的组织进行具体化之后,这些具体化措施是否有助于其功能的发挥,同时这些法规范是否可以接受合宪性审查。

首先,对于国家机关的组织应当由哪一位阶的法规范进行规范,宪法本身的规范就不统一,立法法的字面规定也与宪法有所不同,这就为各类组织法应当规定哪些内容带来了困难。关于组织性法律保留,王锴教授认为,组织性法律保留主要适用于行政机关由代议机关产生、而非直接由民选产生的政治体制,问题的关键不在于组织问题是否应由代议机关决定,而在于代议机关决定的深度和密度,即法律保留的界限。除了法律保留的界限这一问题之外,另一个问题在于哪些问题应当进行宪法保留,而不是简单的法律保留,如最高国家权力机关的产生适合由宪法保留,而其他国家机关的产生由法律保留。① 黄明涛副教授认为,法律保留的目的在于防止立法权的过度流失,具有防止无限制、无节制的立法权的授出的方向性,法律保留并不妨碍宪法保留。

其次,关于具体国家机关的组织性法律保留,可以具体分为两个角度进行讨论:一是按照国家机关的性质进行讨论,二是按照规范内容的性质进行讨论。王锴教授主要是从不同国家机关这一层面进行初步划分的,分为行政保留、司法保留和法定法官、议会几个方面。其中,尤其关于议会的组织,在传统理论下,议会的议事规则属于议会自治的范

---

① 参见王锴:《论组织性法律保留》(会议论文,未刊稿)。

围，不属于法律。但我国《宪法》又规定工作程序需要由法律规定，王锴教授从合宪性解释的出发认为，工作程序最好由《全国人大组织法》授权议事规则来制定。①

从国家机关的性质这一角度出发，李海平教授联想到党政机关合并合署，组织性法律保留是否可以应对实践中出现的问题。对此，郑毅副教授则认为，对于权力机关和中国共产党来说，这应当是一种"无须置喙"的问题，不需要进行干预。刘练军教授则从司法保留和法定法官出发，认为实践中的一些做法是不妥当的，其原因在于法律的规定粗糙，不具有可执行性。杨小敏副教授认为，针对不同组织设定的不同层次的法律保留的划分有无依据，如果有，是什么，以及如何确定组织、职能等的重要性排序以及这种重要性区分的科学性。而关于议会自治，黄明涛副教授认为，当议事规则只涉及内部运作过程，不涉及调整外部社会关系时，没有必要上升为法律。陈鹏副教授认为，是否将议事规则上升为法律实际关涉议事规则是否需要接受合宪性审查，而且议事规则也并不单是人大议事的工作程序，这里面也涉及与其他国家机关的关系，其内容和正当性也值得探讨。

从规范内容这一角度处罚，主要是关于"职权""组织"等概念的辨析。李海平教授认为，从教义学处罚，组织、职权、产生分别的标准是什么，尤其是组织和职权的划分。如果行政机关可以根据需要设置组成部门，那么"需要"的标准又在哪里。黄明涛副教授也认为，组织和职权是否为两个完全独立的概念应当进一步探讨，即使是作为立法上的概念，也不应因此而画地为牢。郑毅副教授则从具体的条款出发，认为宪法关于国务院"领导"和"管理"的职权区分并不是很明显，而将这一理论运用到民族自治地方，效果可能也不佳。

聚焦到人大这一具体组织，人大主席团在人大开会期间主持人大会议，人大主席团的产生、职权等内容主要选举法、代表法、议事规则等进行规范。柳建龙副教授认为，按照规范的文义解释，人大主席团应由选举产生，但实践中"一揽子"表决的方法实际上将其变更为由决定产生，那么此时会有合宪性的疑问，但是从民主和效率两个原则具体分析，这种变更并未实质违反这两个原则。② 刘练军教授认为，人大主席团应当如何产生，主要看法律规定，法律如果规定得比较粗糙，那么这属于议会自治的范围，不需要进行合宪性分析，但如果已经过组织法等法律法定化，那么就可以对其进行分析。郑毅副教授认为，人大主席团在人大会议中所享有的权力是程序性权力还是实体性权力需要进行讨论，但这种权力的虚实并不影响对其合宪性的判断。杨小敏副教授则认为，诸如人大主席团由选举产生这样的民主规定是否必然具有正当性，如果具有正当性，为什么在实践中还会不断出现所谓的"良性违宪"的现象？卢群星副主任则建议，可以关注人大制度70年以来为什么以这种方式召开，人大主席团为什么以这种方式组成，进行一种历史的、经验的研究。

---

① 参见王锴：《论组织性法律保留》（会议论文，未刊稿）。

② 参见柳建龙：《人大主席团产生办法的合宪性分析》（会议论文，未刊稿）。

三、人民代表大会制度之运行

在人民代表大会制度,尤其是人大的组织进行适当的建构之后,只有切实有效地发挥人大的功能才能体现其作为根本政治制度的地位。在我国宪法中人大具有多重身份和地位,其中有两点不可忽视的地方:第一,中央对港澳地区的全面管治权,港澳基本法由全国人大制定,全国人大及其常委会如何让《宪法》能够在港澳特区得到实施;第二,人大的备案审查、合宪性审查功能,在中央强调推进合宪性审查工作的背景下,如何使人大的合宪性审查工作能够高质量地展开。无论是《宪法》在港澳特区的实施,还是合宪性审查的展开,均关系到我国客观法秩序之维护,对于国家统合具有重要作用,在近些年两方面的问题也得到了学界越来越多的关注。

首先,全国人大及其常委会所通过的有关香港澳门特区事务的决定在何种情况下可以适用于港澳特区。叶海波教授认为,《宪法》第 31 条第 1 句宪法根本性规范,第 2 句是宪法授权人大特区立法权的规范,也构成对人大的限制,即全国人大以“法律”的形式在特别行政区,实行资本主义制度,形式是法律,范围是特别行政区。而全国人大在运用这一权力时要遵循基本法穷尽原则,即全国人大及其他国家机关应当首先运用基本法上的机制,只有在基本法上的机制无法处理现实的挑战时,才应当“返回宪法”,一种是依据《宪法》第 31 条,制定新的法律,解决新问题。另一种是直接依据《宪法》就个别事项作出具体的、不具有立法效果和法律约束力的决定。①

陈鹏副教授和汪超副教授均对叶海波老师使用的“共和”这一概念表示疑问,汪超副教授更是指出,文章更像是对单一制的再造而不是共和制的再造。而对于“法律”的形式,陈鹏副教授认为,如何判断全国人大制定的“决定”具有法律性是关键。对于《宪法》第 31 条所指的法律以及制定的主体,汪超副教授认为《宪法》第 31 条所指的法律只是全国人大制定的基本法,而不包括其他法律。对于如何解决全国人大及其常委会所制定的决定等是否应当适用于港澳特区的问题,汪超副教授认为,解决方法在于将这些决定纳入基本法附件三,全国人大的决定并非是《宪法》第 31 条所讲的“法律”,而是根据基本法中规定的“列于附件三的都是法律”来赋予其效力的。

其次,在推进合宪性审查工作的背景下,从全国人大常委会法工委的备案审查工作报告来看,其所进行的审查大多是依职权进行审查、专项审查以及依申请审查中的依公民、组织的建议而开展的审查,从公开情况看,从未有国家机关正式向全国人大常委会提出法规审查的要求,如何激发特定国家机关行使法规要求审查权的动力,是目前一个重要的研究话题。

第一,法规审查要求权的性质。凌维慈副教授认为,规范审查要求究竟是作为一种权力还是作为一种制度,应当进行明确。林淡秋博士则认为,法规审查要求是一种权力,

---

① 参见叶海波:《国家统一、共和再造与人大地位——兼论全国人大“决定”的适用》(会议论文,未刊稿)。

而法规审查建议则是一种权利，因此，审查要求比审查建议体现出更高效力。王建学教授认为，特定国家机关的审查要求效力非常强，只要提出要求，全国人大常委会必然开展审查，文章存在作为权力和制度的两个维度。前面的部分更多的是将其作为一种权力进行论述，后面的部分是将其作为一个制度。① 于文豪副教授则认为，《立法法》第 99 条有没有为五类国家机关设定一种权力？如果设定了，它更可能是一种利益。

第二，法规审查要求权的制度目的。林淡秋博士认为，增加被动审查的根本原因在于：首先，主权不是绝对的，也会犯错，需要监督；其次，内部自我监督是不够的，需要外部监督。王建学教授也认为，全国人大常委会之所以要处于这种消极被动的地位，主要在于《立法法》所规定的五大机关与全国人大常委会在法律上的距离是最近的，把启动审查的资格下放给“五大主体”，从而实现审查活动的减量增质，实现整个审查机制的多元高效。②

第三，关于法规要求审查权的动力。王建学教授认为，全国人大常委会希望通过赋予“五大主体”审查要求的资格以实现五大主体之间的相互监督，这也是其提请审查要求的动力。③ 而邢斌文博士则认为，根据对法官的访谈，法官缺乏提出审查要求的动力，应当采取何种激励措施是一个重要问题，法律中有没有规定可以促使法官提出审查要求。而且，是否有必要打破现实中机关之间“一团和气”的现状，需要实务部门带来一些新鲜的素材，在柔性的内部协调方式效果不佳时，寻求刚性的解决方式的制度资源。

第四，关于审查的对象。王建学教授认为，《立法法》在要求审查机制中没有提到司法解释、军事法规等，但是，司法解释与军事法规同样可以纳入要求审查机制的对象范围内。再拓展一下，新设立的国家监察委员会应当是要求主体，其制定的监察法规或者监察解释同样可以作为审查要求的对象。④ 但是陈鹏副教授认为，针对《立法法》第 99 条，从文义解释、原意解释、体系解释、目的解释的角度是不能得出上述结论。林淡秋博士则提出，联想到《宪法》第 3 条民主集中制条款，也未完全列举国家主席和中央军委，究竟是纯粹的未完全列举还是有其他考虑可以进一步分析。路江通副秘书长则认为，司法解释已经在《监督法》中纳入审查要求和审查建议，许多地方人大也已经把地方“两院”规范性文件纳入审查范围。至于《立法法》中为什么没有纳入，原因不明。

第五，关于监督的方式以及效果。林淡秋博士认为，监督是单向的，制约是互相的关系，对于要求机关之间如何进行互相监督希望可以看到更多的阐释。而邢斌文博士认为，审查方式可以分为内部的方式和外部的方式，可能内部的交流更适合我国民主集中制之下的实用主义路线，而且“不唱对台戏”是我国人大监督的基本原则，人大现在是否

① 参见王建学：《法规审查要求权的规范阐释及其历史契机》，载《法学家》2019 年第 3 期。
② 同上。
③ 同上。
④ 同上。

有能力承担起“唱黑脸”的角色真正去履行宪法和法律规定的各项职权,撤销与宪法及法律相抵触的法规?路江通副秘书长则认为,关于审查要求,实践中不经常开展、开展的不好的情况确实存在。实践中发现问题并不会撤销,但问题还是会解决,方式是要求制定机关修改、撤销,暂时无法修改的,可以要求停止执行。陈鹏副教授则认为,绕过法工委的研究直接将法规分送至宪法与法律委员会进行审查,这种操作是否会给宪法与法律委员会更多的审查负担。王建学老师则认为,目前宪法与法律委员会不是负担过重,而是没有负担。

四、结语

在一天的会议中,与会学者从人民代表大会制度的基本原理谈起,逐步具体化为人大制度的建构与运行。对人大制度基本原理的探讨已经触及中国宪法的两个正当性基础——党的领导和人民当家做主,以及如何处理党的领导与人大制度、政治判断与法律判断之间的关系、如何应对党政机关合并合署对行政诉讼所产生的现实影响。对于民主集中制的讨论既关注理论的抽象化,也关注规范的具体化,既涉及民主集中制的政治哲学基础,又有历史方面的考察,同时还有原教旨主义和客观解释两种路径的争辩。对民主集中制的讨论也不局限于中央国家机构的组织配置,也深入中央和地方的权力分工等问题。

在探索基本原理的同时,本次会议也具有极强的现实关怀,对人大制度组织和运行中所提出的一些重大命题给予强烈的关注,“不驰于空想”,将基本原理的建构与人大制度的实践相结合,使宪法更贴近与现实生活,与现实紧密联系。对人大具体制度的探讨,既有人大制度一般性的组织性法律保留的整体建构,也有具体到一个机关、一个机构的具体产生办法的微观分析。在人大制度的运行中,既有对当今如火如荼展开的合宪性审查如何减量增质的开展的分析,也有对如何统合内地和港澳特区法治的分析,内容广泛。

第五部分　宪法学研究信息

学术著作及教材目录

一、基础理论

韩大元、莫纪宏主编:《中国宪法年刊(2017 年)》,法律出版社,2018 年版

朱道坤:《论宪法权威》,武汉大学出版社,2018 年版

李忠夏:《宪法变迁与宪法教义学:迈向功能分化社会的宪法观》,法律出版社,2018 年版

胡锦光:《新时代宪法发展与依宪治国》,法律出版社,2018 年版

张君劢:《民主宪法十讲》,商务印书馆,2018 年版

沈子华:《宪法与条约关系研究》,知识产权出版社,2018 年版

李晓兵:《宪法时间》,中国民主法制出版社,2018 年版

滕宏庆:《紧急宪法:自由与安全的紧急正义》,法律出版社,2018 年版

张扩振:《经济宪法初论——经济宪法的理念、制度与权利》,中国政法大学出版社,2018 年版

韩大元主编:《中国宪法事例研究》(第 8 卷),法律出版社,2018 年版

冯玉军主编:《完善以宪法为核心的中国特色社会主义法律体系研究》(上、下册),中国人民大学出版社,2018 年版

孟凡壮:《克隆人技术立法的宪法界限》,上海人民出版社,2018 年版

金玉:《权利保障与权力规划》,安徽人民出版社,2018 年版

二、基本权利

夏正林:《从基本权利到宪法权利》,法律出版社,2018 年版

余军:《未列举宪法权利:论据、规范与方法——以新权利的证成为视角》,中国政法大学出版社,2018 年版

刘志刚:《侵权责任法中的基本权利问题》,复旦大学出版社,2018 年版

喻少如:《公民文化权的宪法保护研究》,中国法制出版社,2018 年版

谢立斌:《权利救济与人格权的宪法保障:中德比较》,中国政法大学出版社,2018 年版

罗亚海:《论公民私有财产权的宪法限制及其正当性》,中国政法大学出版社,2018 年版

吴卫星:《公民生态权利研究》,复旦大学出版社,2018 年版

孙平:《"信息人"时代:网络安全下的人格信息权宪法保护》,北京大学出版社,2018年版

三、国家机构

余韬:《上下级法院关系研究:以〈宪法〉第132条为视角》,上海人民出版社,2018年版

路江通:《宪法下的权力:人大行使职权研究》,中国民主法制出版社,2018年版

谢勇、肖北庚、吴秋菊:《立法权配置与运行实证研究》,民主与建设出版社,2018年版

钟丽娟:《地方人大常委会重大事项决定权理论与实践》,中国民主法制出版社,2018年版

四、宪法解释、监督与实施

蔡金荣:《我国宪法上宏观调控条款运行研究》,浙江大学出版社,2018年版

谭波:《央地财权、事权匹配的宪法保障机制研究》,社会科学文献出版社,2018年版

胡锦光:《合宪性审查》,江苏人民出版社,2018年版

徐靖:《中国社会公权力行为的宪法审查研究》,法律出版社,2018年版

王竹:《编纂民法典的合宪性思考:一张"实用主义思路"的立法路线》,中国政法大学出版社,2018年版

[法]费迪南德·梅兰—苏克拉马尼昂、韩大元:《中国与法国的合宪性审查》,知识产权出版社,2018年版

五、基本法研究

冷铁勋:《基本法与澳门"一国两制"实践》,人民出版社,2018年版

王振民:《香港〈基本法〉的起草、理论与实践》,浙江大学出版社,2018年版

邹平学:《港澳基本法实施评论》(第3卷),法律出版社,2018年版

张定淮:《香港实践"一国两制"中的政治与法治》,时事出版社,2018年版

六、宪法史

韩大元:《改革开放40年法律制度变迁:宪法》,厦门大学出版社,2018年版

张怀印:《非洲宪制的历史与变革研究》,中国政法大学出版社,2018年版

沈桥林:《〈中华民国临时约法〉的新理想与旧思维》,厦门大学出版社,2018年版

贾占军:《中国宪法史论》,山西人民教育出版社,2018年版

苏力:《大国宪制:历史中国的制度构成》,北京大学出版社,2018年版

七、事例研究

胡锦光主编:《2017年中国十大宪法事例评析》,法律出版社,2018年版

胡锦光主编:《2016年中国十大宪法案例评析》,法律出版社,2018年版

八、外国宪法(法规、案例、理论比较研究)

[意]安东尼奥·罗斯米尼:《社会正义下的宪法》,韦洪发译,商务印书馆,2018年版

[日]芦部信喜著、[日]高桥和之补订:《宪法》(第6版),林来梵、凌维慈、龙绚丽译,清华大学出版社,2018年版

冀明武:《培根宪法思想研究》,法律出版社,2018 年版

刘晗:《合众为一:美国宪法的深层结构》,中国政法大学出版社,2018 年版

范笑迎:《国际法碎片下的 WTO 法律解释:正当性、合法性与宪法化解释》,天津社会科学院出版社,2018 年版

梁红霞:《世界各国宪法经典案例评析》,中国人民大学出版社,2018 年版

王建学:《法国式合宪性审查的历史变迁》,法律出版社,2018 年版

易中天:《费城风云:美国宪法的诞生及其启示》,上海文艺出版社,2018 年版

方明主编:《世界宪法评论》(第 3 卷),中国民主法制出版社,2018 年版

贺鉴:《北非阿拉伯国家宪法变迁与政治发展研究》,社会科学文献出版社,2018 年版

张翔主编:《德国宪法案例选释第 3 辑:宗教法治》,法律出版社,2018 年版

龚钺:《欧美各国现行宪法析要》,商务印书馆,2018 年版

张伟麟:《法治的黄昏》,中国政法大学出版社,2018 年版

程迈:《西方政党与法治:以德国为例》,社会科学文献出版社,2018 年版

王莉:《中国民族区域自治与俄罗斯民族文化自治的比较研究》,吉林文史出版社,2018 年版

[法]埃米尔・布特米:《斗争与妥协:法英美三国宪法纵横谈》,李光祥译,北京大学出版社,2018 年版

九、宪法教材

上官丕亮、陆永胜、朱中一:《宪法学:原理与应用》,苏州大学出版社,2018 年版

季金华:《宪法学原理》,高等教育出版社,2018 年版

林来梵:《宪法学讲义》(第 3 版),清华大学出版社,2018 年版

杨向东:《宪法学——理论・实务・案例》(第 3 版),中国政法大学出版社,2018 年版

谢姝玮:《宪法实用教程》(第 2 版),中国人民大学出版社,2018 年版

胡锦光、韩大元:《中国宪法》(第 4 版),法律出版社,2018 年版

董和平主编:《宪法学》(第 4 版),法律出版社,2018 年版

许崇德、胡锦光主编:《宪法》(第 6 版),中国人民大学出版社,2018 年版

秦前红主编:《宪法》(第 2 版),武汉大学出版社,2018 年版

盛高璐:《法理基础与宪法》,中国政法大学出版社,2018 年版

韩大元、李元起主编:《宪法》(第 7 版),中国人民大学出版社,2018 年版

胡永平、林丽、龚战梅:《宪法学》,兰州大学出版社,2018 年版

胡锦光、任端平编著:《宪法学》(第 4 版),中国人民大学出版社,2018 年版

韩大元主编:《比较宪法学》,高等教育出版社,2018 年版

包红军主编:《宪法学》,汕头大学出版社,2018 年版

周悟阳、李夕言编著:《中国宪法学》,中国政法大学出版社,2018 年版

博士学位论文目录

[中国人民大学法学院]

中国宪法上的婚姻自由研究/邓静秋;指导教师:韩大元

[北京大学法学院]

大萧条与美国宪法变迁/温学鹏;指导教师:陈端洪

弱司法审查制度的权利保障功能研究/朱学磊;指导教师:张千帆

地区性分离公投的决断力研究——以苏格兰分离公投为例/贺亚宜;指导教师:张千帆

自主与合作:中国市县间关系的法律研究/盛泽宇;指导教师:王锡锌

[清华大学法学院]

香港现行法律对煽动危险言论的规制/吴昱江;指导教师:王振民

中国富强思想史及其宪法影响/刘保钰;指导教师:林来梵

[武汉大学法学院]

人大常委会专题询问制度研究/刘一鋆;指导教师:周叶中

我国台湾地区廉政制度研究/张培;指导教师:周叶中

香港特别行政区行政长官制度的完善研究/底高扬;指导教师:秦前红、张定淮

我国宪法上的外交权研究/张筱倜;指导教师:秦前红

基本权利的司法保障研究/刘文君;指导教师:江国华

食品安全社会共治研究/唐亮;指导教师:江国华

[吉林大学法学院]

企业人权责任研究/李莎莎;指导教师:任喜荣

[厦门大学法学院]

美国联邦最高法院对国会征税法案的合宪性审查/陈凯;指导教师:刘连泰

[山东大学法学院]

欧洲区域人权保护机制的功能演进/刘晓希;指导教师:齐延平

[四川大学法学院]

公益诉讼视角下检察机关履行公共利益监督职责研究/者荣娜;指导教师:周伟

保障宗教信仰自由的国家义务研究——以藏传佛教在西藏自治区的尊重和保护为例/边巴拉姆;指导教师:周伟

[南京师范大学法学院]

南京国民政府司法院功能研究/蒋飞;指导教师:季金华

清末湖北谘议局研究/严新龙;指导教师:杨登峰

[北京师范大学法学院]

非营利性组织的监管性制度研究/王静;指导教师:刘培峰

[中南财经政法大学]

警察管制法治化研究——以即时实施的警察职权行为为研究对象/朱汉卿;指导教师:刘茂林

私有财产权保障研究——基于公有制为经济基础的论证/谭家超;指导教师:王广辉

国家新型区域法治化研究/王秀才;指导教师:胡弘弘

民族自治地方单行条例立法研究/郭丽萍;指导教师:胡弘弘

国家治理的宪法回应——基于现代性的视域/杨震;指导教师:胡弘弘

中国十大宪法事例(2018)

2019 年 1 月 5 日,由中国人民大学宪治与行政法治研究中心主办,中国宪治网、法律出版社协办的“2018 年中国十大宪法事例发布暨研讨会”在中国人民大学举行。会上公布了 2018 年度中国十大宪法事例:

1. 多地监察委员会向人大常委会作专项工作报告;
2. 广西某高校发文清查师生电脑;
3. 失信联合惩戒制度化;
4. 党政联合文件不适用信息公开条例案;
5. 重庆市教育考试院发布高考政审政策;
6. 全国人大常委会审查浙江高院制定的“非法行医”解释文件;
7. 基因编辑婴儿事件;
8. 杨某改编国歌案;
9. 上海大学生落户新政;
10. 江苏省高院服务保障民营经济发展八项举措出台。

宪法学研究会学术活动

中国法学会宪法学研究会学术会议

2018 年 6 月 17 ~ 22 日,国际宪法学协会在韩国首尔召开第十届世界宪法大会。共有来自 80 多个国家的 600 多位来自世界各地的宪法学者出席了此次国际宪法学界的学术盛会。此次世界宪法大会的主题是"暴力冲突、和平建设与宪法"。宪法学研究会会长韩大元教授率领中国法学会宪法学研究会代表团一行 15 人出席了此次大会,并积极参与了大会组织的各个分组讨论。大会期间,韩大元会长、莫纪宏常务副会长和中国社会科学院法学研究所翟国强研究员还作为国际宪法学协会理事,参加了 6 月 20 日下午举行的理事会会议。国际宪法学协会副主席莫纪宏研究员被国际宪法学协会执委会授予(终身)名誉主席称号,中国法学会宪法学研究会会长韩大元教授当选为新一届国际宪法学协会执委会执委。新一届国际宪法学协会执委会中出现两名中国宪法学者,这是中国宪法学界在中国法学会的领导下,在推进中国法学对外学术交流,提升国际话语权方面取得的积极成果,为进一步扩大中国宪法学的国际影响力提供了学术平台。

2018 年 6 月 30 日,由宪法学研究会主办,宪法学研究会宪法学教学专业委员会、中国人民大学青少年宪法教育研究中心协办,教育立法研究基地(教育部政策法规司 - 西南大学共建)、西南大学法学院承办的中国宪法国民教育高端论坛暨中国法学会宪法学研究会宪法学教学专业委员会 2018 年年会在西南大学桂园宾馆举行。

2018 年 8 月 25 ~ 26 日,第十四届中国宪法学基本范畴与方法学术研讨会在山东大学举行。本届会议由山东大学法学院、中国人民大学宪治与行政法治研究中心、山东大学政治文明与宪治研究中心、山东大学人文社科研究院、山东大学人权研究中心联合主办。来自 30 余所高等院校、科研院所、学术出版机构和实务部门的约 50 位专家学者参加了为期一天半的会议。本次会议以"国家机构"与"人"两个范畴为主题,以主旨发言、评议讨论的形式进行。会议分为 3 个单元,前两个单元围绕"国家机构"范畴进行讨论,第三单元围绕"人"的范畴进行讨论。

2018 年 9 月 13 日,由宪法学研究会与全国外国法制史研究会、南京师范大学中国法治现代化研究院共同主办,南京师范大学法学院承办"纪念苏俄宪法颁布一百周年"学术研讨会。会议为期 1 天,研讨内容主要包括:苏俄宪法的世界影响与意义、苏俄宪法的经验与局限、苏俄宪法在中国的传播和影响、历史人物与苏俄宪法、中国特色社会主义与社会主义宪法未来。

2018年9月15~16日,由宪法学研究会主办、东南大学法学院承办的中国法学会宪法学研究会2018年年会在江苏南京召开。年会主题是"改革开放40年与推进合宪性审查"。在开幕式上,中央候补委员、东南大学校长张广军教授,中国法学会党组成员、副会长、学术委员会主任张文显教授,江苏省法学会会长林祥国同志,中国法学会宪法学研究会会长、中国人民大学法学院韩大元教授分别致辞。年会期间,研究会国防与军事法律制度研究专业委员会年会、人民代表大会制度研究专业委员会年会、外国宪法与比较宪法专业委员会年会分别举行。

2018年11月2~3日,由国际宪法学协会在印度首都新德里金达尔全球大学法学院举行主题为"司法任命与独立:比较视野中的印度经验"的圆桌会议。来自国际宪法学协会以及印度国立法律大学、金达尔全球大学法学院等高等法律院校的近50名宪法学者出席了此次圆桌会议。会议共分六个议题,包括:理解与把握司法独立、司法任命的模式与理论、对印度司法任命的程序与实践的审查、来自非洲与亚洲的比较视野、来自拉丁美洲的比较视野以及来自欧洲的比较视野。国际宪法学协会执委、中国法学会宪法学研究会会长韩大元教授,国际宪法学协会名誉主席、中国法学会宪法学研究会常务副会长莫纪宏研究员代表中国宪法学界出席了此次圆桌会议。

2018年11月9~12日,第九届海峡两岸公法学论坛在台湾政治大学举行。论坛以"合宪性审查的理论与实务"为主题展开研讨。来自我国大陆的中国人民大学、北京大学、清华大学、中国政法大学、北京航空航天大学、山东大学、武汉大学、厦门大学、西北政法大学、西南政法大学、中南财经政法大学、郑州大学等著名院校的师生,来自我国台湾地区的政治大学、台湾大学、东吴大学、辅仁大学、台北大学、世新大学、台湾教育大学等著名院校的师生,共40余位公法学者及30余名公法学专业研究生参加论坛。

2018年11月23~25日,由宪法学研究会主办、《中国法律评论》协办、西南大学法学院承办的第二届"中国宪法学青年论坛"在西南大学法学院举行,专家学者共100余人参加会议。本届论坛主题为"部门法的宪法化",为期两天,共发表4篇主题报告和2篇晚餐报告。论坛第一单元主题为"部门法的宪法化:以风险社会的宪法调控为视角";第二单元主题为"功能主义刑法体系的构建与合宪性控制";第三单元主题为"宪法与民法的关系:基础、争议与构建";第四单元主题为"部门法保护基本权利义务的'不足之禁止'原则"。

地方宪法学研究会学术会议

2018年6月21日,由浙江省法学会主办,嘉兴学院文法学院、浙江省法学会合作社与农民权益保障研究中心承办的"农村集体资产股份权能改革中的法律问题"法学沙龙在嘉兴召开。浙江省法学会、浙江大学、浙江农林大学、嘉兴学院文法学院师生代表和嘉兴市相关实务部门同志40余人参加了活动。

2018年10月11日，辽宁省法学会宪法行政法学研究会2018年学术年会在辽宁友谊宾馆举行，来自全省高校、院所、政府、检察院、法院、律师所等84人参加了本次会议，年会主题是“辽宁振兴与政府责任”。

2018年10月27日，四川省法学会宪法学研究会2018年年会在成都召开，探讨如何在新时代开展合宪性审查，树立宪法权威，促进宪法实施等问题。

2018年11月3日，“改革开放四十周年与公法学新发展”豫鄂公法高端论坛暨河南省、湖北省法学会宪法学研究会、地方立法研究会2018年年会在河南省开封市成功举行。本次会议由湖北省法学会宪法学研究会、地方立法研究会、河南省法学会宪法学研究会主办，河南大学法学院与河南国基律师事务所共同承办，郑州大学宪法与行政法研究中心、郑州大学党内法规研究中心协办。

2018年11月17日，吉林省法学会宪法学研究会2018年年会暨学术研讨会在长春理工大学召开，省委党校、省高校相关专家学者和实务部门专家30多人参加会议。

2018年12月1日，2018年山东省法学会宪法学研究会“新《宪法修正案》与宪法发展”学术研讨会暨2018年年会在济南颐正大厦召开。

2018年12月1日，上海市法学会宪法研究会2018年年会暨“宪法中监察委员会诸条款的实施”研讨会在华东政法大学长宁校区交谊楼召开。

2018年12月1日，山西省法学会宪法学研究会2018年年会在山西大学法学院召开。本次年会由宪法学研究会主办，山西大学法学院承办，山西中吕律师事务所协办，来自省内多所高等院校以及法律实务界的学者、专家及特邀代表60余人参加了会议。

2018年12月5日，北京市法学会宪法学研究会和立法学研究会2018年年会暨学术研讨会在中国政法大学召开。本次年会的主题为“宪法修改与新时代宪法实施”“立法体系的合宪性审查”。此次年会也是北京市法学会“双百”法治宣讲宪法学研究会和立法学研究会的专场活动。

2018年12月8日，闽粤两省宪法学研究会2018年学术年会在广东省惠州市召开。会议由广东省法学会宪法学研究会和福建省法学会宪法学研究会联合主办，广东省社会科学研究基地（惠州学院）法治建设与公共决策研究中心承办。本次年会以“改革开放四十年法治建设的成就与经验”为主题。

2018年12月23日，湖南省法学会财税法学研究会、宪法学研究会2018年年会、第三届“部门宪法论坛”暨“税收的合宪性审查”理论研讨会，在湖南省长沙市中南大学举行。

图书在版编目(CIP)数据

中国宪法年刊. 2018 : 第十四卷 / 韩大元, 莫纪宏主编. -- 北京 : 法律出版社, 2019
ISBN 978 - 7 - 5197 - 4053 - 5

Ⅰ. ①中… Ⅱ. ①韩… ②莫… Ⅲ. ①宪法 - 中国 - 2018 - 年刊 Ⅳ. ①D921 - 54

中国版本图书馆 CIP 数据核字(2019)第 253813 号

中国宪法年刊(2018·第十四卷)
ZHONGGUO XIANFA NIANKAN (2018·DI-SHISI JUAN)

韩大元　莫纪宏　主编

策划编辑 沈小英
责任编辑 陈　妮　单　洁
装帧设计 汪奇峰

出版 法律出版社
总发行 中国法律图书有限公司
经销 新华书店
印刷 北京虎彩文化传播有限公司
责任校对 杨锦华
责任印制 吕亚莉

编辑统筹 法治与经济出版分社
开本 710 毫米×1000 毫米　1/16
印张 18.25
字数 401 千
版本 2019 年 11 月第 1 版
印次 2019 年 11 月第 1 次印刷

法律出版社/北京市丰台区莲花池西里 7 号(100073)
网址/www. lawpress. com. cn
投稿邮箱/info@ lawpress. com. cn
举报维权邮箱/jbwq@ lawpress. com. cn
销售热线/400 - 660 - 8393
咨询电话/010 - 63939796

中国法律图书有限公司/北京市丰台区莲花池西里 7 号(100073)
全国各地中法图分、子公司销售电话:
统一销售客服/400 - 660 - 8393/6393
第一法律书店/010 - 83938432/8433　西安分公司/029 - 85330678　重庆分公司/023 - 67453036
上海分公司/021 - 62071639/1636　深圳分公司/0755 - 83072995

书号:ISBN 978 - 7 - 5197 - 4053 - 5　**定价**:115.00 元